HEINRICH THIES

FESCHE LOLA, BRAVE LIESEL

Marlene Dietrich
und ihre verleugnete Schwester

Hoffmann und Campe

2. Auflage 2018
Copyright © by Hoffmann und Campe Verlag, Hamburg
www.hoca.de
Typographie und Satz: Farnschläder & Mahlstedt, Hamburg
Gesetzt aus der Stempel Garamond
Druck und Bindung: CPI books GmbH, Leck
Printed in Germany
ISBN 978-3-455-00161-7

HOFFMANN
UND CAMPE

Ein Unternehmen der
GANSKE VERLAGSGRUPPE

Für Gabriele

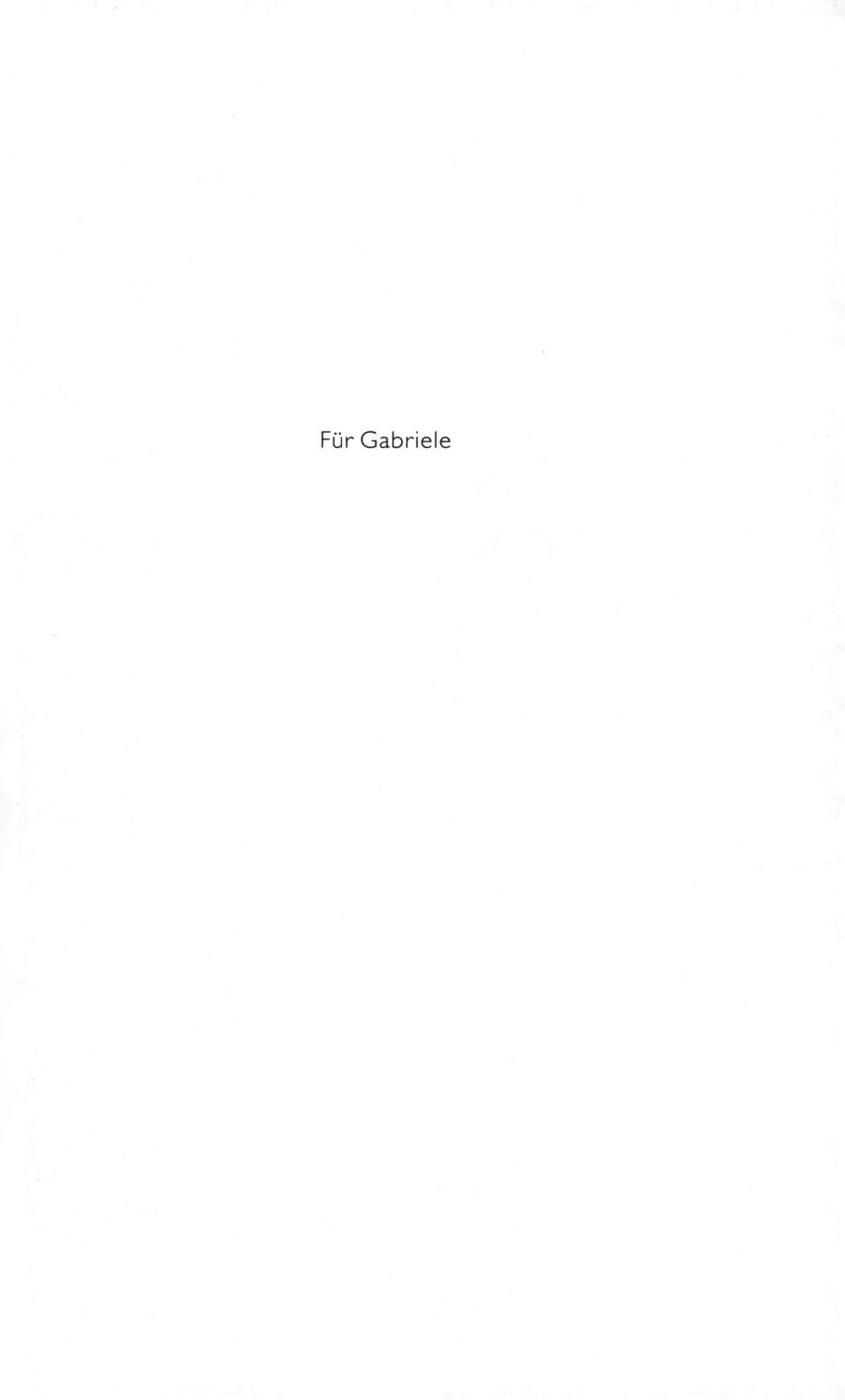

INHALT

1 Wiedersehen am Rande der Hölle 9
2 Die frühen Jahre 19
3 Neues Leben im Klassenzimmer 43
4 Die Rolle ihres Lebens 49
5 Aus Fräulein Dietrich wird Frau Will 57
6 Der Durchbruch 65
7 Besuch aus Amerika 80
8 Familientreffen in den Schweizer Bergen 93
9 Hiobsbotschaften 108
10 Verehrt, verhasst, umworben 119
11 Vor der Kaiserallee zum Adolf-Hitler-Platz 133
12 Strandgeplauder und Saloon-Schlägereien 143
13 Kinofreuden in der Todeszone 153
14 Werbefeldzug für Bomben 167
15 Feuerzangenbowle für KZ-Aufseher 178
16 Mit den Jungs ins Feld 189
17 Bange Tage 203
18 Zu Besuch in Berlin 214
19 Schlaflose Nächte 228
20 Ende einer Liebe 240
21 Neues Leben 245
22 Die Diva als Großmutter 259
23 Weihnachtsbesuch 269
24 Zeugin der Anklage 276

25	Die Reise nach London. 285
26	Heimkehr mit Hindernissen 295
27	Gedankenaustausch über eine Mutlose 305
28	Kindheitserinnerungen 310
29	Über Gräbern weht der Wind 316
30	Belagert 323
31	Begegnungen auf höchster Ebene 332
32	Blütenregen 339
33	Königin der Welt. 348
34	»Ich falle« 357
35	In der Matratzengruft 362

Nachwort 375
Biographische Daten 378
Bildnachweis 385
Quellen 386
Literatur und Filme 411
Danke 413

I

WIEDERSEHEN AM RANDE DER HÖLLE

Überraschungsbesuch in der Heide. Auf dem Fliegerhorst Faßberg landet am 7. Mai 1945 gegen 9 Uhr das Flugzeug des US-Generals Omar Bradley. Hinter dem Piloten sitzt aber nicht der General, sondern eine Filmschauspielerin: Marlene Dietrich – in der khakifarbenen Uniform der GIs mit Helm und Kampfstiefeln. Die militärisch gekleidete Dame ist am frühen Morgen in München gestartet und über ein Land geflogen, das in Trümmern liegt. Erst am Vortag ist sie darüber informiert worden, dass sich in Bergen-Belsen bei den britischen Besatzungskräften eine Frau gemeldet hat, die behauptet, ihre Schwester zu sein.

Gleich am Flugfeld wartet ein Jeep. Die rund dreißig Kilometer lange Fahrt nach Bergen-Belsen führt, immer wieder behindert durch Militärkonvois, vorbei an Wiesen mit weidenden Kühen, an zerbombten Gehöften und ausgebrannten Autos. Sie endet auf dem Kasernengelände, wo vor kurzem noch die Wehrmacht regierte und jetzt die Briten eingezogen sind. Zielstrebig steuert die Besucherin das Büro des stellvertretenden Camp-Kommandanten Arnold Horwell an.

Der Brite, der gerade von seinem General über den soeben geschlossenen Waffenstillstand informiert worden ist, stammt aus Berlin; erst im Mai 1939 hat der promovierte Volkswirt Deutschland verlassen – gemeinsam mit seiner Frau Susanne. Als Juden sahen sich die beiden wachsender Verfolgung ausgesetzt. Mit der Sprache und Staatszugehörigkeit wechselte der Emigrant auch seinen Namen: Aus Horwitz wurde Horwell. »In England habe ich meinen Witz verloren«, pflegte er später zu sagen. Aber das war nur ein Spruch. Horwell bewahrte sich seinen Humor – obwohl seine Eltern in Theresienstadt ermordet worden waren und die Bilder von Bergen-Belsen ihn nicht mehr loslassen sollten. Und nun also dieser ungewöhnliche Besuch.

»Ein amerikanischer Offizier möchte Sie sprechen«, meldet ein Untergebener. »Kommt angeblich von General Bradley.«

»Lassen Sie ihn rein.«

»Sorry, Captain, aber es ist eine *Sie*.«

»Auch gut. Dann soll *sie* reinkommen.«

Unter dem Helm der Besucherin ringeln sich blonde Locken. Horwell meint, das Gesicht zu kennen, ist aber zu verwirrt, um auf den Namen zu kommen.

Mit schelmischem Augenaufschlag reicht ihm die Dame in Uniform die Hand. »Captain Dietrich.«

Da klingelt es bei Horwell, der sich ebenfalls vorstellt – und seiner Überraschung mit galantem Schmunzeln Ausdruck verleiht. »Welche Ehre, Captain!«

Marlene Dietrich wehrt ab. »Quatsch, ich bin auch nur Soldat.«

Obwohl beide aus Berlin stammen, sprechen sie Englisch miteinander. »Ihre Frau?«, fragt die Besucherin, als ihr Blick mehrere Frauenfotos streift, die auf dem Schreibtisch stehen.

»Ja, das ist Suse. Gefällt Sie Ihnen?«

»O ja! Hübsch. Wunderschön, wirklich.«

»Ich werde es ihr ausrichten. So ein Kompliment aus dem Mund eines Filmstars kriegt man ja nicht alle Tage zu hören. Aber hätte ich geahnt, wer mich heute besucht, hätte ich die Bilder natürlich versteckt.«

»Sie haben es ja faustdick hinter den Ohren, Sie Charmeur.«

Das Begrüßungsgeplänkel hat etwas von einem Flirt. Dann wird die Besucherin ernst. Sie bittet darum, ihre Schwester sehen zu dürfen. Erst am Tag zuvor sei sie informiert worden, sofort von München hergeeilt, um Liesel in diesen schwierigen Tagen beizu-

Marlene Dietrich mit Flugbegleitern vor der Generalsmaschine,
die sie im Mai 1945 nach Bergen-Belsen zu ihrer Schwester gebracht hat –
»Plane to Liese« hat sie auf das Foto geschrieben.

stehen. »Ich habe schon seit sechs Jahren nichts mehr von ihr gehört. Ich hatte immer schon Angst, dass die Nazis sie ins KZ stecken und sie für meine Aktivitäten auf der Gegenseite bestrafen. Aber wahrscheinlich kennen Sie Liesel gar nicht. Eigentlich heißt sie Elisabeth – Elisabeth Will.«

»Der Name ist mir bekannt.«

»Wissen Sie, wie es ihr geht?«

»Gut, jedenfalls den Umständen entsprechend.« Horwell knetet nachdenklich die Hände. »Sie müssen sich wirklich keine Sorgen machen. Ihre Schwester war nicht im Lager. Sie hat hier mit ihrem Mann ein Kino betrieben.«

Horwell ist der Name der Schwester und ihres Mannes seit Tagen vertraut. Das Ehepaar Will hat sich mit der Bitte um Vergünstigungen an ihn gewandt. Während die kleine Frau die Verwandtschaft mit Marlene Dietrich eher verschämt ansprach, trat ihr Mann fordernd auf, beklagte lautstark die Schikanen, denen er ausgesetzt sei, und führte seine berühmte Schwägerin ins Feld. Unschätzbare Dienste habe die den Amerikanern erwiesen. Immer noch, tönte der Kerl, sei der »Propagandawert« der Dietrich ungeheuer hoch.

Propagandawert! Horwell empfand es als Ironie der Geschichte, dass die beiden Schwestern während des Krieges Ähnliches gemacht hatten – nur an verschiedenen Fronten: Marlene hatte die US-Soldaten auf ihrem Vormarsch durch Europa begleitet und mit »Lili Marleen« und anderen Liedern bei Laune gehalten, Elisabeth hatte gemeinsam mit ihrem Mann deutsche Soldaten mit Ufa-Filmen in Traumwelten entführt. Nur anderthalb Kilometer vom Konzentrationslager entfernt hatten die Wills auf dem Kasernengelände ein Truppenkino geführt. In den »Tonlichtspielen« – mit zweitausend Plätzen, Bühne und angeschlossenem Kasino, zu dem ein Festsaal und eine Gaststätte gehörten –, waren auch SS-Offiziere vom Lager Bergen-Belsen ein und aus gegangen. In einem Nebentrakt des schlossartigen Gebäudes hatten die Wills in einer komfortablen Wohnung im Obergeschoss gelebt. Als die Briten kamen, mussten sie ihr Appartement räumen und in schlichtere Personalzimmer ziehen.

Horwell fordert Marlene höflich auf, Platz zu nehmen, bestellt Tee, bietet ihr eine Zigarette an und berichtet kurz, wie es ihrer Schwester und ihrem Schwager geht: dass sie sich frei bewegen können, trotz ihrer Verstrickung in das NS-System nicht als Gefangene oder gar Geiseln interniert sind.

Verstrickung in das NS-System? Marlene verschlägt es einen Moment die Sprache, sie ringt um Fassung. »Und ich hatte gedacht, Liesel wäre hier halb verhungert.«

»Seien Sie froh, dass Sie sich geirrt haben.«

Die Besucherin wirkt verwirrt. »Sie müssen verstehen, Captain«, beginnt sie in stockendem Ton. »Aber das ist alles nicht so leicht für mich. Ich weiß immer noch nicht, was aus meiner Mutter geworden ist. Sie wohnt in Berlin – oder besser: Sie hat in Berlin gewohnt. Ich weiß nicht, ob sie diese fürchterlichen Luftangriffe überlebt hat. Ich habe Ike gebeten, nach ihr suchen zu lassen.«

Ike! Horwell versteht, dass mit »Ike« der Oberbefehlshaber der alliierten Streitkräfte, General Eisenhower, gemeint ist, und nickt beeindruckt. Eisenhower hat zurzeit anscheinend keine anderen Sorgen, geht es ihm durch den Kopf, und er muss unwillkürlich lächeln. Dann schlägt er vor, das Ehepaar Will holen zu lassen. Marlene schüttelt den Kopf. »Nicht meinen Schwager! Nur Elisabeth. Ich würde gern mitkommen, wenn Sie sie holen. Einverstanden, Captain?«

»Okay, Captain Dietrich. Ich lasse einen Jeep rufen. Ihre Schwester arbeitet hier zwar irgendwo im Camp, aber das Gelände ist riesig. Sie werden sehen.«

Das Kasernengelände liegt am Rand eines großen Truppenübungsplatzes, der tief in die Lüneburger Heide hineinragt, mit Schießbahnen zwischen Wäldern, Mooren und Heideflächen. Fünfundzwanzig Dörfer mussten geräumt werden, 3600 Bewohner ihre Heimat verlassen, als 1935 die Wehrmacht angerückt war, um sich auf einen neuen Krieg vorzubereiten. Doch die Wehrmachtssoldaten sind verschwunden. Die Briten haben das Kommando in der Heide übernommen.

Der 7. Mai 1945 ist ein schöner Tag, ein Maientag wie aus dem Bilderbuch. Die Sonne scheint, die Vögel zwitschern. Die frühe Wärme hat die Natur in eine wahre Aufbruchsstimmung versetzt.

Aus dem nahen Wald weht der Duft von Kiefernharz herüber, es riecht nach Lindenblüten und Heckenrosen. Aber in die Frühlingsdüfte mischen sich andere Gerüche: der Gestank von Desinfektionsmitteln, durchsetzt von Rauch.

Erst wenige Wochen zuvor sind in Bergen-Belsen die Pforten der Hölle geöffnet worden. Britische Soldaten haben das Lager in der Nähe des Truppenübungsplatzes erreicht und Baracken betreten, in denen sie auf ausgezehrte, neben Leichen kauernde Menschen gestoßen sind. Kinder mit alten Gesichtern, Frauen und Männer, zu Skeletten abgemagert – wimmernd, apathisch, halb irre vor Hunger, Durst und Schmerzen, an Typhus, Fleckfieber und Tuberkulose leidend. Viele sind schon wenige Tage nach der Befreiung gestorben. Sie wurden sofort in Massengräbern beigesetzt. Die drohende Pestgefahr ließ den Briten keine andere Wahl. Das komplette Lager musste desinfiziert und nach und nach geräumt werden. Etliche der befreiten Häftlinge sind aber an diesem Tag im Mai noch auf dem Lagergelände, wo sie jetzt die lang ersehnten Lebensmittel erhalten, wenn auch noch viel zu wenig: Kartoffeln, Rüben, ein bisschen Speck. Sie kochen im Freien. Überall glimmen Feuerstellen. Was brennbar ist, wird verheizt – egal ob Bretter oder alte Schuhe.

Die Kranken und Geschwächten werden auf dem benachbarten Kasernengelände notdürftig in Militärgebäuden oder unter freiem Himmel versorgt. Ein Teil des deutschen Lagerpersonals ist von den Briten dazu verdonnert worden, für die befreiten Häftlinge und die britischen Soldaten im großen Stil Essen zuzubereiten. Auch Elisabeth Will. Ihr Mann Georg, der einstige Kinobetreiber, muss Geschirr spülen. Auf eigenen Wunsch, wie Horwell betont.

Aber Marlene will nur ihre Schwester sehen. Horwell lässt sie zu ihr in die Kantinenküche bringen. Elisabeth schält gerade mit anderen Frauen Kartoffeln, als Marlene sie bemerkt. Die kleine Frau in dem grauen Kittel starrt die Uniformierte erst eine Schrecksekunde lang an, bevor sie begreift, wer da vor ihr steht.

»Leni!«

»Liesel.«

Nach einem kurzen Moment der Unsicherheit schließen sich die beiden in die Arme. Elisabeth weint, Marlene bleibt beherrscht.

Fast sieben Jahre haben sie sich nicht gesehen, seit Frühjahr 1939 auch nichts mehr voneinander gehört. Und nun auf einmal wieder vereint, zumindest für kurze Zeit. Liesel ist anzusehen, dass sie das alles noch nicht fassen kann.

Horwell schlägt vor, das Gespräch in seinem Büro fortzusetzen, und gibt Elisabeth die Möglichkeit, sich umzuziehen, während er schon mit Marlene vorfährt.

Als Elisabeth kurze Zeit später zaghaft das Büro betritt, muss Horwell schmunzeln. Mrs. Will sieht aus wie ein Hausmütterchen aus einem Witzblatt. Sie trägt einen großen, ziemlich geschmacklosen Strohhut, der ihr dauernd vom Kopf rutscht, sie ist klein, pummelig und vor Aufregung rot im Gesicht. Horwell, der immer noch Englisch mit deutschem Akzent spricht, bietet ihr eine Zigarette an. Elisabeth, deren Englisch fast ebenso gut ist, nimmt die Zigarette dankend an, schüttelt aber den Kopf, als Horwell ihr Feuer geben will.

»Thank you, Sir, but I don't smoke.«

Marlenes Augen verengen sich zu Schlitzen, flüsternd herrscht sie ihre Schwester an, als würde sie mit einem unartigen Kind schimpfen: »Warum nimmst du die Zigarette denn überhaupt, wenn du gar nicht rauchst?«

Liesel schießt noch mehr Blut ins Gesicht, während sie die Zigarette zitternd hin und her dreht. »Oh, tut mir leid«, stammelt sie. »Aber das hat nichts damit zu tun, dass man Zigaretten hier als Ersatzwährung betrachtet, wie du vielleicht denkst. Gar nichts. Es gehört sich einfach nicht, eine Zigarette abzulehnen, die einem ein Engländer anbietet, weißt du? Das wird als Unhöflichkeit empfunden.«

Unhöflichkeit? Horwell, der das deutsche Getuschel versteht, lächelt versonnen in sich hinein. In einem Brief an seine Frau in London wird er schreiben: »Was ist das nur für eine Welt, in der die Leute in dieser Landschaft des Todes noch Wert auf solche Art von Höflichkeit legen?«

Marlene Dietrich hat ein Gespür für das Absurde der Situation, sie ahnt, welch unrühmliche Rolle ihre Schwester in dieser Maschinerie des Massenmordes gespielt hat, und sie bittet Horwell, ihr das Todeslager zu zeigen.

Doch der schüttelt nachdenklich den Kopf. »Tut mir leid, gnädige Frau, aber Unbefugte dürfen derzeit nicht auf das Lagergelände. Mit Rücksicht auf die ehemaligen Häftlinge. Die meisten sind in keinem guten Zustand. Außerdem herrscht nach wie vor Seuchengefahr. Nur Ärzten und medizinischen Hilfskräften ist der Zutritt gestattet. Sie müssen verstehen.« Der Brite bemerkt, dass seine Besucherin enttäuscht den Kopf senkt – und er erzählt, was er selbst gesehen hat.

»Ich habe ihr genug Details geschildert, um sie fast krank zu machen«, wird er seiner Frau schreiben. »Sie war kurz davor, sich zu übergeben.«

Aber der Gedanke an das monströse Grauen hindert ihn nicht daran, das Anliegen seiner charmanten Besucherin ernst zu nehmen. Eigentlich liegt ja die Behandlung des Wehrmachtpersonals, wozu auch die Wills gehören, in der Zuständigkeit der Militärregierung, doch er verspricht Marlene Dietrich, sich für ihre Schwester und den Schwager einzusetzen. Auch für eine Typhusimpfung werde er sorgen. »Ich tue, was ich kann.«

Marlene ist gerührt – und bemüht, sich dankbar zu zeigen, bietet sie dem Oberleutnant ein Foto mit Autogramm an. »Wunderbar«, sagt Horwell. »Ich werde es Suse schicken. Die wird sich freuen. Wir haben zusammen den ›Blauen Engel‹ gesehen. Wir waren begeistert. Wir haben tagelang Ihr Lied gesungen. Was sag ich? Wochen! Wochenlang! Wie ging es noch mal?« Moment, ja:

Ich bin die fesche Lola,
der Liebling der Saison,
ich hab ein Pianola …

dinand ermordet worden war, erklärte Österreich Serbien den Krieg und löste damit eine verhängnisvolle Kettenreaktion aus. Ein Bündnispartner nach dem anderen mobilisierte seine Truppen. Auf beiden Seiten. Da wollte selbstverständlich Kaiser Wilhelm II. nicht zurückstehen, der sich lange schon danach gesehnt hatte, seinen Ruhm zu mehren. Und mit Hurra ging es an die Front.

Der Abschied von der Familie oder der Liebsten erfüllte aber auch manchen mit heimlicher Angst. »Jetzt ist Krieg! Schrecklich!«, schrieb Marlene am 15. August in ihr Tagebuch. »Vatel ist am 6. August nach dem Westen ausgerückt. Mutti weint immerzu.«

Von echter Kriegsbegeisterung war auch der junge Soldat Hans Leip weit entfernt, der in der Nacht vom 3. auf den 4. April im Jahr 1915 vor einer Berliner Kaserne Wache schob – der Nacht, bevor er mit seiner Kompanie in Richtung Russland ausrücken sollte. Und der Gefreite, der immer schon gern gedichtet hatte, kämpfte gegen seine sentimentalen Anwandlungen an, indem er ein Gedicht daraus formte. »Lied eines jungen Wachtpostens«, sollte er es später nennen:

Vor der Kaserne bei dem großen Tor
Stand eine Laterne und steht sie noch davor
So wollen wir uns da wiedersehn
Bei der Laterne wollen wir stehn
Wie einst, Lili Marleen.

Unsere beiden Schatten sahn wie einer aus
Dass wir lieb uns hatten, das sah man gleich daraus
Und alle Leute solln es sehn
Wenn wir bei der Laterne stehn
Wie einst, Lili Marleen.

Schon rief der Posten, sie blasen Zapfenstreich
Es kann drei Tage kosten, Kamerad, ich komm ja gleich
Da sagten wir auf Wiedersehn

Wie gerne wollt ich mit dir gehn
Mit dir, Lili Marleen

Bald ließ sich nicht mehr verheimlichen, dass der Sieg nicht so schnell zu erringen war, wie der Kaiser versprochen hatte. Der Vormarsch stockte, endete im Schützengraben und mit verheerenden Schlachten. Aber die patriotischen Parolen und Gesänge trösteten anfangs noch darüber hinweg: »Lieb Vaterland, magst ruhig sein, fest steht und treu die Wacht am Rhein ...«

Auch Liesel und Marlene, die nun mit ihrer Mutter in der Albrechtstraße in Dessau lebten, sangen mit, wenn alle in der Aula zusammenkamen und Siege feierten, die in Wirklichkeit oft gar keine Siege waren. Sie strickten Socken und Pulswärmer für die Soldaten und zogen mit Spendenbüchsen durch die Straßen, um für Bomben und U-Boote zu sammeln. Doch allen Propagandalügen und Durchhalteparolen zum Trotz erreichten nun auch Liesel und Marlene immer häufiger die Schreckensmeldungen von den Fronten des Krieges. Immer mehr Mitschülerinnen trugen Schwarz, weil ihre Väter gefallen waren.

Eduard von Losch war bereits Ende August 1914 durch einen Schrapnellschuss verwundet worden. Immerhin brachte ihn die Verletzung wieder eine Zeitlang mit seiner Familie zusammen, denn er kam ins Schlosslazarett nach Braunschweig, und seine Frau quartierte sich mit den beiden Kindern während der gesamten vier Wochen seines Krankenhausaufenthalts in einer Pension in unmittelbarer Nähe des Lazaretts ein.

Doch der befristeten Familienzusammenführung folgte eine lange Zeit des Bangens und Betens. Im Juni 1916 wurde Eduard von Losch ein zweites Mal getroffen – diesmal wohl von einer Kugel aus den Reihen der Kaisertreuen. »Als er die Hand hob, um die Soldaten zum Angriff zu führen, ist es möglich, dass eine Kugel seiner eigenen Soldaten ihn traf«, schrieb Liesel später in ein altes Schulheft. Der Kavallerieleutnant war an dem Versuch beteiligt gewesen, die Brussilow-Offensive der Russen zurückzuschlagen –

und in der Nähe der ukrainischen Stadt Kowel schwer verwundet worden. Eduard von Losch wurde in das Militärlazarett Miroslavo transportiert. Die Ärzte wollten seinen zerfetzten Arm amputieren. Doch von Losch lehnte ab. Stattdessen sandte er seiner Frau ein Telegramm und teilte ihr seinen Wunsch mit, noch einmal ihre Hand zu halten. Denn er spürte, dass es mit ihm zu Ende ging, und tatsächlich führte die Wunde zu einer bedrohlichen Blutvergiftung. Josephine von Losch ließ daraufhin all ihre Beziehungen spielen, um ihrem Mann zur Seite zu stehen. Denn eigentlich waren Besuche so nahe der Front nicht gestattet. Aber in diesem Fall ließen die Militärs Gnade vor Recht ergehen. Josephine von Losch war drei Tage mit dem Zug in Richtung Osten unterwegs, bis sie schließlich ihren Mann im Krankenbett wiedersah. Er starb am 16. Juli 1916 in ihren Armen.

So wurde Josephine von Losch ein zweites Mal Witwe. Wie beim Tod ihres leiblichen Vaters weinte sich Liesel wieder in den Schlaf, während Marlene tapfer die Lippen zusammenpresste. Tapfer wie ein preußischer Soldat.

Wie schon in der Vergangenheit trug Marlene bisweilen Jungenkleidung und ließ sich »Paul« nennen, auch von ihrer Mutter. Damit der Name ein bisschen vornehmer klang, ließ sie ihn französisch aussprechen. Das war nicht nur ein Spiel, sondern hatte einen ernsten Hintergrund. »Ich wollte den Platz meines Vaters einnehmen«, sollte Marlene später sagen. »Gegen den Willen meiner Mutter.«

Schon als junges Mädchen schrieb Marlene auf, was sie umtrieb. Zeitweise führte sie fast täglich Protokoll über ihre Erlebnisse und Gefühle. Von ihrer Tante Vally, einer Schwester Eduard von Loschs, hatte sie Ostern 1912 ein rotes, in marokkanisches Leder gebundenes Tagebuch mit Goldprägung geschenkt bekommen. Diesem »Rotchen«, wie sie es nannte, vertraute sie in den nächsten Jahren an, in wen sie gerade verknallt war, worüber sie sich ärgerte, was ihr Spaß machte und was sie traurig stimmte.

Viel Spaß hat sie dem Tagebuch nach auf jeden Fall auf der Berliner Kunsteisbahn gehabt, wo eine Blaskapelle Walzer oder Schlager spielte – zum Beispiel »Die Männer sind alle Verbrecher«.

> 26. Februar 1913
> Auf der Eisbahn war es sehr schön. Ich bin hingefallen, da kam gleich 'ne Menge Bengels an. Adieu fürs Erste, süßes Rotchen. Viele Küsse, Deine Leni.

> 19. Januar 1914
> Auf der Eisbahn war es heute wirklich schön. Liesel hat gerade gefragt, ob ich wieder so einen Unsinn über Jungen schreibe. Also wirklich! Ist das Unsinn, mein liebes Rotchen? Natürlich nicht! Wir wissen ja, was für Sachen sie schreibt. Liesel ist immer so furchtbar anständig. Küsse, Deine Leni.

> 11. März 1915
> Lise ist ekelhaft. Heute in der Malstunde, wenn wir lachten, sagte sie immerzu: Wie albern! ... Ich könnte ihr die Nase bis nach Paris ziehen.

Ja, Liesel ist ein braves Mädchen. Liesel lernt auch freiwillig für die Schule, liest immer dickere Bücher und genießt es, sich damit in freien Stunden in ihrem Zimmer zu vergraben. Mit Freundinnen verabredet sie sich nur selten, mit Freunden schon gar nicht. Ganz anders als Marlene. Die nutzt jede freie Minute, um auf den »Bummel« zu gehen, sich mit Freundinnen zu treffen oder Scherze mit Jungen zu treiben. Das bleibt natürlich auch ihrer Mutter nicht verborgen. Josephine von Losch macht sich Sorgen um ihre Jüngste – und sie beauftragt ihre Älteste, ein Auge auf Marlene zu werfen. Liesel wird angewiesen, sich an die Fersen ihrer Schwester zu heften und ihrer Mutter Bericht zu erstatten, falls Marlene »Dummheiten« macht. Liesel ist gar nicht wohl dabei, aber sie ist eine brave Tochter und auch ein bisschen stolz darauf, dass ihre Mutter sie zur Verbündeten macht.

Obwohl ihr das Schlittschuhlaufen eigentlich ein Graus ist, folgt sie Marlene sogar auf die Eisbahn. Das ist kein Spaß! Liesel ist anzusehen, wie sie sich über das Eis quält – mit geducktem Kopf, schwerfällig, rudernd, krampfhaft bemüht, das Gleichgewicht zu halten. Sie weiß, dass sie nicht dazugehört. Dass die anderen lachen, tuschelnd höhnische Bemerkungen machen, die sie zum Glück nicht versteht. Leni immerhin ist nett zu ihr. Sie hilft ihr auf, wenn sie hinfällt, und nimmt sie in den Arm. Sie zeigt ihr, wie man sich mit einem Fuß abstößt, auf dem anderen gleiten lässt und mit den Armen Schwung holt: druckvoll und leicht zugleich. Und Leni lacht sie nicht aus, wenn sie es doch wieder falsch macht.

Liesel liebt und bewundert ihre kleine Schwester, die sie mittlerweile schon um einige Zentimeter überragt. Trotzdem erstattet sie ihrer Mutter brav Bericht. Zum Beispiel über diesen Jungen mit der schwarzen Pudelmütze, mit dem Marlene neuerdings immer herumschäkert. Manchmal kommt sie sich wie eine elende Petze, eine Verräterin vor, und oft ist ihr gar nicht wohl dabei, wenn sie ihrer Schwester wie ein Wachhund folgt. Aber dann sagt sie sich, dass das ja alles zu Lenis Bestem ist, und freut sich, wenn die ihr wieder mit ihrem übermütigen Lachen in die Seiten knufft, obwohl sie sie bestimmt längst durchschaut hat.

»Liesel ist ein entsetzlicher Tugendmoppel«, notiert Marlene in ihrem Tagebuch. »Sie geht abends nie über die Cavalleriestraße, aus Angst, man könnte sie bummeln sehen.«

Marlene nimmt sich auch in der Schule mehr Freiheiten als ihre Schwester. Ihre Lehrerin führt akribisch Buch über ihr Fehlverhalten, und oft fühlt sich Marlene ungerecht kritisiert, wie sie ihrem Tagebuch anvertraut.

30. Januar 1914
Heute habe ich eine Rüge bekommen, weil eine mich gekitzelt hat und ich gelacht habe. Na und ma maman hat mir natürlich eine Rede gehalten über Freundinnen … Heute hat mir Steffi Berliner mindestens fünfmal die Mütze runtergerissen, und ich bin böse.

Ich hab' nun schon einen Tadel u. fünf Rügen, ich hoffe stark, noch gut zu bringen in Betragen, denn ich habe in Aufmerksamkeit und Betragen einen Tadel, eine Rüge in Ordnung und vier Rügen in Betragen. Heiliger Bimbam!

Es gibt aber auch Lehrerinnen, denen Marlene zugetan ist – zum Beispiel Fräulein Grützmacher. Regelrecht verliebt ist sie in Madame Breguand, eine gebürtige Französin, »meine geheime große Liebe«, wie sie später schreiben wird. Doch bald ist die Liebe wieder verflogen, und eine neue Schwärmerei tritt an die Stelle der alten. Besonders stark sind die Gefühle, die Marlene ihrer Tante Vally entgegenbringt. Die Frau, die ihr das Tagebuch geschenkt hat, ist anders als die langweiligen Tanten, die wie graue Mäuse ins Haus huschen und bei Kaffee und Bienenstich über Gott und die Welt, die Kaiserin und Kurbekanntschaften plappern. Ganz anders.

Tante Vally ist wie eine dieser Schönheiten aus den Illustrierten. Sie kleidet sich nach der neuesten Mode und spart nicht an teuren Hüten und Handschuhen. Ihre tief ausgeschnittenen Seidenkleider sind ebenso maßgefertigt wie ihre Schuhe aus rubinrotem oder moosgrünem Leder. Sie hat eine gute Partie gemacht und leistet sich ein Leben in Luxus. Ihr Mann Otto Varnhagen ist im selben Jahr gefallen wie ihr Bruder Eduard, aber die stilvoll zelebrierte Trauer ist bald überwunden. Was bleibt, ist ein klingender Name. Und viel Geld. Marlene ist betört von Vallys eleganter und aufreizender Erscheinung mit der Brüsseler Spitze und dem Duft der vornehmen Welt. Eines Tages will auch sie so eine feine Dame sein. Immer wieder vertraut sie ihrem »Rotchen« an, wie sie diese schöne Frau anhimmelt.

3. Februar 1916
Tante Vally ist hier; es ist wundervoll. Eben habe ich auf ihr Bett einen Tannenzweig mit roten Papierrosen hingelegt und dazu ein Gedicht gemacht:

Hätt' ich schöne Rosen,
Pflückt ich sie für Dich,
Doch zu Winterszeiten,
Hab' ich diese nicht.
Sieh die Blumen an
Und denk an mich.
Ich liebe Dich.

Zwei Tage später schreibt sie:

Tante Vally ist so himmlisch wonnig. Gestern hatte sie ein schwarzes Ribkleid an mit weißem Kragen u. weißen Manschetten. Sie sah so himmlisch aus ... Kleine Lackhalbschuhe hatte sie an. Ich habe sie gestern viel geküsst, aber trotzdem fehlt mir etwas, ich bin nicht so selig über einen Kuss, den sie mir gibt, wie bei Grete aus Harzburg. Es ist doch meine Tante; Liese gibt sie doch auch einen Kuss. Als ich gestern den Sehnsuchtswalzer von Beethoven ihr vorspielte, da hat sie geweint. Ich hätte die Geige wegwerfen können u. zu ihr hinlaufen u. ihr die Tränen abküssen.

Aber auch die Schwärmerei für Tante Vally ist bald verflogen. Am 15. Juni desselben Jahres vermerkt Marlene in ihrem Tagebuch:

Übrigens, ich schwärme nicht mehr für T. Vally. Jetzt für niemanden! In drei Wochen sind wir ja in Harzburg, da schwärme ich gewiss wieder für jemand anderen.

Meistens sind es ältere Frauen, die Lenis Herz entflammen. Bisweilen verknallt sie sich aber auch in junge Mädchen. »Ich fange jetzt an, Margot Rosendorff, aus Lises Klasse, zu lieben«, notiert sie zum Beispiel am 18. Juni 1917.

In Jungen oder junge Männer verliebt sie sich nicht so oft – und meist bleibt es bei einem koketten Flirt aus der Ferne wie im Falle eines jungen Soldaten:

10. Dezember 1916
Heut hat er wieder gelächelt. Er ist verwundet, geht in Zivil, heißt F. Schuricke, u. guckt mich immer frech an. Frühmorgens seh ich ihn in der Bahn u. mittags, wenn er zurückkommt, u. abends auf dem Bummel. Das werd ich mir doch nicht nehmen lassen!

Liesel verliebt sich selten. Wenn es aber mal bei ihr funkt, stürzt sie dies gleich in ein Gefühlschaos, das sie zu zerreißen droht, und die Angst vor Zurückweisung ist so groß, dass sie in Gegenwart des oder der Angebeteten Schweißausbrüche bekommt und keinen vernünftigen Satz hervorbringt. Das bleibt auch Marlene nicht verborgen, für die die Liebe vor allem ein Spiel ist. »Lise ist total verliebt in Hanni«, schreibt sie zum Beispiel am 3. Februar 1915 in ihr Tagebuch. »Es gibt Tiere, die heißen Affen, dazu gehört meine Schwester. Ach, ich bin zu fuchsig über Lise, so verliebt zu sein. Verliebt, verlobt, verheiratet.«

Liesel spürt selbst, dass sie diese Art von Verliebtheit nicht froh stimmt. Umso mehr bewundert sie ihre schöne Schwester, der das alles ganz leichtzufallen scheint.

Es kommt aber auch vor, dass Marlene das Gleichgewicht verliert. Besonders die Stummfilmdiva Henny Porten (1890–1960) bringt ihr Blut zum Kochen. Die oft nur kurzen Filmdramen mit der blonden Filmschönheit, die als Symbiose von Gretchen und Germania gefeiert wird, begeistern sie – egal ob ihr Idol als jugendliche Naive oder als von Dämonen heimgesuchte Furie glänzt. Und Marlene begnügt sich nicht damit, wie andere Fans Zeitungsausschnitte zu sammeln und Autogramme zu erbitten. Sie lauert der vergötterten Schauspielerin, die in einem Film auch für Kriegsanleihen wirbt, an Bühnenausgängen und Zeitungskiosken auf, schreibt ihr glühende Liebesbriefe, fiedelt ihr in der Lobby eines Hotels ein Ständchen auf der Geige vor und schickt ihr zu Premieren Cremetörtchen und ein selbstbesticktes Gobelinkissen. Als die Angebetete dann das Kissen in einem ihrer nächsten Filme als Requisit verwendet, schreit Marlene bei der Premiere im vollbesetzten Kino entzückt auf. Sie sieht sich bestätigt, dass ihre Verehrung Widerhall findet, fühlt sich ermutigt, ihre Werbungsoffensiven fortzusetzen. Mit doppelter Kraft. Sie stellt ihrem Idol mit der Hartnäckigkeit und Leidenschaft einer Besessenen nach. Ihre Tagebucheintragungen lesen sich wie die Chronik einer Verfolgungsjagd.

22. November 1917
Am Sonntag war eine große Feier im Mozart-Theater, mit zwei Filmen mit Henny Porten. Ich wartete auf sie und schenkte ihr vier weinrote Nelken, die mich vier Mark kosteten. Sie sah absolut göttlich aus und gab mir den schönsten Händedruck der Welt. Manchmal überwältigt mich die Sehnsucht nach ihr so sehr, dass ich schnell in einen Laden gehen und eine Postkarte mit ihrem Bild kaufen muss, nur um ihr schönes Gesicht zu sehen.

Als Marlene bei einer Klassenfahrt im bayerischen Geigenbauerstädtchen Mittenwald ist, schleicht sie sich am frühen Morgen aus der Unterkunft von ihren Mitschülerinnen fort und fährt mit dem ersten Zug nach Garmisch, wo Henny Porten gerade mit ihrem Mann, einem Psychiater, frische Alpenluft tankt. Marlene, die vorher die Kurliste von Garmisch studiert hat, steuert zielgerichtet das Haus der Schauspielerin an und weckt sie mit einem Geigenständchen. Die Diva ist gerührt. Doch schon bald hat sie genug von dem Frühkonzert, schließt entnervt das Fenster und beobachtet erleichtert, wie die Nervensäge mit der Geige von dannen zieht.

Die Schauspielerin reagiert immer gereizter auf das aufdringliche Mädchen. Henny Porten fühlt sich verfolgt und belagert – und gibt Marlene zu verstehen, dass sie ihre Annäherungsversuche ziemlich lästig findet. Doch es dauert viele Monate, bis die Botschaft bei der Verehrerin ankommt.

Viele Menschen haben in dieser Zeit ganz andere Sorgen. Der Krieg steuert auf die finale Katastrophe zu. Mehr als dreihunderttausend Soldaten fallen allein in der Schlacht bei Verdun. Andere versinken im Schlamm der Schützengräben oder werden wahnsinnig im Angesicht sterbender Kameraden. Die ganze Welt gerät in den Strudel des Todes, und im Deutschen Reich wandelt sich die Siegeszuversicht in Trauer, Bitterkeit und Verzweiflung.

Liesel und Marlene erleben mit, wie weitere Todesbotschaften von der Front ihre Familie erschüttern. Nach ihrem Stiefvater fällt auch Onkel Max. Sein Zeppelin wird abgeschossen. Mögen sie noch so viele Socken stricken, Kartoffeln und Rüben von den Feldern sammeln, beten und singen, die endgültige Niederlage ist bald nicht mehr abzuwenden. Heerscharen von Kriegsinvaliden kehren von den Schlachtfeldern zurück, junge Männer humpeln, gestützt auf Krücken, mit schlotternden Hosenbeinen durch die Straßen und betteln um ein paar Pfennige oder ein Stück Brot. Andere proben den Aufstand, verprügeln ihre Offiziere, stürmen Schlösser, besetzen Rathäuser und Fabriken, gründen Arbeiterräte und hissen rote Fahnen. Der Kaiser sieht in dem allgemeinen Aufruhr keine andere Möglichkeit mehr, als sich mit seiner Familie in einen Zug zu setzen und nach Holland zu flüchten. Kein rühmlicher, aber immerhin ein komfortabler Abgang.

Marlene reißt das bedrohliche Chaos dieser Tage aus ihren Backfischträumen. »Warum muss ich diese schreckliche Zeit miterleben«, schreibt sie am 9. November 1918 in ihr Tagebuch.

> Ich wollte doch eine goldene, frohe Jugend haben. Und nun ist es so gekommen. Der Kaiser tut mir so leid und all die andern! Heute Nacht soll es schlimm hergehen. Der Mob fällt über jeden her, der im Wagen fährt. Wir hatten ein paar Damen zum Tee gebeten, keine ist durchgekommen … Wo man hinsieht rote Fahnen. Was das Volk nur will … Ach, wenn ich doch nur ein bisschen glücklich wäre, dann wäre mir alles viel unbedeutender. Vielleicht kommt noch mal eine Zeit, wo hier in dem Buch von Glück die Rede ist, nur von Glück.

Schon 1917 ist Marlene mit ihrer Mutter und ihrer Schwester von Dessau nach Berlin zurückgekehrt. Josephine von Losch zieht in eine Sechszimmerwohnung in der Kaiserallee 135 (heute Bundesallee). Sie wird von ihrer Familie unterstützt, sodass ihr das größte Elend der Nachkriegszeit erspart bleibt. Trotzdem muss sie manches Schmuck- und Möbelstück versetzen und mit ihren Töchtern Schlange stehen, um ein wenig Brot, Mehl und Milch zu ergattern. Den Geigenunterricht für Marlene übernimmt sie jetzt zeitweise selbst. Stolz beobachtet sie, dass ihre Jüngste trotz der schwierigen Zeiten viel dazulernt, und obwohl sie eine eher nüchterne Frau ist, die ihren Töchtern keine Flausen in den Kopf setzen will, kommt ihr auch mal ein Kompliment über die Lippen: »Du hast wirklich Talent, mein Kind.«

Liesel und Lena besuchen nun in Berlin-Wilmersdorf die nahegelegene Victoria-Luisen-Schule (heute Goethe-Gymnasium). Liesel steuert mit großem Ehrgeiz auf das Abitur zu. Sie ist fleißig, diszipliniert, gehorsam und viel braver als die meisten ihrer Mitschülerinnen. Obwohl sie schon achtzehn Jahre alt ist, macht sie immer noch einen Knicks vor ihren Lehrern. Andere spotten über sie, aber darüber versucht sie hinwegzusehen. Einer ihrer Cousins wird später sagen, sie sei immer ein wenig geduckt durch die Welt gelaufen – geradeso, als krümme sie sich unter der Last, Tochter eines »Drachen« zu sein.

Ganz anders Lena. Die hat sich zu einer selbstbewussten jungen Dame entwickelt und sitzt in der ersten Reihe – ob im Klassenzimmer oder beim Gruppenfoto. Sie träumt davon, Musikerin zu werden und mit ihrer Geige zu glänzen. In der Schule absolviert sie nur ihr Pflichtprogramm. Sie fällt vor allem dadurch auf, dass sie den Junglehrern schöne Augen macht. Einen Studienrat, heißt es, habe sie mit ihren kessen, herausfordernden Sprüchen derart aus der Reserve gelockt, dass der junge Mann die Schule verlassen musste.

Liesel ist alarmiert, wenn sie solche Skandalgeschichten hört. Sie müht sich weiterhin, Lena auf den Pfad der Tugend zu lenken und dafür zu sorgen, dass die in Fleiß, Aufmerksamkeit und Betragen zumindest zufriedenstellende Noten erhält. Dabei nimmt sie es in Kauf, dass die jüngere Schwester sie als Wachhund in Diensten der Mutter betrachtet und alles tut, um sie abzuhängen.

Auch in ihrem »Rotchen« stöhnt Marlene darüber, dass Liesel sie auf Schritt und Tritt verfolgt. Nicht mal in der Straßenbahn kann sie sich unbeobachtet fühlen. »Zum Beispiel wird Lise auf den Hinterperron der Elektrischen geschickt, wenn ich draußen stehe, damit sie auf mich aufpasst«, schreibt sie am 11. Juni 1918. »So etwas stößt einen ja erst auf das, was man nicht soll. Na, ich kann sie nicht ändern und sie mich nicht.«

Bei allem Trotz reagiert Marlene bisweilen aber auch mit Selbstzweifeln auf die Kontrollbemühungen ihrer Schwester. »Warum bin ich nur so anders als Liesel und Mutti?«, fragt sie sich, als sie am 12. April 1919 Zwiesprache mit ihrem Tagebuch hält. »So trocken und berechnend sind die beiden, wie ein schwarzes Schaf bin ich hier.«

Der Familienknatsch überschattet sogar eine Filmpremiere im Berliner Mozartsaal. Gezeigt wird *Rose Bernd*, Henny Porten ist in der Verfilmung des gleichnamigen Schauspiels von Gerhard Hauptmann an der Seite von Emil Jannings zu sehen. In der Titelrolle! Marlene hat sich schon Wochen auf die Premiere gefreut. Aber dann meldet auch ihre literarisch interessierte Schwester Interesse an. Liesel habe sie so lange gequält, bis sie sie mitgenommen habe, schreibt Marlene in ihrem Tagebuch. Zu allem Überfluss habe sich dann auch noch ihre Mutter angehängt.

Trotzdem gelingt es Marlene, mit dem einen oder anderen zu flirten. »Jemand sagte mir, ich sähe so schön aus und so süß wie eine Puppe, die man immerzu küssen möchte«, schreibt sie. »Das dachten sicher auch ein paar Herren, die mich bis in die Loge verfolgten.« Ein älterer Herr habe sie sogar gefragt, ob sie auch vom Film komme, berichtet sie kokett. »Als Mutti kam, machte ich mich schnell wieder keusch und züchtig. Grausig ist das, wenn man keinen, aber nicht einen einzigen Menschen hat, dem man sagen kann, was man fühlt, und der dann nicht gleich mit guten Ratschlägen kommt, wie Mutti …«

Dann aber erscheint im Kreise der Familie nach Tante Vally doch noch ein Mensch, dem sie sich nahe fühlt: Tante Jolly (ausgesprochen wie *jolie*), die Frau von Onkel Willi. Martha Hélène Teichner, kurz Jolly, hat mit ihrem früheren Angetrauten, einem amerikanischen Geschäftsmann namens McConnell, der mit Fahrgeschäften für Vergnügungsparks handelt, bereits eine Zeit lang in Hollywood gelebt. Mr. McConnell ist mit Jolly nach Berlin gekommen, um hier für seine neue Erfindung, das »Teufelsrad«, zu werben – unter anderem bei einem Empfang des Kronprinzen. Und hier lernt die Tochter eines Lokomotivführers aus Galizien den Berliner Willibald Felsing kennen und wechselt vom Teufelsrad ins Juweliergeschäft und damit auch ihren Lebenspartner. Als sie Onkel Willi das Jawort gibt, ist es bereits ihre dritte Eheschließung, denn Mr. McConnell war nicht ihr erster Mann. Das ist sogar in den Boulevardblättern nachzulesen; die Berliner Klatschpresse nimmt großen Anteil am Leben der »schönen Polin«, die bereits einen Sohn in ihre dritte Ehe einbringt.

Da Jolly nur vierzehn Jahre älter ist als Marlene, sieht die sie nicht in erster Linie als Tante an, sondern mehr als Freundin. Jolly ist selbstbewusst, sie kleidet sich extravagant mit Zobelstolen und einem juwelenbesetzten Turban, und sie liebt teuren Schmuck, wovon Onkel Willi ja genug hat. Die Ketten und Ringe, die sie nicht selbst trägt, versetzt sie, um ihre Schulden zu begleichen. Ein Paradiesvogel – von Josephine von Losch mit Argwohn und Missbilligung betrachtet, von Marlene bewundert. Die Nichte ist wie elektrisiert, wenn Jolly von Hollywood erzählt oder ihr gar ein Glitzerkleid leiht. Vor allem bestärkt Tante Jolly sie darin, dass man auch ohne Abitur glanzvoll durchs Leben kommt.

So verlässt sie schließlich das Gymnasium ohne Reifezeugnis. Ihre Mutter aber gibt sich immer noch nicht geschlagen. Sie bringt Marlene in einem Internat unter – einer Lehranstalt für »höhere Töchter« in Weimar, der Stadt Goethes. Die Achtzehnjährige fühlt sich wie im Gefängnis und hat obendrein auch noch Heimweh. Sie teilt sich ein schlichtes Zimmer mit fünf anderen Mädchen und fühlt sich trotzdem allein. Mag ihre Schwester ihr noch kurze Zeit zuvor auf die Nerven gegangen sein, jetzt fehlt Liesel ihr. Sie vermisst sie ganz furchtbar. »Liesel ist nicht bei mir, und alle, die ich so gern gehabt habe, haben mich vergessen«, notiert sie am 7. Oktober 1920.

Die einzige Freude sind für sie die Geigenstunden bei ihrem Privatlehrer Professor Reitz. Sie übt täglich bis zu fünf Stunden und macht große Fortschritte. Und der Professor ist nicht nur von ihrem Geigenspiel fasziniert, sondern auch von den körperlichen Reizen seiner Schülerin. Wenn Marlene ihm in ihrem luftigen Chiffonkleidchen gegenübersitzt, vergräbt er mit nervösem Augenflackern seine Hände in den Rocktaschen, um seine hübsche Schülerin nur nicht zu berühren, streicht ihr dann aber doch in seiner heimlichen Erregung über Haar und Nacken. Marlenes Mutter, die alle drei Wochen kommt, um unter anderem ihrer Tochter die schönen Haare zu waschen, bleibt nicht verborgen, dass der Professor Leni gegenüber »merkwürdige Verhaltensweisen« an den Tag legt. Sie bittet daher die Direktorin, den Geigenlehrer auszutauschen. Doch die Schulleiterin beschränkt sich darauf, ein ernstes Wort mit dem Mann zu wechseln, und bald schon ist der Effekt der Mahnung verpufft.

»Und es kam, wie es kommen musste«, wird Marlenes Tochter Maria Riva später schreiben. »Dass ein schönes Mädchen mit Violine seine Jungfräulichkeit auf dem Altar einer Händelsonate darbot.« Weniger romantisch klingt es, wie Marlene Dietrich selbst dieses »denkwürdige Ereignis« vom November 1920 schildert:

»Nicht einmal die Hosen hat er ausgezogen. Ich lag auf dem alten Sofa, der rote Plüsch kratzte mich am Hintern. Mein Rock war über meinem Kopf. Er stöhnte und schwitzte. Es war furchtbar.«

3

NEUES LEBEN
IM KLASSENZIMMER

»Guten Morgen, Kinder.«

»Guten Morgen, Fräulein Dietrich.«

Elisabeth musste lächeln, als sie ihren Blick über die dreißig Kinder schweifen ließ, die sich da vor ihren Pulten aufgestellt hatten, um ihren Morgengruß im Chor zu erwidern. Einige starrten schüchtern auf den Boden, andere guckten sie keck an, und wieder andere knufften ihre Nachbarn mit dem Ellenbogen und machten dazu ein Gesicht, als könnten sie kein Wässerchen trüben. Fast alle aber wirkten noch ziemlich verschlafen. Kein Wunder, es war ja erst acht Uhr. Der Beginn der ersten Stunde.

»Setzt euch.«

In einer Ecke des Klassenzimmers glühte ein Kanonenofen. Aber warm war es nicht. Elisabeth erlaubte es deshalb den Jungen und Mädchen, ihre Jacken anzubehalten. Nur ihre Mützen mussten sie abnehmen. Draußen begann es zu dämmern. In der Nacht hatte es leicht geschneit, sodass sich eine dünne Schneedecke über die Straßen und Dächer gelegt hatte. In drei Wochen war Weihnachten. In vielen Familien würde die Bescherung äußerst mager ausfallen. Die Inflation galoppierte, die Preise verdoppelten sich von einem Tag auf den anderen, die Ersparnisse zerrannen zu nichts. Ein paar Heringe waren für viele ein seltenes Festessen, und manche Mütter konnten ihren Kindern nicht einmal eine Stulle mit zur Schule geben.

Elisabeth taten die Kinder leid. Obwohl auch sie nicht im Überfluss lebte, steckte sie manchen heimlich ihr eigenes Schulbrot zu, verteilte Äpfel oder selbstgebackene Kekse an die Bedürftigen. Zu allem Überfluss hatten acht der Jungen und Mädchen auch noch ihre Väter im Krieg verloren.

Trotzdem mühte sie sich, »ihre« Kinder auf Weihnachten einzustimmen, Vorfreude zu entfachen. Unter der Decke hing ein Adventskranz, die Tafel war mit Tannenzweigen geschmückt. Und obwohl Elisabeth gar nicht besonders gut singen konnte, stimmte sie jeden Morgen mit ihrer vierten Klasse ein Weihnachtslied an. Heute war es »Bald nun ist Weihnachtszeit«. Den Text hatten die Kinder in der Woche zuvor auswendig lernen müssen.

Natürlich gehörten zur Adventszeit auch Gedichte. Elisabeth liebte Gedichte, wusste aber, dass sie damit bei einigen ihrer Schüler nicht auf Gegenliebe stieß – manche waren auch gar nicht in der Lage, viele Verse auswendig zu lernen. Sie nahm darauf Rücksicht und verteilte Gedichte von unterschiedlicher Länge, wobei die langen natürlich mit besseren Zensuren belohnt wurden als die kurzen.

Die Lernschwachen hatten für diesen Tag nur einen Vierzeiler aufbekommen. Elisabeth rief Fritz auf, der gerade mit seinem Nachbarn tuschelte. Bevor der blonde Junge zögernd nach vorn kam, wischte er sich erst einmal mit dem Jackenärmel über die laufende Nase.

»Schön laut und langsam, Fritz.«

Fritz legte sofort los: »Niklaus, Niklaus, huckepack ...«

Da fiel ihm seine Lehrerin auch schon ins Wort: »Ich glaube, du hast was vergessen, Fritz. Was tun wir, bevor wir ein Gedicht aufsagen? Wie haben wir das gelernt?«

»Häh?«

»Du sollst nicht immer ›häh‹ sagen. Das heißt ›Wie bitte‹. Also noch mal: Wie leiten wir einen Gedichtvortrag ein?«

»Einleiten?« Fritz kicherte.

Elisabeth seufzte. »Bitte, Fritz! Darüber haben wir doch schon gesprochen. Aber gut. Wer kann Fritz helfen?«

Sofort schossen zwanzig Finger in die Höhe. Elisabeth rief die kleine Dora auf.

»Mit'm Knicks. Die Mädchen machen einen Knicks.«

»Gut. Sehr schön. Die Mädchen machen einen Knicks. Und was machen die Jungen, Fritz?«

»'n Diener.«

»Bitte im ganzen Satz.«

»Die Jungs mach'n 'n Diener.«

»Gut. Also dann fang doch noch mal an – und zwar mit einem Diener.«

Fritz verbeugte sich mit schelmischem Grinsen und begann von vorn.

Niklaus, Niklaus huckepack,
schenk uns was aus deinem Sack!
Schütte ... schütte ...

»Ja, wie geht's jetzt weiter? Wer kann helfen?«

Wieder meldeten sich viele Kinder. Diesmal hatte Willi die Ehre, mit seinem Wissen zu glänzen, und Fritz konnte endlich den zweiten Teil seines Vierzeilers vortragen:

Schütte deine Sachen aus,
gute Kinder sind im Haus.

Endlich durfte er sich wieder setzen.

Die Vortragsreihe steigerte sich bis zum Knecht-Ruprecht-Gedicht von Theodor Storm:

Von drauß' vom Walde komm ich her,
ich muss euch sagen, es weihnachtet sehr ...

Viktoria schaffte es, das lange Gedicht ohne Stocken aufzusagen, und Fräulein Dietrich überschüttete sie mit Lob.

Das waren Momente, in denen sie von einem Glücksgefühl durchrieselt wurde. Solche Kinder waren es wert, dass man sich für sie einsetzte, um sie so gut wie nur irgend möglich zu fördern. Und Viktoria hatte es nötig. Ihr Vater war im Krieg gefallen, und ihre Mutter hustete den ganzen Tag, sodass sie sich nach der Schule auch noch um ihre kleinen Geschwister kümmern musste.

Elisabeth hatte sie wie andere Schüler auch schon mal zu Hause besucht. Die Familie lebte zu viert in einer schlecht geheizten Zweizimmerwohnung. Sie hatte der Mutter einen Hundertmarkschein zugesteckt.

Dabei war es auch in der Kaiserallee finanziell eng geworden. Die Rente, die Josephine von Losch als Offizierswitwe bezog, verlor zusehends an Wert, und ebenso rapide schrumpften ihre Ersparnisse. Sie verdiente sich daher immer wieder etwas dazu, indem sie im Uhrengeschäft ihres Bruders aushalf. Aber auch da gingen die Geschäfte schlecht. So war sie ihrer Tochter dankbar, dass sie einen Teil ihres Lehrerinnengehalts der Haushaltskasse zuführte.

Und Elisabeth war stolz darauf, ihre Familie zu unterstützen. Erst vor einem Dreivierteljahr hatte sie ihr Lehrerseminar – mit der Bestnote – abgeschlossen, sodass sie nach den Osterferien in den Schuldienst eintreten konnte. Ihr war eine Volksschule in Wilmersdorf zugewiesen worden. Gern hätte sie am Gymnasium unterrichtet, auch Englisch oder Französisch, doch dafür hätte sie länger studieren müssen.

Aber das ließ sich vielleicht noch nachholen. Erst einmal tat sie alles, um ihre Arbeit hier an der Volksschule möglichst gut zu machen. Das war nicht leicht.

Schon die vielen Namen! Und nicht alle Schüler waren so brav wie die Kinder ihrer Vierten. Es gab auch Klassen, die sie nicht ernst zu nehmen schienen, die einen solchen Lärm machten, dass sich die Kollegen in den Nachbarräumen gestört fühlten. Einmal war sogar die Schulleiterin zu ihr in den Unterricht gekommen, um für Ruhe zu sorgen. Peinlich war das gewesen, schrecklich peinlich. Sie wäre vor Scham am liebsten im Erdboden versunken. Nächtelang hatte sie verzweifelt überlegt, was sie tun konnte, um sich mehr Respekt zu verschaffen. Härtere Strafarbeiten in Erwägung gezogen, ihrer Stimme einen festeren Klang zu geben versucht und auch an ihrem Erscheinungsbild gearbeitet. Dabei hatte sie sich notgedrungen auch vor den Spiegel gestellt. Aber das war ganz furchtbar gewesen. Ihr Spiegelbild erschien ihr wie eine Witzfigur, ein jämmerlicher Anblick. So klein, so pummelig, so hässlich. Kein Wunder, dass die Kinder über sie lachten. Mochte sie sich noch so stramm aufrichten, den Kopf zurückwerfen, streng blicken oder freundlich lächeln, alles wirkte nur albern und verkrampft. Zu allem Überfluss war sie bei ihrer Selbstbespiegelung auch noch von ihrer Mutter überrascht wurden. »Was machst du denn da?«, hatte die nur gesagt. »Fängst du jetzt auch schon an wie Leni?«

Mittlerweile ging es besser. Viel besser. Sie hatte sich Respekt verschafft, wie man so sagte. Von Kolleginnen beraten lassen, mit Eltern gesprochen und manche Störenfriede auch schon mal rigoros vor die Tür gesetzt. Nur noch einzelne Schüler tanzten ihr auf der Nase herum. Die meisten waren ihr zugetan. Besonders ihre Vierte. Manchmal kamen in der Pause sogar Erstklässler zu ihr und vertrauten ihr Geheimnisse an. Sie berührten sie mit ihren kleinen Händen, duzten sie, schmiegten sich an sie. Das war schön und lenkte sie von ihren eigenen Sorgen und Selbstzweifeln ab.

Ja, sie genoss es, endlich um ihrer selbst willen geachtet zu werden und nicht nur der Schatten oder gar Wachhund ihrer Schwester zu sein. Natürlich bewunderte sie Marlene immer noch, hörte ihr zu, wenn sie von ihren Eroberungen, ihren Schwärmereien erzählte, aber sie war jetzt viel zu sehr mit der Schule beschäftigt, um sich davon aufsaugen zu lassen. Sie hatte endlich so etwas wie ein eigenes Leben. Der Klassenzimmergeruch war ihr lieber als das teuerste Parfüm – dieser Duft von Kreide, Butterbroten und Kinderschweiß. Dass sie noch nicht wie die meisten anderen Frauen ihres Alters von einem Mann geliebt worden war, fand sie gar nicht so schlimm. Sie hatte ja ihre Bücher, ihre Fontane-Romane, ihre Shakespeare-Sonette, ihre Goethe-Gedichte. Und die Liebe, die darin besungen wurde, war viel schöner, viel erhabener als die Liebe im wirklichen Leben. Zum Beispiel Goethes »Willkommen und Abschied«:

Es schlug mein Herz, geschwind zu Pferde!
Es war getan fast eh gedacht.
Der Abend wiegte schon die Erde,
Und an den Bergen hing die Nacht …

Ich ging, du standst und sahst zur Erden,
Und sahst mir nach mit nassem Blick:
Und doch, welch Glück, geliebt zu werden!
Und lieben, Götter, welch ein Glück!

4

DIE ROLLE IHRES LEBENS

Warten, warten, warten. Im Deutschen Theater in Berlin steht eine junge Frau allein auf einer Bühne und knetet nervös die Finger. Vorsprechen für die Schauspielschule Max Reinhardts, jenes berühmten Regisseurs, der das Theaterleben in der Hauptstadt prägt wie kein Zweiter. Eine geschlagene Stunde hat Marlene schon im tristen Vorraum auf ihren Auftritt gewartet; miterlebt, wie eine Mitbewerberin bedrückt zurückkam und kein Wort herausbrachte, als Marlene sie fragte, wie es gelaufen sei. Jetzt ist sie selbst gleich dran.

Im dunklen Zuschauerraum sitzen Herren, die sie nicht erkennen kann. Gesichtslose Silhouetten. Max Reinhardt ist nicht darunter. Der große Meister inszeniert gerade in Wien.

Auf der Bühne steht nur ein Stuhl. Aber das reicht. Marlene hat das Gretchen-Gebet aus Goethes *Faust* einstudiert. Am Abend zuvor noch hat sie die Szene Liesel vorgespielt, die den Monolog genauso auswendig konnte wie sie selbst. Liesel war begeistert gewesen. Aber jetzt kommt es darauf an, diese Schattenwesen im Parkett zu überzeugen.

»Bitte.«

Tief durchatmen und los.

Marlene setzt sich, starrt ins Scheinwerferlicht und versucht sich vorzustellen, dass sie in irgendeiner Mauerhöhle das Andachtsbild der Mater dolorosa vor sich hat.

Ach neige, du Schmerzenreiche,
Dein Antlitz gnädig meiner Not …

Sie spürt, dass sich ihr Herzklopfen legt, steigert sich mehr und mehr in ihren Text, kniet nieder.

Wer fühlet,
Wie wühlet
Der Schmerz mir im Gebein?

Tagelang hat sie kaum an etwas anderes denken können, alles getan, um diese Chance nicht zu vermasseln. Denn die Schauspielschule Max Reinhardts gilt als Tor zu den besten Theatern Deutschlands, und nicht alle Bewerberinnen werden zum Vorsprechen eingeladen. Nein, bei weitem nicht.

Marlene war froh, die Schule endlich hinter sich gelassen zu haben. Bis zum Abitur war sie auch in Weimar nicht gekommen. Aber wozu brauchte der Mensch Abitur? Sie sah sich als Künstlerin. Eigentlich wollte sie ja Konzertgeigerin werden, aber nach dem Vorfall mit dem Geigenlehrer war ihr die Lust am Geigenspielen abhandengekommen. Die Leichtigkeit, mit der sie bisher den Bogen gestrichen hatte, fehlte plötzlich. Und so war sie von der Musikakademie abgelehnt worden. Aber sie sah keinen Grund, sich darüber zu grämen. Schon lange hatte sie davon geträumt, Schauspielerin zu werden. So wie Henny Porten, ihr Idol. Ihre Mutter war entsetzt gewesen, als sie ihr von ihren Plänen berichtet hatte. Das alte Lamento von den brotlosen Künsten. Pah! Sie würde schon noch beweisen, dass man auch mit der Schauspielerei Geld verdienen konnte. Aber jetzt erst einmal diese Aufnahmeprüfung.

Sie rutscht auf ihren Knien hin und her, legt Schmerz und Verzweiflung in ihre Worte, fleht voller Inbrunst das imaginäre Bild der Madonna vor ihrem inneren Auge an:

Die Schauspielerin als junge Frau.

Hilf! Rette mich von Schmach und Tod!
Ach neige,
Du Schmerzenreiche,
Dein Antlitz gnädig meiner Not!

Geschafft! Jetzt müsste eigentlich der Applaus einsetzen. Zumindest ein paar lobende Worte wären schön. Aber es bleibt einige schreckliche Sekunden lang still. Was folgt, dringt nur bruchstückhaft zu ihr vor, wie von weit her. Später sollte sich die Szene zu einer Anekdote mit ganz unterschiedlichen Szenen entwickeln. Aus dem dunklen Zuschauerraum soll eine Geisterstimme gerufen haben: »Fräulein Dietrich, heben Sie Ihren Rock. Wir wollen Ihre Beine sehen. Heben Sie Ihren Rock.«

Aber das ist nicht verbürgt. Sicher ist, dass Marlene abgelehnt wurde. Ihr Vortrag, heißt es, sei zu schwülstig gewesen. Sie habe zu dick aufgetragen. Niemand erwarte von einer Schauspielerin, dass sie Tränen vergieße, wurde ihr gesagt. Entscheidend sei es, das Publikum zum Weinen zu bringen.

Doch Marlene ließ sich nicht entmutigen. Sie nahm – angespornt und gefördert von Onkel Willi – privaten Schauspielunterricht, übte sich im Singen, Geigenspielen und Tanzen und sprach weiter vor. Mit Erfolg. Sie wurde engagiert: als Nummerngirl, als Statistin, für Nebenrollen im Theater. Sogar in einer Inszenierung von Max Reinhardt durfte sie mitspielen. In der Shakespeare-Komödie *Der Widerspenstigen Zähmung* trat sie als Witwe auf – eine winzige Rolle, aber im Großen Schauspielhaus vor dreitausend Zuschauern. Sie fiedelte, sang und tanzte. Manchmal absolvierte sie an einem Abend gleich zwei Auftritte hintereinander. Nachdem sie mit ihrer Tanztruppe ihre langen Beine geschwungen hatte, streifte sie ihr Glitzerkostüm ab und schlüpfte in das Gewand einer Zofe.

An Auftrittsmöglichkeiten fehlte es im Berlin der zwanziger Jahre nicht. Die Stadt vibrierte vor Kreativität, sprühte vor lange unterdrückter Lebensfreude. Operetten und Revuetheater, Kabaretts und Schauspielhäuser wetteiferten um die Gunst eines vergnügungshungrigen, aber nicht anspruchslosen Publikums. Und fast alles war erlaubt. Der Zusammenbruch des Kaiserreichs, Geldentwertung und Wirtschaftskrise hatten die strenge wilhelminische Moral aufgeweicht, Tabus hinweggefegt und Raum für eine scheinbar unbegrenzte Freiheit geschaffen, die der Kunst ideale Entfaltungsmöglichkeiten eröffnete. Männer stiegen in Frauenkleider und präsentierten sich kichernd mit prallen Kunststoffbrüsten, Frauen sangen Hymnen auf die gleichgeschlechtliche Liebe, und alte Autoritäten wurden zu Lachnummern – egal ob Bischof oder General. Marlene schlüpfte von einer Rolle in die andere. Dabei entwickelte sie großes Geschick darin, ihre Kostüme meist stillschweigend zu ihrem Privateigentum zu machen. Sie nahm, was sie kriegen konnte: Kleider, alle Arten von Handschuhen, Schals, Schuhe, Boas, Handtaschen und vor allem Hüte – Hüte mit Federn, Hüte mit Kunstblumen, Hüte mit Seidenbändern. Dies hatte den Vorteil, dass sie bei Vorsprechterminen und manchen Engagements ihre Garderobe gleich mitbringen konnte.

Bald stand sie auch in kleinen Rollen vor der Kamera. Filme hatten Konjunktur. Kinos und Filmgesellschaften schossen wie Pilze aus dem Boden. Leerstehende Lagerhäuser verwandelten sich in Traumfabriken. Besonders Bauten mit Glasdächern waren gefragt, denn Sonnenstrahlen waren besser – und billiger – als Scheinwerfer. Da noch ohne Ton gearbeitet wurde, konnten in einer Halle dicht nebeneinander gleich mehrere Filme gedreht werden. Hier tobte eine Tortenschlacht, da weinte ein Mann herzzerreißend um seine Liebste, und wenige Meter entfernt prügelten sich Kinder publikumswirksam um eine Tafel Schokolade.

Berlin mühte sich, den Amerikanern Konkurrenz im Filmgeschäft zu machen, und Marlene Dietrich war dabei. In Joe Mays Film *Tragödie der Liebe*, der 1923 in die Kinos kam, spielte sie die aufreizende Geliebte eines Staatsanwalts: Lucie, ein Flittchen. Es war nur eine kleine Rolle, im Schatten von Stars wie Rudolf Forster und Emil Jannings, mit dem sie hier zum ersten Mal gemeinsam auftrat. Doch Marlene warf sich mächtig ins Zeug, um sich die Rolle zu sichern. Für die Bewerbung schlüpfte sie in ein Chiffonkleid mit tiefem Ausschnitt, streifte sich grellgrüne Handschuhe über, klemmte sich ein Monokel ins Auge und stöckelte in hochhackigen Schuhen durchs Studio. Dabei sah sie nicht nur verführerisch aus, sondern vor allem lächerlich. Auch der Regieassistent Rudolf Sieber, betraut mit der Auswahl der Nebendarsteller, musste sich das Lachen verkneifen. Trotzdem engagierte er die junge Schauspielerin – und verliebte sich in sie.

Der Funke sprang über. »Er war so schön«, erinnerte sich Marlene Dietrich später. »Sein blondes Haar glänzte, und er war angezogen wie ein englischer Lord auf seinem Landsitz. Ein kleiner Regieassistent beim Film in echtem Tweed? Na, ich wusste sofort, dass ich ihn liebte.«

Der fünf Jahre ältere Regieassistent aus dem Sudetenland war zwar bereits verlobt, aber das änderte nichts daran, dass er Marlene schon wenige Wochen nach den Dreharbeiten Ende 1922 einen Heiratsantrag machte.

Josephine von Losch war anfangs gar nicht begeistert, als Rudolf Sieber bei ihr um die Hand ihrer Jüngsten anhielt. Sie hatte sich für ihre Marie Magdalene eine bessere Partie erhofft als so einen mittellosen Filmfritzen. Andererseits konnte sie es nicht mehr mit ansehen, wie das Mädel immer tiefer im Sumpf dieses Lotterlebens versank. Sie hoffte, dass sie nach der Heirat endlich die Schauspielerei aufgeben würde. Schließlich ließ sie sich sogar als Trauzeugin einspannen, als die beiden am 17. Mai 1923 auf dem Standesamt Berlin-Friedenau den Bund der Ehe eingingen.

Marlene war erst einundzwanzig. Glaubt man ihren Erinnerungen, schloss sich an die standesamtliche Prozedur eine feierliche Trauung in der Kaiser-Wilhelm-Gedächtniskirche an. Ihrer Autobiographie zufolge wäre Marlene am liebsten in einer Pferdekutsche mit wehendem weißem Schleier vorgefahren. Ihre Mutter mietete aber einen amerikanischen Straßenkreuzer, einen Packard. Marlene, heißt es, nutzte das schützende Dunkel im Innern des Autos, um den Myrtenkranz zu lösen, den ihre Mutter ihr zuvor geflochten und als Zeichen der Jungfräulichkeit aufgesetzt hatte. Denn Jungfrau war sie seit der Vergewaltigung in Weimar nicht mehr. »Es gibt Dinge, die man nie vergisst«, notierte sie kurze Zeit später in ihrem Tagebuch und erinnerte sich voll Bitterkeit und Sarkasmus an die »Trauung von Weimar«, die »all das Trübe mit dem Liegenlassen der Geige« nach sich gezogen habe.

Die Hoffnungen ihrer Mutter erfüllten sich nicht. Marlene ließ sich durch ihre Heirat keineswegs zur züchtigen Hausfrau machen. Schon im Juni 1923 trat sie in einer »Hintertreppen-Tragikomödie« mit dem Titel *Zwischen neun und neun* wieder vor einem Theaterpublikum auf, und im Juli stand sie erneut vor der Kamera – diesmal in einer Nebenrolle als Badenixe am Ostseestrand in dem Film *Der Sprung ins Leben* von Johannes Guter. Weitere Bühnenauftritte schlossen sich in rascher Folge an. Sie spielte in der Farce *Mein Vetter Eduard*, sie mimte die Hippolyta in Shakespeares *Sommernachtstraum*, sie mischte als frühreifes Schulmädchen mit in Wedekinds *Frühlings Erwachen*, sie verwandelte sich in ein Dienstmädchen in *Der eingebildete Kranke* von Molière.

Dann aber kam eine neue Rolle auf sie zu: Marlene, die jetzt laut Ausweis Marie Magdalene Sieber hieß, wurde schwanger und am 13. Dezember 1924, zwei Wochen vor ihrem dreiundzwanzigsten Geburtstag, Mutter eines Mädchens, das sie Maria nannten.

Sie nahm ihre neue Rolle ernst. Wenn sie auch bald wieder in Filmen und Theaterstücken mitspielte, wurde die Tochter zu ihrem Lebensmittelpunkt. Die Zeit zwischen ihren Auftritten verbrachte sie jetzt, wann immer es ihr möglich war, bei ihrer Maria in einer Wohnung in der Kaiserallee, die ihre Mutter für sie in der Nähe ihres eigenen Hauses gemietet hatte.

Am 18. Oktober 1926 schrieb sie in ihr Tagebuch:

Das Kind ist alles. Ich habe nichts sonst! Mutti ist immer noch
so himmlisch gut, und das Kind macht ihr so viel Freude.
Ich fange langsam an, ein bisschen abzuzahlen an Liebe. Sonst ist
nichts! Ich spiele Theater, mache Filme und verdiene viel Geld.
Ich habe eben dies Buch durchgelesen! Gott, wo ist der Überschwang der Gefühle! Alles vorbei!
Kein Mensch versteht, dass ich an dem Kind so hänge, weil keiner
weiß, dass ich sonst nichts habe. Ich selbst erlebe nichts. Als Frau
nichts und als Mensch nichts.

Die Ehe mit Rudi war von leidenschaftlicher Liebe weit entfernt. Nach außen hin galten die beiden als Traumpaar, zwei bildschöne Menschen, die scheinbar wie geschaffen füreinander waren. Sie lächelten verliebt in die Kameras, wenn sie fotografiert wurden – ob beim Berliner Presseball oder am Strand von Swinemünde. Doch in sexueller Hinsicht kamen sich die beiden seit der Schwangerschaft offenbar nicht mehr besonders nahe. Sie nannten sich »Papi«

Marlene Dietrich und ihre Tochter Maria im Hawaii-Look mit Papierblumen im Haar (1931).

und »Mutti« und lebten zusammen wie Bruder und Schwester. Maria schrieb viele Jahre später über ihre Mutter:

> Marlene hatte leidenschaftlichen Romanzen schon immer den Vorzug vor purer Sexualität gegeben. Nur aus ehelichem Pflichtgefühl vermochte sie den Liebesakt zu erdulden. Jetzt diente ihr die vage Ausflucht, das Kind könne Schaden nehmen, als Vorwand, die körperliche Liebe endgültig aus ihrer Ehe zu verbannen. Der liebende Gatte stimmte allem zu, was sie für richtig hielt.

Durch ihr Kind und den Umzug in die Kaiserallee war Marlene ihrer Schwester wieder näher gekommen. Auch in deren Leben war eine Veränderung eingetreten. »Es geht ihr oft nicht gut«, schrieb Marlene am 18. Oktober 1926 in ihr Tagebuch. »Man kann ihr nicht helfen. Ich liebe sie sehr.«

5

AUS FRÄULEIN DIETRICH
WIRD FRAU WILL

Wieder läuten die Hochzeitsglocken, wieder steht ein Brautpaar vor dem Altar der Gedächtniskirche. Diesmal trägt Elisabeth den Schleier. Der Bräutigam überragt sie um mindestens dreißig Zentimeter: Georg Hugo Will, ein stämmiger Mann in schwarzem Frack, der einen Zylinder in der Rechten trägt. Ein Mann wie eine deutsche Eiche. Elisabeth kommt sich wie eine Zwergin vor neben diesem Riesen mit Fliege.

Der Pastor hat aus der Bibel gelesen, über die Kraft der Liebe gepredigt, aber auch anklingen lassen, dass das Leben keine einzige Hochzeit ist, sondern Tiefen und Zerreißproben bereithält.

Allein Gott in der Höh sei Ehr und Dank für seine Gnade ...

Jetzt wird es ernst. Die Trauzeremonie beginnt. Elisabeth lässt ihre Augen kurz durch die Kirche schweifen, die nur in den ersten vier oder fünf Reihen gefüllt ist. Ganz vorn, mit gewohnt strengem Blick, ihre Mutter, daneben Marlene und Rudi in ihrer strahlenden Schönheit. Die kleine Maria thront auf dem Schoß ihres Vaters und starrt mit großen Augen auf den Mann im Talar und das Brautpaar mit den Trauzeugen.

Elisabeth senkt den Blick, sie hört die Orgel brausen, hört, wie der Pastor zur Gemeinde spricht, aber die Worte dringen nicht zu ihr vor, sie kommen ihr vor wie mahnendes Raunen aus nebelhafter Ferne. Sie spürt, wie ihr Herz pocht und die Hitze ihr ins Gesicht schießt. Am liebsten würde sie sich in Luft auflösen. Aber das geht natürlich nicht. Denn jetzt spricht der Pastor sie direkt an, drückt mit mildem Lächeln seine Freude darüber aus, dass sie beide gewillt sind, vor Gott den Bund der Ehe zu schließen. Die entscheidende Frage aber richtet der Geistliche zuerst an Georg. Die Antwort schallt so laut durchs Kirchenschiff, dass niemand sie überhören kann: »Ja, mit Gottes Hilfe.« Georg war schließlich mal Schauspieler und weiß, wie man sich Gehör verschafft.

»Ottilie Josephine Elisabeth Dietrich, willst du Georg Hugo Will, den Gott dir anvertraut, als deinen Ehemann lieben und ehren und die Ehe mit ihm nach Gottes Gebot und Verheißung führen – in guten wie in bösen Tagen, bis der Tod euch scheidet –, so antworte: Ja, mit Gottes Hilfe.«

»Ja, mit Gottes Hilfe.«

Die Stimme klingt dünner als die des Bräutigams, aber die Antwort fällt dennoch klar und bestimmt aus. Nicht der Anflug eines Zögerns schwingt darin mit. Ja, sie hat alles getan, ihrer schwachen Stimme Festigkeit zu verleihen – und die Zweifel zu übertönen. Denn gezweifelt hat sie bis zuletzt; unsicher, ob die Gefühle, die sie diesem Mann entgegenbringt, das Wort »Liebe« verdienen und als Grundlage für ein gemeinsames Leben ausreichen. Liebe?! Aber vielleicht gibt es diese Liebe, von denen die Goethe-Gedichte und Shakespeare-Sonette schwärmen, ja gar nicht. Vielleicht ist das alles wirklich nur Kitsch. Nicht einmal bei Marlene und Rudi ist sie sicher, ob das große Wort gerechtfertigt ist.

Auf jeden Fall hat Georg sich mit all seinem Charme um sie bemüht, hat sie mit seinem Witz, seinen Sprüchen, seiner Eloquenz umgarnt, sie gestreichelt und geküsst, dass ihr warm wurde.

Kennengelernt haben sich die beiden durch Marlene. Denn Georg leitet als Direktor den renommierten Kellerclub im Theater des Westens, und da hat er Marlene vor einiger Zeit für eine kleine Revue verpflichtet. Früher hat er selbst auf der Bühne gestanden, sogar in kleinen Gastrollen am Münchner Schauspielhaus. Aber dann, erzählt er gelegentlich, habe er gemerkt, dass er nicht dafür geschaffen sei, fremde Texte zu sprechen und sich Regieanweisungen zu unterwerfen. Seine Mission – dieses Wort benutzt er gern, wenn er von seiner Arbeit spricht – sei es, selbst Regie zu führen, und das tut er nun, auf der Bühne, vor allem aber hinter den Kulissen: als Manager, Kabarett- oder Theaterdirektor. Und das Theater des Westens, diese Operettenbühne in der Kantstraße mit den vielen Stars, war keine schlechte Adresse, wenn ihm die große Bühne auch noch verwehrt war.

Marlene hatte ihn sofort beeindruckt mit ihrem sprühenden Witz, ihrer Berliner Schnauze, ihrer rauchigen Stimme, ihren schönen Beinen. Später, viel später wird er sogar behaupten, er habe sie entdeckt. Doch dieses Verdienst sollten auch andere für sich in Anspruch nehmen – und zwar mit größerer Berechtigung.

Auf jeden Fall aber hatte er dank Marlene deren ältere Schwester entdeckt. Marlene hatte Liesel mitgebracht, als sie von Georg Will zum Essen eingeladen worden war. Dabei war gleich deutlich zu spüren, dass Leni alle Annäherungsversuche dieses Liebhabers dicker Zigarren abblockte. »Was der sich einbildet«, vertraute sie ihrer Schwester an. »Spielt sich auf wie so 'n Generalintendant und hat von Tuten und Blasen keenen Schimmer.«

Aber Liesel ließ sich dadurch nicht abschrecken. Sie fand, dass ihre Schwester mal wieder etwas hart und ungerecht war. Georg war doch nett!

Er war zwei Jahre älter als sie und stammte aus dem nordböhmischen Städtchen Teplitz (heute Teplice), einem berühmten Kurort am Fuße des Erzgebirges. Nach der höheren Handelsschule hatte er in München Philosophie studiert – unter anderem bei dem bekannten Literatur- und Theaterwissenschaftler Artur Kutscher. Aber schon nach wenigen Semestern hatte er das Studium abgebrochen und war vom Hörsaal ins Bühnenmetier gewechselt – zuerst als Dramaturg am Hoftheater Meiningen, später als Schauspieler in München. Karriere hatte er dann aber hinter den Kulissen gemacht, er war schon in jungen Jahren Chefredakteur der Zeitschrift *Musik und Theater* und bald auch Pressechef der Bühnengenossenschaft geworden. Wie er politisch stand, hatte Liesel nie so recht begriffen. Eigentlich war er eher konservativ, hatte in München 1919 angeblich das Freikorps Oberland mitgegründet, München und Oberschlesien mit Waffengewalt von Arbeiterräten und Kommunisten »gesäubert«, wie er ihr mal zu vorgerückter Stunde erzählt hatte. Aber dann war er trotzdem der SPD beigetreten und stand, wie er immer wieder betonte, mit manchem Linken aus der Kulturszene auf Du und Du. Im Theater des Westens managte er nicht nur das Kellertheater, sondern betrieb auch das Theaterrestaurant, wo er als Hausherr oft Kollegen des Deutschen Bühnenvereins und Größen des Berliner Kulturlebens bewirten ließ.

Liesel war beeindruckt, als er ihr erzählte, dass er schon für die *Weltbühne* geschrieben habe, mit Leuten wie Carl von Ossietzky und Kurt Tucholsky bekannt sei und große, ehrgeizige Pläne habe. Und sie war stolz, dass er sich für sie interessierte. Endlich einer, der sie ernst nahm, der sie nach ihrer Arbeit in der Schule fragte, nach ihren Lieblingsautoren, ein Verehrer, der sie bewunderte, weil sie Oscar Wilde und Baudelaire im Original las.

Er hatte sie eingeladen, ihn in Kabaretts zu begleiten, und schließlich auch zu Hause in der Kaiserallee besucht – argwöhnisch beäugt von ihrer Mutter, die gar nicht begeistert war, dass schon wieder so ein Theaterheini ins Haus hineingeschneit kam. Nein, dieser Georg Hugo Will war für Josephine von Losch alles andere als ein Traumschwiegersohn. Weder war er wohlhabend, noch stammte er aus einer Familie von Stand. Immerhin hatte er Manieren und konnte gut reden. Andererseits war der Witwe klar, dass sie im Falle ihrer Ältesten nicht so wählerisch sein durfte. Elisabeth war einfach keine Schönheit, und es wurde Zeit, dass sie unter die Haube kam. Es war sowieso schon etwas peinlich, dass die jüngere Schwester vor der älteren geheiratet hatte.

Und so stellte Josephine von Losch im Laufe der folgenden Wochen ihre Bedenken mehr und mehr zurück und ermutigte Liesel am Ende sogar, den Bund der Ehe einzugehen. Der Bräutigam hätte es vorgezogen, die Trauung auf das Standesamt zu beschränken, aber die Schwiegermutter bestand auf einer feierlicheren Zeremonie in geistlichem Glanz, die wie bei Marlene in der Kaiser-Wilhelm-Gedächtniskirche stattfinden sollte. Das war sie ihrer Familie, zu der ja auch der angeheiratete Zweig derer von Losch gehörte, einfach schuldig. Auch Liesel kam es entgegen, dass ihre Ehe den Segen der Kirche erhielt. Sie war schließlich religiös, betete jeden Abend vor dem Schlafengehen.

Trotzdem hatte ihr diese Trauung schlaflose Nächte bereitet. Denn mit der Heirat war ein großes Opfer verbunden: Sie musste ihren Beruf aufgeben, Abschied vom Schuldienst, von ihren Schülern nehmen. Georg erwartete von ihr wie die meisten Ehemänner der damaligen Zeit, dass sie ganz für ihn da war – natürlich auch für künftige Kinder. Und ihre Mutter empfand diese Erwartung nicht als ungebührlich, sondern als durchaus schicklich. Sie profitierte auch davon. Denn Elisabeth sollte sich mit ihrem Mann in der vierten Etage der Kaiserallee 135 einrichten und, nunmehr frei von schulischen Verpflichtungen, ihrer Mutter als Ausgleich für die mietfreie Wohnung im Haushalt zur Seite stehen.

Das waren Aussichten, die sie nicht froh stimmten. Voller Bewunderung blickte sie jetzt wieder auf Marlene. Die nämlich hatte mit ihrem Rudi am 26. Januar 1926 einen Ehevertrag geschlossen und sich darin ausdrücklich das Recht auf eigene Erwerbstätigkeit vorbehalten. In dem für damalige Zeiten sehr ungewöhnlichen Vertrag stand sogar, dass alle Einkünfte aus Marlenes Erwerbstätigkeit nur ihr allein zustanden. Das Gleiche galt für alles, was sie in die Ehe eingebracht hatte oder noch erben würde. Rudi hatte nur unter der Bedingung zugestimmt, dass die Vereinbarung keinesfalls bekannt werden durfte. Denn für einen Mann galt es seinerzeit als nicht sehr rühmlich, seiner Gemahlin derartige Rechte und Freiheiten einzuräumen.

Doch so etwas konnte nur Marlene durchboxen, sie selbst hatte einfach nicht die Kraft, ihrem Bräutigam solche Zugeständnisse abzuverlangen. Aber vielleicht würde ja alles noch gut werden, vielleicht bekäme sie bald ein Kind, so einen süßen Fratz wie Marlenes Tochter Maria.

Für Zweifel ist es jetzt zu spät. Der Pastor hält ein Samtkissen mit glänzenden Ringen in der Hand und fordert das Brautpaar auf, sich die Ringe gegenseitig anzustecken. Am Ende beugt sich Georg zu seiner Angetrauten herab und gibt ihr einen Kuss, der mehr der Hauch eines Kusses ist. Segen und Schlussgebet beschließen die Zeremonie. »Großer Gott, wir loben dich.«

Auf die Hochzeit folgten trübe Tage. Elisabeth trauerte ihrer Arbeit als Lehrerin nach; einer Arbeit, die ihrem Leben Sinn gegeben hatte, das Gefühl, selbst auch ein bisschen wertvoll und geachtet zu sein auf dieser Welt. Die Hausarbeit verschaffte ihr keine wirkliche Erfüllung. Zeitweise fühlte sie sich wie im Gefängnis – bewacht und bevormundet von ihrer Mutter *und* von ihrem Mann. Sie war gar nicht so unglücklich, dass Georg bald nur noch zum Schlafen nach Hause kam. Seine Arbeit als Regisseur und Kulturmanager hielt ihn oft bis weit nach Mitternacht auf Trab. Er inszenierte kleine Komödien, engagierte Schauspieler, Sängerinnen und Tänzerinnen, verhandelte mit Musikern, entwarf neue Projekte – bald nicht nur für den Kellerclub im Theater des Westens, sondern auch für die »Tribüne«. In dem Privattheater inszenierten auch namhafte Regisseure wie Erwin Piscator oder Jürgen Fehling, und auf der Bühne waren bisweilen bekannte Gesichter zu sehen – Stars wie Adele Sandrock und Heinrich George zum Beispiel, die hier vor allem in Komödien glänzten. Auch Marlene war schon in der »Tribüne« aufgetreten, in einer Nebenrolle in der Komödie *Der Rubikon* von Edouard Bourdet. Aber das war im Frühjahr 1926 gewesen, in einer Zeit also, bevor Georg Will dort zu arbeiten begann, der 1933 sogar vorübergehend die Leitung übernehmen sollte. Jetzt machte sie um ihren Schwager lieber einen Bogen. Sie hatte schon im Kellerclub an der Kantstraße keine guten Erfahrungen mit diesem Mann gemacht, der so schnell aufbrauste. So hatte sie sich denn auch immer etwas anderes vor, wenn Will sie zu einer Vorstellung oder einem gemeinsamen Essen einlud.

Elisabeth litt darunter. Denn sie liebte ihre Schwester – vielleicht sogar mehr als ihren Mann. Und sie verteidigte Marlene, wenn Georg sich abfällig über sie äußerte. Im Übrigen wagte sie es nur sehr selten, ihrem Mann zu widersprechen. Oft genug hatte der ihr zu verstehen gegeben, was er von ihrer Meinung hielt: »Was weißt du denn?! Du hast doch keine Ahnung.«

Damit hatte er sicher nicht unrecht. Denn sie verstand wirklich nicht, nach welchen Gesetzen dieses turbulente Berliner Kulturleben funktionierte. Georg machte ihr aber immer wieder klar, dass es dabei nicht nur um Kunst ging, sondern auch um Geld. Das Dumme war, dass Georgs Projekte oft mehr Geld verschlangen, als sie einbrachten, sodass sie ihre Mutter hin und wieder um einen »kleinen Kredit« für ihren Mann bitten musste – was Josephines Meinung über Georg nicht eben besser machte und Liesel ungeheuer peinlich war. Sie sah sich darum immer häufiger genötigt, Georg gegenüber ihrer Mutter zu verteidigen, obwohl sie oft selbst ihre Zweifel hegte und im Stillen mit Georg haderte. Manchmal wusste sie gar nicht mehr, was sie denken sollte. Dann konnte es vorkommen, dass sie so durcheinander war, dass sie alles falsch machte und dafür auch noch von Georg lautstark gescholten wurde. Nein, sie fühlte sich nicht wohl in ihrer Haut.

Zu den Höhepunkten ihres Lebens zählten die Abende, wenn Georg sie zu seinen Premieren mitnahm. Aber auch da kam sie sich neben den hübschen Schauspielerinnen und Tänzerinnen, die Georg schöne Augen machten, oft klein und hässlich vor. Einfacher war es, wenn Marlene sie einlud. Aber dann war meist auch ihre Mutter dabei, die sie immer flüsternd zurechtwies, etwa weil sie zu gebückt saß oder zu lange klatschte.

Ungestört und mit sich selbst im Reinen war sie nur, wenn sie sich in ihre Bücher versenkte. Und natürlich brachten die Stunden mit ihrer kleinen Nichte Freude in ihren Alltag, wenn Marlene sie wieder einmal bat, sich um Maria zu kümmern. Das Lachen dieses schönen Kindes war ansteckend.

Schließlich wurde Elisabeth selbst schwanger, und alle Sorgen und Kümmernisse traten jetzt hinter der frohen, aber auch etwas bangen Erwartung der Niederkunft zurück.

Am 10. Juni 1928 war es so weit. Liesels Leben hatte endlich wieder einen Mittelpunkt. Sie liebte ihren kleinen Hans-Georg aus vollem Herzen, umsorgte ihn von morgens bis abends, schaukelte ihn in seiner Wiege, und wenn er zu weinen begann, nahm sie ihn sofort auf den Arm und stillte ihn, mochte ihre Mutter sie auch noch so streng zu mehr Zurückhaltung und Regelhaftigkeit ermahnen. Manchmal wagte sie es sogar, die Einmischungsversuche der Hausherrin zurückzuweisen. So gab sie ihrem Sohn beharrlich die Brust, obwohl ihre Mutter energisch für die Flasche plädierte.

Seinen Vater bekam das Kind nicht sehr oft zu sehen. Der war weiter mit wechselnden Kulturprojekten beschäftigt – und vielleicht auch mit wechselnden Frauen. Liesel blieb nicht verborgen, dass seine Hemden manchmal nach einem fremden Parfüm rochen. Aber sie stellte ihn deswegen nicht zur Rede und betrieb auch keine Nachforschungen. Sie war ganz zufrieden mit sich und der Welt, wenn sie mit dem kleinen Hans-Georg allein sein konnte.

6.

DER DURCHBRUCH

Eine junge leichtbekleidete Frau, die lässig einen aufgespannten japanischen Lackschirm über der Schulter trägt, posiert mit einem kleinen blondgelockten Mädchen vor dem Strand von Swinemünde – ihr linkes Bein hat sie kokett vorgestreckt und dabei den Fuß wie bei einem Tanzschritt leicht angehoben, sodass nur die Zehenspitzen den Sand berühren. Marie Magdalene Sieber, bekannt unter ihrem Künstlernamen Marlene Dietrich, und ihre dreijährige Tochter Maria während ihres Ostseeurlaubs im Sommer 1928 – fotografiert von ihrem Mann Rudolf Emilian Sieber, den sie »Rudi« nennt und gern auch »Papi«.

Ein Foto fürs Familienalbum und ein eher seltenes Bild. Denn allzu oft hat Marlene in diesen Tagen keine Zeit für ihre Familie, und meistens müssen ihr Scheinwerfer die Sonne ersetzen.

Sie dreht einen Film nach dem anderen, tanzt, singt und spielt Theater – nicht nur in Berlin, sondern auch in Wien oder bei Außenaufnahmen im holländischen Scheveningen. Sie ist gefragt, und es sind nicht mehr nur Nebenrollen, die ihr angeboten werden. Ihr Stern ist gestiegen und steigt weiter, ihr Gesicht ziert Illustriertenseiten – von den Beinen ganz zu schweigen. Gerade hat sie gemeinsam mit Hans Albers in *Prinzessin Olala* vor der Kamera gestanden, bald werden die Dreharbeiten zu *Ich küsse Ihre Hand, Madame* beginnen, dem Film zum bekannten gleichnamigen Schlager des inzwischen zu einem der großen Popstars der zwanziger Jahre avancierten Richard Tauber. Ihren bisher größten Erfolg aber fei-

Mutter und Tochter am Strand (1928).

ert sie gerade mit einer Revue: *Es liegt in der Luft* – ein übermütiges Spiel mit den Reizen, Absurditäten und Verlockungen der aufblühenden Konsumgesellschaft, das den Nerv der Zeit trifft. Die Bühne der Berliner »Komödie« ist als Warenhaus dekoriert, und Marlene tänzelt in wechselnder Kostümierung durch die verschiedenen Abteilungen dieses Einkaufsparadieses, präsentiert sich mit frechen Songs als Kleptomanin, als Scherzartikel und als singende Säge – mit einer echten Säge, die sie wie eine Geige zum Klingen bringt. Besonders umjubelt ist sie als beste Freundin in einem Duett mit der berühmten Kollegin Margo Lion:

Marlene mit ihrem Mann Rudolf Sieber in Swinemünde (1928).

Wenn die beste Freundin
mit der besten Freundin …

… und weiter:

Früher gab's den Hausfreund,
doch der schwand dahin.
Heute statt des Hausfreunds
Gibt's die Hausfreundin.

Das Lied lässt unverblümt die Reize der lesbischen Liebe anklingen, und Marlene und ihre Freundin spielen offensiv mit der kess vorgetragenen Botschaft, indem sie beide einen großen Strauß Veilchen ins kichernde Publikum halten – ein Erkennungszeichen »jener Damen«, die sich »so furchtbar gut« vertragen.

Maria Riva erzählt in ihrem Buch, dass Margo Lion die Familie gelegentlich besuchte und dass sie und Marlene dann ihr Lied von den besten Freundinnen auch bei Tisch trällerten. Und zwar so oft, dass Maria es schon als kleines Mädchen selbst singen konnte. Nur habe sie damals nicht verstanden, warum sich die Leute vor Lachen schüttelten, wenn sie den Schlager zu Hause vortrug.

»Meine beste Freundin« war bald so populär, dass eine Studioaufnahme mit den beiden Revuegirls produziert wurde. Marlene Dietrichs erste Schallplatte – ein Duett mit Margo Lion – erschien und fand reißenden Absatz.

Es liegt in der Luft wurde vom Publikum und von der Kritik gleichermaßen gefeiert und zog weitere Engagements nach sich. 1929 drehte Marlene Dietrich gleich drei Filme, wirkte als Nebendarstellerin in Frank Wedekinds Theaterstück *Der Marquis von Keith* mit und übernahm zudem noch eine tragende Rolle in *Zwei Krawatten*, einem Revuestück von Georg Kaiser, in dem sie unter anderem – wieder als Partnerin von Hans Albers – die Nummern von Gewinnlosen verlas. Damit es sich weltläufig anhörte, auf Englisch: »Three ... three ... and three! Three cheers for the gentleman who has drawn the first price.«

Unter den Besuchern im »Berliner Theater« war eines Abends auch ein gebürtiger Österreicher, der sich schon einen Namen als Filmregisseur in Hollywood gemacht hatte: Josef von Sternberg. Der Sohn eines orthodoxen Wiener Juden und einer Seiltänzerin hatte gerade mit der 1917 gegründeten Ufa (Universum Film AG) einen Vertrag über die Verfilmung des Romans *Professor Unrat* von Heinrich Mann geschlossen und suchte eine geeignete Hauptdarstellerin. Fest stand, dass der Weltstar Emil Jannings den Studienrat spielen sollte. Das Drehbuch, an dem unter anderem Carl

Zuckmayer mitgearbeitet hatte, war aber ebenso auf die Barsängerin Rosa Fröhlich, genannt Lola Lola, zugeschnitten. Und da der Streifen nicht nur als einer der ersten deutschen Tonfilme konzipiert war, sondern gleich auf Deutsch und Englisch gedreht werden sollte, drängten sich etliche namhafte Schauspielerinnen um die Rolle – unter anderem Heinrich Manns Freundin Trude Hesterberg und die junge, ehrgeizige Nachwuchsschauspielerin Leni Riefenstahl. Nachdem von Sternberg aber Marlene Dietrich als Mabel in *Zwei Krawatten* gesehen hatte, war er überzeugt, die Richtige gefunden zu haben. Um Marlene näher kennenzulernen, lud er sie sofort in sein Produktionsbüro ein.

Glaubt man von Sternbergs Erinnerungen, zeigte sich Marlene Dietrich alles anderes als begeistert von der Einladung. Mürrisch und gleichgültig sei sie gewesen, schrieb er später in seiner Autobiographie. »Als Fräulein Dietrich am späten Nachmittag vor mir saß, tat sie nicht das Geringste, um mein Interesse zu wecken.« Offenbar habe sie gemeint, sie werde wieder einmal mit einer Nebenrolle abgespeist. Darauf habe er, von Sternberg, energisch widersprochen – aber mit geringem Erfolg: »Ich wiederholte, es sei die Hauptrolle, und sie sei ideal für das, was mir vorschwebe. Das schien sie nur zu ärgern, als hätte ich sie beleidigt.« Auf die Frage nach ihren bisherigen Filmen antwortete sie geradezu angewidert. »Ach, die taugen doch alle nichts.«

Doch von Sternberg ließ sich davon nicht abschrecken. Der herbe Charme, das selbstbewusste Auftreten seiner Besucherin gefielen ihm. Er schnappte noch nicht einmal ein, als sie ihm sagte, sie habe einige seiner Filme gesehen und zweifle stark daran, ob er überhaupt mit Frauen umgehen könne. Und er nickte brav, als Marlene von ihm verlangte, dass er sich erst mal drei ihrer Filme anschauen müsse, bevor er mit ihr ins Geschäft kommen könne. Sie meinte ihre letzten Stummfilme – alles Produktionen, in denen sie schon eine etwas größere Rolle spielte. Von Sternberg sah sie sich alle an und musste Marlene recht geben: Die Filme waren furchtbar, Marlene sah schrecklich darin aus. Aber er spürte, dass sich mehr aus dieser Nachwuchsschauspielerin machen ließ. Viel mehr. Ein Geheimnis lag in ihrem Gesicht verborgen, fand er, eine Aura, die es ins rechte Licht zu setzen galt. Und obwohl er längst davon überzeugt war, dass Marlene Dietrich die Idealbesetzung für seine Lola sein würde, lud er sie zu Probeaufnahmen ein.

Wie sich die Probeaufnahmen im Einzelnen abgespielt haben, lässt sich nicht mehr exakt rekonstruieren. Marlene Dietrich selbst hat von diesem denkwürdigen Wendepunkt ihrer Karriere in immer neuen Versionen erzählt. Doch die Probeaufnahme ist erhalten, und manche Details ziehen sich durch alle Darstellungen, sodass sie als halbwegs verbürgt betrachtet werden können. Fest steht, dass von Sternberg Marlene erst einmal in das paillettenbesetzte Flitterkleid einer Hafendirne steckte und ihr Haar mit einer Brennschere wellen ließ, dass es qualmte. »Dann warf ich sie in das Feuer meiner Konzeption und verschmolz ihr Bild mit meinem«, erinnert sich von Sternberg in seiner Autobiographie. »Ich tauchte sie in Licht, bis die Alchemie gelungen war.« Marlene sei förmlich zum Leben erwacht: »Sie reagierte auf meine Anweisungen mit einer Leichtigkeit, wie ich es bislang noch nie erlebt hatte.«

Der Regisseur fordert sie auf, ein englisches Lied zu singen. Sie wählt »You're the Cream in My Coffee«. Die amerikanische Aufnahme kennt sie gut, sie hat den Schlager oft zu Hause vor sich hin geträllert. Da dem Pianisten die Melodie nicht geläufig ist, klimpert sie ihm die ersten Takte auf dem Klavier vor.

Jetzt wird es ernst. Als sie ein Zeichen bekommt, dass die Kamera mit der Tonspur läuft, zieht sie noch mal schnell an ihrer Zigarette, legt die brennende Kippe auf den Rand des Klavierdeckels, zupft sich Tabakbrösel von der Zunge, guckt nach links und rechts und nickt dem Pianisten zu. Sie ist nicht hundertprozentig textsicher, dichtet die erste Zeile um in »You're the cream *of* my coffee«, verrät aber keinerlei Unsicherheit, sondern lässt ihren unterkühlten Charme spielen. Als sich der Klavierspieler in den Akkorden verheddert und in die falsche Tonart abrutscht, ist es vorbei mit der Nonchalance. Sie unterbricht ihren Gesang, und ihre Stimme klingt auf einmal ganz anders. »Soll Musik sein, ja?«, herrscht sie den Pianisten an, während sie die Zigarettenasche über die Klaviertasten stäubt. »No' mal!«

Aber es wird nicht besser. Schließlich hört sie erneut zu singen auf, beugt sich wutschnaubend über das Klavier und faucht den Pianisten mit zusammengekniffenen Augen an: »Mensch! Was fällt dir eigentlich ein? Soll das Klavierspielen sein? Zu dem Dreck soll ich singen? Gehört an'n Waschtrog, aber nich hier, vastehste?! Dussel!« Nach der Schimpftirade bäumt sie sich förmlich auf, zieht an ihrer Zigarette und bläst voller Verachtung den Rauch aus; daraufhin haut sie auf den Klavierdeckel, spuckt einen Tabakkrümel aus und kommandiert: »Noch mal!«

Als auch der dritte Versuch in Missklang endet, explodiert sie. »Himmelherrgott«, schnauzt sie den Klavierspieler an. »An dir is wohl 'n Genie verlorengegangen. Wegen dir muss ich jetzt noch mal den ollen Quatsch singen. Den kannste.« Und mit den Worten: »Wenn du jetzt aber falsch spielst, vastehste, dann gibt's 'n Tritt« schwingt sie sich aufs Klavier, zieht einen Seidenstrumpf übers Knie, schlägt kokett die Beine übereinander und singt:

Wer wird denn weinen,
wenn man auseinandergeht,
wenn an der nächsten Ecke
schon ein andrer steht.

Sternberg amüsiert sich köstlich. Genauso schnoddrig, respektlos und ordinär hat er sich seine Lola vorgestellt. Auch so selbstbewusst und verführerisch. Es hat fast den Anschein, als habe der Aristokrat aus Hollywood sie mit Absicht so in Rage versetzt und die Schimpftiraden aus ihr herausgekitzelt. Auf jeden Fall sieht sich der Regisseur in seiner Wahl bestätigt. Umso erstaunter ist er, als sich die anderen Mitglieder seines Stabs, unter anderem Produzent Erich Pommer und sein maulender Star Emil Jannings, bei der Sichtung der Probeaufnahmen einstimmig für eine Mitbewerberin aussprechen. »Ich glaubte meinen Ohren nicht zu trauen«, erinnerte sich von Sternberg später, »denn auf der Leinwand hatten wir unverkennbar eine einzigartige Persönlichkeit gesehen.« Die Kollegen seien konsterniert gewesen, als er seine Entscheidung für Marlene bekannt gegeben habe, berichtet Sternberg: »Man hörte nur noch Emil Jannings, der mit einer dunklen Stimme, die Kassandra zur Ehre gereicht hätte, murmelte, ich würde den Tag noch bereuen.«

Als Marlene zu Hause Rudi von ihrem Erfolg erzählt, ist von Gleichgültigkeit nichts mehr zu spüren. Sie jubelt, schwärmt in den höchsten Tönen von Sternberg und begießt das nun sichere Engagement mit Champagner. Nicht im Traum habe sie zu hoffen gewagt, diese Rolle zu kriegen, sagt sie. Darum habe sie sich auch gar nicht besonders bemüht. Wahnsinn! Und dann die Gage! Fünftausend Dollar seien ihr angeboten worden. Fünftausend! Dass Jannings das Zehnfache bekommen soll, hat man ihr natürlich nicht gesagt. Aber es wäre auch vollkommen unwichtig. Eine neue Welt steht ihr offen.

In den nächsten Wochen ist Josef von Sternberg häufiger Gast am Familientisch in der Kaiserallee. Das Drehbuch wird besprochen und verändert, ein Arbeitsplan für die Aufnahmen in den Neu-Babelsberger Tonkreuzateliers der Ufa entworfen. Empört lehnt Marlene das Kostüm ab, in das man sie als Hafendirne stecken will, und stößt damit bei ihrem Regisseur auf Verständnis. Als sie dann ihre Schränke, Kommoden und Hutschachteln nach billigem, aber aufreizendem Flitter aus früheren Filmen und Varietéauftritten absucht und ihm ihre eigene Kostümkreation vorführt, lässt Sternberg seiner Begeisterung freien Lauf: »Herrlich, Marlenchen, herrlich. Einfach herrlich!«

Bei den folgenden Dreharbeiten gibt der Regisseur den Ton an. Josef von Sternberg modelliert und dirigiert Marlene ganz nach seinen Vorstellungen. Er bringt ihr bei, wie sie beim Gehen noch mehr ihren Sexappeal zur Geltung bringen kann oder die nackten Beine verführerisch übereinanderschlägt. Vor allem aber setzt er sie ins rechte Licht. Er beleuchtet ihre hohen Wangenknochen, lässt ihre herzförmigen Lippen glänzen, ihre Nase von einem Halbschatten umspielen. Er lässt sie in Nahaufnahmen elektrisierend die Augen aufschlagen, überredet sie, sich vier Backenzähne ziehen zu lassen, um ihr Gesicht schmaler zu machen, er lässt sie gleichzeitig vulgär und geheimnisvoll erscheinen, verleiht ihr den Heiligenschein einer Dirne. Kurz: Josef von Sternberg, dieser Magier des Lichts, formt Marlene nach seinem Bilde, macht sie zur Femme fatale. Dabei kriecht er selbst in Kamerakästen, klettert auf Leitern und Gerüste und schreit seine Regieanweisungen durchs Studio, dass manchem angst und bange wird.

Auch Marlene wird nicht geschont. Immer wieder muss sie die gleiche Szene wiederholen und sich von ihrem Regisseur anbrüllen lassen. »Zieh die Hose rauf, du Sau, man sieht ja schon die Haare«, soll er ihr zugerufen haben. Marlene lässt es mit sich geschehen. »Sie verhielt sich, als sei sie mein Dienstmädchen«, schrieb Sternberg später. »Sie wehrte sich nicht im Geringsten, wenn ich ihre Lola gestaltete.«

Die Aufnahmen, die von Sternberg ihr abends vorführt, gefallen ihr. Sie knistern vor Erotik, sie sind die Mühe wert und beweisen ihr, dass sie es mit einem Meister zu tun hat. »Dieser Mann ist ein Gott«, soll sie nach den Erinnerungen ihrer Tochter ihrem Mann gesagt haben. Und so schlüpft sie in Seidenstrümpfe und Strapse, setzt sich einen Zylinder auf und lässt sich in die fesche Lola verwandeln, die den Männern den Kopf verdreht und einen stockkonservativen, obrigkeitshörigen Studienrat in den Wahnsinn treibt.

Emil Jannings, der eigentliche Hauptdarsteller und Star, spürt, dass Marlene dabei ist, ihm die Schau zu stehlen. In einer Szene, in der er über sie herfällt und sie würgt, soll er so fest zugepackt haben, dass ein paar Tage lang echte blaue Flecken ihren Hals zierten, die mit reichlich Make-up verdeckt werden mussten. »Jannings hasste mich und prophezeite mir, ich würde nie im Leben Erfolg haben, wenn ich mich weiterhin den Anordnungen dieses

›wahnsinnigen‹ von Sternberg fügte«, schreibt Marlene Dietrich in ihrer Autobiographie *Nehmt nur mein Leben*. »Niemals würde ich es im Film zu etwas bringen.« In ihrem »besten und höflichsten Deutsch« habe sie Jannings daraufhin aufgefordert, sich zum Teufel zu scheren. Wie sehr ihr der Kollege zuwider war, drückt sich auch darin aus, dass sie von Jannings als einem »manchmal geradezu psychopathischen Hauptdarsteller« spricht, der oft bis zu zwei Stunden auf sich warten ließ, bis er sich dazu bequemte, am Drehort aufzukreuzen. Sternberg habe seine ganze Überredungskunst aufbieten müssen, um ihn zum Arbeiten zu bewegen. »Er gab ihm sogar Peitschenhiebe – auf dessen ausdrücklichen Wunsch.«

Dass Marlene den so berühmten Partner im *Blauen Engel* überstrahlte, hatte auch mit ihren Liedern zu tun, die der noch junge Komponist Friedrich Hollaender komponierte. Hollaender, der sich einen Namen in der Berliner Kabarettszene gemacht hatte, Revuen schrieb und Filme vertonte, probierte seine Melodien im Studio mit Marlene aus, studierte sie mit ihr ein und begleitete sie am Klavier, während sie die Hände in die Hüften stemmte, die Beine spreizte und sang: »Ich bin die fesche Lola, der Liebling der Saison.« Oder: »Ich bin von Kopf bis Fuß auf Liebe eingestellt.«

Nach der gleichen Melodie sang sie: »Falling in love again ...« Denn nach der deutschen Fassung musste sie ihre Songs auch auf Englisch zum Besten geben. Die gesamten Dialoge waren in zwei Sprachen zu produzieren, was manchen auf eine harte Probe stellte. Emil Jannings soll nicht nur mit dem »th« Probleme gehabt haben.

Marlene Dietrich kam dagegen mit dem Englischen gut zurecht. Die Fremdsprache half ihr, in die von Sternberg kreierte und auf sie zugeschnittene Rolle der Femme fatale zu schlüpfen.

Und sie sollte sie weiterspielen, nachdem der Film längst abgedreht war. Sie wurde zu ihrem zweiten Ich und machte sie auch auf der anderen Seite des Atlantiks berühmt.

Schon bald nach Abschluss der Dreharbeiten erhielt sie ein Telegramm. »Würden uns freuen, Sie in die glanzvolle Reihe der Paramount-Schauspieler aufnehmen zu dürfen«, hieß es darin. »Bieten

Die fesche Lola aus dem Nachtclub »Blauer Engel« (1930).

Siebenjahresvertrag mit Anfangsgage von fünfhundert Dollar die Woche.« Für die Überfahrt erster Klasse werde man sorgen. »Gratulation. Bitte kabeln Sie Ihr Einverständnis.«

Marlene zeigte sich anfangs nur mäßig erfreut. Nicht nur die niedrige Gage stieß sie ab, sondern auch der überhebliche Ton, in dem die Hollywoodfirma an sie herantrat. »Was die sich einbilden!

Mir schon zu gratulieren! Die tun ja, als ob ich den Quark gar nicht ablehnen könnte.«

Im Grunde aber kam ihr das Angebot ganz gelegen. Die Ufa hatte ihr bisher keinen Folgevertrag angeboten, neue Theaterengagements waren nicht in Sicht. Außerdem bedrängte Sternberg sie, diese großartige Chance nicht vorbeiziehen zu lassen – und weitere Filme mit ihm zu machen. Denn dass er schon in den nächsten Tagen nach Amerika zurückkehren würde, stand fest. Und der Regisseur schätzte sie nicht nur als Schauspielerin. Er war auch in sie verliebt.

Marlene zögerte. Amerika war ihr nicht geheuer. Ein Land, in dem ein Schäferhund zu einem Filmstar namens »Rin Tin Tin« werden konnte! Noch schwerer ins Gewicht fiel die Sorge um ihre Tochter. Was sollte aus Maria werden? Doch ihr Mann stellte sich auf Sternbergs Seite, betonte, dass die Trennung nur vorübergehend sei, und zerstreute schließlich ihre Bedenken.

In der Nacht zum 1. April des Jahres 1930 ging Marlene Dietrich in Bremerhaven an Bord des Atlantikriesen »Bremen«. Wenige Stunden vorher war sie noch in Hermelinmantel und weißem Seidenkleid zur Galapremiere des *Blauen Engels* in den Gloriapalast in Berlin geeilt – begleitet von Rudi und ihrer stark erkälteten Tochter Maria. Im Publikum saßen auch Liesel und ihre Mutter.

Die Premiere wurde zu einem Triumph – aber nicht der als prominentester Darsteller und Attraktion des Films angekündigte Emil Jannings stand im Mittelpunkt der Aufmerksamkeit, sondern die fesche Lola. »Marlene, Marlene«, riefen die Zuschauer, als sie sich nach der Vorführung mit den anderen Darstellern auf der Bühne zeigte. Wie im Rausch badete sie in einem nicht enden wollenden Beifallssturm und Blitzlichtgewitter, im Arm einen großen Strauß roter Rosen. Ein neuer Star war geboren.

In ihrem Kopf hallen noch der Applaus und die Begeisterungsrufe nach, als sie auf der »Bremen« ihre Suite bezieht. Das Doppelbett ist groß, die Schränke riesig, das Bad verfügt über eine Wanne mit vergoldeten Armaturen. Sogar ein Schminktisch steht bereit.

Sie fühlt sich trotzdem unglücklich in diesem leicht schwankenden Luxuskabinett, das vom Duft der mitgebrachten Rosen erfüllt ist. Sie muss an die fiebrige Maria denken, die sie in Berlin zurückgelassen hat. An Rudi. Der wird sich jetzt wahrscheinlich noch mehr mit seinen Tauben beschäftigen, die er unterm Dach hält. Vielleicht wird er sich aber auch mit Tami trösten, dem aus Weißrussland stammenden Kindermädchen Marias, das eigentlich Tamara Nikolajewna Matul heißt. Es ist unübersehbar, dass sich da etwas anbahnt. Tami, diese gertenschlanke Grazie, die als Tänzerin nach Berlin gekommen ist, von ihren Gagen aber nicht leben kann, himmelt Rudi schon eine ganze Weile mit ihren dunkelbraunen Augen an, und es scheint, dass Rudi sie nicht zurückweist.

Marlene blickt gedankenverloren durch das Kabinenfenster auf den nächtlichen, spärlich erleuchteten Hafen. Vielleicht ist das ja sogar der Hauptgrund, warum ihr Mann ihr, ohne zu zögern, zugeraten hat, nach Amerika zu gehen. Um sturmfreie Bude zu haben. Aber natürlich hat sie kein Recht, ihm böse zu sein. Schließlich hat sie sich ja selbst so manche Freiheit herausgenommen. Trotzdem hängt sie an ihrem »Papi«. Sie vermisst ihn. Wann wird sie ihn wiedersehen? Sie vermisst auch ihre Mutter. Und Liesel, dieses unglückliche Menschenkind mit dem schrecklichen Kerl. Ihr kommen fast die Tränen, als sie daran denkt, wie Liesel ihr einst auf Schritt und Tritt gefolgt ist. Wahrscheinlich hat sie wirklich gemeint, sie müsse ihre kleine Schwester beschützen. Wie gern würde sie sie jetzt in den Arm nehmen. Und Maria auf den Schoß. Stattdessen ist sie unterwegs in ein Land, das sie ganz gewiss nicht mit offenen Armen empfangen wird.

In solche wehmütigen Gedanken mischen sich Bilder der gerade zurückliegenden Filmpremiere. Es war grandios. Aber wirklich freuen kann sie sich darüber nicht.

Da sie sowieso keinen Schlaf findet, schreibt sie Rudi ein Telegramm:

1. April 1930 3.16 Uhr
Vermisse Dich sehr Papilein Stop Bedaure Reise schon Stop Sag
meinem Engel dass ich den Film nie sah und nur an sie dachte Stop
Gutenachtküsse
Mutti

Am nächsten Morgen ist ihre Stimmung so trübe wie der Himmel
über der Nordsee.

1. April 1930 11.48 Uhr
Guten Morgen Stop Schiff schaukelt Wetter schlecht Stürmisch
Stop Bin allein mitten auf dem Ozean und könnte doch zu Hause
sein Stop Küsse
Mutti

Einige Stunden später klopft es an der Kabinentür. Der Steward
schlägt ehrerbietig die Hacken zusammen und überreicht ihr auf
einem Silbertablett ein Telegramm aus Berlin. Eine Nachricht von
ihrem Mann.

1. April 1930 13.17 Uhr
Vermiss Dich Mutti Stop Kritiker liegen Dir zu Füßen Stop
Jannings lobend erwähnt Aber es ist kein Emil-Jannings-Film
mehr Stop Marlene Dietrich läuft ihm den Rang ab Stop Dem
Kind geht es gut Stop Küsse Dich sehnsüchtig
Papi

Es folgen weitere Telegramme aus Berlin. Die Kritiker überschlagen sich. Das *Reichsfilmblatt* ist »überwältigt von Fräulein Dietrichs Darstellung«. Der später als Begründer der Filmsoziologie bekannt gewordene Feuilletonchef der *Frankfurter Zeitung*, Siegfried Kracauer, feiert sie als »neue Verkörperung des Sinnlichen«, und die *Berliner Zeitung* spricht vom »ersten Kunstwerk des Tonfilms« und hebt ebenfalls Marlene Dietrich hervor: das »narkotisierende Spiel des Gesichts, die dunkle, aufreizende Stimme«. In der *Neuen Leipziger Zeitung* vom 5. April ist auch eine Besprechung von Erich Kästner zu lesen. Der Film sei enttäuschend, schreibt der Autor, aber: »Marlene Dietrich als Lola ist ausgezeichnet, auf harmlose Art ordinär und aufreizend kostümiert. Ihr Wuchs, ihre Beine und Schenkel spielen die Hauptrolle. Das wirkt.«

Während Rudi sie über das Presseecho in Berlin auf dem Laufenden hält, meldet sich Josef von Sternberg mit verheißungsvollen Nachrichten aus den Vereinigten Staaten. *Der blaue Engel* ist dort zwar noch nicht angelaufen, doch der sensationelle Erfolg hat sich schon auf der anderen Seite des Atlantiks in der Fachpresse herumgesprochen. Solche Nachrichten helfen Marlene über die Ungewissheit und die Melancholie hinweg. Wird ihr Traum vom Ruhm nun tatsächlich Wirklichkeit werden?

7

BESUCH AUS AMERIKA

Dicke Schneeflocken schwebten vor ihrem Fenster herab. Über die verschneite Kaiserallee rasselte eine Kutsche. Als sie von ihrem Buch aufblickte, sah sie, wie aus den Nüstern der schwarzen Rösser kleine Dunstwolken stiegen. Der Anblick stimmte sie melancholisch. Immer seltener waren auf den Berliner Straßen Kutschen zu sehen. Das Kutschenzeitalter neigte sich dem Ende zu. Mehr und mehr stinkende Automobile verdrängten die altehrwürdigen, von schnaubenden Pferden mit klappernden Hufen gezogenen Karossen, die sie immer an Eimimi denken ließen – ihre Großmutter, die gute alte Frau, die vor nun schon mehr als zehn Jahren gestorben war.

    So viel hatte sich seither verändert. Sie war selbst Mutter geworden. Der kleine Hans-Georg hielt gerade Mittagsschlaf. Zweieinhalb Jahre war er jetzt alt, der kleine Fratz. Keine Tischdecke, keine Blumenvase war vor ihm sicher, und einmal hatte er auch schon einen Rilke-Gedichtband mit seiner Milch getauft. Elisabeth liebte ihn über alles. Wärme durchrieselte sie, wenn er auf ihren Schoß kroch und sie mit seiner hellen Stimme bat, ihr aus einem Bilderbuch vorzulesen. »Mutti.« Immer noch versetzte es sie in Entzücken, wenn sie so gerufen wurde, wenn auch manchmal in gebieterischem Ton. Neun Monate hatte sie den Jungen gestillt und nur auf heftiges Drängen ihrer Mutter damit aufgehört. Fast war es ihr so vorgekommen, als sei ein zweites Mal die Nabelschnur durchtrennt worden.

Denn Hans-Georg war ihr Ein und Alles. Der Junge half ihr, sich mit ihrem Leben abzufinden. Materiell fehlte es ihr an nichts. Es ging ihr besser als den meisten Menschen in dieser schwierigen, von Arbeitslosigkeit, nackter Armut, Inflation und politischen Unruhen geplagten Zeit. Die Fünfzimmerwohnung, die sie mit ihrer kleinen Familie und ihrer Mutter bewohnte, war geräumig und schön, wenn sie sich dort auch oft wie ein besseres Hausmädchen fühlte, denn das Oberkommando hatte nach wie vor ihre Mutter. Die ordnete an, was mittags auf den Tisch kommen sollte, wie die Wände zu tapezieren waren und wann für Hans-Georg Bettzeit war. Sie bestimmte, ab wann und wie stark geheizt wurde, und nicht selten mäkelte sie sogar an der Kleidung ihrer Tochter herum. Verständlich, dass Georg gleich nach dem Frühstück das Haus verließ und oft erst nach Mitternacht heimkehrte. Wenn er dann einmal längere Zeit mit ihr sprach, kam es nicht selten zum Streit. Äußerte sie auch nur den geringsten Zweifel an seinen hochfliegenden Plänen, fuhr er sie unwirsch an. »Was weißt du denn?!«, lautete einer seiner Standardsprüche. »Du hast doch keinen blassen Schimmer.«

Einwände, Widerworte trieben ihn zur Weißglut. Deshalb ließ sie ihn meistens einfach reden. Es war ja auch wirklich interessant, wenn er von seinen Revuen, Kabarettaufführungen oder Lesungen sprach – von berühmten Dichtern wie Klabund oder Tucholsky, die angeblich für ihn schrieben; von Hans Albers, Rosa Valetti, Theo Lingen und vielen anderen prominenten Schauspielern und Schauspielerinnen, die seinen vollmundigen Erzählungen nach bei ihm auftraten; von Musikern, die für ihn spielten, Tänzerinnen, die für ihn tanzten. All das war doch viel aufregender als ihre kleine Welt in der Kaiserallee 135, und sie war selig, wenn er sie einlud, ihn zu der einen oder anderen Premiere zu begleiten. Nur kam sie sich oft sehr klein vor neben ihrem Mann – nicht nur, was die Körpergröße betraf. Manchmal wünschte sie sich, unsichtbar zu sein inmitten dieser schönen und geistreichen Menschen im Theater. Dann war sie froh, wieder nach Hause zu kommen.

Sie sehnte sich zurück nach ihrer Arbeit als Lehrerin. Die Schule hatte ihrem Leben Sinn und Halt gegeben – und vielleicht auch so etwas wie Würde. Ein bescheidener Ersatz war es für sie, ihre Nichte zu unterrichten: die kleine Maria, Marlenes Tochter, die schon so hübsch war wie ihre Mutter. Obwohl Maria noch nicht zur Schule ging, brachte sie ihr Lesen und Schreiben bei. In ihren Briefen an Marlene schwärmte sie von den Fortschritten des klugen Mädchens, das sich selbst den Namen Heidede gegeben hatte und nun auch von anderen so genannt wurde. Auch über andere Neuigkeiten aus der Familie hielt Elisabeth die ferne Schwester auf dem Laufenden. Zum Beispiel dass Tante Jolly während einer Afrika-Safari mit dem Starpiloten und fliegenden Kinohelden Ernst Udet fremdgegangen war und Onkel Willi verlassen hatte. Eine Affäre, über die sogar die Zeitungen berichteten!

Vor allem aber bewunderte Liesel in ihren Briefen all das, was Marlene ihr von ihren Triumphen in Amerika mitteilte. Jetzt hatte sie mit Josef von Sternberg schon den dritten Film gedreht. Nach dem *Blauen Engel* war auch ihr zweiter Sternberg-Film wieder ein Erfolg geworden. Marlene war in *Marokko* als Nachtclubsängerin an der Seite von Gary Cooper zu sehen. Dreißig Pfund hatte sie sich für die Rolle abgehungert! In einer Szene hatte sie – als Mann gekleidet – eine andere Frau geküsst. Manche hatten sich darüber aufgeregt. Aber das war gar nicht schlimm. Denn die kleine Provokation hatte den Film noch zusätzlich ins Gespräch gebracht, und die meisten lachten darüber, wie Marlene ihren Frauenkuss diskret hinter vorgehaltenen Blumen versteckte. O ja, Marlene kam an. Die amerikanischen Kritiker feierten sie als neue Verkörperung weiblicher Erotik in Frack und Zylinder, das Publikum strömte in die Kinos und verlangte nach mehr. Ähnlich erfolgreich würde sicher auch der neueste Film werden. *Dishonored* sollte er heißen. *Entehrt.* Josef von Sternberg hatte Marlene zu einem Markenartikel gemacht, zum Vamp mit rauchig-erotischer Stimme, zur Femme fatale, und Marlene war ihm dankbar dafür und passte sich dem Image auch außerhalb der Dreharbeiten an.

In fast jedem ihrer Briefe sang sie Lobeshymnen auf ihren Regisseur – auch in Briefen an Rudi, ihren Mann, der anscheinend keinen Anstoß daran nahm. Manche der Briefe gab »Papilein«, wie Marlene ihn oft nannte, Liesel zum Lesen. In einem hatte sie über Josef von Sternberg geschrieben:

> Jo kann die Emotionen, die ich fühle, besser nach außen bringen als ich ... Jo sagt mir, was ich tun soll, und ich tue es. Ich bin sein Soldat, er ist mein Führer, er leitet mich auf jedem Zentimeter Film ... Ich bin sein Produkt, ganz von ihm gemacht. Er höhlt meine Wangen aus mit Schatten, lässt meine Augen größer erscheinen, und ich bin fasziniert von dem Gesicht da oben auf der Leinwand und freue mich jeden Tag auf die Schnellabzüge, um zu sehen, wie ich, sein Geschöpf, aussehe.

Marlene verschwieg auch nicht, wie Sternberg sie bei den Dreharbeiten quälte, einzelne Szenen bis zur totalen Erschöpfung wiederholen ließ. Liesel hatte Mitleid mit ihrer »Pussycat«, wenn die von ihren Qualen unter der glühenden Sonne Kaliforniens berichtete. Aber sie sah ein, dass kein Weg darum herumführte. All das war nur zu Marlenes Bestem. Schließlich himmelte von Sternberg sie an. Er war so verliebt in sie, dass dessen Frau in ihrer Eifersucht die Nebenbuhlerin aus Berlin schon wegen Zerrüttung ihrer Ehe verklagt hatte.

Nein, bei allem Glanz, bei allen Triumphen hatte Leni es nicht leicht in Amerika, davon war Liesel überzeugt. Sie hätte nicht mit ihr tauschen mögen. Die Mutter hingegen verfolgte die steile Karriere ihrer Jüngsten mit ungebrochenem Stolz, und, je mehr Geld Marlene in Hollywood verdiente, desto lebhafter schwärmte sie von ihr. Anstelle der vereinbarten 500 Dollar hatte Paramount ihr bereits 1750 Dollar pro Woche für *Marokko* gezahlt, und beim nächsten Film war ihre Gage schon in schwindelerregende Höhen geklettert, ganz zu schweigen von dem Traumhaus in Beverly Hills und dem anderen Luxus, den man ihr bot. Gleich bei ihrer Ankunft hatte Josef von Sternberg ihr einen Rolls-Royce geschenkt, Chauffeur inklusive. Liesel und ihre Mutter konnten sich gar nicht sattsehen, wenn sie die Bilder aus den Illustrierten betrachteten, die Marlene ihnen schickte. Ja, Pussycat brachte Glanz in das Leben ihrer Schwester, und oft war Liesel in Gedanken bei ihr. Zu gern betrachtete sie die große Weltzeituhr im Schaufenster von Onkel Willis Uhrengeschäft Unter den Linden am Hotel Adlon. Zwei der neun Zifferblätter zeigten an, wie spät es gerade in New York und San Francisco war. Das half ihr, sich vorzustellen, was Leni gerade machte.

Aber das Schönste war, dass Marlene bald zu Besuch kommen würde. Noch im Dezember, rechtzeitig zu Marias sechstem Geburtstag, wollte sie in Berlin sein. Bis zum 13. Dezember war es nur noch eine Woche. Liesel freute sich. Gleichzeitig hatte sie auch ein bisschen Angst vor dem Wiedersehen. Leni war eine weltberühmte Frau geworden. Wie sollte sie ihr gegenübertreten?

»Mutti!« Hans-Georg war aufgewacht. Sofort stürzte Elisabeth ins Kinderzimmer und nahm ihren Sohn aus dem Bett. Der Kleine schlang seine Arme um ihren Hals, sodass sie seinen verschwitzten Körper spürte. »Saft«, verlangte er.

»Sofort, mein Süßer. Du hast bestimmt einen Riesendurst.«

Während sie dem Jungen Apfelsaft in die Flasche füllte, hörte sie, wie unten die Haustür aufgeschlossen wurde. Josephine von Losch kehrte aus dem Uhrengeschäft zurück, wo sie gelegentlich aushalf. »Hast du den Jungen schon wieder aus dem Bett geholt?«, schallte es zu Elisabeth herauf. »Er soll doch bis um halb drei schlafen.«

»Er ist aufgewacht.«

»Aufgewacht? Na und?! Dann lässt du ihn eben liegen. Wie oft habe ich dir schon gesagt, dass Kinder sich an feste Regeln gewöhnen müssen.«

»Ich finde, es gibt noch etwas anderes als feste Regeln.«

Josephine von Losch seufzte und schüttelte den Kopf. »Du bist unbelehrbar. Aber es ist natürlich *dein* Sohn. Wirst schon sehen, was du davon hast.« Daraufhin verschwand sie in der Küche. Kaum hatte Liesel aufgeatmet, donnerte die Stimme ihrer Mutter erneut durchs Haus: »Du hast ja immer noch nicht aufgeräumt! Nicht mal das Frühstücksgeschirr ist abgewaschen.«

Pünktlich am Abend des 12. Dezember 1930 traf Marlene in Berlin ein. Kurz vorher war schon ihr Gepäck angeliefert worden: sechs Überseekoffer, die sie sich eigens nach ihren Vorgaben hatte anfertigen lassen – groß wie Schränke, geschmückt mit den Anfangsbuchstaben ihres Namens, »M« und »D«. Liesel traf Marlene am nächsten Tag bei Marias Geburtstag. Sie sah schöner aus denn je – vor allem noch viel eleganter. Sie duftete nach einem teuren Parfüm und hatte die Ausstrahlung einer Königin. Es war keine Frage, dass an diesem Tag nicht das Geburtstagskind im Mittelpunkt stand, sondern die heimgekehrte Mutter. Marlene erzählte von den Dreharbeiten, von ihrem wunderbaren Regisseur, von der *Marokko*-Premiere in den USA, von dem schönen Haus in Hollywood und all den verrückten Leuten dort und den vielen Berühmtheiten, denen sie jetzt begegnete – von Charlie Chaplin bis Greta Garbo, ihrer Nachbarin in Hollywood.

Marlene hatte Liesel bei der Begrüßung in den Arm genommen, lange und fest gedrückt und auf beide Wangen geküsst. »Wie geht es dir, meine Süße?«, hatte sie gefragt. Als Liesel stockend und etwas verschämt auf die Frage geantwortet hatte, war sie ihr schon nach zwei oder drei Sätzen ins Wort gefahren. Immerhin konnte Liesel irgendwann noch erzählen, dass sie im Sommer mit ihrer Familie an die Riviera fahren wolle und dafür schon fleißig Italienisch pauke.

»Das ist gut«, sagte Marlene. »Du musst auch mal was für dich tun – und hier unbedingt raus.«

Bis Weihnachten war Marlene für ihre Schwester nicht mehr erreichbar. Sie erhielt Besuch von Freunden, sprach mit Journalisten, ließ sich fotografieren, besuchte ihre alten Stammlokale, gab Autogramme, wurde auf offener Straße bejubelt und in den Zeitungen gefeiert.

Dass Marlene durch den *Blauen Engel* und ihre Hollywood-Karriere so berühmt geworden war, machte sie auch für Georg Will interessant. Der Kabarettdirektor lud seine glamouröse Schwägerin ein, in seine Shows oder Theatervorstellungen zu kommen, und brannte darauf, seine kleinen Kulturtempel mit ihrem Besuch zu adeln. Wie schön wäre es, Marlene in seinem Restaurant im Theater des Westens zu bewirten – natürlich sollte dabei dann ein Fotograf den Stargast werbewirksam ablichten. Doch Marlene erteilte ihm eine Abfuhr nach der anderen. Da nützte es auch nichts, wenn Georg Will seine Frau als Unterhändlerin einspannte.

»Was der Kerl sich einbildet«, schnaubte Marlene, als Liesel in den Weihnachtstagen einen weiteren Versuch unternahm. »Tut mir leid, Süße, für den Quatsch ist mir die Zeit zu schade.«

Schließlich klappte es dann doch. Am 7. Januar 1931 besuchte Marlene Dietrich eine Revuepremiere im »Tingel-Tangel«. Der Grund für ihre Zusage war aber nicht Kabarettmanager Will, sondern der Komponist Friedrich Hollaender, dem Marlene seit dem *Blauen Engel* in Freundschaft verbunden war. Hollaender hatte die Musik zu der Revue geschrieben und saß selbst am Klavier.

Das Premierenpublikum erkennt sie sofort, und Marlene macht auch gar nicht erst den Versuch, sich in einer Loge zu verstecken. Sie winkt den Berlinern huldvoll zu und nimmt in der ersten Reihe Platz, als sei sie nicht nur der Ehrengast, sondern die Attraktion des Abends. Sie wird eingerahmt von ihrer Mutter und Elisabeth. Liesel ist für den feierlichen Anlass in ihr schwarzes Abendkleid geschlüpft. Im Vergleich zu dem roten Seidenkleid mit dem tiefen Dekolleté, das Marlene trägt, kommt ihr ihre eigene Garderobe trist vor. Sie wagt kaum zu atmen, weiß nicht, wohin mit den Händen, und blickt entsetzt zur Seite, als ein Fotograf nach vorn kommt, um ihre Nachbarin abzulichten. Georg, der zu ihrer Linken sitzt, wendet sich dagegen nicht ab, sondern beugt sich sogar ein wenig vor, um mit aufs Bild zu kommen. Wie peinlich! Zum Glück verlöschen dann aber die Lichter, und der Vorhang geht auf, sodass erst einmal alle Augen auf die Bühne gerichtet sind.

In der Pause ist Liesel froh über den dichten Pulk von Leuten, die ihre Schwester derart umdrängen, dass sie von ihr getrennt wird. So kann sie an der Seite ihrer Mutter die Sektbar ansteuern und den Tumult, selbst unbeobachtet, aus sicherer Distanz verfolgen. Marlene verursacht unterdessen einen Menschenauflauf. Alle wollen ihr die Hand schütteln und bekunden, wie begeistert sie vom *Blauen Engel* sind. Sie genießt die Komplimente und freut sich besonders, einige Worte mit Friedrich Hollaender wechseln zu können. »Marlene«, rufen die Leute ihr zu, »Lola Lola«, skandieren sie. Marlene zeigt ihr strahlendstes Lächeln, sie winkt und lacht. Aber die Besucher geben sich nicht damit zufrieden, ihre »Marlene«-Rufe verstummen nicht. Sie wollen, dass sie singt, rufen die Titel ihrer Lieder durch das Foyer. Als sie sich mit einem fragenden Blick an Hollaender wendet, zuckt der Pianist nur scheinbar resigniert die Achseln und nickt ihr mit verschwörerischem Lächeln zu. Damit ist es abgemacht.

Gegen Ende der Pause steigt sie auf die Bühne, verbeugt sich unter tosendem Beifall und singt »Ich bin von Kopf bis Fuß auf Liebe eingestellt«. Der Applaus will kein Ende nehmen – und natürlich muss sie auch die »Kesse Lola« zum Besten geben.

Liesel klatscht kräftig mit. Sie ist stolz auf ihre Schwester. Als das Publikum Marlene auch nach dem fünften Lied noch nicht gehen lassen will, laufen ihr Tränen der Rührung über die Wangen. Schließlich geht die Revue weiter. Aber echte Begeisterung will nicht mehr aufkommen. Der Applaus bleibt hinter dem Jubel in der Pause zurück.

Blandine Ebinger, die Hauptakteurin der Revue, ist an diesem Abend verständlicherweise nicht gut auf Marlene zu sprechen. Die Besucherin aus Hollywood hat ihr die Schau gestohlen. Georg Will wird Liesel später erzählen, Blandine, die Exfrau Hollaenders, habe hinter den Kulissen getobt. »Was hat dieses Filmsternchen hier bei uns auf der Bühne zu suchen? Kann mir das mal einer sagen?«, habe sie geschimpft. »Die kann doch überhaupt nicht singen.«

Marlene lachte nur spöttisch, als sie von der Klage erfuhr. »Die Provinznudel ist doch bloß neidisch.«

Sie blieb noch einige Monate in Berlin. Aber Liesel bekam ihre Schwester noch seltener zu sehen als zuvor. Marlene machte Plattenaufnahmen, gab Interviews, studierte ein neues Drehbuch, ließ von ihrem Gesicht einen Abdruck für eine Büste nehmen, ging mit ihrem alten Freund und Filmpartner Willi Forst auf den Presseball, begrüßte Chaplin auf seiner Werbetour für den Film *Lichter der Großstadt* in Berlin und ließ sich neue Kleider schneidern. Zwischendurch fuhr sie nach London und Paris, um sich bei der Kinopremiere von *Marokko* zu zeigen.

Rudi sah man nur selten an ihrer Seite. Gleich nach ihrer Rückkehr war ihr klar geworden, dass ihr Mann inzwischen fest mit Marias Kindermädchen Tamara liiert war, die sich schminkte und stylte wie die fünf Jahre ältere Frau ihres Geliebten.

Zur *Marokko*-Erstaufführung in Prag ließ sich Marlene dann aber doch von Rudi begleiten. Sie nutzte die Gelegenheit, ihren in der Nähe lebenden Schwiegereltern mit ihrem Mann einen Besuch abzustatten. In der Kaiserallee kümmerte sie sich, wann immer es möglich war, um die kleine Maria. Nach Ostern sollte das aufgeweckte Mädchen eingeschult werden. Aber dazu kam es nicht. Marlene beschloss, ihre Tochter mit nach Amerika zu nehmen. Und Rudi stimmte zu – mit der noch vagen Absicht, vielleicht irgendwann selbst einmal auf der anderen Seite des Atlantiks Wurzeln zu schlagen. Die politische Lage in Deutschland verdüsterte sich zusehends. Bei den letzten Reichstagswahlen im September 1930 hatten die Nationalsozialisten gut achtmal mehr Stimmen erhalten als zwei Jahre zuvor. Das waren für Leute aus der Filmbranche wie Rudi Sieber keine guten Signale. Denn die antisemitischen Parolen der Nazis richteten sich auch gegen jüdische Regisseure, Drehbuchautoren und Schauspieler und damit gegen einen großen Teil der Künstler, die dem deutschen Film gerade erst im vergangenen Jahrzehnt zu seinem hohen internationalen Ansehen verholfen hatten.

Überall im Kulturbereich standen jüdische Intellektuelle und Künstler hoch im Kurs. Die künstlerische Leitung des »Tingel-Tangel« zum Beispiel hatte gerade Friedrich Hollaender übernommen, der ebenfalls Jude war und selbst ein ironisch-politisches Couplet zum Thema beisteuerte: »An allem sind die Juden schuld«.

Das gefiel auch dem Kabarettmanager Georg Will. Der wusste natürlich, wie seine alten Freikorpskameraden über solche Sticheleien dachten. Aber in Fragen der Kunst stand er den meist jüdischen Kulturschaffenden näher.

In anderen Fragen gerieten Will und Hollaender mächtig aneinander. Streit entzündet sich vor allem an einer Trennwand mit Mosaiken, die Szenen aus dem Nibelungenlied zeigen. Hollaender stört die Sichtblende im germanischen Stil enorm. Vollkommen unmöglich, mit dieser Trennwand dreihundert Besuchern eine barrierefreie Sicht zu bieten, wie es der Vertrag vorsieht.

»Brechen wir doch die entsetzliche Mosaikmauer weg«, schlägt er vor.

Aber Will protestiert. »Unmöglich! Alles von Hand eingesetzt. Goldsteinchen, echte Goldsteinchen sind das.«

»Grässlich!«

Will weist händeringend auf den Denkmalschutz hin, hebt den kunstgeschichtlichen Wert der Mosaikwand hervor: »Alles Motive aus der Nibelungensage. Sehen Sie doch, hier: Hagen mit dem Jagdspeer! Und da: Kriemhild mit Etzel beim Gemetzel. Sehen Sie nur, wie schön das glitzert.«

»Muss alles weg«, entgegnet Hollaender.

»Nur über meine Leiche.«

Trotz seiner Empörung über den bilderstürmenden Komponisten unterzeichnet Georg Will den Vertrag dann aber doch. Denn der Theatermanager weiß den zugkräftigen Namen seines störrischen Partners durchaus zu schätzen.

Einen Tag vor der Generalprobe kracht es erneut. Als dreihundert neue Stühle angeliefert werden, sieht Hollaender sich bestätigt, dass die Mosaikwand die Sicht tatsächlich massiv behindert.

Und der Komponist ruft eigenmächtig die Handwerker und lässt das germanische Heldenepos mit Axthieben zertrümmern, dass sich die Mosaiksteinchen in einen großen Schutthaufen verwandeln und das ganze Theater des Westens erbebt. Götterdämmerung im »Tingel-Tangel«. Der Kabarettchef zieht sich wutschnaubend in sein Restaurant zurück und tröstet sich mit einem steifen Grog. Hollaenders Erfolg aber stimmt Georg Will dann wieder versöhnlich. Denn alle folgenden Vorstellungen sind ausverkauft. Dabei fehlt es nicht an politischen Anspielungen. So trägt zum Beispiel Lügenbaron von Münchhausen in der Hollaender-Revue eine Hitler-Maske.

Schon bald wird ein Regime solche Respektlosigkeiten erbarmungslos unterbinden und bestrafen, aber erst einmal darf noch gefeiert werden, und Georg Will stößt an auf das Wohl seines künstlerischen Leiters. Sicher, auch Hollaender ist einer dieser neunmalklugen Juden, mag der Kulturmanager gedacht haben, aber er ist erfolgreich, und allein das zählt. Die ganze Kulturszene ist ja geprägt von jüdischen und linksliberalen Künstlern, darüber kann man schon aus geschäftlichen Gründen nicht hinwegsehen.

Elisabeth freute sich über den Erfolg der satirischen Revue, und das nicht nur, weil er Geld in die Kasse brachte. Die Spitzen gegen die Braunhemden sprachen ihr aus dem Herzen. Aber die Kommunisten machten ihr ebenfalls Angst, und eigentlich interessierte sie sich gar nicht für Politik. Sie war traurig, dass Marlene schon wieder packte, um nach Amerika zurückzukehren – diesmal mit Maria. Das Mädchen würde ihr fehlen. Marlene sowieso.

Und mit der bevorstehenden Abreise der Schwester quälte sie erneut die Frage, wie ihr eigenes Leben weitergehen sollte. Ein Lichtpunkt immerhin war der geplante Italienurlaub, für den sie weiter Italienisch paukte – und Goethes Erinnerungen an seine Reise ans Mittelmeer las.

Aber erst einmal gingen Marlene und Maria auf ihre weite Reise. Am 16. April 1931 war es so weit. Kurz nach Mitternacht sollte der Zug in Richtung Bremerhaven abfahren. Freunde, Bewunderer und Reporter waren zum Bahnhof geströmt, um Abschied zu nehmen. Liesel stand mit ihrer Mutter und Rudi am Bahnsteig. Der Schlagerkomponist Peter Kreuder, der Hollaender bei den Musikarrangements zum *Blauen Engel* unterstützt hatte, war sogar mit einer Blaskapelle angerückt, die zu dieser nächtlichen Stunde aufspielte. Marlene trug einen Leopardenmantel, als sie den Zug bestieg – an der Hand Maria, in einem weißen Mantel aus Kaninchenfell. Begleitet wurden die beiden von Resi. Die Garderobiere sollte sich in Amerika um Maria kümmern.

Liesel musste weinen, als der Zug abdampfte. Abschiedsszenen dieser Art gingen bei ihr selten ohne Tränen ab. Später, als Schwager Rudi ihr die Telegramme zeigte, die Marlene ihm von Bord des Schiffes – es war wieder die »Bremen« – gesandt hatte, musste sie aber auch lachen. Da die Überfahrt sehr stürmisch gewesen war, waren alle seekrank geworden. Besonders Resi. Sie hatte sich übergeben müssen und so weit über die Reling gelehnt, dass ihr Gebiss mit über Bord gegangen war.

Jetzt lagen Tausende von Meilen zwischen Liesel und Leni. Doch sie ließen den Kontakt nicht abreißen, schrieben einander Briefe und Telegramme. Darin informierte Marlene ihre Schwester zwar nicht über alle pikanten Details ihrer Affären, in ihre komplizierte Beziehung zu Josef von Sternberg aber weihte sie sie ein. Elisabeth wusste, dass Sternbergs Frau Riza Royce Marlene wegen der Zerstörung ihrer Ehe mit dem Regisseur verklagt hatte und eine halbe Million Dollar »Schmerzensgeld« verlangte – und sie freute sich mit ihrer Pussycat, als der Streit hinter den Kulissen gegen eine stattliche Abfindung beigelegt und Sternberg von seiner Frau endlich rechtsverbindlich geschieden wurde. Da immer damit zu rechnen war, dass ihre Briefe in die falschen Hände gerieten, setzte sie für manche Namen Pseudonyme ein. Josef von Sternheim zum Beispiel nennt sie in dem folgenden Brief aus dem Jahr 1932 »Stocke«, während sie dessen Exfrau unverblümt – ganz im Sinne ihrer Schwester – schlicht als »altes Scheusal« bezeichnet:

Dass mit Stockes Frau hat mich riesig gefreut, direkt eine Herzensfreude! Dieses alte Scheusal! Dass Du mit Stocke wieder Filme machst, ist ja herrlich. Lass Dich nur nicht quälen und ärgern.

8

FAMILIENTREFFEN IN DEN SCHWEIZER BERGEN

Es war schwül geworden. Drückende Hitze lastete über dem Bergdorf. Die Luft schien stillzustehen. Eine Wolke hatte sich vor die Sonne geschoben, weitere Wolken zogen heran und türmten sich übereinander. Die schneebedeckten Gipfel der Umgebung waren schon nicht mehr zu erkennen. Es sah nach einem Gewitter aus. Die Schwalben flogen tief.

Fetan lag 1650 Meter über dem Meeresspiegel, ein Dorf im Kanton Graubünden ganz im Osten der Schweiz. Hier kam man dem Himmel ganz nah. Kirchenglocken läuteten mit den Kuhglocken um die Wette. Es herrschte Hochsaison, doch an diesem Augustnachmittag des Jahres 1933 waren nur noch wenige Touristen auf den Wanderwegen zu sehen. Marlene Dietrich und ihre Familie gehörten nicht dazu. Sie hatten sich zum Kaffeetrinken auf die schattige Terrasse ihres Hotels gesetzt – darauf eingestellt, ins Haus zu wechseln, falls das Wetter umschlagen sollte. Ein großer Teller mit Pflaumenkuchen stand auf dem Tisch, dazu gab es Sahne, die sich in der Hitze schon aufzulösen begann.

Marlene sah in ihrem hellgelben Dirndlkleid aus wie eine Einheimische. Auch Rudi hatte sich mit seinen Knickerbockers und einem Hemd mit Hirschhornknöpfen der ortsüblichen Trachtenmode angepasst. Nur die achtjährige Maria verweigerte sich in ihrem weißen Stadtkleid trotzig dem Dresscode und blickte voller Verachtung auf ihren dreieinhalb Jahre jüngeren Cousin herab. Der lief seit seiner Ankunft in einer zünftigen Lederhose herum, die ihm so gut zu gefallen schien, dass er sie gar nicht mehr auszog. Wahrscheinlich behielt er sie sogar an, wenn er ins Bett ging.

Sie alle hatten eine lange Fahrt hinter sich. Liesel, ihre Mutter und der kleine Hans-Georg waren zu diesem Familientreffen in dem abgeschiedenen Bergdorf nahe der österreichischen Grenze aus Berlin angereist, Marlene, Maria und Rudi kamen aus Wien. Sie waren vorher bereits in Paris gewesen.

»Wie groß du geworden bist, Maria! Bist ja schon eine richtige kleine Dame, meine Süße.« Liesel war entzückt, als sie ihre Nichte nach so langer Zeit wiedersah. Auch Marlene und Rudi schloss sie lange und fest in die Arme. Sie kämpfte dabei mit den Tränen. Josephine von Losch blieb beherrscht. Sie musterte Marlene und ihre Enkeltochter mit einem prüfenden Blick, an den sich Maria lange erinnern sollte. »In Gegenwart meiner Großmutter hatte ich immer noch das Gefühl, vor dem obersten Gericht des Landes zu stehen«, schrieb sie später. Tante Liesel erschien ihr dagegen wie »ein entflogener Kanarienvogel, der jemandem auf die Schulter flattert und hofft, dort Schutz zu finden«.

Gleich nach der Begrüßung war es zu einer Verstimmung gekommen, weil Josephine von Losch in ihrem energischen Ton die Meinung geäußert hatte, dass es »ja wohl vollkommen übertrieben« sei, für jeden ein eigenes Zimmer zu bestellen. »Hans-Georg hätte sicher auch viel lieber bei seiner Mutter geschlafen«, hatte sie spitz bemerkt.

»Das lass mal meine Sorge sein, Mutti«, hatte Marlene erwidert. »Bei den Preisen hier kann ich mir das gerade noch leisten.«

Doch so schnell gab sich ihre Mutter nicht geschlagen. »So billig ist es hier auch wieder nicht, und man muss ja sein Geld nicht zum Fenster rausschmeißen. Es kommen vielleicht mal andere Zeiten, glaub mir, meine Liebe, ich hab schon so manches mitgemacht.«

Marlene war anzusehen, dass es in ihr brodelte. Eine Explosion schien sich anzubahnen. Um ihre Mundwinkel zuckte es bereits. Da zeigte Rudi auf einen Hirtenjungen, der eine Herde Ziegen vorbeitrieb. »Guck mal, ist das nicht der Geißenpeter?«

Elisabeth Will mit ihrem Sohn Hans-Georg im
Trachtenlook in den Alpen.

Damit entspannten sich die Gesichtszüge seiner Frau zum Glück wieder, und der erste Krach war glücklich abgewendet. Eine Stunde nach dem Begrüßungsgeplänkel hatten sich alle auf der Sonnenterrasse des Hotels wiedergetroffen.

Marlene verscheuchte eine Wespe von ihrem Pflaumenkuchen. Aus der Ferne war leises Grummeln zu hören. Liesel blickte ängstlich zum Himmel. Da braute sich etwas zusammen, das war nicht mehr zu übersehen.

Das drohende Unwetter passte wie eine Filmkulisse zu dem Gespäch über die politische Lage in Deutschland, das die Erwachsenen gerade führten. Die Freiheitsrechte waren gleich nach der Machtübernahme der Nazis auf allen Ebenen stark beschnitten worden, vor allem die Freiheit der Kunst. Marlenes Filme waren von der Zensur bedroht, einige bereits verboten. Eigentlich hatte sie sich mit ihrer Mutter und Elisabeth in Berlin treffen wollen, aber die Stadt ihrer Kindheit und frühen Erfolge war in diesen Sommertagen des Jahres 1933 ein zu heißes Pflaster für sie geworden. Rudi hatte sie gewarnt. »Lage in Berlin schrecklich«, hatte er ihr in einem Telegramm aus Paris geschrieben, wo er, vermittelt durch Sternberg, gerade mit Synchronarbeiten für die Paramount beschäftigt war. »Jeder rät davon ab, dass du kommst. Die meisten Bars und Theater sind geschlossen. Alle Juden von Paramount Berlin sind über Wien, Prag nach Paris geschafft worden.«

Das klang beängstigend. Sie war deshalb nicht, wie ursprünglich geplant, mit der »Europa« bis Bremerhaven gefahren, sondern hatte das Schiff schon in Cherbourg mit Maria und Resi verlassen, um erst einmal Paris anzusteuern. Hier wurde sie von Rudi erwartet, und hier sollte sie für Polydor sechs neue Lieder aufnehmen. Der Plattenvertrag war so lukrativ, dass sie damit ohne Probleme die teure Reise finanzieren konnte. Rudi hatte eine Suite und Zimmer im Trianon Palace, einem Luxushotel in Versailles, gebucht, Geld spielte ja keine Rolle mehr. Marlene verdiente jetzt 20 000 Dollar pro Woche.

Maria Riva erinnerte sich noch Jahrzehnte später an die Tage in diesem Hotel. Wie in einem Schloss habe sie sich gefühlt. »Überall glänzten Spiegel, öffneten sich französische Türen und schimmerte Gold«, schreibt sie in ihrer monumentalen Familiengeschichte. Wie eine Königin habe sich ihre Mutter in dieser herrschaftlichen Umgebung bewegt und den Bediensteten in fließendem Französisch Anweisungen gegeben. Gleichzeitig habe sie ihr Schloss aber auch den jüdischen Emigranten aus Deutschland geöffnet, die jetzt nach Paris strömten. Auch Friedrich Hollaender hatte mittlerweile Berlin verlassen – ebenso wie der Komponist Peter Kreuder oder

der deutsch-russische Musiker Mischa Spoliansky, der einst die Musik zu dem Stück *Zwei Krawatten* geschrieben hatte und seither mit Marlene befreundet war. All diese Flüchtlinge lud sie ein. Sie ließ sie großzügig bewirten und ihnen zukommen, woran es ihnen mangelte. »Die Rolle sagte ihr zu«, schrieb Maria später. »Mit meinem österreichisch-tschechischen Vater als Haushofmeister herrschte die Dietrich über ihren Flüchtlingshofstaat, und in unserem Hotel in Versailles blühte ein kleines Berlin.«

Zu dem »Flüchtlingshofstaat« gesellte sich auch der jüdische Liedertexter Max Kolpenitzky, der mit einem gefälschten französischen Visum aus Berlin geflohen war und sich jetzt Max Colpet nannte. Marlene bat ihn und seinen Freund Franz Wachsmann, der wenige Jahre später unter dem Namen Waxman als Hollywood-Komponist Weltruhm erlangte, ihr beim Einstudieren ihrer Lieder für die Plattenaufnahmen zu helfen. »Nie werde ich den Moment unserer Begegnung mit Marlene vergessen«, erinnerte sich Colpet in seinen Memoiren. »Der Chauffeur riss den Wagenschlag auf. Wir stiegen aus und sahen uns verlegen um. Breite imposante Stufen führten hinauf zum Eingang des Hotels. Davor eine Frau, die wie ein Engel aussah, der ›Blaue Engel‹ in einem phantastischen Chiffonkleid, in dessen Falten der Sommerwind spielte.«

Von Paris ging es weiter nach Wien. Dort gab Marlene Interviews, bestellte in der Hofschneiderei Kniže, damals eine der ersten Adressen für Herrenmode mit internationalem Renommee, für sich und Rudi Fräcke, Smokings und Abendmäntel und flanierte mit Maria durch den Prater – verfolgt von Fotografen und Fans. Da ihr Mann wegen einer hartnäckigen Nierenkolik das Bett hüten musste, begleitete Maria sie auch ins Theater und in die Oper, zu Konzerten und Ballettaufführungen.

Ganz allein besuchte sie die Dreharbeiten zu dem Film *Leise flehen meine Lieder*, bei dem ihr alter Freund Willi Forst Regie führte. Marlene hatte den gebürtigen Wiener schon 1927 bei den gemeinsamen Dreharbeiten zu dem österreichischen Stummfilmdrama *Café Elektric* kennen- und lieben gelernt. Jetzt aber elektrisierte sie ein anderer Mann – ein junger Schauspieler, der in Forsts Film für die Hauptrolle des Franz Schubert engagiert worden war und in Wien als aufsteigender Stern gefeiert wurde: Hans Jaray.

Es blieb nicht die einzige Begegnung. Der attraktive Wiener lud Marlene ein, seine Vorstellung im Theater in der Josefstadt zu besuchen – und rannte damit offene Türen ein. Marlene hatte ohnehin vorgehabt, ihrer Tochter dieses altehrwürdige, traditionsreiche Haus zu zeigen, wo sie 1927 in dem Sternheim-Lustspiel *Die Schule von Uznach* aufgetreten war. Jetzt zog es sie noch mehr in das schöne Theater.

Und sie wurde nicht enttäuscht. Sie schmolz förmlich dahin, als der Hauptdarsteller in der Komödie *Ist Geraldine ein Engel?* seinen Charme versprühte. Nach der Vorstellung schwebte sie mit Maria hinter die Kulissen, lobte Jaray in den höchsten Tönen und bat um eine Fotografie für ihre Tochter. Nebenbei verabredete sie sich mit dem viereinhalb Jahre jüngeren Österreicher zum Essen – und erkor ihn zu ihrem neuen Liebhaber. Rudi ließ sie an ihrer Romanze aus vollem Herzen teilhaben. »Ist er nicht wunderbar?«, schwärmte sie, als sie ihrem Angetrauten Hochglanzbilder des Geliebten zeigte. »Guck dir nur mal seine Augen an, Papilein. Einfach umwerfend! Findest du nicht?«

Es war nicht das erste Mal, dass sie Rudi in ihre Liebschaften einweihte. Schon von Hollywood aus hatte sie ihrem Mann von ihren wechselnden Liebhabern erzählt: von Gary Cooper, ihrem Partner aus *Marokko*, den sie ziemlich dumm, aber hübsch fand, von Maurice Chevalier, von Brian Aherne, mit dem sie gerade den Film *Das Hohe Lied* gedreht hatte und dem sie immer noch eng verbunden war. Natürlich hatte sie »Papi« auch darüber aufgeklärt, dass Josef von Sternberg, genannt Jo, nicht nur ihr Regisseur war – und furchtbar eifersüchtig sein konnte.

Rudolf Sieber dagegen ließ keine Eifersucht erkennen. Ihm war ja seine Tami treu ergeben, Marias früheres Kindermädchen, das jetzt viel Zeit für ihn hatte. Die junge Frau war staatenlos und finanziell vollkommen von ihrem Arbeitgeber und Freund abhängig. Sie war daher bestrebt, es Rudi in allen Lebenslagen recht zu machen. Dabei war klar, dass alles, was über ein übliches Dienstverhältnis hinausging, geheim bleiben musste. Darauf achtete schon Marlene, die trotz der eigenen Affären bestrebt war, die Fassade ihrer Ehe nach außen hin aufrechtzuerhalten.

In Wirklichkeit verkehrten die beiden weiter wie Bruder und Schwester miteinander. Eine amerikanische Illustrierte hatte ihn jüngst gefragt, was er an Marlene am meisten liebe. Seine Antwort: »Sie macht so gute Eierkuchen.«

Er zeigte sich zumeist amüsiert, wenn Marlene ihm von ihren Abenteuern erzählte und Liebesbriefe vorlas, die an sie adressiert waren. Besonders amüsierte es ihn, als Marlene ihrer Hollywood-Nachbarin Greta Garbo die Geliebte ausspannte: Mercedes de Acosta. Die magersüchtige Dame mit dem Auftreten eines bleichen Mannes war Marlenes Tochter unheimlich. Die wohlhabende Drehbuchautorin sah nach den Worten Marias aus wie »ein spanischer Dracula« – mit dem Körper eines Knaben, pechschwarzen, kurzgeschnittenen Haaren, einem kreideweißen Teint und tiefliegenden schwarzen Augen.

»Papilein«, schrieb Marlene, nachdem sie Mercedes kennengelernt hatte. »Die Garbo macht ihr offenbar das Leben schwer ... Ihr Gesicht war bleich und schmal, und sie schien traurig und einsam – wie ich ... Ich fühlte mich zu ihr hingezogen und brachte ihr einen Armvoll Tuberosen.«

Marlenes Zuwendung stieß auf hell lodernde Gegenliebe. Mercedes überhäufte sie mit Rosen und schrieb ihr glühende Liebesbriefe – unterzeichnet mit Phantasienamen wie »Weißer Prinz« oder »Raphael«. Bald konnte sie sich nicht mehr retten vor den drängenden Liebesbeteuerungen des »verrückten Spaniers«, wie Mercedes sich bisweilen auch nannte. Ein Bote brachte Marlene täglich vier bis fünf dicke Kuverts mit amourösen Botschaften.

»Liebes, ich küsse Dich – überall«, schloss Mercedes einen ihrer Liebesbriefe. »Und ich küsse Deine Seele ebenso wie Deinen wunderschönen Körper.«

Anfangs hatte Marlene die Begegnungen mit ihrer exotischen Freundin durchaus genossen, bald aber fühlte sie sich von ihrem »weißen Prinzen« verfolgt wie von einem aufdringlichen Kater.

Im Beisein ihrer Mutter konnte sie natürlich bei dem Familientreffen in Graubünden nicht von solchen Affären erzählen. Doch an Gesprächsstoff herrschte kein Mangel. Josephine von Losch sog begierig alles auf, was ihre Jüngste von der Karriere im fernen Amerika erzählte. Von ihrem Luxusleben in Beverly Hills mit Schwimmbad, Chauffeur und Champagner, von Titelgeschichten, die über sie in großen US-Illustrierten wie *Life* erschienen, von den umjubelten Premieren der zwei Filme, die sie im Jahr zuvor mit Josef von Sternberg gedreht hatte: *Shanghai Express* und *Blonde Venus*. Josephine von Losch war zwar gar nicht begeistert, dass ihre Tochter in beiden Filmen wieder die Rolle eines Flittchens gespielt hatte, umso mehr aber imponierten ihr der Einspielerfolg und die Gage, die für Marlene dabei herausgesprungen war. Ja, es war keine Frage, dass Marlene als Femme fatale zu einem Star mit steil steigendem Marktwert geworden war. Und dieses einträgliche Image ließ sich sogar mit der Mutterrolle vereinbaren, die sie neuerdings spielte. Alle Befürchtungen, dass es ihrer androgynen Erotik abträglich sein könnte, wenn sie sich in aller Öffentlichkeit mit ihrer Tochter zeigte, waren widerlegt. Marlene bewies, dass man auch als Mutter sexy sein konnte.

Ihre eigene Mutter dagegen legt die Stirn in Falten, als Marlene ihr erzählt, wie wunderbar es ist, dass Maria in Amerika von Privatlehrerinnen unterrichtet wird. »Die haben Heidede sogar schon Goethe-Gedichte beigebracht. Ist das nicht wunderbar?«

»Na, ich weiß nicht«, wendet Josephine von Losch ein. »Irgendwann sollte Maria vielleicht doch mal eine richtige Schule besuchen. Lässt sich nicht irgendwo ein gutes Internat für sie finden?«

Das ist wieder einer dieser Momente, die Marlene in Gefahr bringen, die Selbstbeherrschung zu verlieren. Wieder gelingt es Rudi, den drohenden Streit abzuwenden – und das Gespräch auf

Deutschland zu lenken. Aber auch dieses Thema birgt reichlich Konfliktstoff.

»So schlimm ist es nun auch wieder nicht«, verkündet Josephine von Losch, die aufrecht wie eine Gräfin auf ihrem Stuhl thront. »So wie es war, konnte es ja wohl nicht weitergehen. All diese Krawalle, die Arbeitslosen und die ewige Streiterei im Reichstag. Jetzt herrscht wenigstens Ordnung. Ich mag diesen Hitler auch nicht, diesen ungebildeten Kerl, diesen Schreihals ohne Manieren, aber Deutschland braucht einen Führer, einen Mann, der die Zügel fest in der Hand hält und unser Reich wieder zu dem macht, was es mal gewesen ist. Wie soll ich es ausdrücken? Uns ist der Nationalstolz abhandengekommen, und den gibt er uns zurück.«

Marlene seufzt. »Das ist doch wohl nicht dein Ernst, Mutti. Du hast dich doch immer lustig gemacht über die plumpen Sprüche und die fanatischen Reden dieser Braunhemden.«

»Daran hat sich auch nichts geändert, mein Kind. Fanatismus ist immer dumm, immer gefährlich, aber ich bin sicher, dass Hitler und seine Leute irgendwann zur Vernunft kommen. Dass sie für Ordnung sorgen, ist auf jeden Fall schon mal gut.«

Sogar Rudi muss sich nun zurückhalten, um seiner Schwiegermutter nicht in die Parade zu fahren. Zumindest bremst er diesmal Marlene nicht, als die energisch widerspricht: »Eine schöne Ordnung ist das. Eine Ordnung, die kluge und schöpferische Menschen aus dem Land treibt ...«

Ein Donnerschlag übertönt ihre Worte und lässt sie verstummen. Das laute Krachen, als Echo von den Bergen zurückgeworfen, scheint aus allen Richtungen zu kommen. Fast gleichzeitig zuckt ein Blitz durchs Tal. Hans-Georg kriecht ängstlich auf den Schoß seiner Mutter. Doch Liesel ist selbst viel zu ängstlich, um ihren Sohn beruhigen zu können.

Marlene springt als Erste auf. »Abmarsch in die Puppenstube!«, kommandiert sie, und jetzt gehorcht ihr sogar ihre befehlsgewohnte Mutter. Es ist finster geworden. Kaum hat sich die Familie in dem holzgetäfelten Hotelcafé niedergelassen, kracht es ein weiteres Mal. In sturzbachartigem Regen verschwimmt die Welt hinter den Fenstern zu einem Aquarell in düsteren Blau- und Grautönen, durchzuckt von gleißendem Feuerwerk.

Als der Kellner erneut Zwetschgenkuchen, Kaffee und Apfelsaft aufgetragen und auch noch eine Kerze angezündet hat, kann sogar Liesel in der sich ausbreitenden Behaglichkeit aufatmen.

»Wie gut, dass wir nicht wandern gegangen sind.«

»Da hast du recht.« Aber Marlene ist immer noch aufgewühlt von dem Gerede ihrer Mutter. An Liesel gerichtet, hakt sie daher nach: »Wie geht es denn dir und deinem Georg unter den neuen Machthabern? Hollaender musste ja schon sein geliebtes ›Tingel-Tangel‹ aufgeben und Deutschland verlassen.«

Liesel ist anzusehen, dass sie all ihren Mut zusammennehmen muss, um die Frage zu beantworten. »Das ist wirklich nicht leicht, Leni«, beginnt sie zaghaft. »Georg durfte das Kabarett und sein Theaterrestaurant erst mal behalten, aber wer weiß, wie lange noch. Das ist alles sehr schwierig geworden.«

Ihre Finger verkrampfen sich zu Fäusten. Marlene streicht besänftigend darüber, sodass sich die Hände ihrer Schwester wieder öffnen und ein wenig zu entspannen scheinen. »Ja, das ist wirklich nicht schön«, fährt Elisabeth fort. »Man weiß gar nicht mehr, wem man noch trauen kann. Jeder spioniert gegen jeden, und ehe man sich's versieht, ist man im Gefängnis. Überall hissen sie jetzt ihre Hakenkreuzfahnen und marschieren mit ihren schrecklichen Liedern durch die Straßen. Und keiner wagt es, was dagegen zu sagen. Alle haben Angst, alle ...«

Jetzt kann sich Josephine von Losch nicht mehr länger zurückhalten. »Was redest du für einen Unsinn, du dummes Kind«, poltert sie los, während draußen die Welt unterzugehen scheint. »Du weißt doch gar nicht, wovon du sprichst. Das ist alles maßlos übertrieben. Uns geht es gut, viel besser als vorher. Natürlich, anpassen muss man sich schon, aber das muss man ja immer irgendwie. Das wird sich alles wieder beruhigen, glaub mir.«

»Mutti, wirklich!« Marlene will erneut das Wort ergreifen, aber diesmal hält Rudi sie zurück, indem er sanft ihre Hand berührt und diskret den Kopf schüttelt. »Ich schlage vor, dass wir noch Apfelstrudel bestellen. Der soll hier besonders lecker sein.«

»Um Himmels willen«, widerspricht seine Schwiegermutter. »Ich bin pappsatt.«

Doch Rudi lässt sich nicht beirren. »Ich könnte schon noch einen Apfelstrudel vertragen und Hans-Georg und Maria bestimmt auch. Vielleicht mit einer Kugel Vanilleeis dazu?«

Maria sagt sofort begeistert ja, und auch ihr Cousin in der Lederhose nickt schüchtern.

Marlene dagegen fällt jetzt sogar Rudi in den Rücken. »Also, mir wäre jetzt mehr nach einem Cognac, Leute.«

Josephine von Losch wirft ihrer Jüngsten einen flammenden Blick zu, verkneift es sich aber diesmal, ihrer Empörung Ausdruck zu verleihen.

Das Gewitter lässt unterdessen nach. Kaum ist das letzte Donnergrollen verhallt, brechen schon die ersten Sonnenstrahlen durch. Kurze Zeit später leuchtet das Tal unter einem blauen Himmel, und es ist angenehm kühl. Marlene schlägt daher einen Spaziergang vor – und keiner widerspricht.

Die Wege sind zwar aufgeweicht und von Pfützen durchzogen, in den Wanderschuhen aber bekommt niemand nasse Füße. Die Sonne bringt die Natur wie durch einen Zauber zum Leuchten. Die Wiesen sind übersät von Blumen – Knabenkraut und Alpenglöcklein, Frauenschuh und Läusekraut blühen schöner denn je. Und am Wegesrand gibt es nicht nur die Bärtige Glockenblume zu entdecken, sondern auch den purpurnen Enzian, verziert durch Regentropfen. Wie ein Schleier hängt der aufsteigende Dunst über der Bilderbuchlandschaft.

Die frische Luft hebt die Stimmung schlagartig, während sie durch das wiedererwachte Bergdorf schlendern. Es wird gescherzt und gelacht. Marlene erzählt eine Anekdote nach der anderen aus der märchenhaften Welt des Films, in der es nicht nur lustig ist, sondern oft auch so grausam zugeht wie im Märchen. Sie erzählt, wie sich ein Schauspielerkollege bei einer Kneipenschlägerei den Arm gebrochen hat und wie ihr als Kurtisane »Shanghai Lily« mitten in den Aufnahmen der Hut vom Kopf gerutscht ist. Sie erzählt auch von den erst wenige Monate zurückliegenden Dreharbeiten zu *Das Hohe Lied*, ihrem ersten Hollywood-Film ohne Josef von Sternberg, der seine deutschsprachige Erstaufführung am 28. September in Österreich erleben sollte, in Deutschland aber von der Zensur verboten wurde. Ganz anders als Sternberg, der sich eine längere Pause gegönnt hatte und nach Europa gefahren war, sei dieser Rouben Mamoulian als Regisseur gewesen, berichtet Marlene: ein Gentleman im grauen Flanellanzug, immer ruhig, immer gelassen, mochte es am Set auch noch so hektisch zugehen. »Manchmal wirkte er, als habe er Beruhigungspillen geschluckt. Ich konnte ihn noch so triezen, der hatte immer die Ruhe weg.« Aber damit habe er sie eben auch nicht so gefordert wie Sternberg, sei ein bisschen langweilig gewesen. »Dabei war schon das Drehbuch ziemlich bescheiden.« Alles andere als bescheiden sei aber ihre Gage gewesen: dreihunderttausend Dollar.

»Dreihunderttausend?«, wiederholt Josephine von Losch fassungslos. »Das ist ja nicht zu glauben.«

»Leider bringt so viel Geld manche Leute auf schlechte Gedanken«, wirft Rudi ein. Schwiegermutter und Schwägerin sehen ihn fragend an. Marlene beißt sich auf die Lippen. Eigentlich hat sie Liesel und ihrer Mutter gar nichts mehr von der zurückliegenden Erpressung erzählen wollen, aber jetzt hat sich die Sache wohl beruhigt, und da Rudi schon davon angefangen hat, sieht sie nun keinen Sinn mehr darin, weiter den Mantel des Schweigens darüberzubreiten. »Na, ihr habt ja mitbekommen, dass wir letztes Jahr auch solche Drohbriefe gekriegt haben – so ähnlich wie die Lindberghs«, beginnt sie.

Liesel, der die Erpresserbriefe an ihre Schwester schon viele schlaflose Nächte beschert haben, seufzt. »Ja, schrecklich. Ich habe immer an euch gedacht. Dass euch das Gleiche geschehen könnte wie diesem armen Mann, der ganz allein über den Atlantik geflogen ist und dann miterleben muss, wie sein Baby entführt und ermordet wird. Obwohl sie das Lösegeld ja bezahlt hatten. Furchtbar!«

Maria, die Hauptbetroffene der zurückliegenden Erpressung, hat sich gerade auf ihr Zimmer zurückgezogen. Marlene, die das Thema sonst mit Rücksicht auf ihre Tochter lieber meidet, fährt daher fort. »Das war wirklich nicht lustig. Drei Tage nachdem sie das tote Lindbergh-Baby gefunden hatten, kam uns dieser Erpressungsschrieb ins Haus geflattert. Zehntausend Dollar haben sie verlangt.«

Noch zweimal sei die unverschämte Forderung wiederholt und schließlich auf zwanzigtausend Dollar erhöht worden. »Dein Geld oder das Urteil«, hatten sie geschrieben. Darauf habe sie auf Anraten der Polizei Zeitungspapier auf die Größe von Banknoten zuschneiden lassen und wie Geldbündel verpackt auf dem Trittbrett eines geparkten Autos hinterlegt. Zusammen mit der Polizei hatten Marlene, Sternberg und Maurice Chevalier im gegenüberliegenden Haus auf die Erpresser gewartet – mit Gewehren bewaffnet. Doch die Erpresser hatten sich nicht in die Falle locken lassen. Sie waren einfach nicht gekommen. Zum Glück waren danach auch die Lösegeldforderungen ausgeblieben. Schließlich war Rudi herbeigeeilt und hatte Leibwächter für Maria eingestellt. So war das Kind von morgens bis abends auf Schritt und Tritt bewacht worden. Mittlerweile sei die Gefahr wohl gebannt, aber ein bisschen Angst sei schon zurückgeblieben, gesteht Marlene.

»Das kann ich gut verstehen«, sagt Liesel. »Muss ja furchtbar gewesen sein. Und ich habe gedacht, ihr lebt da drüben wie im Paradies.«

»Das Paradies gibt es hier auf Erden nirgendwo«, fährt Josephine von Losch in ihrem Gouvernantenton dazwischen. »Aber Amerika scheint wirklich ein schlimmes Land zu sein.«

»Bestimmt nicht schlimmer als Deutschland«, erwidert Marlene wieder etwas schroff. »Oder hast du schon vergessen, was dieser Haarmann in Hannover getrieben hat?«

»Ach, Haarmann ist lange tot.«

»Aber euern Hitler habt ihr immer noch.«

Wieder mischt sich Rudi ein, um die Gemüter zu beruhigen: »Jetzt ist Schluss mit Politik! Für Streitereien ist es hier viel zu schön.«

Marlene nickt. »Du hast recht, aber Mutti sollte sich überlegen, ob sie nicht besser zu uns nach Amerika kommt. Die Nazis werden ihr das Leben bestimmt nicht leicht machen, wenn ihre zickige Tochter ihrem Vaterland weiter die kalte Schulter zeigt und solche unanständigen Filme macht.«

Die Kirchenglocken läuteten zur sechsten Stunde und erinnerten die Spaziergänger an das Abendessen. Als Marlene an der Rezeption vorbeikam, sprach eine Hotelangestellte sie an und überreichte ihr einen Stapel Briefe, die gerade angekommen waren, darunter auch zwei Telegramme der Paramount, die sie dringend um Rücksprache wegen der beiden schon fest vereinbarten Filme bat. Die anderen Schreiben waren privat. Sie las sie noch vor dem Abendessen. Zuerst den Brief von Mercedes de Acosta. »Meine Goldene«, begann er. »Ich weiß, dass Du in Wien großen Erfolg hattest, und habe über Dich in den französischen Zeitungen gelesen. Ich habe auch gelesen, dass Du Dir sehr viele ausgesprochene Frauenkleider gekauft hast. Ich hoffe, sie sind nicht zu weiblich … Ich werde sehr glücklich sein, wenn ich Dein schönes weißes Gesicht wiedersehe. Dein Weißer Prinz.«

Vorwurfsvoll klang ein Brief, den ihr Brian Aherne aus London geschickt hatte. Schon die Anrede! »Dietrich, ich will mich kurz fassen. Du hast mich mehr verletzt, als mich jemals jemand anders verletzt hat. Nach allem, was wir einander bedeuteten, kann ich kaum glauben, dass Du mir einen solch grausamen und furchtbaren Schlag versetzen konntest … Ich kenne viele Dietrichs, aber die, die mir dies zufügte, ist mir, Gott sei Dank, fremd.« In diesem Stil ging es noch viele Zeilen weiter. Was bildete sich dieser Kerl eigentlich ein?

Dagegen klang das Telegramm von Sternberg direkt freundlich:

»Was tust Du und wie lebst Du und wohin gehst Du aus und wie sehen Deine neuen Kleider aus … Es ist furchtbar, das alles nicht zu wissen … Im Studio ist es langweilig.« Marlene musste lächeln. »Ich sitze hier ganz allein in einer kleinen Ecke und rieche nach Mottenpulver«, hatte er ihr kürzlich geschrieben. »Ich kann nicht beschreiben, wie sehr Du mir fehlst.«

Bald würde es bei ihm im Studio mit der Ruhe vorbei sein. Im Oktober, gleich nach ihrer Rückkehr aus Europa, sollten die Dreharbeiten für den nächsten gemeinsamen Film beginnen.

Aber erst einmal war jetzt Zeit für das Abendessen.

Wenige Wochen später berichtete *The New York Times* über ihre Entscheidung, keine Filme mehr in Deutschland zu drehen. Über Hitler und das »neue deutsche Reich« wollte sie sich dem Bericht zufolge nicht äußern: »Ich bin Schauspielerin und habe mich für Politik nie interessiert.«

9

HIOBSBOTSCHAFTEN

»Es war ein Mann im Lande Uz, der hieß Hiob. Der war fromm, rechtschaffen und gottesfürchtig und mied das Böse.«

Sie las die Bibelverse nicht zum ersten Mal und war doch wieder ergriffen. Das Schicksal dieses Bauern aus dem Alten Testament berührte sie. Welch schweren Prüfungen dieser arme reiche Mann ausgesetzt war! Wie konnte der liebe Gott so hart sein! Einem ihm in festem Glauben ergebenen Unschuldigen solches Leid zuzufügen! O nein, es fiel ihr nicht schwer, sich in Hiob hineinzuversetzen. Viele wurden ja in diesen düsteren Zeiten auf eine Probe gestellt. Auch sie selbst.

Dass sie wieder auf das Buch Hiob gestoßen war, hatte mit einem anderen Buch zu tun – mit dem Roman *Hiob* von Joseph Roth. Eine Freundin hatte ihn ihr geborgt. Sie war begeistert. Die Geschichte dieses jüdischen Lehrers aus Ostgalizien, der wie Hiob aus dem Alten Testament von schweren Schicksalsschlägen heimgesucht wird, ließ sie nicht los. Sie las den Roman jetzt schon zum zweiten Mal. Dabei durfte sie ihn eigentlich gar nicht lesen. Denn Joseph Roths gesamtes Werk stand auf der »Liste verbrennungswürdiger Bücher«, die, erstellt und ständig erweitert von selbsternannten Hütern deutscher Kultur, seit Ende März 1933 zu regelrechten Plünderungen von Bibliotheken und Buchhandlungen geführt hatte. Im Mai waren dann Roths Bücher ebenso wie die von Heinrich Mann, Erich Maria Remarque, Kurt Tucholsky oder Erich Kästner auf dem Opernplatz in Berlin und anderswo verbrannt worden, ein Spektakel, das unter dem Namen »Aktion wider den undeutschen Geist« lief. Dabei war es doch eine Schande gewesen! Ein Verbrechen gegen den deutschen Geist, gegen den Geist von Goethe, Schiller und Heine. Auch Joseph Roths erst kurz vor der Machtübernahme der NSDAP erschienener Roman *Radetzkymarsch*, der, ebenso einfühlsam wie *Hiob*, vom Niedergang der Habsburger Monarchie erzählt, hatten sie in die Flammen geworfen. Marlene hatte ihr das Buch geschenkt. Der Autor, ein jüdischer Kaufmannssohn aus Ostgalizien, war längst nach Frankreich geflüchtet, wie Marlene ihr geschrieben hatte.

Georg sah es gar nicht gern, wenn sie solche Bücher las. Aber an diesem Novemberabend des Jahres 1934 war sie allein. Es ging auf neun Uhr zu. Hans-Georg schlief schon eine Weile. Seit einem halben Jahr ging er zur Schule, musste morgens um sieben aufstehen und war abends früh müde. Seine Großmutter hatte darauf bestanden, dass er eine Privatschule besuchte. »In der staatlichen Volksschule lernen sie ja doch nichts, und obendrein werden sie fürs Leben verdorben«, hatte sie gesagt – und bereitwillig das Schulgeld bezahlt.

Auch Josephine von Losch lag schon im Bett. Einige Monate zuvor war ihr Bruder Willi gestorben, Liesels Onkel. Der Kettenraucher hatte noch einmal geheiratet, nachdem seine Jolly mit ihrem Flieger durchgebrannt war. Doch die demütigende Trennung hatte sich tief in seine Seele eingebrannt und seinen sonst so überschäumenden Lebensmut gedämpft. Nach dem Tod ihres Bruders im vergangenen Februar war Josephine praktisch zum Oberhaupt des Unternehmens Felsing geworden, von dem ihre Mutter ihr bereits zwanzig Prozent vererbt hatte. Haupterbe war zwar Willis Sohn Hasso, aber der war erst elf. Josephine von Losch nahm ihren Neffen unter die Fittiche und verbrachte jetzt täglich viele Stunden im Uhrengeschäft am Hotel Adlon. Sie war meistens erschöpft, wenn sie abends nach Hause kam. Um den Haushalt kümmerte sich ein Hausmädchen, stundenweise kam eine Köchin.

Elisabeth war es nur recht, dass ihre Mutter ihr nicht mehr von morgens bis abends über den Weg lief und Kommandos erteilte. Es kostete sie schon einige Mühe und Selbstbeherrschung, sich auf Georg einzustellen, der sich jetzt häufiger zu Hause aufhielt. Ja, ihren Mann hatte es hart getroffen. Erst hatten ihm die Nazis die Lizenz für die »Tribüne« und das »Tingel-Tangel« entzogen, und jetzt war ihm auch noch der Pachtvertrag für das kleine Restaurant im Theater des Westens gekündigt worden. Damit war er praktisch arbeitslos. Seine jüdischen Freunde waren ihm zum Verhängnis geworden. Außerdem hatte ihm die Reichstheaterkammer die Rechnung für die frechen Revuen präsentiert, die andere in seinen Etablissements veranstaltet hatten.

Dabei schien es anfangs, als hätte er gute Aussichten, die neuen Zeiten schadlos zu überstehen. Als Friedrich Hollaender geflüchtet war, hatte man ihm im Juni 1933 auch die künstlerische Leitung des »Tingel-Tangel« übertragen. Schließlich war er schnell auf die neue Linie eingeschwenkt und schon bald nach Hitlers Ernennung zum Reichskanzler Parteimitglied geworden. Doch die hohen Herren vom Propagandaministerium und von der Reichskulturkammer, die Goebbels im Herbst gegründet hatte, trauten seiner eilfertigen Wandlung offenbar nicht. Und vielleicht hatte er ja die schändliche Behandlung tatsächlich auch seiner berühmten Schwägerin zu verdanken, die auf der anderen Seite des Atlantiks ihre Filme drehte. Immer wieder hielt Georg seiner Frau vor, dass er die Zeche für Marlenes Vaterlandsverrat zahlen müsse.

Solche Anschuldigungen stimmten Liesel traurig. Natürlich verteidigte sie Marlene, aber auch sie konnte ihre Augen nicht davor verschließen, dass Marlene Dietrich im Deutschen Reich nicht nur bei den neuen Machthabern, sondern auch im Publikum rasch an Ansehen verlor. Schon *Marokko*, der erste Film, den sie mit Josef von Sternberg in Hollywood gedreht hatte, war von den Nazis verboten worden. Den zweiten Film, *Dishonored (Entehrt)*, hatte die deutsche Presse niedergemacht, weil darin, wie es hieß, das Militär in den Schmutz gezogen werde – Marlene spielte die Witwe eines an der Front gefallenen Hauptmanns, die der Prostitution nachgeht und zur Spionin wird. SA-Männer hatten bei der Premiere in Berlin Hunderte von weißen Mäusen laufen lassen und zum Boykott aufgerufen. Mit Erfolg. *Blonde Venus*, der nächste Sternberg-Film mit Marlene, lief erst im November 1933, mehr als ein Jahr nach der US-Premiere, in Deutschland an und wurde kurz darauf verboten, weil er angeblich den Ehebruch beschönigte. Und auch Marlenes neuester Film, der in Berlin spielte, war ja an der Oberprüfstelle gescheitert. *Song of Songs (Das Hohe Lied)*, befanden die Zensoren, verzerre und beschädige in unzulässiger Weise das Ansehen des Deutschen Reiches. Sogar *Der blaue Engel* stand mittlerweile auf dem Index. Die Zeitungen lasteten Marlene obendrein diverse Skandale an, und da die Attackierte in Amerika lebte, hatte sie keine Chance, sich zu wehren.

Liesel versorgte die Schwester mit Artikeln über die Resonanz ihrer Filme in Deutschland, ließ aber die schlimmsten Schmähungen am liebsten unerwähnt. Wenn Marlene aus anderen Quellen davon erfuhr und nachfragte, spielte sie alles Negative herunter und hob das wenige Positive hervor – auch gegenüber Georg, der ihr die Verrisse hämisch unter die Nase hielt und sich auf die Seite der Kritiker stellte.

An diesem Abend traf er sich mit einem alten Freikorpskameraden, der an einflussreicher Stelle im Propagandaministerium saß. Diese alten Verbindungen waren ihr nicht geheuer, aber natürlich hoffte sie vor allem, dass der Parteigenosse etwas für ihn tun konnte.

Als Georg kurz nach zehn zur Tür hereinkam, sah sie ihm gleich an, dass das Gespräch enttäuschend verlaufen war. Mürrisch schleuderte der stämmige Mann seine Aktentasche auf die Bank neben dem Garderobenschrank und schenkte sich erst einmal einen Weinbrand ein. »Lumpenpack!«, fluchte er. »Die tun, als hätte ich gemeinsame Sache mit den Bolschewiken gemacht.« Liesel versuchte, ihn zu besänftigen. Die »hohen Herren«, sagte sie, würden sicher bald erkennen, dass sie sich irrten. Doch Georg wies sie brüsk zurück. »Hör doch auf! Du hast ja keinen blassen Schimmer.

Wenn die einen erst mal in Verdacht haben, dann bleibt man immer verdächtig. Da kann man sich noch so abstrampeln. Dann ist man kaltgestellt. Verstehst du? Auf ewig und drei Tage kaltgestellt.«

»Ich glaube, du siehst zu schwarz. Irgendwann werden die schon einsehen, dass sie dir unrecht tun.«

»Nicht, solange deine Schwester da drüben in Amerika weiter ihre unanständigen Filme macht.«

»Nun fang doch nicht schon wieder damit an.«

»Du hast leicht reden! Marlene scheffelt in Hollywood Millionen, und mir machen sie hier die Hölle heiß. Verdammte Sauerei!«

»Georg, bitte! An der ganzen schwierigen Lage ist doch nicht Marlene schuld.« Und unter dem Eindruck ihrer Lektüre der vergangenen Stunden fügte sie hinzu: »Du bist nicht der Einzige in Deutschland, der solch schweren Prüfungen ausgesetzt ist.«

»Schwere Prüfungen! Schon wieder dieses geschwollene Zeug aus der Bibel.«

»Von Hiob kann man nicht nur in der Bibel lesen.« Auch Joseph Roth habe über so einen Menschen geschrieben, teilte sie kleinlaut mit.

»Liest du etwa schon wieder ein Buch von dem Juden? Du weißt doch, dass der auf der schwarzen Liste steht! Willst du uns alle unglücklich machen?! Reicht dir mein Ärger noch nicht?«

Kurze Zeit später versuchte Georg Will sein Glück in Breslau. Der Intendant des dortigen Liebsch-Theaters war ein alter Weggefährte und gab ihm die Chance, an seinem Haus Regie zu führen: *Frauen haben das gern*, eine Operette von Walter Kollo und dem Libretto von Franz Arnold und Ernst Bach. Schon vor Erteilung der offiziellen Zulassung hatte Georg voller Zuversicht mit den Proben begonnen und für die Aufführung geworben. Alles ließ sich wunderbar an. Doch am Tag der geplanten Premiere kam von der Reichstheaterkammer das Aus. Die Operette sei das Werk von »Nichtariern« und widerspreche »den Grundsätzen nationalsozialistischer Kulturpolitik«, wurde ihm am 16. Juli 1935 mitgeteilt. »Theaterleiter, die derartige Aufführungen veranstalten wollen, sind als unzuverlässig und ungeeignet zur Führung eines Theaters anzusehen«, hieß es in dem Schreiben. Besonders verwerflich sei, dass er, Georg H. Will, ohne Zulassung bereits Darsteller verpflichtet und Plakate drucken lassen habe. Die Mitteilung kam einem Berufsverbot gleich.

Bald darauf veränderten sich die Rahmenbedingungen: Marlene Dietrich und ihr Regisseur Josef von Sternberg gingen getrennte Wege. Die letzten beiden Filme, die sie mit Sternberg gemacht hatte – *The Scarlet Empress* und *The Devil Is a Woman* –, waren in der amerikanischen Presse verrissen worden. Dabei hatte es die Kritiker auch nicht milder gestimmt, dass Marlene die kleine Maria in die Rolle der kindlichen Katharina schlüpfen ließ, während sie selbst Katharina als Erwachsene spielte: Katharina die Große, die »scharlachrote Kaiserin«. Der Historienfilm kam einfach nicht an – weder bei den Rezensenten noch beim amerikanischen Publikum.

Josef von Sternberg selbst verkündete in einer Pressekonferenz, dass er keinen Sinn in einer weiteren Zusammenarbeit sehe. »Wir sind den gemeinsamen Weg so weit wie möglich gegangen ... Wenn wir so weitermachen, würden wir in ein Fahrwasser geraten, dass für uns beide schädlich wäre.« In seiner Autobiographie ließ er allerdings später keinen Zweifel daran, dass er sich zu diesem Schritt gedrängt sah: »Nach dem letzten Film forderte man auf dem ganzen Globus, dass dieses Wesen, das ich ruiniert hatte, meinem eisernen Griff entrissen werde. Mein Griff war alles andere als eisern. Und ich hatte sie wohl kaum ›ruiniert‹. Als wir uns kennenlernten, verdiente sie weniger als ein Maurer.«

Marlene, die zu diesem Zeitpunkt schon einen neuen Vertrag mit dem Regisseur Ernst Lubitsch unterzeichnet hatte, erklärte die Trennung in ihrer öffentlichen Stellungnahme etwas anders: »Mr. von Sternberg möchte eine Zeitlang keine Filme mehr drehen ... Er möchte sich ausruhen und vertritt die Ansicht, dass für mich der Augenblick gekommen ist, meinen eigenen Weg zu gehen.«

Es konnte also keine Rede davon sein, dass Marlene von ihrem Regisseur, dem Mann, der sie berühmt gemacht hatte, nichts mehr wissen wollte. Doch dies wurde in Deutschland ganz anders dargestellt. Schon im März 1934 hatte der *Film-Kurier* vermeldet, sie habe im fernen Hollywood einen Nervenzusammenbruch erlitten und ein Sanatorium aufsuchen müssen. Jetzt schien die Ursache dafür festzustehen: Josef von Sternberg. Die Trennung wurde bejubelt. »Applaus für Marlene Dietrich, die endlich den jüdischen Regisseur ... entlassen hat, der sie immer nur Prostituierte oder sonstwie entehrte Frauen spielen ließ, aber nie eine Rolle, die dieser großen Bürgerin und Vertreterin des Dritten Reiches zur Ehre gereichen würde«, hieß es in einem Kommentar, der in leicht abgewandelter Form in mehreren deutschen Zeitungen erschien. »Marlene sollte jetzt ins Vaterland heimkehren, ihre historische Rolle als Anführerin der deutschen Filmindustrie übernehmen und sich nicht mehr als Werkzeug der Juden von Hollywood missbrauchen lassen.«

Vieles deutet darauf hin, dass kein Geringerer als Joseph Goebbels hinter der Kampagne stand. Unbestritten ist, dass der Propagandaminister für die abtrünnige Diva schwärmte. »Die Dietrich spielt wunderbar«, schrieb er am 25. Februar 1937 in sein Tagebuch, als er den Film *The Garden of Allah* gesehen hatte, den er im Übrigen »dumm und quatschig« fand. Die von Ernst Lubitsch produzierte Komödie *Desire* von 1936, Marlenes zweiten Film mit Gary Cooper als Partner, lobte er dagegen. Schade sei nur, dass »wir [Marlene Dietrich] nicht mehr in Deutschland haben«. Auch Adolf Hitler soll ein Fan Marlene Dietrichs gewesen sein. Leni Riefenstahl verbreitete in der Nachkriegszeit das Gerücht, der »Führer« habe auf dem Obersalzberg bei Berchtesgaden ihre Filme gesehen.

Goebbels setzte sich daher persönlich dafür ein, Marlene »heim ins Reich« zu holen. Per Presseanweisung dekretierte er zunächst einmal, dass »deutsche Filmschauspieler und Filmschauspielerinnen, die im Ausland tätig sind, nicht angegriffen werden, da sie möglicherweise auch wieder einmal in Deutschland spielen könnten. Dies bezieht sich insbesondere auf Marlene Dietrich.«

Die Anweisung zeigte Wirkung. Marlene Dietrich war plötzlich in der deutschen Presse keine Vaterlandsverräterin und Filmhure mehr, sondern ein Weltstar, auf den Deutschland stolz sein konnte. Die Welturaufführung von *Desire* durfte nun am 2. April 1936 sogar in Berlin stattfinden – ein Angebot, das die Paramount gern nutzte. Denn Deutschland war für Hollywood auch unter Hitler ein wichtiger Markt, sodass man den Nazis hinter den Kulissen manche Zugeständnisse machte. Und was lag näher, als den Deutschen die Bühne für die Weltpremiere einer Deutsche zu überlassen – zumal die blonde Berlinerin auf einmal in ihrer Heimat mit Lob überschüttet wurde. Dankbar erinnerte man sich auf einmal daran, dass Marlene 1933 eine beträchtliche Summe für die Deutsche Winterhilfe gespendet hatte. Die deutsche Presse wertete dies als Zustimmung zum neuen Regime.

Marlene reagierte skeptisch auf die Lockrufe aus der Heimat. Liesel dagegen stimmte der Stimmungsumschwung froh. Sie schickte ihrer Schwester alle Lobeshymnen, die sie in deutschen Zeitungen und Illustrierten finden konnte – oft verbunden mit einer Flasche Maggi-Würze, die Marlene in den USA fast noch mehr vermisste als die deutsche Sprache. »Deine Bilder in der ›Jungen Dame‹ waren ja wunderschön, ein Bild war auf der Titelseite«, teilte sie Marlene am 29. November 1936 mit. Da die Fotos auch dokumentierten, wie hart die aktuellen Dreharbeiten für die deutsche Schauspielerin waren, fügte Liesel voller Mitgefühl hinzu: »Es ist ja schrecklich, dass so viele Außenaufnahmen bei der Kälte sind, und gerade in leichten Kleidern. Ich bewundere Dich auch darin restlos.« Auch den kleinen Hans-Georg ließ sie an dem Pressespektakel teilhaben. »Der Junge freut sich immer, wenn er Dich in der Zeitung sieht«, schrieb sie Marlene. Jetzt konnte sie endlich wieder laut sagen, wie sehr sie ihre Schwester bewunderte. Sie atmete auf: Endlich hatte Georg keinen Grund mehr, Marlene für seine Misere verantwortlich zu machen. Ganz im Gegenteil: Nun war ihm seine berühmte Schwägerin womöglich sogar von Nutzen. Vielleicht konnte er ja seinen bescheidenen Einfluss geltend machen, um Marlene zur Heimkehr zu bewegen, wie er bei Gesprächen mit NS-Kulturfunktionären und Parteigenossen anklingen ließ. Dass er selbst inzwischen ganz auf die Parteilinie eingeschwenkt war, sollte jetzt wirklich niemand mehr in Zweifel ziehen.

In einem Brief an seinen Parteigenossen Hans Hinkel im »Ministerium für Volksaufklärung und Propaganda« vom 24. August 1936 färbt Georg Will seine gesamte Lebensgeschichte braun ein. Er betont, wie lange er sich schon dem nationalsozialistischen Denken verbunden fühlt. Schon als Student in München. Gleich nach Ausbruch des Ersten Weltkriegs habe er sich als Freiwilliger für ein Infanterieregiment gemeldet und bis zum bitteren Ende an der Front gekämpft. Und nach Kriegsende habe er sich mit voller Kraft der nationalen Sache gewidmet:

> Zur Gründung des Freikorps »Oberland« trat ich gleich diesem Korps bei. Machte die Befreiung Münchens, Oberschlesiens in den Reihen dieses Korps mit. Ich wurde zum Presseleiter der Nachrichtenabteilung von Oberland ernannt, und später als ich von München wegging nach Berlin war ich noch lange Zeit hindurch der Verbindungsmann von Oberland für Berlin innerhalb der Nachrichtengruppe. In Berlin trat ich in die Schriftleitung der »Deutschen Zeitung« ein, der einzigen völkischen Zeitung der damaligen Zeit in der Reichshauptstadt. Im Jahre 1933 übernahm ich dann die Direktion des Theaters »Die Tribüne« ... Ich mühe mich um Beschäftigung, kann aber nichts in meinem Beruf finden. Da ich eine Familie zu unterhalten habe (Frau und Kind) bin ich gezwungen, schnellstens, nachdem ich jetzt schon ½ Jahr feiere, wieder zu verdienen, besonders da mir keine Gelder durch meine Verluste zur Verfügung stehen. Meine Bitte an Sie, Herr Staatskommissar, ist deshalb, mir behilflich zu sein, bald wieder einen Erwerb, gleich ob in Presse oder Theater zu finden. Ich nehme an, dass Sie vielleicht in Erfahrung bringen können, wo ein tüchtiger

Mensch, der keine Arbeit scheut, gebraucht werden kann. Ich bin Mitglied des Reichsverbands der Presse und gehöre der Fachschaft Theater Gruppe I an ...
In der Hoffnung, keine Fehlbitte getan zu haben, verbleibt mit
Heil Hitler
Pg. Georg H. Will

Auf dem Schreiben findet sich der handschriftliche Vermerk des Parteigenossen Hinkel: »Will schickt seine Bewerbung und macht einen guten Eindruck.«

Trotzdem ist der Bann noch längst nicht gebrochen. Georg reist weiter durchs Land, um sich für neue Aufgaben unter der inzwischen streng hierarchisch organisierten Kulturbürokratie zu bewerben. Dabei geht das Geld schnell zur Neige, und auch Josephine von Losch ist nicht länger bereit, ihrem Schwiegersohn unter die Arme zu greifen. »Da könnte ich mein Geld ebenso gut in den Brunnen werfen«, sagt sie. »Soll er doch sehen, wie er über die Runden kommt, dieser Hohltöner.«

Ähnlich dachte Marlene. Sie ließ ihren Schwager schroff abblitzen, als der sie im Spätsommer 1936 bei einem gemeinsamen Familienurlaub im österreichischen St. Gilgen lockte, nach Deutschland zurückzukehren. Von höchster Stelle sei ihm versichert worden, dass sie jede Rolle ihrer Wahl spielen könne und jeden deutschen Regisseur bekomme, der ihr genehm sei, sagte er. Auch die Höhe der Gage sei nahezu unbegrenzt. Wunderbare Charakterrollen würden auf sie warten. »Sie werden dich in Berlin auf Händen tragen«, versicherte er. Doch Marlene wollte von alldem nichts wissen. Empört wandte sie sich von ihrem Schwager ab, der aus ihrer Sicht den Botenjungen für Goebbels spielte.

Liesel hatte Mitleid mit ihrem Mann. So konnte es nicht weitergehen! In ihrer Verzweiflung bat sie Marlene, ihr tausend Mark nach Berlin zu schicken. »Ich brauche sie, um meinem Mann über eine tote Zeit zu helfen. Du würdest mich sehr glücklich machen«, schrieb sie am 14. September 1936. Vorsorglich fügte sie hinzu:

Solltest Du meine Bitte nicht erfüllen, so bitte ich Dich und Rudi allerherzlichst, Mutti von meiner Bitte nichts zu sagen, auch im bejahenden Fall nicht. Ich hätte nur Kummer mehr ... Mein Mann sucht eine Stellung. Dies Geld ist zum Fahren ... Man darf den Mut nicht sinken lassen.

Bei allen Sorgen hatte Georgs Arbeitslosigkeit auch ihr Gutes. Da das Geld knapp war, lag es nahe, dass Elisabeth sich auf Arbeitssuche begab. Nichts sprach nun mehr dagegen, dass sie wieder eine Stelle als Lehrerin annahm. Die Haushaltskasse war leer, und Hans-Georg ging ja zur Schule und kehrte erst am Nachmittag heim. Er schien sich gut zu machen. Seine Lehrerin lobte ihn, nicht nur wegen seiner Leistungen im Unterricht. Einige Monate später berichtete Liesel ihrer Schwester in einem Brief, dass Hans-Georg in der Weihnachtsaufführung den Weihnachtsmann spiele. »Die Lehrerin sagt, er macht seine Sache sehr nett.« Dabei war er doch erst acht. Zu putzig: ein Weihnachtsmann mit acht Jahren.

10

VEREHRT, VERHASST, UMWORBEN

Herrenbesuch war für Marlene Dietrich nichts Besonderes. Doch der Herr, der wenige Tage vor Weihnachten im Jahr 1936 in der Eingangshalle des Hotel Lancaster in London auf sie wartete, war anders als die üblichen Verehrer. Dieser Mann in dem dunkelgrauen Anzug hatte etwas von einem Aristokraten: groß, blond, distinguiert, mit scharfgeschnittenen Gesichtszügen und geschliffenen Manieren. Der Herr sprach Deutsch und war in Begleitung zweier Männer erschienen, die einen nicht so vornehmen Eindruck machten: Muskelpakete in Uniform mit Hakenkreuz, ausdruckslose Gesichter, stahlblaue Augen, die mit wachsamem Blick die Umgebung abtasteten. Keine Frage, der Herr, der mit Marlene Dietrich sprechen wollte, war ein hochrangiger Vertreter des Naziregimes. Manches spricht dafür, dass es sich bei dem elegant gekleideten Besucher um Joachim von Ribbentrop gehandelt hat, Hitlers Außenminister in spe, der damals noch deutscher Botschafter in London war. Am liebsten hätte Marlene dem Mann die kalte Schulter gezeigt und ihn abgewiesen. Aber die Weihnachtszeit stimmte sie milde, und sie musste an ihre Mutter und ihre Schwester denken, die sich weiterhin standhaft weigerten, Deutschland zu verlassen, und somit in ständiger Gefahr schwebten. Ihretwegen! Schweren Herzens ließ sie den deutschen Diplomaten hochbitten.

Vorher allerdings musste ein anderer Herr aus ihrer Suite verschwinden: Erich Maria Remarque. Der Schriftsteller, der wegen seines Antikriegsromans *Im Westen nichts Neues* bei den Nazis in

Ungnade gefallen war, hatte Deutschland schon 1933, gleich am Tag nach Hitlers Ernennung zum Reichskanzler, verlassen. Remarque lebte in dieser Zeit am Lago Maggiore im Schweizer Exil, und vor wenigen Monaten hatte er am Lido in Venedig Marlene Dietrich kennengelernt und sich mit ihr angefreundet. Jetzt besuchte er sie gerade in London, und Marlene wollte unter allen Umständen vermeiden, dass sich diese beiden so grundverschiedenen Landsleute in ihren Gemächern begegneten. Sie drängte den Freund also, sich in ihrem Badezimmer zu verstecken, solange der blaublütige Nazigesandte bei ihr war.

Doch Marlene war überrascht. Der Besucher aus Deutschland erwies sich als äußerst höflich und gebildet. »Er ist ein intelligenter Mann und stammt aus einer der besten Familien Deutschlands«, vertraute sie hinterher ihrer gerade erst zwölf Jahre alt gewordenen Tochter an, die draußen vor dem Salon gewartet hatte. »Wir machen Sie zur Königin der Ufa, wenn Sie sich entschließen, nach Deutschland zurückzukehren, gnädige Frau«, habe er ihr gesagt. »Die Menschen in Deutschland lieben Sie, der Führer betet Sie an. Sie können jede Rolle spielen, alle Möglichkeiten stehen Ihnen offen.« Der skurrile Abwerbungstrupp hatte ihr sogar einen Weihnachtsbaum mitgebracht, um sie für die Heimat zu erwärmen. Marlene nahm das Geschenk an und hörte höflich zu, als der Herr auf sie einredete.

In der Sache blieb sie hart, und anstatt auf das verlockende Angebot aus Deutschland einzugehen, beantragte sie kurze Zeit später die amerikanische Staatsbürgerschaft. Ihren Namen gab sie korrekt als Marie Magdalene Sieber an, als sie am 6. März 1937 im Bundesgericht in Los Angeles im schlichten Kostüm mit Filzhut erschien, um die Formalitäten zu erledigen. »Ich lebe hier, ich arbeite hier, und Amerika ist immer gut zu mir gewesen«, erklärte sie den Reportern. Doch nicht alle amerikanischen Zeitungen bejubelten ihren Schritt. Die Hearst-Presse, die dem Hitler-Regime manche Sympathien entgegenbrachte, titelte in fetten Lettern: »Desertiert aus ihrem Vaterland«.

Geschlossen feindselig reagierten die gleichgeschalteten Zeitungen in Deutschland, wobei, wie so oft, das Hetzblatt *Der Stürmer* besonders aggressive Attacken ritt und verkündete, Marlene Dietrich sei durch ihre »jüdischen Kontakte völlig undeutsch« geworden. Doch Goebbels gab sich nicht geschlagen. Er ließ Marlene vom Geheimdienst überwachen, um zu prüfen, ob es nicht doch möglich sei, sie zur Umkehr zu bewegen. Dabei klangen die Spitzelberichte nicht gerade verheißungsvoll. Es wurde berichtet, Marlene habe gemeinsam mit Chaplin und anderen Künstlern in Hollywood eine Resolution gegen Franco und für »Rot-Spanien« unterzeichnet. Sie spreche oft sehr »gehässig« über Deutschland, hieß es. Im Grunde aber sei Marlene Dietrich wie die meisten anderen Schauspieler »egozentrisch und an Politik uninteressiert«, vermeldete der Auslandsgeheimdienst am 14. Juli 1937. Denkbar sei, dass man ihr Geld gezahlt habe. Das sei in Hollywood keine Seltenheit, denn die Filmschaffenden dort seien »meist von Juden völlig abhängig«.

Ermutigt von solchen Zwischentönen, fuhr Goebbels fort, Marlene heim ins Reich zu locken. Die Voraussetzungen waren günstig. Denn in Amerika sank Marlenes Popularität von Woche zu Woche. Die Trennung von Sternberg bedeutete für sie keinen Neubeginn, die Erfolge blieben aus. *Sehnsucht*, das Ergebnis der ersten Zusammenarbeit mit Ernst Lubitsch, war in den USA ein Flop. Die Dreharbeiten zu einem Drama, das »I Loved a Soldier« heißen sollte (Regie: Henry Hathaway), verschlangen 900 000 Dollar, wurden aber nach fünf Wochen abgebrochen, weil es zum Streit zwischen dem Produzenten Ernst Lubitsch und der Paramount kam und das Drehbuch erhebliche Schwächen aufwies. Auch die Einspielergebnisse des Films *Der Garten Allahs* blieben hinter den Erwartungen zurück. Im Frühjahr 1937 arbeitete sie mit Lubitsch, der diesmal die Regie übernahm, an ihrem nächsten gemeinsamen Projekt: *Angel (Engel)* wurde mit vielen Vorschusslorbeeren bedacht, doch stieß auch diese – wohl etwas zu brav geratene – Dreieckskomödie nicht auf die erhoffte Resonanz. Vom einstigen Publikumsmagneten Marlene Dietrich schien nicht viel übrig geblieben zu sein.

Schon vor der *Angel*-Premiere, Ende Mai 1937, hatte der Verband der unabhängigen Kinobesitzer in den USA in allen Fachblättern der Filmbranche eine Anzeige schalten lassen, worin Marlene Dietrich als »Gift für die Kinokasse« bezeichnet wurde. »Wacht auf«, war da zu lesen. »Praktisch alle großen Studios werden belastet von Stars, die durch ihre vertraglichen Verpflichtungen ungeheure Gagen einnehmen, deren Anziehungskraft auf die Kinokassen aber gleich null ist.« Marlene befand sich in guter Gesellschaft. Auch Greta Garbo, Bette Davis und Katharine Hepburn bescheinigten die besorgten Kintoppbetreiber jene toxische Wirkung auf den Publikumszuspruch. Aber das war nur ein schwacher Trost. Die öffentliche Demütigung traf sie tief.

Und bald bekam sie auch zu spüren, dass die Kampagne ernste Folgen für sie hatte. Die Paramount beschloss, den nächsten Film, für den sie schon fest eingeplant war, mit einer anderen Hauptdarstellerin zu besetzen. Als Entschädigung für die Vertragsauflösung bot man ihr 250 000 Dollar, eine Abfindung in einer Höhe, wie sie bis dahin noch nie in der gesamten Filmgeschichte gezahlt worden war. Marlene blieb gar nichts anderes übrig, als dem hochdotierten Rauswurf, um den es sich faktisch handelte, resigniert zuzustimmen.

Schon lange hatte sie unter der Kälte des amerikanischen Filmgeschäfts gelitten und sich nach Deutschland gesehnt. Die Luxusvillen, in denen sie lebte, hatten andere eingerichtet – sie waren ihr nie zu einem Zuhause geworden. Die Kontakte zu den meisten Menschen waren oberflächlich geblieben, und auch die größten Erfolge konnten sie nicht über ihre innere Leere hinwegtäuschen. Sie tröstete sich mit Rilke-Gedichten, sie klammerte sich an Maria, hoffte, ihre geliebte Tochter könnte ihr Halt geben, aber sie spürte, dass die sich vor allem nach ihrem Vater sehnte – und nach Tami, die ja zu einer Ersatzmutter für sie geworden war.

Voller Heimweh telefonierte sie mit Rudi, der sich um diese

Zeit wieder einmal in Paris aufhielt, wie Maria Riva in ihren Erinnerungen schreibt. Sie klagte darüber, wie sie in Amerika behandelt werde, betonte, wie sie Berlin vermisse. Ja, es war Zeit, einen Schlussstrich zu ziehen. Es ging einfach nicht mehr. »Papi, wir verlassen Amerika«, teilte sie Rudi in einem Brief mit. »Es heißt, Dietrich-Filme verkaufen sich nicht mehr. Diese Idioten – alles Idioten – natürlich verkaufen sie sich nicht mehr ... weil sie schlechte Filme sind. Das hat aber nichts mit der Dietrich zu tun.«

Ende Juni 1937 ging sie mit Maria in New York an Bord des Ozeanriesen »Normandie«. Natürlich kam es für sie nicht in Frage, nach Deutschland zurückzukehren. Sie steuerte erneut Paris an. Von hier aus reiste sie quer durch Europa. Bei einem London-Besuch verliebte sie sich in einen Schauspieler, den sie schon aus Hollywood kannte – Douglas Fairbanks jr., den Sohn des gleichnamigen Stummfilmstars. Anfangs traf sie sich mit dem geschiedenen Filmstar heimlich im Claridge Hotel. Fairbanks soll nach seinen Rendevous über Feuerleitern aus Marlenes Zimmer geklettert sein. Eine »wunderbar unkonventionelle Geliebte, Philosophin und Freundin – und manchmal ziemlich frech«, erinnerte sich Fairbanks, als der Marlene-Dietrich-Biograph Steven Bach ihn 1987 dazu befragte. Nach den ersten wilden Wochen zog Marlene in die Penthouse-Wohnung ihres Geliebten am Grosvenor Square, um bei den amourösen Zusammenkünften ungestörter zu sein. Die Romanze mit dem Filmstar half ihr zumindest für einige schöne Stunden über die Demütigungen hinweg, die sie in Amerika erlitten hatte.

Sie lud Fairbanks ein, sie in ihrem österreichischen Feriendomizil zu besuchen. Wie schon im Jahr zuvor hatte Rudi in St. Gilgen ein Bauernhaus gemietet, diesmal ein geräumiges Gebäude, das mit seinen zahlreichen Balkonen ganz im Schweizer Stil gestaltet war und deshalb »Schweizerhaus« genannt wurde. Fairbanks nahm die Einladung gern an, schlüpfte in eine Lederhose und amüsierte sich köstlich mit seiner Gastgeberin, wie ein Schmalspurfilm zeigt, den Marlene mit ihrer Handkamera, damals ein teures Luxusaccessoire, in dem Anwesen hoch über dem Wolfgangsee drehte. Das Lachen auf den verwackelten Bildern wirkt unbeschwert.

Rudolf Sieber nahm keinen Anstoß daran, dass seine Frau sich in seiner Nähe mit ihrem Liebhaber vergnügte. Rudi war mit Tami, Marias früherem Kindermädchen, angereist, seiner Liebsten, und er gönnte es seiner »Mutti«, dass sie jemanden hatte, der ihr über die Zeit der erzwungenen Arbeitslosigkeit hinweghalf.

Marlene schien das Landleben in vollen Zügen zu genießen. Wenn sie mit ihrer Schürze in der Küche stand, um ihre Familie und Besucher zu bekochen, wirkte sie wie eine zupackende Hausfrau, die ihre ganze Leidenschaft darauf richtete, ihre Lieben mit Kohlrouladen und Kaiserschmarren zu verwöhnen. Sie kaufte ein, putzte, räumte auf, und einmal half sie, wie ihre Tochter erzählt, bei der Entbindung eines Kalbes. Als sie sah, dass der Bauer schwitzend bemüht war, das Halbgeborene mit einem Strick aus dem Kuhleib zu zerren, konnte sie sich nicht länger zurückhalten: »Sehen Sie denn nicht, dass es feststeckt? … Sie tun ihr weh! Hören Sie sofort auf!« Kurz entschlossen rannte sie ins Haus und holte, wie Maria Riva schreibt, »eine große Flasche Blue-Grass-Gesichtsöl von Elizabeth Arden, das sie umgehend in das Hinterteil der stöhnenden Kuh goss«. Dann zogen sie und der Bauer unter ihrem Kommando an den Hinterläufen des Jungtieres – »und heraus glitt das wohlriechendste Kalb, das je in Tirol das Licht der Welt erblickte«.

Weniger erfreulich in diesem Sommer war das Wetter am Wolfgangsee. Es wurde auch nicht besser, als Fairbanks abreiste und Marlenes Mutter und Schwester zu Besuch kamen.

Der Regen wollte kein Ende nehmen. Von morgens bis abends nieselte es. Manchmal goss es sogar in Strömen. Bäume und Büsche trieften vor Nässe, die Wege waren aufgeweicht, Pfützen wuchsen sich zu Seen aus, und Bergbäche verwandelten sich in Ströme mit rauschenden Wasserfällen. An Wandern war gar nicht zu denken. Schon kleine Spaziergänge nahmen ein klägliches Ende, wenn sie sich ohne Regenschirm und Gummistiefel hinaustrauten.

Spaziergang in Salzburg im Trachtenlook: Marlene Dietrich (Mitte) mit Tochter Maria (rechts) und Tami, begleitet von Terrier Teddy, der als Einziger ohne das traditionelle Alpenkostüm auskommt.

Dabei hatte Marlene sich so darauf gefreut, endlich ihre Mutter und Liesel wiederzusehen. Anfangs hatte sie das schlechte Wetter noch genutzt, um ihre Lieben in Salzburg zünftig einzukleiden. Für Maria, für sich und die anderen Frauen kaufte sie Dirndlkleider und Strohhüte, für Rudi und Hans-Georg wie zuvor schon für Douglas Fairbanks Lederhosen, karierte Hemden, Tirolerhüte und Haferlschuhe. Das war noch ein großer Spaß gewesen. Alle hatten viel gelacht, als sie sich in ihrer Bergbauerntracht präsentierten.

Jetzt aber, nach drei Tagen Dauerregen, entsprach die Stimmung den düsteren Wolken – mochten die Frittatensuppe, das Geselchte und die Palatschinken noch so köstlich sein, ganz zu schweigen von dem frisch aus dem Backofen gezauberten Apfelstrudel, den die Vermieterin ihnen kredenzte. Die Bauersleute gaben sich alle erdenkliche Mühe, den Regen vergessen zu machen. Aber auf die Dauer wurde es einfach unerträglich, in diesem Bauernhaus so eng aufeinanderzuhocken.

Und auch die Gespräche über die politische Lage in Deutschland trugen nicht gerade zur allgemeinen Erheiterung bei. Maria war erst zwölf, doch alt genug, um zu begreifen, worum es ging. Jahrzehnte später zeichnete sie die St. Gilgener Diskussionen in ihrem Buch über ihre Mutter nach. Die Rollen waren ähnlich verteilt wie bei den früheren Familientreffen außerhalb Nazideutschlands. Josephine von Losch mahnte wieder zur Zurückhaltung und tat die Kritik an den Nationalsozialisten als »antideutsche Propaganda« ab, während Liesel ihre Schüchternheit überwand und sich immer mehr in Rage redete. »Das ist keine antideutsche Propaganda«, sagte sie mit bebender Stimme. »Es stimmt, was sie im Ausland über uns schreiben. Furchtbare Dinge geschehen in Deutschland, und keiner traut sich mehr, den Mund aufzumachen. Ich selbst ja auch nicht, und das ist doch schlimm. Man hat Angst, dass die eigenen Kinder einen anzeigen. Angst vor den eigenen Kindern! Das ist doch schrecklich, ich kann schon nicht mehr schlafen, wenn ...«

»Liesel! Das reicht jetzt. Was soll das? Du weißt ja nicht, was du redest! Du bist doch gar nicht informiert genug, um dir ein Urteil über unsere Regierung erlauben zu können. Ich habe Kontakt zu mehr Leuten aus der Politik, glaube mir, und ich bezweifle sehr, was da über Hitler und seine Leute verbreitet wird. Sicher, seine Reden und die Aufmärsche gefallen mir auch nicht, aber vielleicht ist es nötig, dass einer diesen Saustall mal mit dem eisernen Besen auskehrt.«

»Aber ...«

»Unterbrich mich nicht immer, Liesel. Halt lieber den Mund,

bevor du das ganze Haus in Verruf bringst. Hier ist schon genug Unsinn erzählt worden. Das kann ich einfach nicht länger unwidersprochen lassen. Auch was Marlene gerade über Franco gesagt hat, regt mich ganz furchtbar auf. General Franco ist ein guter Freund Deutschlands, und all dieses Gerede über die deutsche Beteiligung an Luftangriffen gegen die armen Menschen dort ist Feindpropaganda, nichts als Feindpropaganda. Wollt ihr denn, dass die Bolschewiken auch in Spanien das Ruder übernehmen?«

Marlene liebte ihre Mutter über alles, doch deren Gerede trieb sie zur Weißglut. Es fiel ihr schwer, sich zu beherrschen. »Mutti, bitte – bitte sei still«, sagte sie fast flehend. »Ich habe genug Menschen getroffen, die unter den Nazis gelitten haben. Nicht mal du kannst ja wohl bestreiten, dass sie die klügsten und besten Menschen aus dem Land treiben, ihre Bücher, ihre Bilder und ihre Musik verbieten und Leute, die anders denken als sie selbst, ins Gefängnis werfen. Dass sie gegen Juden hetzen, als wären es keine Menschen! Willst du das wirklich alles verteidigen?«

Josephine von Losch seufzte. »Nein, alles verteidige ich natürlich nicht. Du weißt ja, dass mir jede Art von Fanatismus zuwider ist, aber man darf auch nicht alles über einen Kamm scheren – und man muss Geduld haben, ein bisschen Geduld. Über dich haben sie auch hergezogen, und jetzt wären sie froh, wenn du zurückkämst.«

»Jetzt fang nicht schon wieder damit an.«

Aber Josephine von Losch ließ es sich nicht nehmen, noch eine weitere Kanne Öl ins Feuer zu gießen, indem sie Marlene nahelegte, die Beziehung zu Remarque abzubrechen. »Solche Verbindungen könnten dir schaden, wenn du nach Deutschland zurückkommst.«

Marlene war empört. »Wie kommst du denn darauf, dass ich das vorhabe? Das ist doch Unsinn. Misch dich bitte nicht in meine Angelegenheiten ein, ja?«

Liesel wagte gar nichts mehr zu sagen. Sie hielt den Kopf gesenkt und zitterte. Maria hatte Mitleid mit ihrer Tante. Als der Regen vorübergehend nachließ, drängte sie sie, mit ihr hinauszugehen, um Wiesenblumen zu pflücken. Liesel willigte ein, auch Tami schloss sich an. Für einen kurzen Moment zeigte sich sogar die Sonne. Während die drei im nassen Gras Margeriten pflückten, begann Liesel wieder zaghaft von all dem Furchtbaren zu sprechen, das über Deutschland hereingebrochen war. Sie flüsterte so ängstlich, als ob die Blumen Spitzel wären.

Trotz ihrer klaren Meinung über die Nazis kam es auch für Liesel nicht in Frage, Deutschland zu verlassen. Marlenes Einladung, mit ihr nach Amerika zu kommen, lehnte sie ebenso entschieden ab wie ihre Mutter. »Ich kann doch Georg nicht allein lassen. Und was soll aus Hans-Georg werden in dem fremden Land?«

Vollkommen undenkbar jedenfalls war es für sie, ihren Jungen in ein Internat zu geben, so wie Marlene es mit Maria getan hatte.

Seit September 1936 besuchte das Mädchen die Internationale Schule Brillantmont in der Nähe von Lausanne. Ihre Mutter hätte sie gern weiter bei sich gehabt und sie von Privatlehrern unterrichten lassen, doch schließlich musste auch Marlene einsehen, dass ein qualifizierter Schulabschluss so nicht zu erreichen war. Deshalb hatte sie schließlich dem Drängen ihres Mannes nachgegeben und Maria in dem noblen Internat untergebracht, wo Aristokratenkinder aus ganz Europa gemeinsam mit dem Nachwuchs der Reichen und Schönen unterrichtet wurden. Trotzdem nutzte sie jede Gelegenheit, Maria aus ihrer Schule herauszuholen, und so hatte sie sie im Frühjahr wieder mit nach Amerika genommen.

Natürlich verbrachte sie auch die Sommerferien mit ihrer Tochter. Eigentlich wollte sie acht Wochen am Wolfgangsee bleiben. Da das Wetter aber nicht besser werden wollte, reiste sie schon zwei Wochen früher mit ihrer Familie wieder ab. Sie hing an dem Schweizerhaus in St. Gilgen mit Blick auf den Wolfgangsee und spielte mit dem Gedanken, es auf Dauer zu ihrem Sommersitz zu machen. Die Eigentümerfamilie Noelli steckte in Geldnöten und war gern bereit, das Haus zu verkaufen.

Aber es sollte für Marlene Dietrich keinen weiteren Sommer in St. Gilgen geben. Als Hitler im März 1938 den Anschluss Öster-

Marlene Dietrich als Alpenkönigin (1936).

reichs an das Deutsche Reich verkündete, war das geliebte Urlaubsland für sie verloren – sehr zum Kummer der Familie Noelli, die diese Entwicklung zutiefst bedauerte, und das nicht nur wegen der zerronnenen Option, das Schweizerhaus zu verkaufen. Die Bauernfamilie war ungeheuer stolz darauf gewesen, mit »Sperrhaken-Lili«, wie Marlene in Österreich in der landessprachlichen Abwandlung ihres Namens Dietrich genannt wurde, auf demselben Grund zu leben. Klärlie Noelli, die Tochter des Hauses, teilte Rudolf Sieber am 4. Mai 1938 in einem Brief mit, dass man Marlene auch nach dem Anschluss noch in Ehren halte. Ihr Foto stehe nach wie vor in der guten Stube: »In einer Ecke links Hitler und in der Ecke rechts Marlene.«

Doch zu ihrem nächsten – und vorerst letzten – Alpenurlaub sollte Marlene im Sommer 1938 mit ihrer Familie in der Schweiz zusammenkommen.

Den Herbst verbrachte sie mit wechselnden Liebhabern und Liebhaberinnen und bisweilen auch mit ihrem Mann vornehmlich in Paris. Damit war sie weiterhin in erreichbarer Nähe für die Lockrufe aus Deutschland. Denn so leicht gab sich Goebbels nicht geschlagen. Immerhin war Marlenes Einbürgerungsantrag, der die deutsche Presse zum Verdruss des Propagandaministers erneut zu heftigen Attacken gegen sie veranlasst hatte, noch nicht positiv von den US-Behörden beschieden worden. Sie war also weiterhin Deutsche – und um reisen zu können, brauchte sie gültige Ausweispapiere.

Als sie sich im Oktober 1937 in die Deutsche Botschaft in Paris begab, um ihren Pass zu verlängern, wurde sie gleich von dem deutschen Botschafter Johannes von Welczeck und »vier sehr großen Männern« empfangen, wie sie später schrieb. Selbstverständlich werde man ihren Pass verlängern, habe ihr der Botschafter gesagt. »Keine Frage, gnädige Frau.« Aber vorher wolle er ihr eine ganz besondere Botschaft übermitteln. Von höchster Stelle sei der Wunsch laut geworden, dass sie keinesfalls amerikanische Staatsbürgerin werden, sondern nach Deutschland zurückkehren solle. Man werde ihr einen »triumphalen Einzug in Berlin durch das Brandenburger Tor« bereiten. Bei diesen Worten habe sie sich bemüht, ihr Lächeln zu unterdrücken, schreibt Marlene Dietrich in ihrer Autobiografie. »Ich war höflich, verwies auf Herrn von Sternberg und erklärte: Falls sie ihn auffordern würden, einen Film in Deutschland zu drehen, wäre ich sicherlich gern bereit, in Deutschland zu arbeiten.«

Die Diplomaten hätten mit eisigem Schweigen reagiert, erinnert sich Marlene Dietrich. Daraufhin habe sie nachgehakt: »Soll das heißen, Sie möchten nicht, dass Herr von Sternberg einen Film in Ihrem Land dreht, weil er Jude ist?«

Da sei plötzlich Leben in die Bude gekommen, alle hätten gleichzeitig gesprochen. »Gnädige Frau, Sie irren sich, Sie sind von der Propaganda in Amerika vergiftet worden! Bei uns in Deutschland gibt es so etwas wie Antisemitismus nicht.«

Da sei sie aufgestanden und habe gesagt: »Nun, das ist ja wunderbar. Ich werde warten, bis Sie mit Herrn von Sternberg die nötigen Abmachungen getroffen haben. Ich hoffe auch, dass die deutsche Presse ihren Ton ändert, was mich und Herrn von Sternberg betrifft.«

Welczek, der schon im Kaiserreich und später in der Weimarer Republik als Diplomat gedient hatte und seit 1934 Mitglied der NSDAP war, habe sich, so Marlene, dadurch nicht beirren lassen und höflich die Contenance des erfahrenen Gesandten gewahrt: »Ein Wort des Führers, und alles wird wunschgemäß erfüllt werden, sobald Sie zurückkommen.«

Nach dem Gespräch habe sie derart gezittert, dass ihr Mann sie stützen musste, erinnert sich Marlene, die bereits am nächsten Tag den verlängerten Pass erhielt – und weiter hofiert wurde: »Es schien, als habe der schreckliche Mann in Berlin mich gern …«

Der Propagandaminister des »schrecklichen Mannes in Berlin« zeigte sich hochzufrieden, als ihm der Bericht aus der Pariser Botschaft zuging. Am 7. November 1937 schrieb er in sein Tagebuch: »Marlene Dietrich hat in Paris in unserer Botschaft eine formelle Erklärung gegen ihre Verleumder abgegeben mit Betonung, dass sie Deutsche sei und bleiben wolle. Sie soll auch bei Hilpert im Deutschen Theater auftreten. Ich werde sie nun in Schutz nehmen.«

Um die Diva noch mehr zu umgarnen, nahm Goebbels Kontakt zu Heinz Hilpert, dem Intendanten des Deutschen Theaters Berlin, auf und beauftragte ihn, sofort nach Paris zu fahren und auf die Dietrich einzuwirken, die für ihn ja wohl so etwas wie eine alte Freundin aus gemeinsamen Berliner Tagen sei. Hilpert kam der »Bitte« umgehend nach und traf sich mit Marlene in deren Pariser Hotel. Die Umworbene schätzte den Mentor aus längst vergangenen Zeiten immer noch als einen fähigen Theatermann. Sie wies den Besucher daher nicht ab. Zwar berichtete sie von neuen Verträgen mit der Paramount, reagierte auf die Liebenswürdigkeiten und Offerten des Besuchers aber so freundlich, dass Hilpert dem Propagandaminister später Zuversicht signalisierte. Goebbels jubelte. »Hilpert war in Paris«, notierte er am 12. November 1937. »Marlene Dietrich kann erst in einem Jahr in Berlin auftreten. Aber sie steht fest zu Deutschland.« Eine Woche später schrieb er: »Marlene Dietrich hat alle gegen sie vorgebrachten Anschuldigungen entkräftet. Ich lasse sie in der Presse rehabilitieren.«

Auch Georg Will wurde weiter in die Heimholungsaktivitäten eingebunden – und für seine Kooperationsbereitschaft belohnt: Das Propagandaministerium übertrug ihm die Leitung von drei großen Truppenkinos. Als »kleine« Gegenleistung erwartete man von ihm, dass er seiner Schwägerin im vertrauten Kreis der Familie weiter ins Gewissen rede, um sie zurück nach Berlin zu holen. Goebbels habe ihn ins Ministerium bestellt und beschwörend auf ihn eingeredet, berichtete Georg Will später. »Wenn es uns gelingt, Marlene für den deutschen Film zurückzugewinnen, ist nicht nur der Export deutscher Filme gesichert, sondern auch der gute Ruf dieser Filme im Ausland, der sehr gelitten hat«, habe Goebbels ihm gesagt.

Als Marlene schließlich im Sommer 1938 in die Schweiz zurückkehrte, um sich in der Nähe von Marias Internat mit ihrer Mutter und Elisabeth zu treffen, war für Will die Gelegenheit gekommen, in Goebbels' Sinne aktiv zu werden. Er wusste, was Marlene von ihm hielt. Doch er wusste auch, was seine neuen Gönner von ihm erwarteten. Mit bangen Gefühlen reiste er deshalb einige Tage nach Liesel in die Schweiz, um der umworbenen Schwägerin noch einmal seine Aufwartung zu machen. Vielleicht dachte sie ja inzwischen anders. Schließlich war er bevollmächtigt, ihr großzügige Angebote zu unterbreiten. Doch Marlene ließ ihn gar nicht ausreden. Sie tobte vor Wut, dass er sich ein zweites Mal zum Botenjungen von Goebbels habe machen lassen – und warf ihn hinaus.

11

VON DER KAISERALLEE ZUM ADOLF-HITLER-PLATZ

Ein kleines Dorf irgendwo an der Grenze zwischen Frankreich und Spanien. Eine hübsche Französin bittet einen Amerikaner, ihr bei einer Autopanne zu helfen. Der technisch versierte Ingenieur, der gerade seine erste Urlaubsreise durch Europa unternimmt, kommt der Bitte gern nach. Doch die Panne ist nur vorgetäuscht: Unbemerkt steckt die Französin namens Madeleine dem Mann namens Tom eine kostbare Perlenkette in die Jackentasche, weil sie fürchtet, von Grenzbeamten kontrolliert zu werden. Denn sie hat die Kette in Paris durch einen Trick ergaunert. Jetzt muss sie versuchen, sie hinter der Grenze unauffällig wieder in ihren Besitz zu überführen – was einige Turbulenzen verursacht, denn natürlich verliebt sich der charmante Tom Bradley in die schöne Madeleine de Beaupré.

Ziemlich pikante Szenen entwickeln sich aus dieser Konstellation – spannend und voll raffinierter Situationskomik, aber doch nicht so komisch, dass man darüber in brüllendes Gelächter ausbrechen muss wie dieses alberne Paar, das im Ufa-Palast am Zoo eine Reihe vor Liesel sitzt. Unerträglich! Als die beiden den Film – es handelt sich um die Kriminal- und Liebeskomödie *Sehnsucht*, die in Amerika *Desire* heißt – auch noch mit lauter Stimme zu kommentieren beginnen, kann Liesel sich nicht mehr zurückhalten. Sie tippt dem Mann vor ihr auf die Schulter und hält beschwörend den rechten Zeigefinger vor die Lippen. Doch die stumme Botschaft führt nur dazu, dass der Mann Liesel drohend anschnauzt:

»Lass mich in Ruhe, du Spaßbremse!« Auch andere Kinobesucher werden jetzt von dem Film auf der großen Leinwand abgelenkt und auf die Szene im Zuschauerraum aufmerksam. Liesel ist schockiert. Es ist ihr peinlich, so viel Aufsehen zu erregen. Sie fühlt sich zu einer Erklärung genötigt, versucht, den Mann vor ihr leise anzusprechen, doch der lässt sie gar nicht ausreden. »Halt die Klappe!«, faucht er, sichtlich bemüht, seiner Begleiterin zu imponieren. Aber jetzt mischt sich eine andere Kinobesucherin ein: »Hat Ihnen niemand Manieren beigebracht, junger Mann?« Und mit energischer Stimme fügt die elegante Dame hinzu: »Wenn Sie nicht sofort Ruhe geben, lasse ich Sie rauswerfen.« Das wirkt.

Liesel atmet auf. Nach der Vorstellung bedankt sie sich artig für die Schützenhilfe – und die Frau macht ihr, ohne es zu ahnen, ein Geschenk, von dem sie noch lange Zeit zehren wird. »Solche Frechheiten darf man doch nicht einfach hinnehmen«, sagt sie. »Ich hatte mich schon vorher über den Kerl geärgert. So was vermiest einem ja den schönsten Film. Und der war doch wirklich wunderbar. Vor allem unsere Marlene.«

Unsere Marlene! Liesel war so berührt, dass sie nur ein »O ja, da haben Sie bestimmt recht« hervorstammeln konnte. Und die Dame spann ihre Schwärmerei noch weiter: »Wär ja eine große Bereicherung, wenn wir sie wieder in Deutschland hätten.« Eifrig nickend stimmte Liesel ihr zu. Ein unbändiger Stolz erfüllte sie, und sie konnte sich nur mit Mühe zurückhalten, zu verraten, dass die Madeleine aus dem Film ihre Schwester war.

Gleich in ihrem nächsten Brief erzählte sie Marlene von der Begebenheit, so wie sie sie mit allen Nachrichten aus der Heimat versorgte, die der fernen Vertrauten Auftrieb zu geben vermochten. Denn sie wusste, es ging ihr nicht gut in dieser Zeit der Arbeitslosigkeit, mit dem erniedrigenden Gefühl, als »Kassengift« zu gelten. Marlene hatte ihr geschrieben, dass sie sich inmitten des Trubels einsam fühlte. Liesel hatte ihr geantwortet: »Es tut mir zu leid, dass Du Dich einsam fühlst, das ist ja das Schlimmste, was es gibt. Hoffentlich wird es bald anders.«

In diesen Wochen kann sie ihrer Pussycat viel Erfreuliches berichten. In fast allen Berliner Kinos laufen plötzlich Marlenes Filme. Manche hat sie schon mehrmals gesehen, und wenn irgend möglich nimmt sie auch ihren Jungen mit. Die Kartenabreißer sehen immer gnädig über das Mindestalter hinweg und drücken ein Auge zu. »Der Junge spricht sehr viel von Dir, er schwärmt noch immer von der Lausanne-Zeit«, teilt Liesel ihrer Schwester am 29. Dezember 1938 mit. »Der Film ›Angel‹ ist auch unvergessen. Hier wird jetzt ›Desire‹ gegeben, ich will versuchen, dass er ihn sieht.«

Zum Leidwesen Liesels macht neuerdings eine Schauspielerin aus Schweden dem deutschen Kinopublikum schöne Augen, die ebenso die Hosen anhat wie Marlene und zudem noch über eine viel tiefere, fast männliche Stimme verfügt: Zarah Leander. Ihre Filme *Zu neuen Ufern* und *La Habanera* haben sich im Vorjahr zu Kassenschlagern entwickelt, und jetzt ist auch das Rührstück *Heimat* zum Renner geworden. »Eine Frau wird erst schön durch die Liebe«, singt Zarah Leander darin – ein Lied, das neuerdings auch viel im Rundfunk gespielt wird. Liesel stimmt das gar nicht froh. Lange hat sie überlegt, ob sie ihrer Schwester davon überhaupt schreiben soll. Aber dann überwindet sie sich und fügt ihrem Brief an Marlene vom 12. Dezember 1938 diese Zeilen an: »Von der Zarah Leander wird hier viel hergemacht. Ich weiß nicht, ob Du sie kennst. Ich finde nichts Besonderes an ihr, sie kopiert Dich. Im Film ›Heimat‹ sang sie Back [Playback], das war unmöglich.«

Vorbei die Zeiten, als sie noch mit ihrem Mann ins Kabarett oder Theater gegangen ist. Auch Georg ist jetzt ganz auf Kino ausgerichtet. Und das ja nicht einfach als Zeitvertreib, sondern grundsolide und durch und durch professionell. Er leitet Kinos. Er hat es geschafft, sich aus dem Abseits herauszuarbeiten. Endlich!

Schon das Jahr 1937 ist für Georg Hugo Will ein gutes Jahr gewesen. Die verbesserten Beziehungen zum Propagandaministerium haben Früchte getragen: Gleich drei Kinos sind dem arbeitslosen Theaterdirektor unterstellt worden – zwar nicht in Berlin, nicht einmal in der Umgebung der Hauptstadt, sondern in der Provinz, aber das ist nicht so wichtig. Die Lichtspielhäuser sind alle neu erbaut, und ihre Lage garantiert eine sichere Einnahmequelle, denn für ein unterhaltungsbedürftiges Publikum ist gesorgt: Soldaten, und zwar massenweise.

Alle drei Kinos befanden sich auf dem Gelände von Kasernen – am Rande von Truppenübungsplätzen, wie sie jetzt überall im Deutschen Reich unter Hochdruck angelegt wurden. Eines wartete in Wildflecken in der Hohen Rhön zwischen Bayern und Hessen auf seine Einweihung, die anderen beiden standen in der Lüneburger Heide, in Oerbke bei Fallingbostel und in Bergen-Belsen. Der Saal in Bergen-Belsen mit fast zweitausend Plätzen war das größte der drei Kinos. Zur Eröffnung gab der »Leiter der Truppen-Lichtspiele« Georg Will eine großformatige Broschüre heraus, in der er stolz verkündete: »Dieses neuerbaute Haus auf dem Truppenübungsplatz Bergen-Belsen ist ein Kennzeichen des wahren nationalsozialistischen Wollens, die Kunst bis in die letzten Verästelungen des Volkes zu tragen.« Nicht nur Filme könne man in dem weißen Palast zeigen. Die große Bühne mache auch »lebendes Theater« und Varietévorstellungen möglich.

Mit dem Kino verbunden waren ein ebenfalls großzügig angelegtes Offizierskasino sowie eine stattliche Wohnung für den Betreiber. Will entschied sich deshalb, Stellung in Bergen-Belsen zu beziehen und die anderen beiden Kinos von Mitarbeitern verwalten zu lassen.

Da die Wehrmacht ihm nur die nackten Räumlichkeiten vermietete, musste er kräftig investieren – in Mobiliar, Filmvorführgeräte, Leinwand und Lautsprecherboxen. Seine Schwiegermutter hatte ihm dafür – Liesel sei Dank – einen großzügigen Kredit bewilligt. Das war zwar nicht ohne Misstrauensbekundungen und Murren vonstattengegangen, aber es zählte schließlich nur das Ergebnis. Und er war sicher, dass er den Kredit bald zurückzahlen konnte.

Frau und Kind ließ er noch in Berlin. Er musste ohnehin viel reisen, und gerade in der Aufbauphase kam ihm die Ellenbogenfreiheit sehr gelegen. Und auch Elisabeth hatte keine Einwände. Im Gegenteil. Außer ihrem ehelichen Pflichtgefühl, dem ihr heiligen Jawort, das sie ihrem Mann einst vor dem Altar gegeben hatte, zog sie nichts, aber auch gar nichts in die Heide. Sie war in Berlin zu Hause. Hier hatte sie ihre Freundinnen, hier ging Hans-Georg zur Schule, hier lebte sie mit ihrem Sohn in sicheren, komfortablen Verhältnissen bei der Mutter, und vor allem konnte sie hier unterrichten. Sie genoss es, wieder im Klassenraum zu stehen, Kindern mehr als nur Schreiben, Lesen und das Einmaleins beizubringen – Tugenden wie Einfühlungsvermögen, Toleranz, Respekt, Selbstdisziplin, Sinn für das Gute und Schöne. Und sie genoss es auch, als eigene Persönlichkeit geachtet zu werden. Nein, nichts drängte sie, ihre Existenz in Berlin aufzugeben und ihrem Mann als Anhängsel in die Einöde zu folgen. Noch dazu auf ein Kasernengelände!

Aber dann änderte sich die Lage. Den hohen Herren in Bergen-Belsen war es plötzlich suspekt, dass Georg Will allein lebte und sich, wie ihnen zugetragen wurde, sein Strohwitwerdasein durch häufige Damenbesuche versüßte. Die Leitung der Truppenkinos war schließlich ein verantwortungsvoller Posten. Da machte es sich nicht gut, wenn an dieser Stelle ein Lebemann saß, über den getuschelt wurde. So legte man Georg Will nahe, seine Familie nach Bergen-Belsen zu holen.

Liesel war zuerst gar nicht begeistert. Doch trotz aller Konflikte und Zusammenstöße liebte sie ihren Mann. Wenn Georg sie in den Arm schloss und »meine Süße« nannte, wurde sie Wachs in seinen Händen. So war es auch jetzt, als er ihr bei einem Besuch sagte, er wünsche, dass sie bei ihm sei. Auch der Junge fehle ihm. Solch zerrissene Familienverhältnisse täten ihnen allen nicht gut. Wie konnte sie da widersprechen. Und bei aller Bequemlichkeit war es ja auf Dauer auch recht anstrengend, als erwachsene Frau unter den wachsamen Augen einer Mutter zu leben, die viel Energie darauf verwandte, sich in ihren Alltag einzumischen – vor allem in Erziehungsfragen. Außerdem hatte ihr Mann ihr in Aussicht gestellt,

Elisabeth Will mit ihrem Mann Georg in Bergen-Belsen.

dass sie bei der Programmplanung helfen könnte. »Du bist ja jetzt Expertin auf diesem Gebiet«, hatte er gesagt. Tatsächlich reizte sie die Vorstellung, an der Auswahl der Filme beteiligt zu sein. Da würde sie den Soldaten in der Heide ganz gewiss so manches Marlene-Dietrich-Juwel zeigen können.

Erst einmal aber wollte sie sich in Bergen-Belsen umsehen. Gemeinsam mit ihrem Jungen besuchte sie an einem Sonntag Georg an seiner neuen Wirkungsstätte. Das riesige Kasernengelände machte ihr Angst, ein bisschen gruselig war auch, dass auf dem benachbarten Truppenübungsplatz sogar am Sonntag geschossen wurde, aber das neu erbaute Kinogebäude gefiel ihr. Das war ja mitsamt dem Kasino ein richtiger Palast. Phantastisch! Besonders

Das neu erbaute Truppenkino in Bergen-Belsen (1938).

beeindruckte sie die stattliche Wohnung mit den vielen Räumen und der großen Veranda.

Als sie nach Berlin zurückkehrte, stand ihr Entschluss fest: In den Osterferien 1939 wollte sie zu Georg ziehen – von der Kaiserallee zum Adolf-Hitler-Platz. Ihre Mutter schüttelte aufgebracht den Kopf. »Das wirst du noch bereuen«, zeterte sie. »Da bist du doch vollkommen deinem Mann ausgeliefert. Was willst du denn in der Heide machen? Vor allem: Was soll aus Hans-Georg werden? Da gibt es ja noch nicht mal eine anständige Schule.«

Doch diesmal widerstand sie ihrer Mutter – und eine Schule für Hans-Georg war längst gefunden. Der besuchte erst einmal die Volksschule in Bergen, und später konnte er mit dem Bus nach Celle zum Gymnasium fahren.

Wie aber würde ihre Schwester auf den Umzug reagieren? Bei ihrem letzten Treffen in der Schweiz hatte Marlene sie noch eindringlich darin bestärkt, in Berlin zu bleiben und eben nicht ihrem Mann hinterherzutrotten wie ein Schaf. Ja, Marlene würde sehr ungehalten über ihren Entschluss sein, dessen war sich Liesel gewiss. Allein schon die neue Anschrift würde sie in Rage bringen: Adolf-Hitler-Platz! Aber es reichte ja vollkommen, wenn sie »Tonlichtspiele Bergen-Belsen« schrieb. »Tonlichtspiele« klang doch gut. Und wer kannte schon Bergen-Belsen?

Bald trat eine neue Situation ein, die den Briefverkehr zwischen den Schwestern erheblich erschwerte: Am 11. Juni 1939 wurde Marlene Dietrich in den Vereinigten Staaten die amerikanische Staatsbürgerschaft verliehen. Auch die deutschen Zeitungen berichteten. Sie sprachen fast einstimmig von »Landesverrat«. Die aggressivsten Töne schlug wieder *Der Stürmer* an. Unter einem Foto, das zeigte, wie Marlene ihren Eid auf die amerikanische Verfassung leistete, war zu lesen: »Ein hemdsärmeliger Richter nimmt Dietrich den Schwur ab, damit sie ihr Vaterland verraten kann.«

Damit wurde es für Elisabeth geradezu gefährlich, weiterhin Briefe mit ihrer Pussycat zu wechseln. Marlene war im Deutschen Reich zur Unperson geworden, wenn nicht gar zur Staatsfeindin. Und nun durfte man nicht einmal mehr laut darüber nachdenken, geschweige denn den Wunsch äußern, ihre Filme in einem Kino zu zeigen. Noch im Februar hatte Liesel ihrer Schwester für deren Geburtstagsgrüße gedankt und ihr Mut zugesprochen. »Mach Dir nicht zu viele Sorgen«, hatte sie geschrieben. »Es kommt doch alles, wie es will.«

Jetzt hätte sie selbst solche aufmunternden Worte gebraucht. Aber der Briefwechsel mit Marlene riss plötzlich ab. Die Gründe hierfür liegen im Dunkeln. Gut denkbar, dass Marlene von ihrer Mutter erfuhr, dass Liesel ihrem Mann in die Heide-Kaserne gefolgt war – und sich darüber erboste. Vorstellbar ist auch, dass Georg dafür sorgte, dass seine Frau nicht länger Briefe von der prominenten Landesverräterin erhielt. Fest steht: Marlene war in Liesels neuer Umgebung zur Persona non grata geworden. Und nicht nur hier in der Heide.

In Deutschland lächelten jetzt andere Frauen von der Leinwand: Käthe Dorsch, Marika Rökk, Magda Schneider und vor allem Zarah Leander, die zur bestbezahlten Filmschauspielerin Deutschlands aufstieg. Die »fesche Lola« war verboten, es wurden andere Schlager gesungen – unter anderem von Liese-Lotte Bunnenberg, die sich Lale Andersen nannte und auch auf Theater- und Kabarettbühnen stand. In der Nacht vom 1. auf den 2. August des Jahres 1939 – am Tag zuvor hatte Glenn Miller »In the Mood« eingespielt – nahm die Schauspielerin und Sängerin in den Berliner Electrola-Studios das »Lied eines jungen Wachtpostens« auf. Der Autor des Textes, der Lyriker Hans Leip, hatte den Ersten Weltkrieg überlebt und seinem Lied 1937 für eine Veröffentlichung in seinem Gedichtbändchen *Die kleine Hafenorgel* zwei Strophen hinzugefügt:

Deine Schritte kennt sie
Deinen schönen Gang
Alle Abend brennt sie
Doch mich vergaß sie lang
Und sollte mir ein Leid geschehn
Wer wird bei der Laterne stehn
Mit dir, Lili Marleen?
Mit dir, Lili Marleen?

Aus dem stillen Raume
Aus der Erden Grund
Küsst mich wie im Traume
Dein verliebter Mund
Wenn sich die späten Nebel drehn
Werd ich bei der Laterne stehn
Wie einst Lili Marleen
Wie einst Lili Marleen.

Der Hindemith-Schüler Rudolf Zink hatte das Gedicht vertont. Die Melodie war Lale Andersen vertraut. Sie hatte den Komponisten im Münchner Kabarett »Simpl« kennengelernt und dort auch sein Chanson gesungen. Jetzt aber sollte sie das Lied in einer Neuvertonung einspielen, die ihr nicht gefiel – einer Melodie des auf Film- und Bühnenmusik spezialisierten Komponisten Norbert Schultze. Lale Andersen mochte den marschartigen Rhythmus nicht, den Schultze für das Lied geschrieben hatte; die melancholischer und getragener klingende Version von Zink schien ihr viel besser zu dem Text zu passen. Im Sommer 1939 aber lag Marschmusik im Trend, und Lale Andersen war nur eine unbedeutende Schlagersängerin. Sie beugte sich also dem Willen der Electrola – und der grauen Eminenzen im Hintergrund.

Den Auftakt bildete der preußische Zapfenstreich, den Schultze mit Blick auf den militärisch geprägten Zeitgeist erst später eingebaut hatte. Die Aufnahme zog sich eine ganze Nacht lang hin. Beteiligt war ein kleines Orchester. Auch ein Männerchor mischte mit – zum Leidwesen des Komponisten. »Das klingt ja wie ein Kastratenchor«, zeterte der Komponist – so jedenfalls wird es überliefert. Unzufrieden soll er auch mit dem penetranten Marschrhythmus der Kapelle und den Betonungen Lale Andersens gewesen sein.

Die Sängerin selbst war ebenfalls nicht gerade begeistert von dem fertigen Produkt. Aber vier Wochen später waren die Plattenaufnahmen sowieso schon fast vergessen. Ein anderes Thema schob sich in den Vordergrund: Am 1. September fielen Hitlers Truppen in Polen ein. Sie sangen die altvertrauten Marschlieder, und »Lili Marleen« verstaubte in den Regalen. Gerade mal siebenhundert Exemplare wurden im ersten Jahr von der Platte verkauft. Aber die Zeit der treulosen Soldatenfreundin sollte noch kommen.

12

STRANDGEPLAUDER UND SALOON-SCHLÄGEREIEN

Während Liesel auf der Veranda ihrer neuen Wohnung in Bergen-Belsen saß und auf einen betonierten Kasernenhof blickte, saß Marlene an der Côte d'Azur im Strandkorb und blickte aufs Mittelmeer, in dem sich ein strahlend blauer Himmel spiegelte – zu ihrer Linken ihr neuer Freund Erich Maria Remarque, zu ihrer Rechten Rudi. Maria kam tropfend aus dem Wasser und bat um ein Eis. »Geh doch einfach ins Hotel und lass dir eins geben, Kater«, antwortete Marlene. »Aber vorher cremst du mich ein.« Niemand konnte sie so gut eincremen wie Maria. Sie genoss es, als ihre Tochter ihr sanft das Sonnenöl in den Nacken massierte.

Wie im Jahr zuvor hatte sich Marlene auch in diesem Sommer 1939 wieder mit ihrem Hofstaat im Hôtel du Cap-Eden-Roc an der französischen Riviera einquartiert, einem weißen Prachtbau mit großer Freitreppe und ungehindertem Blick auf die Bucht, umgeben von einem Park mit Palmen, Orchideen und Zypressen. Zu ihrer Begleitung zählten auch Rudis Freundin Tamara Matul und ihr »Schöpfer« Josef von Sternberg, der gerade in seiner Suite an einem Drehbuch feilte. Boni, so nannte sie Remarque, zog sich tagsüber ebenfalls oft für mehrere Stunden zum Schreiben zurück. Er hatte ihr verraten, dass sie ihn zu einer Figur in seinem neuen Roman inspiriere. Na, das konnte ja heiter werden! Remarques glühende Liebesbriefe ließen erahnen, was da auf sie zukam. Er nannte sie Puma, umgurtete sie als »süßer Regenbogen vor dem abziehenden Gewitter meines Lebens«, als »goldenes Gewölk im Abend«.

Er huldigte ihr als »Delphin am Horizont«; besang sie als »Engel, Blitz der Verkündigung, Madonna meines Blutes«. Dabei hatte er ihr gleich bei der ersten Begegnung am Ende einer in intensivem Gespräch verbrachten Nacht in Venedig auf dem Weg zum Hotel eröffnet, dass sie in sexueller Hinsicht nicht viel von ihm erwarten dürfe: »Ich muss Ihnen etwas gestehen – ich bin impotent!«

Darauf Marlene: »Ach, wie wunderschön!«

Später vertraute sie ihrer Tochter und guten Freunden an: »Ich sagte es mit einer solchen Erleichterung! Ich war so glücklich! Wir würden einfach nur reden und schlafen, zärtlich sein, alles so wunderbar leicht!«

Die Romanze zwischen Marlene Dietrich und Remarque fand ihren Ausdruck in lyrischen Liebesbriefen, die zu den schönsten des Jahrhunderts zählen, aber sie bestand eben vor allem aus Worten, erotischen Phantasien und poetischen Ergüssen. In einem seiner letzten Briefe hatte er sie als »buntes Fenster im Chartres meines Herzens« angehimmelt. Ihre Antworten fielen meist viel nüchterner und kühler aus. Vor allem kürzer.

Aber jetzt brauchte sie zum Glück keine Briefe von ihrem Schriftstellerfreund zu beantworten. Jetzt lag er dösend neben ihr. Sie machte sich Sorgen um ihn. Boni trank noch mehr als sie selbst, und das war entschieden zu viel. Nachts schüttete er oft bis zur Besinnungslosigkeit Wein und Calvados in sich hinein. Manchmal kam er auch am nächsten Morgen nicht zurück, und sie musste in den einschlägigen Bars zwischen Cannes und Antibes nach ihm suchen lassen. Selbst Rudi hatte sie schon eingespannt, um den entwurzelten Dichter aufzustöbern.

Remarque, von den Nazis ausgebürgert, hatte Heimweh. Sehnsucht nach Deutschland. Und er litt unter Selbstzweifeln, fürchtete, dass er nach dem Welterfolg *Im Westen nichts Neues* und seinem Roman *Drei Kameraden*, der im Jahr zuvor in einem holländischen Exilantenverlag erschienen war, nichts Gescheites mehr zustande bringen würde. Dabei stand er in den Vereinigten Staaten derzeit höher im Kurs als Marlene. Die Verfilmung von *Im Westen*

Flirt mit Boni: Marlene Dietrich und Erich-Maria Remarque in der Bar
»El Morocco«, New York City (Januar 1944).

nichts Neues, einer der allerersten Tonfilme von 1930, hatte Millionen eingespielt. Er wurde von den größten Hollywood-Studios als Drehbuchautor umworben.

Aber seine Verzweiflungsschübe hatten auch mit seiner Angebeteten zu tun. Er litt darunter, dass Marlene seine Liebe nicht wirklich erwiderte, und darüber halfen ihm auch nicht seine Versuche hinweg, ihr im Selbstgespräch die kalte Schulter zu zeigen, wie er es oft in seinem Tagebuch tat, zum Beispiel am 27. Oktober 1938: »Solltest du in Porto Ronco an einsamen Abenden zu viel Verlangen nach ihr haben, denke daran, dass es ein Glück ist, dass sie abreiste«, redete er sich selbst zu. »Mach aus dir, was du bist, allein! Nimm sie als Stachel, der dich treibt. So wie jetzt ist das unwürdig und albern ... Du kannst nicht der Schattenschrammes eines Filmstars sein.«

Aber das war leichter geschrieben als gelebt. Er kam einfach nicht von ihr los. Er war ihr verfallen – und leider auch äußerst eifersüchtig. Sogar auf ihren Mann, auf Rudi.

Zu allem Überfluss hatte sich Remarque auch noch mit einem berühmten Kollegen aus Amerika als Rivalen abzufinden: Ernest Hemingway. Marlene hatte ihn schon im April 1934 während einer Schiffsreise nach New York auf der »Île de France« kennengelernt, und seither war der Romanautor, Reporter und Großwildjäger nicht müde geworden, ihr den Hof zu machen und sie mit verliebten Briefen zu überhäufen. Er nannte sie »Kraut« und sie ihn »Papa«, und im Vergleich zu diesem Giganten der Weltliteratur kam sich Erich Maria Remarque vor wie ein Zwerg. Kein Wunder, dass er unter Selbstzweifeln und Versagensängsten litt, ganz zu schweigen von seinen Potenzproblemen.

Dass die Männer immer so ein Drama machen mussten, konnte Marlene nicht verstehen. Aber mit den Frauen war es ja auch nicht besser. Zum Glück hatte sie wenigstens Mercedes de Acosta wieder abgehängt. Der »weiße Prinz« war ihr doch tatsächlich bis nach Paris hinterhergereist und hatte sich wie eine Klette an sie gehängt. Schrecklich!

Und dann noch Josef von Sternberg, der sich quasi als ihr Nachbar in demselben Edelhotel, einer der ersten Adressen in Europa für die Hollywood-Prominenz jener Jahre, einquartiert hatte. Auch der konnte anstrengend sein – furchtbar anstrengend sogar –, wenn er sah, wie viele Mitbewerber um sein »Geschöpf« herumscharwenzelten, wie sie »seine« Marlene umschwirrten »wie Motten das Licht«, gerade so, wie sie es im *Blauen Engel* besungen hatte: »... und wenn sie verbrennen, ja dafür kann ich nicht«.

Neben Remarque und Hemingway zählte zu seinen Nebenbuhlern neuerdings auch noch ein irischer Whisky-Millionär, der mit seiner weißen Jacht Antibes angesteuert und Marlene erobert hatte. Zumindest für einige Stunden. Der einzige Mann in ihrer Umgebung, der frei von Eifersucht war, war ihr Angetrauter. »Papi« konnte darüber lachen, wie die Männer um seine Frau balzten.

Rudi vergnügte sich mit seiner Tamara. Immer wieder wurde Marlene von den Reportern gefragt, ob sie sich nicht von ihrem Mann scheiden lassen wolle. Dann fuhr sie die Journalisten meist scharf an und fragte zurück: »Warum sollte ich? Wir lieben uns doch.«

Nein, besonders ernst nahm sie ihre wechselnden Affären nicht. Das galt besonders für ihren Verkehr mit der Kennedy-Familie, die sich wie im Vorjahr im Hôtel du Cap einquartiert hatte. Marlene flirtete mit Vater Joseph P. Kennedy, der gerade als Botschafter in London amtierte, nachdem er in den Jahren zuvor viele Millionen mit teils illegalen Alkoholgeschäften unter Umgehung der Prohibition, aber auch in der Filmbranche verdient hatte, und sie tanzte mit den vier Söhnen des alten Herrn – besonders gern mit dem damals zweiundzwanzigjährigen John Fitzgerald, der mit seinem umwerfenden Teenagercharme auch ihre Tochter Maria bezauberte. Bei der Spritztour auf einer Jacht filmte Mutter Marlene den Jüngling im weißen Bademantel mit breitem Lächeln. Glaubt man Maria, waren alle neun Kennedy-Kinder dem Aussehen und Charakter nach typische Amerikaner. »Alle lächelten ununterbrochen und besaßen so makellose Zähne, dass jedes von ihnen in einer Zahnpastawerbung hätte mitmachen können.«

Marlene schäkerte mit allen Kennedy-Boys: mit dem breitschultrigen »Big Joe«, dem Ältesten, mit Pat, mit Bobby und eben auch mit John F. Doch all das war für Marlene kaum mehr als ein angenehmer Zeitvertreib, ein Spiel.

Etwas ernster wurde es, als an einem heißen Julitag des Jahres 1939 ein prächtiger Dreimastschoner auf den Hotelanleger zuhielt. Das Schiff wurde von einem schlanken braungebrannten Mann gesteuert, der den Gaffern am Strand vom Deck aus lässig lächelnd zuwinkte und alle Blicke auf geradezu magische Art auf sich zog. Die Szene hatte etwas von einem Piratenüberfall: Die Leute hielten den Atem an und rechneten damit, dass gleich eine Horde säbelschwingender Korsaren über sie herfiele. Aber es kam anders. Als der Skipper in den hautengen Segeltuchhosen die Stufen zum Eden-Roc-Pavillon hinaufstieg, entpuppte »er« sich als eine

»Sie« – »der sexy junge Mann«, schrieb Maria in ihren Erinnerungen, »verwandelte sich in eine sexy junge Frau mit flachem Busen«, die Marion Barbara Carstairs hieß, von allen »Joe« genannt wurde und, wie sich später herausstellte, über etliche Schiffe und eigene Inseln herrschte. Die Zigarren rauchende amerikanische Millionärin ließ Marlenes Herz höherschlagen und wurde zu ihrer Sommerromanze des Jahres 1939. Ohne Widerworte ließ sie sich von Joe Carstairs »Babe« nennen.

Es war eine stürmische, aber vorerst nur kurze Affäre. Denn viel Zeit blieb den beiden nicht. Ein Anruf aus Hollywood bereitete den Urlaubsfreuden an der Riviera am 28. Juli ein vorzeitiges Ende. Die Familie saß gerade in Marlenes Suite beim Frühstück, als das Telefon klingelte. Auf der anderen Seite des Atlantiks – dort war es mitten in der Nacht – meldete sich Joseph Pasternak, einst bei der Ufa, jetzt Filmproduzent bei Universal. Rudi nahm ab, reichte den Hörer aber gleich an Marlene weiter: »Er will dich sprechen.«

Missmutig meldete sich Marlene mit ihrem Namen und begann, Pasternak zu beschimpfen. Dann schwieg sie eine Weile und legte schließlich mit einem mürrischen »Good-bye« auf. »Unglaublich!«, wetterte sie. »Was die sich einbilden! Die wollen einen Western mit mir machen. Ich als Saloon-Flittchen! Mit James Stewart in der Hauptrolle. Ich glaube, diesen Typen in Hollywood hat die Sonne das Gehirn ausgetrocknet. Die sind ja total verblödet.«

Aber ganz so abwegig erschien ihr das Angebot bald nicht mehr. Die meisten Leute in ihrer Umgebung, auf deren Meinung sie etwas gab, rieten ihr, es anzunehmen. Kennedy senior, den sie »Papa Joe« nannte, um Verwechslungen mit anderen Joes auszuschließen, argumentierte mit der beeindruckenden Gage, nach der er sich bei Pasternak telefonisch erkundigt hatte. Der »Jo« mit dem Adelstitel machte Marlene die Rolle schmackhaft: »Das müsste dir liegen, mein Täubchen. Dieses Tanzbodenflittchen ist doch der gleiche Typ wie deine Lola, und es hat schon einen gewissen

Marlene Dietrich in Cap d'Antibes auf dem Schoner von Joe Carstairs.

Reiz, dieses Luder von Berlin nach Virginia zu versetzen.« Auch die weibliche Joe freundete sich mit der Idee an. Sie dachte schon laut darüber nach, sich in der Nähe von Beverly Hills ein Haus zu mieten, um ihrem »Babe« weiter nahe zu ein.

Für Marlene gab etwas anderes den Ausschlag: Sie hatte lange keinen Film mehr gedreht und war total abgebrannt. Die versprochenen »Moneten« konnte sie also gut gebrauchen – und auf die Dauer war das fortgesetzte Nichtstun doch ziemlich nervtötend. Sie wollte schließlich nicht bis an ihr Lebensende stricken und häkeln.

Sie sagte also zu, buchte das nächstmögliche Schiff und ließ packen. Die Dreharbeiten sollten schon am 7. September beginnen. Sie nahm die »Normandie«, Maria, Rudi, Tami und Remarque kamen einige Wochen später mit der »Queen Mary« hinterher. Nein, Maria sollte nicht länger in ihrem Schweizer Internat bleiben. Europa schien Marlene nicht mehr sicher genug.

Schon kurze Zeit später sah sie sich bestätigt: Während in den Universal Studios in Hollywood mit Platzpatronen geschossen wurde, kamen in Polen ganz reale Kugeln und Granaten zum Einsatz – aus deutschem Blei und Stahl. Und viele Menschen, vor allem Zivilisten, fanden dabei den Tod.

Marlene wurde wieder zum Barmädchen. Die Rolle lag ihr. Als Frenchy durfte sie sich nach Herzenslust mit den Männern prügeln, während ihr Partner James Stewart als Tom Destry den friedfertigen, feinen Gentleman gab. *Destry Rides Again (Der große Bluff)* gefiel auch dem amerikanischen Publikum. Die *Sunday Times* schwärmte von einem »flotten, lustigen Streifen«, der »Miss Dietrich offensichtlich aus ihrer langen Sternberg-Trance wachgerüttelt« habe. Auch die Kinobetreiber, im Jahr 1939 durch Kassenknüller wie *Vom Winde verweht* und *Der Glöckner von Notre Dame* eh schon verwöhnt, versöhnten sich mit Marlene Dietrich, als sie die Westernkomödie ab Ende November in ihren Häusern präsentieren konnten. Das Kassengift hatte sich in ein Aufputschmittel verwandelt. Marlenes Filmsong »The Boys in the Back Room« – die Musik hatte wieder Friedrich Hollaender geschrieben – avancierte zum Hit. Und während Hitlers Truppen bald auch in Dänemark und Norwegen, in Belgien und in die Niederlande einmarschierten, feierte Marlene Dietrich in Amerika ein Comeback als schlagkräftige Saloon-Lady. Die Kritiker schwärmten nicht nur von ihrer »tiefen Whiskystimme«. So war es folgerichtig, dass ihr nach der Sängerin Frenchy gleich eine zweite Westernrolle angeboten wurde – erstmals an der Seite von John Wayne in *Seven Sinners (Das Haus der sieben Sünden)*.

Trotz der Dreharbeiten, Empfänge und Pressetermine vergaß

sie auch die Emigranten aus Deutschland nicht, die in immer größerer Zahl nach Amerika strömten. Im Mai 1940 ließ sich zum Beispiel Marlenes Lieblingskomponist Igor Strawinsky in Beverly Hills nieder. Einige Monate später kamen Heinrich Mann und sein Neffe Golo, Alma Mahler-Werfel und Franz Werfel. Sie bürgte für die geflüchteten Landsleute, setzte sich bei den Einwanderungsbehörden für sie sein, öffnete ihnen ihr Haus, half ihnen mit Geld und verschaffte ihnen, wenn möglich, Aufträge in der Filmbranche. Und natürlich hielt sie ihre schützende Hand auch über Erich Maria Remarque, der sich in einem kleinen Bungalow auf ihrem Anwesen einquartiert hatte. Gleichzeitig zog sie wieder etliche Liebhaber und Liebhaberinnen in ihren Bann. Auch John Wayne soll zeitweise dazugehört haben. Schon als sie den Westernhelden das erste Mal bei Dreharbeiten sah, hat sie ihn angeblich von der Schmalzlocke bis zu den Cowboystiefeln gemustert und ihrem Regisseur zugeflüstert: »Daddy, kauf mir das gute Stück.«

Aber das ist nur eine Anekdote. Verbürgt ist, dass Erich Maria Remarque weiter sehnsüchtig um sie warb – und zwar so vollmundig, als habe er all seine Potenzprobleme überwunden. »Herr Jesus, wenn man durchs Telefon vögeln könnte«, schrieb er ihr. »Das wäre ein Fortschritt.« Aber Boni hatte manche Zurückweisung zu verkraften, und wie seinem Tagebuch zu entnehmen ist, litt er darunter: »Ich sei zerschrammt, meint ihr?«, schrieb er zum Beispiel am 15. März 1940. »An der Stirn klaffe ein Riss, und ein Büschel Haare fehle mir auch? Man lebt nicht umsonst mit Pumas, Freunde! Sie kratzen manchmal, wenn sie streicheln wollen, und selbst im Schlaf kann man eins abkriegen.«

Als besonderes Ärgernis erwies sich für Boni, dass auch Joe Carstairs, die Millionärin im Herrenanzug, Marlene Dietrich nach Kalifornien gefolgt war – und von ihrer Geliebten offenbar nicht enttäuscht wurde. Remarque war schließlich so gekränkt, dass er aus Marlenes Bungalow auszog und sich ein eigenes Haus in den Hügeln von Westwood mietete.

Joe Carstairs hängte sich unterdessen nicht nur an Marlene,

sondern stellte auch deren fünfzehnjähriger Tochter nach. In ihrer Dietrich-Biographie schilderte Maria Riva später, wie sie von Joe, die für sie etwas von einem Nashorn hatte, in der Nacht vergewaltigt wurde. Die Erinnerungen lassen auf ein traumatisches Erlebnis schließen. Die Bilder verfolgten sie ihr Leben lang: »Die Last ihres schweren Körpers, der mich niederdrückte. Die Hand, die an Stellen suchte, die bisher nur mir allein gehört hatten. Die plötzliche Abscheu, ohne zu verstehen, was eigentlich mit mir geschah.«

13

KINOFREUDEN
IN DER TODESZONE

Das dumpfe Wummern war von morgens bis abends zu hören, oft sogar in der Nacht. Zwischendurch Maschinengewehrtackern. Furchtbar! Das einzig Gute daran war, dass man davor keine Angst haben musste. Der Schießlärm kam vom benachbarten Truppenübungsplatz. Es war also nur Übungsbetrieb. Der wirkliche Krieg fand in der Ferne statt.

Elisabeth Will war bemüht, sich ihrer neuen Umgebung anzupassen. Darauf hatte sie sich immer schon gut verstanden, diese kleine, pummelig anmutende Frau, die in ihren dunklen Kostümen und ihren grauen, mit Schnallverschlüssen versehenen Mänteln älter aussah, als sie war. Auch ihre altertümlichen Hüte, meist mit Federn oder Kunstblumen verziert, machten sie nicht jünger, sondern gaben ihr eher das Gepräge einer schrulligen Großmutter. Nein, sie war nicht der Typ Frau, nach dem sich die Soldaten umdrehten. Über sie wurde eher gewitzelt und gelacht.

Doch Liesel litt keine Not. Die Wohnung war tatsächlich geräumig und schön. Sie schloss sich an die linke Seite des Kinos an und erstreckte sich über drei Etagen, mit Kinder- und Fremdenzimmer. Die Küche bot allen erdenklichen Komfort – von dem modernen Gasherd bis zum riesigen Kühlschrank –, und vom lichtdurchfluteten Wohnzimmer in der ersten Etage führte eine Tür auf eine großzügige Terrasse aus grauem Granitstein mit weitem Blick über den Truppenübungsplatz. Auf der Rückseite konnte man zudem noch auf einem Balkon frische Luft schnappen.

Kammgarnteppiche zierten die Böden, Ölgemälde und goldgerahmte Spiegel die Wände. Im Salon stand ein Flügel, und Georgs rustikales Arbeitszimmer war nicht nur mit wuchtigen Ledersesseln und einem ausladenden Nussbaumschreibtisch ausgestattet, sondern hatte auch ein eigenes Radio. Das alles konnte man doch mit Fug und Recht als Luxus bezeichnen. Eine Haushaltshilfe sorgte zudem dafür, dass die Wohnung sauber blieb und mittags warmes Essen auf dem Tisch stand.

Der Preis für all das Schöne war, dass die Wohnung mitten auf dem Kasernengelände lag, einer riesigen Sperrzone mit hundert Kasernengebäuden, fünfzig Pferdeställen, vierzig Großgaragen, Depots, Werkstätten, betonierten Aufmarschplätzen und einem Lazarett – fünf Kilometer vom Ortszentrum Bergens entfernt. Rund sechzig Kilometer südlich lag Hannover, hundert Kilometer nördlich Hamburg. Die nächstgelegene Kleinstadt war Celle, fünfundzwanzig Kilometer entfernt.

Hier ging seit einigen Monaten Hans-Georg zum Gymnasium. Mit dem Bus, der direkt vor der Kaserne hielt, war er fast eine Dreiviertelstunde unterwegs. Vor den Osterferien 1941 hatte er die Volksschule in Bergen verlassen. Jetzt kam er erst am frühen Nachmittag nach Hause.

Georg war ständig mit seinem schwarzen Mercedes unterwegs. Er hatte ja noch das Truppenkino im dreißig Kilometer entfernten Oerbke bei Fallingbostel zu verwalten, manchmal kehrte er erst spätabends von dort zurück.

Somit blieb Liesel viel Zeit zum Lesen. Die Bücher kaufte sie in Celle oder bestellte sie im Papierwarenladen in Bergen. Manche bekam sie auch von ihren Freundinnen in Berlin geschickt. Was sie sonst zum Leben brauchte, konnte sie fast alles bei Kaufmann Bielfeldt erstehen, der auf dem Kasernengelände einen großen Laden betrieb und notfalls bestellte, was nicht am Lager war.

Georg versorgte sie großzügig mit Haushaltsgeld, und hin und wieder überraschte er sie sogar mit einem Geschenk – einer Schachtel Pralinen oder einem Paar Nylonstrümpfe. Manchmal nahm er sie auch in seinem Mercedes mit nach Hannover oder Hamburg, wo sie zusammen in die Oper oder schick essen gingen. Ja, sie konnten sich jetzt so manches leisten, wovon sie in Berlin nicht einmal geträumt hatte. Georg kam im Schnitt auf 50000 Reichsmark im Jahr, wie er ihr einmal stolz vorgerechnet hatte. Von seinem Gewinn konnte er nicht nur den Kredit bei seiner Schwiegermutter zurückzahlen, er war sogar in der Lage, sich mit Gesellschafteranteilen im Felsing'schen Uhren- und Juwelengeschäft einzukaufen. Das versprach zusätzliche Einkünfte. Geldsorgen quälten Liesel also endlich nicht mehr. Und wenn im übrigen Deutschen Reich manches auch allmählich knapp wurde, in der Kaserne herrschte kein Mangel. Fast konnte man von einer Insel der Seligen sprechen. Für die Dorfbewohner war dies alles natürlich tabu – das Truppenkino eingeschlossen. Entsprechend beschränkten sich Liesels Kontakte weitgehend auf die Welt der Kaserne.

In den »Truppen-Lichtspielen« ging sie ein und aus. Manchmal saß sie in der kleinen Glaskabine am Eingang und verkaufte Eintrittskarten. So kam sie auch mit den Soldaten ins Gespräch. Manche hatte sie auf dieses Weise schon etwas näher kennengelernt, über ihre Heimatorte, ihre Frauen und Kinder geplaudert. Das war doch ganz schön. Wenn der Film anfing, setzte sie sich meistens in die hintere Reihe. Sie achtete, sensibilisiert durch Marlenes Erzählungen von den Dreharbeiten und den vielen Beteiligten, auch auf den Abspann. Allmählich wurde sie so zur Filmexpertin, kannte nicht nur alle Stars, sondern auch die Regisseure, Produzenten, Komponisten und Drehbuchautoren.

Ein erhabener, feierlicher Moment, wenn nach der Deutschen Wochenschau das Licht unter der großen Kuppel des Leinesaals wieder verlosch und der Spielfilm anlief. Nur schade, dass Marlenes Filme nicht mehr gezeigt werden durften. Das war traurig, sie durfte gar nicht daran denken! Sogar das Filmplakat zum *Blauen Engel* hatte sie auf Georgs Drängen von der Wand genommen. Wenn ihr Mann seinen Geschäften nachging und Hans-Georg in der Schule war oder schon schlief, stellte sie manchmal im Ra-

> **TRUPPEN-LICHTSPIELE**
> **TR.UEB.-PLATZ BERGEN-BELSEN**
>
> | | | |
> |---|---|---|
> | Montag, 2. März Dienstag, 23. März **16.00 18.15 20.30** | **Drunter und drüber** Ein übermütiges Lustspiel in ganz großer Besetzung Paul Hörbiger · Johannes Riemann Fita Benkhoff · THEO LINGEN Hilde Krüger Für Jugendliche verboten | |
> | Mittwoch, 24. März Donnerstag, 25. März **16 18.15 20.30** | **Schüsse in der Wüste** Ein mitreißender Film von den blutigen Kämpfen mit den wilden Stämmen in Somaliland Für Jugendliche über 14 Jahre zugelassen. | |
> | Freitag, 26. März Sonnabend, 27. März **16 18.15 20.30** | **Herz in Gefahr** Der ergreifende, menschlich packende Roman einer Ehe mit PAUL JAVOR · FRANZ KISS MARIA MEZEY Für Jugendliche über 14 Jahre zugelassen | |
> | Sonntag, 28. März **13.45 16.00 18.15 20.30** | **Zwei glückliche Menschen** Ein wunderbarer Film Magda Schneider, Wolf Albach-Retty, Jane Tilden, Oskar Sima, Ch. Daudert Für Jugendliche verboten | |
>
> **Anfangszeiten genau beachten!**

Filmvorschau der »Truppen-Lichtspiele«

dio – ganz leise, sodass es niemand hören konnte – das BBC-Programm an, immer in der Hoffnung, mal ein neues Lied von Marlene zu hören. Bisher war ihr das aber nur ein einziges Mal gelungen, und es war auch nur ein alter Schlager ihrer Schwester gewesen: die englische Version von »Ich bin von Kopf bis Fuß auf Liebe eingestellt«. Gerade mal zehn Jahre war das her, als sie ihn aufgenommen hatte, aber es kam Liesel vor, als läge diese Zeit Jahrhunderte zurück. Sie hatte vor Rührung geweint.

Die meisten Filme, die jetzt im Truppenkino gezeigt wurden, gefielen ihr nicht besonders – vor allem diese albernen Komödien mit Hauptdarstellerinnen, die Marlene beim besten Willen nicht das Wasser reichen konnten: Magda Schneider, Hilde Krüger, Marika Rökk und wie sie alle hießen. Am meisten Wind mach-

Die Bühne der Tonlichtspiele in Bergen-Belsen (1938).

ten sie um diese Zarah Leander, die gerade wieder einen neuen Film gedreht hatte, wie im *Film-Kurier* zu lesen war: *Das Herz der Königin*, ein Historienfilm über Maria Stuart. Vielleicht gar nicht so schlecht. Obwohl Zarah Leander für sie nur eine Marlene-Kopie war, wollte sie Georg vorschlagen, den Film in Bergen-Belsen zu zeigen.

Täglich drei Vorstellungen standen immerhin auf dem Programm: 16 Uhr, 18.15 Uhr und 20.30 Uhr, sonntags sogar eine vierte am frühen Nachmittag, und der Film wechselte alle zwei Tage. Gerade hatte ein Mitarbeiter die neue Vorschau für die nächste Woche ausgehängt. Es begann mit *Drunter und drüber*, der als »übermütiger Lustspielfilm in ganz großer Besetzung« angepriesen wurde – mit Stars wie Paul Hörbiger und Theo Lingen.

Stammgast war sie bei den Konzerten, die auf der Bühne im Kinosaal stattfanden. Großartige Musiker holte Georg da heran, das war wirklich beachtlich – zum Beispiel Mitglieder des hannoverschen Opernhaus-Ensembles, die Klavier- oder Gesangsabende veranstalteten.

Das dem Kino angeschlossene Kasino betrat sie selten – und wenn, dann nur in Georgs Begleitung. Was würde es auch sonst

Das Kameradschaftsheim auf dem Truppenübungsgelände Bergen-Belsen.

für einen Eindruck machen, wenn sie sich da als Frau allein unter den vielen Soldaten herumtrieb.

Bei ihrem letzten Besuch in dem gemütlich eingerichteten Kameradschaftsheim, wie die Gaststätte auch genannt wurde – es war Ende Juli 1941 gewesen –, hatte ein älterer Leutnant erzählt, dass jetzt immer mehr sowjetische Kriegsgefangene eintrafen. Tausende mussten es wohl inzwischen sein, und die meisten blutjung. »Keine zwanzig und schon vom Tode gezeichnet«, hatte der Mann gesagt. »Knochengerippe, hohlwangig, verlaust und krank.« Da es an Baracken fehle, müssten die Männer im Freien schlafen. Jetzt im Sommer gehe das ja noch. Aber wie würde es im Winter werden? Die meisten hätten sich schon Erdhöhlen gegraben, um Schutz vor Regen und Kälte zu finden.

»Die armen Menschen«, hatte Liesel gesagt.

»Menschen?«, hatte der Leutnant entgegnet. »Nein, als Menschen darf man die nicht betrachten. Das sind alles krumme Hunde, die uns am liebsten erschlagen würden, wenn sie könnten. Man hört doch immer wieder, zu welchen Grausamkeiten der Iwan fähig ist. Nein, das sind keine Menschen, liebe Frau Will. Die sind wie Vieh. Die müssten Sie sich mal angucken, wie die da verdreckt vor ihren Höhlen hocken.«

Liesel erschauderte. Gern hätte sie dem Offizier mit dem eisgrauen Bart widersprochen, aber Georgs ernster Blick signalisierte ihr, dass sie ihre Entgegnung besser für sich behielt. Und so schwieg sie.

Sie schwieg auch, als sie wenige Wochen später sah, wie Gefangene unter der Aufsicht von Wehrmachtssoldaten vom Internierungslager Karren und Leiterwagen mit Toten zum wenige Kilometer entfernten Soldatenfriedhof in Hörsten zogen: Leichen, die achtlos wie ausrangierte Schaufensterpuppen aufeinandergestapelt waren, von Haut umspannte Gerippe, im Tode erstarrt. Ohne Geläut wurden die Toten von den Zwangsarbeitern in Gruben geworfen, und da war kein kirchlicher Segen zu hören und kein Kreuz zu sehen, auf dem die Namen standen.

Da schriftliche Aufzeichnungen von Elisabeth Will aus der Zeit des Zweiten Weltkriegs nicht überliefert sind, ist unklar, wie viel sie erfuhr von dem Massensterben, das sich nur ein bis zwei Kilometer von ihrer Wohnung entfernt ereignete, und wie sie darauf reagierte. Dass ihr das Grauen im benachbarten Gefangenenlager aber nicht verborgen blieb, ist sicher. Sie muss, wie die anderen Anwohner auch, gesehen, zumindest aber davon gehört haben, wie die Toten zu den eilends ausgehobenen Massengräbern transportiert und dort verscharrt wurden, und ebenso muss sie von der wachsenden Zahl ausgemergelter Neuankömmlinge gewusst haben, die wie Vieh aus Güterwaggons entladen und unter strenger Bewachung dem Lager zugetrieben wurden. Nichts davon geschah im Geheimen, auch nicht der Einsatz von Gefangenen als Zwangsarbeiter, die zum Beispiel Bretter, Holzpfeiler und Eisenriegel durchs Dorf schleppen mussten – Material für den Ausbau der Baracken.

Die Wehrmachtsangehörigen, die im Gefangenenlager Dienst taten, gingen im Kino und Kameradschaftsheim ein und aus und sprachen natürlich auch über die Dinge, die sie Tag für Tag erlebten. Überliefert sind einige der Briefe, die sie an ihre Angehörigen schickten. »Die Russen sind wie das liebe Vieh und werden von uns dementsprechend behandelt«, teilt zum Beispiel der Offizier Otto R. am 10. August 1941 mit. Vier Tage später schreibt der Soldat Heinrich V. seiner Frau aus Bergen-Belsen: »Unser Dienst ist im Augenblick so grausam ergreifend, was ich Dir nicht schreiben kann. Glaube mir, wir opfern mehr als ihr denkt. Immer hinter Stacheldraht und dann die entsetzlichen Bilder vor sich.« Der Offizier Heinz Dietrich Meyer notiert am 1. Februar 1942: »Heute morgen ging ein Zug Kranker, ungefähr 50 Mann, an mir vorüber. Es waren hohläugige, bleichwangige Gestalten mit großen Ringen unter den Augen, denen der Tod schon im Gesicht geschrieben stand.«

Die Lage verschlimmert sich von Tag zu Tag: Das Essen – dünne Steckrübensuppe und hartes Brot – reicht bei weitem nicht mehr. Die sinkenden Temperaturen setzen den entkräfteten jungen Männern in ihren Erdhöhlen zusätzlich zu. Seuchen wie Typhus und Cholera breiten sich aus, denn die hygienischen Bedingungen sind katastrophal. Die Gefangenen haben keine Gelegenheit, ihre Kleidung zu wechseln, können sich nicht waschen, müssen ihre Notdurft in offenen Gräben ohne Abfluss verrichten. Manche werden verrückt vor Hunger, Durst und Kälte, andere fiebern apathisch dem Tod entgegen.

Einige der wenigen Überlebenden werden später über diesen Albtraum in der Lüneburger Heide sprechen. »Die Menschen fingen an, Gras zu essen«, sagt Michail Lewin in einem aufgezeichneten Gespräch mit einem Mitarbeiter der Gedenkstätte Bergen-Belsen. »Interessant ist, dass die Rinde bei den wenigen Bäumen, die dort standen, abgenagt und aufgegessen war. Auch Gürtel wurden aufgegessen. Die Hosengürtel, verstehen Sie? Aber es gab nur wenige Gürtel.« Nicht einmal mehr mit der leichtesten Erkältung sei der erschöpfte Körper fertiggeworden. »Und die Menschen starben. Hunderte wurden täglich mit den Karren weggebracht.«

Manche Wehrmachtssoldaten fotografierten die grauenhaften Szenen im Lager, machten davon Abzüge und verkauften sie an ihre Kameraden. So gelangten die Bilder auch in die Hände von Angehörigen und Freunden. Einige der Fotos waren mit höhnischen Kommentaren versehen. Hinter einer Aufnahme, die einen abgemagerten Gefangenen mit heruntergelassener Hose vor dem Stacheldrahtzaun zeigt, steht: »Er wollte sich wohl gerade lausen lassen. Aber schon alles Knochen.« Unter das Bild von einem anderen nur aus Knochen und Haut bestehenden Mann, der sich gerade noch aufrecht halten kann, hat jemand den zynischen Kommentar »Todeskandidat« gekritzelt. Und ein Foto, auf dem ein Toter zu sehen ist, der unter freiem Himmel auf dem Boden liegt, trägt die Unterschrift »Russki kaputt«.

Mitgefühl ist nicht erwünscht. In einem Merkblatt für die Bewacher sowjetischer Gefangener wird »schärfstes Misstrauen« und »rücksichtsloses Durchgreifen« verlangt. »Weichheit« sei bei diesen »Untermenschen« nicht am Platz. Für manche Soldaten war das offenbar ein Freibrief für ungehemmte Brutalität. Ein Foto zeigt, wie ein Wehrmachtsangehöriger mit einem Knüppel auf einen ausgezehrten Häftling einschlägt.

Von Juli 1941 bis April 1942 starben allein in Bergen-Belsen 14 000 sowjetische Kriegsgefangene. Weitere 27 000 Gefangene kamen in den nahe gelegenen Lagern in Wietzendorf und Oerbke bei Fallingbostel ums Leben.

Wenn Georg Will zu seinem Kino in Oerbke fuhr – bisweilen fanden dort auch Konzerte statt –, sah er oft, wie wieder ein neuer Trupp von Russen zum Lager getrieben wurde. Nein, ein schöner Anblick war das nicht. Ganz gewiss nicht. Aber es war eben Krieg – und im Umkreis der Gefangenenlager herrschte die durch Propaganda verfestigte Meinung vor, dass man diese Gefangenen einfach nicht als Menschen betrachten durfte. Georg Will bildete da vermutlich keine Ausnahme.

Ähnlich dachte sein Sohn, wie der viele Jahre später selbstkritisch einräumte. Ja, Hans-Georg hatte sich schnell mit seinem neuen Wohnort arrangiert. Nach dem Umzug aus Berlin war er anfangs entsetzt gewesen über das Leben in der Provinz. Dann aber war er dem Jungvolk beigetreten und hatte Anschluss bei der Dorfjugend gefunden. Es gefiel ihm, mit einem echten Sturmgewehr zu schießen, die Kommandos beim Fahnenappell zu brüllen, mit den anderen am Lagerfeuer zu sitzen oder singend durch den Wald zu marschieren. Seine Freunde und Altersgenossen nannten ihn Schorse. Er genoss hohes Ansehen – ein Junge mit Großstadtflair, der schon bald nach seiner Ankunft in dem Heidenest das Hermann-Billung-Gymnasium in Celle besuchte, vor allem aber eine Trumpfkarte besaß, die ihm niemand streitig machen konnte und ihm eine unvergleichliche Attraktivität verlieh: Er war in der Lage, seinen Freunden Zugang zu dem streng bewachten Kasernengelände zu verschaffen, wo die Panzer rollten und Soldaten aufmarschierten, und außerdem konnte er sie, ohne dass sie auch nur einen Pfennig zu bezahlen brauchten, in das Kino einschleusen, sogar in Filme, die für Jugendliche verboten waren.

Am 10. Juni 1942 feierte er seinen vierzehnten Geburtstag, und das bedeutete für ihn, dass er jetzt endlich zur Hitlerjugend überwechseln durfte. Seine Eltern schenkten ihm die braune Kluft mit der Schiffchenmütze und der schwarzen Kniebundhose. Sogar seine Mutter musste lachen, als sie ihren Jungen in der Uniform sah. Hans-Georg fand das nicht komisch. Für ihn stand fest, dass er jetzt mit ganzer Kraft Führer und Vaterland dienen würde. Und er duldete es nicht, wenn seine Mutter Zweifel an der nationalen Sache äußerte oder gar diese toten Russen betrauerte. Das waren doch alles nur Untermenschen! Ganz heftig fiel er ihr vor allem ins Wort, wenn sie sich besorgt über den Kriegsverlauf äußerte. Dieses Zagen und Bangemachen untergrub nur die Moral und war damit Wasser auf die Mühlen des Feindes. Nein, der Endsieg war gewiss. Da konnte seine Mutter noch so bedenklich mit dem Kopf wackeln. Er war schließlich kein dummer Junge mehr. Bald würde er vielleicht schon an der Front seinen Mann stehen.

Seiner Mutter machte es Angst, wenn ihr Junge so redete. Sie wünschte sich, dass der Krieg bald vorbei wäre. Aber danach sah es nicht aus. Jetzt hatten sich auch noch die Amerikaner gegen die Deutschen gestellt. Wie es wohl Marlene da drüben erging?

Schrecklich, sich auszumalen, dass ihren Jungen mal das gleiche Schicksal ereilen könnte wie den armen Russen. Aber daran wollte sie gar nicht denken. Es war doch schön, dass Hans-Georg sich bei seinen Kameraden wohlfühlte, und natürlich machte es sie auch stolz, als er schon bald nach seinem Übertritt zur HJ zum Hauptscharführer befördert wurde. »Hascha Will«, nannten ihn seine Kameraden jetzt. Das war fast zum Lachen. »Hascha Will!«

Vielleicht hatte der Junge recht, vielleicht würde noch alles gut werden. In der Zeitung und im Rundfunk jedenfalls gab es fast nur Siegesmeldungen zu lesen und zu hören. Im Radio spielten sie jetzt öfter ein Lied, das ihr gefiel: »Lili Marleen«. Die Wehmut, die darin mitklang, sprach ihr aus dem Herzen.

Nur durch Zufall war dieser Schlager von Lale Andersen vom Staub des Vergessens befreit worden. Radio Belgrad hatte das Lied ausgegraben. Da der Besatzungssender nicht mehr als 54 Schallplatten zur Auswahl hatte und eine Sendezeit von 21 Stunden bestreiten musste, hatte der Studioleiter einen Mann nach Wien geschickt, der beim dortigen Reichsradio Nachschub beschaffen sollte. Dort versorgte man ihn nicht gerade mit den meistgespielten Erfolgstiteln. In der Kiste, mit der er zurückkehrte, waren fast ausnahmslos Platten, die als »ungängig« galten, Ladenhüter also – unter anderem »Lili Marleen«.

Studioleiter Karl-Heinz Reintgen kannte das Lied. Er sorgte dafür, dass es am 18. August 1941 zum ersten Mal gespielt wurde. Mit Erfolg. Das im Marschrhythmus vorgetragene Lied kam an. Der melancholische Text über Abschied, Befehlszwang und Heimweh traf die Stimmung der Soldaten. Bei den Parteioberen dagegen stieß der Schlager auf Ablehnung, er galt als morbide, als wehrkraftzersetzend. Der Sendeleiter sah sich daher genötigt, das Lied wieder aus dem Programm zu nehmen. Doch die Hörer – vor allem Soldaten – reagierten mit einem solchen Proteststurm, dass die Entscheidung rückgängig gemacht werden musste. Das »Lied eines jungen Wachtpostens« wurde nun täglich gespielt – allabendlich um 21.57 Uhr vor den letzten Nachrichten des Tages.

Der Erfolg veranlasste auch andere Wehrmachtssender, »Lili Marleen« in ihr Repertoire aufzunehmen, und jetzt erklang das Lied sogar im Reichsrundfunk. Bei den Wunschkonzerten stand es ganz oben in der Hörergunst.

Doch bald traten neue Probleme auf. Im Propagandaministerium wurde bekannt, dass Lale Andersen Kontakt zu Schweizer Juden habe, woraufhin Goebbels die Sängerin mit einem Auftrittsverbot belegte und alle ihre Titel aus dem Radioprogramm nehmen ließ – auch »Lili Marleen«, die »Schnulze mit dem Leichengeruch«, wie er das Lied einmal genannt hatte. Lale Andersen war so verzweifelt über die Strafaktion und das vermeintliche Ende ihrer Karriere, dass sie versuchte, sich im April 1943 mit einer Überdosis Schlaftabletten das Leben zu nehmen. Sie wurde jedoch gerettet. In einem Berliner Krankenhaus pumpte man ihr den Magen aus.

Nach dem missglückten Suizidversuch brodelte es in der Gerüchteküche. Ein deutscher Freund von Lale Andersen, der nach London geflohen war, berichtete einem Bekannten bei der BBC, die Nationalsozialisten hätten die Sängerin ins KZ gesteckt. Lale Andersen war im Vereinigten Königreich inzwischen keine Unbekannte mehr, ihre »Lili Marleen« war zum Lieblingslied der britischen Soldaten auf der ganzen Welt geworden. Die BBC entschloss sich deshalb – vor allem aber, um ihre deutschen Hörer aufzurütteln –, eine Sondersendung über das traurige Schicksal der deutschen Sängerin auszustrahlen.

Nach der Einspielung des Soldatenliedes fragte der Sprecher: »Ist Ihnen aufgefallen, dass Sie dieses Lied schon lange nicht mehr gehört haben? Warum wohl? Vielleicht deshalb, weil Lale Andersen im Konzentrationslager ist?«

Aber was Lale singe, sei ja ohnehin nicht mehr aktuell, fuhr der

Sprecher fort. Näher an der Realität bewege sich doch vielmehr der folgende Text – worauf eine »Lili Marleen«-Persiflage der nach England emigrierten jüdischen Schlagersängerin Lucie Mannheim erklang. Darin hieß es:

Der Führer ist ein Schinder
Das sehn wir ganz genau.
Zu Waisen macht er Kinder,
Zur Witwe jede Frau ...

Die Wirkung war bombastisch. Nicht nur die BBC erhielt Massen von Zuschriften, auch den deutschen Radiosendern flatterten Hunderte von Protestbriefen ins Haus. Schließlich türmten sich die Briefe sogar auf dem Schreibtisch von Joseph Goebbels. Der Propagandaminister sah sich daher zum Einlenken genötigt. Zunächst beauftragte er seinen Abteilungsleiter, umgehend eine Pressekonferenz einzuberufen, um klarzustellen, dass die Gerüchte von der Verhaftung Lale Andersens jeglicher Grundlage entbehren. Außerdem entschied er, das Auftrittsverbot für die Sängerin zu lockern, um allen Verleumdern entgegenzutreten. Ein offizielles Schreiben an Lale Andersen sollte die neue Linie umreißen. Auch hiermit beauftragte Goebbels seinen Abteilungsleiter – denselben NS-Kulturfunktionär, dem Georg Will einst als »Parteifreund« einen Bittbrief geschrieben hatte: Hans Hinkel. Jetzt, am 13. Mai 1943, wandte sich Staatskommissar Hinkel, der schon vorher mit der Sache »Lili Marleen« zu tun hatte, weisungsgemäß an Lale Andersen:

Nur in Berücksichtigung Ihrer familiären Verhältnisse und besonders im Hinblick auf Ihren im Osteinsatz gewesenen Sohn genehmige ich Ihnen – trotz Ihres erwiesenen unwürdigen Verhaltens als deutsche Künstlerin – ab sofort wieder die künstlerische Betätigung in Varieté- oder Kabarett-Unternehmen privater Besitzer. Sie tragen die Verantwortung dafür, dass in keiner gedruckten oder mündlichen Propaganda bzw. Ankündigung in irgendwelcher Form auf Ihre frühere Betätigung vor unseren Soldaten am Sender Belgrad Bezug genommen wird. Auch jegliche Verbindung Ihres Namens mit dem Soldatenlied »Lili Marleen« hat in jedem Fall zu unterbleiben.

Eigentlich sollte auch Lale Andersens »Lili Marleen« nicht mehr im Radio gespielt werden. Doch Radio Belgrad setzte sich über das Verbot hinweg, und andere deutsche Sender folgten dem Beispiel. Goebbels fand sich schließlich damit ab. Der Komponist war immerhin unverdächtig. Norbert Schultze hatte – von Goebbels zum Teil persönlich instruiert – bereits Propagandalieder wie »Bomben auf Engeland« vertont.

14

WERBEFELDZUG FÜR BOMBEN

Ihr Rührei war eine Offenbarung. Der Speck knusprig, die Gurken knackig. Einfach lecker! Noch mehr Begeisterung kam auf, wenn sie die Schürze ablegte und ein Lied trällerte. »Falling in Love Again« oder »The Boys in the Back Room«. Sehr begehrt war sie auch als Tanzpartnerin. Wenn sie mit den Jungs einen Jitterbug aufs Parkett legte, schallte Johlen und rhythmisches Klatschen durch die rustikale Bar mit der Holztäfelung, in der sich der Geruch von Schweiß und kaltem Fett mit Tabakrauch und Parfümdüften mischte.

In der »Hollywood Canteen« war Marlene Dietrich in ihrem Element. Sie sang, tanzte, kochte Kaffee, machte Rührei, servierte ihren selbstgebackenen Käsekuchen und griff zum Besen, wenn die letzten Gäste gegangen waren. Und alles umsonst. Alles im Dienst der nationalen Sache. Denn die mitten in Hollywood ein paar Meter südlich vom Sunset Boulevard gelegene »Hollywood Canteen« war ein Nachtclub, in dem Angehörige der U.S. Army und verbündeter Truppen kostenlos speisen, trinken und sich amüsieren konnten – verwöhnt von Stars, die sie sonst nur aus dem Kino, dem Radio oder aus Illustriertenberichten kannten. Bette Davis hatte das Lokal am 3. Oktober 1942 im Namen des Hollywood Victory Committee eröffnet, und viele Freiwillige aus dem Showbusiness – mehr als dreitausend waren es im Laufe des dreijährigen Bestehens der »Canteen« – folgten ihrem Beispiel und stellten sich mit diversen Darbietungen, als Tanzpartner und Kellnerinnen, als

Köche oder Putzfrauen zur Verfügung. Alles, was in Hollywood Rang und Namen hatte, unterstützte die Institution. Neben Bette Davis und Marlene Dietrich meldeten sich Berühmtheiten wie Orson Welles und Fred Astaire, Judy Garland und Louis Armstrong, Lauren Bacall und Humphrey Bogart und ein damals noch nicht ganz so bekannter Schauspieler namens Ronald Reagan zum Dienst.

Marlene kam in dieser Zeit, wenn sie es irgendwie einrichten konnte, einmal pro Woche in den berühmten Club, vor dessen Eingang sich an manchen Tagen schon nachmittags Warteschlangen bildeten. Sie genoss es, mit den Kollegen und Kolleginnen aus der Traumfabrik zu scherzen, mit vorgebundener Schürze Geschirr zu spülen oder sich mit einem Tablett über dem Kopf einen Weg durch die dicht gedrängten Reihen der jungen Soldaten zu bahnen und schon im nächsten Moment einen ihrer Filmsongs zum Besten zu geben. Das *Time Magazine* kürte sie zur »Supreme Empress of Cheesecake« (Kaiserin des Käsekuchens). Hausfrau und Glamourkönigin – hier in der »Hollywood Canteen« konnte sie ihre Lieblingsrollen miteinander vereinbaren und obendrein auch noch ein öffentliches Bekenntnis zu ihrer Wahlheimat ablegen. Für die USA und gegen Hitler-Deutschland.

Denn Amerika war in den Krieg eingetreten. Es hatte etwas von einem Weckruf, als japanische Kampfbomber am 7. Dezember 1941 die in Pearl Harbor auf Hawaii liegende Pazifikflotte der U.S. Navy bombardierten. Damit gehörte die Zuschauerrolle für die Vereinigten Staaten endgültig der Vergangenheit an. Am 8. Dezember erklärte Präsident Roosevelt Japan den Krieg, und schon wenige Tage später übermittelten Japans Bündnispartner, die Achsenmächte Deutschland und Italien, Washington ihrerseits eine Kriegserklärung. Daraufhin sagte die US-Regierung Hitler und seinen Verbündeten den Kampf an und mobilisierte ihre Truppen, und die Bevölkerung jubelte den Soldaten zu, die nun unter dem Schlachtruf »Avenge Pearl Harbor!« über die Weltmeere fahren würden, um die Feinde zur Hölle zu jagen.

Einsatz in der »Hollywood Canteen«: Wie andere Stars greift die Diva aus Deutschland in Kalifornien zum Besen, spült, kocht, serviert und steht den Soldaten als Tanzpartnerin zur Verfügung (1942).

Eine Welle des Patriotismus ging durchs Land. Sie erfasste auch die Filmbranche. Hollywood kündigte endgültig seinen Pakt mit Hitler-Deutschland auf und machte mobil. Henry Fonda heuerte bei der Marine an, James Stewart war als Bomberpilot und Offizier der U.S. Air Force im Einsatz, und prominente Schauspieler und Regisseure gründeten das »Hollywood Victory Committee«, das es sich zur Aufgabe machte, mit Filmstars Kampagnen für Kriegsanleihen zu unterstützen und Unterhaltungsprogramme für Soldaten zu organisieren. Den Vorsitz übernahm kurzzeitig Frauenschwarm Clark Gable, bevor er, traumatisiert durch den tragischen Tod seiner Frau, bei der 8. US-Luftflotte in Großbritannien einrückte und auf deutsche Flugzeuge schoss.

Marlene Dietrich schließt sich dem Komitee sofort an. Für das Radio produziert sie aufrüttelnde Werbespots. Vom 24. Januar 1942 bis zum 9. September 1943 zieht sie viermal durch die Vereinigten Staaten, um wie Judy Garland Kriegsanleihen zu propagieren. Sie tritt in Krankenhäusern und Fabriken auf, an Straßenecken und bei Großveranstaltungen. Sie singt, tanzt, erzählt Witze, wirkt bei Sketchen mit – immer mit dem Ziel, zu begründen, warum es wichtig ist, den amerikanischen Kriegseinsatz zu unterstützen. Dabei schreibt sie die vorgefertigten Redevorlagen oft gründlich um. In einem Sportstadion sagt sie: »Meine Damen und Herren, ich möchte mit Ihnen über die Kriegsanleihen sprechen, die einfach nur Papier und Tinte zu sein scheinen. Aber sie sind viel mehr als das: Sie sind der Lastwagen, der den Soldaten über holprige Straßen trägt, sie sind die Waffen, mit denen er schießt, sie sind der Fallschirm, der ihn hinter die Linie der Feinde trägt, sie sind das Plasma, das ihm das im Kampf vergossene Blut ersetzt.«

Sie erreicht mehr als eine Viertelmillion Menschen bei ihren Live-Auftritten und pumpt mehr Geld in die amerikanische Staatskasse als jeder andere Showstar.

Mal wird sie als Österreicherin angekündigt, mal als Tschechin – fast immer als Angehörige eines Staates, den Hitler unterworfen hat. Doch sie nimmt sich die Freiheit, darauf hinzuweisen, dass sie aus Deutschland stammt und ganz bewusst die amerikanische Staatsbürgerschaft angenommen hat, um nicht unter Hitler zu leben.

In ihrer Autobiographie *Nehmt nur mein Leben* berichtet sie, dass sie oft von älteren Deutschen gefragt werde, warum sie sich auf die Seite der Amerikaner gestellt habe. Ihre Antwort: »Ich fühlte mich mitverantwortlich für den Krieg, den Hitler verursacht hatte. Ich wollte mithelfen, diesen Krieg so bald wie möglich zu beenden ... Amerika hatte mich aufgenommen, als ich Hitler-

Deutschland aufgab. Man kann nicht nur nehmen – man muss auch geben. Das steht schon in der Bibel.«

Doch in ihren Tagebuchnotizen schimmern auch Selbstzweifel durch: »Ich gehe auf Tournee, um für Kriegsanleihen zu werben, mit deren Hilfe man Bomben kauft, um Berlin zu bombardieren, wo Mutter immer noch lebt. Ich habe von ihr nichts gehört, seitdem der Krieg begonnen hat. Ich versuche, nicht darüber nachzudenken. Denn wenn ich dies täte, könnte ich nicht weitermachen.«

Weniger Hemmungen hat sie, wenn sie in Nachtclubs auftritt, um den Gästen Dollarnoten und Schecks zu entlocken. Dann kommt es schon mal vor, dass sie sich betrunkenen Männern auf den Schoß setzt und ihnen Frivolitäten ins Ohr flüstert. Da immer Vertreter des Finanzministeriums dabei sind, um die Echtheit der Schecks zu prüfen, spricht sich das bis in höchste Kreise herum. In ihren Lebenserinnerungen erzählt Marlene Dietrich, nach einem nächtlichen Einsatz in Washington sei sie einmal ins Weiße Haus bestellt worden. Dort habe ihr »ungefähr zwei Uhr morgens« unversehens Präsident Franklin Delano Roosevelt gegenübergestanden. Er habe sie mit seinen klaren Augen angesehen und gesagt: »Ich höre, was Sie tun, um Bonds zu verkaufen. Wir sind Ihnen dankbar dafür. Aber diese Art von Prostitutionsmethode erlaube ich nicht. Sie werden von jetzt an nicht mehr in Nachtlokalen erscheinen. Das ist ein Befehl.«

Sie habe gesagt: »Jawohl, Herr Präsident«, und bei ihrer Kampagne künftig nur noch tagsüber gearbeitet.

Zwischendurch stand sie auch immer wieder vor der Kamera. Vor allem Actionfilme waren jetzt gefragt, und Marlene spielte mit – bereitwillig, routiniert, mit preußischer Disziplin, aber ohne höheren künstlerischen Anspruch. In rascher Folge entstanden Streifen wie das Ehedrama *Manpower* (deutsch 1950, *Herzen in Flammen*) unter der Regie von Raoul Walsh, die Screwball-Komödie *The Lady Is Willing*, die Westernkomödie *The Spoilers* (deutsch 1950, *Die Freibeuterin*, später *Stahlharte Fäuste*) und das patriotische Sozialdrama *Pittsburgh* (deutsch ebenfalls 1950). In den beiden letztgenannten Filmen spielte Marlene Dietrich wieder an der Seite von John Wayne. Doch der prickelnde Reiz der ersten Begegnungen war verflogen.

Inzwischen beherrschte ein anderer Mann ihr Liebesleben: Jean Gabin. Der französische Filmschauspieler war Anfang 1941 mit Erlaubnis des Vichy-Regimes in die USA gereist, um für die amerikanische Produktionsfirma Fox den Film *Moontide* (deutsch 1947, *Nacht im Hafen*) zu drehen. Sein Studio mietete für ihn den Bungalow an, den Remarque gerade verlassen hatte. So lebte er in Beverly Hills in unmittelbarer Nachbarschaft von Marlene, die den kräftigen, etwas raubeinigen Franzosen in Paris kennengelernt hatte. Gabin stammte aus einfachen Verhältnissen und verfügte über keine höhere Bildung. Aber das war Marlene vollkommen egal. Seine direkte, manchmal auch ruppige Art gefiel ihr, und sie liebte es, wenn er zum Akkordeon griff und seine Lieder sang. Sie ging mit ihm einkaufen, kochte für ihn, putzte seine Wohnung, zeigte ihm die Umgebung, begleitete ihn bei einem Segeltörn auf seiner Jacht. Da Gabin nur ein paar Brocken Englisch beherrschte, gab sie ihm Sprachunterricht. Abends ging sie mit ihm den Text für *Moontide* durch, den er am nächsten Tag zu sprechen hatte, und kam sogar wenn möglich zum Drehort. Sehr zum Leidwesen des Regisseurs. Archie Mayo schätzte Marlenes Nachhilfeunterricht gar nicht. Er fand, dass Marlene seinem Star falsche Betonungen beibrachte und seine eigenen Bemühungen um sprachliche Akzentuierung zunichtemachte. Denn Gabin hielt sich sklavisch an alles, was Marlene für richtig hielt.

Nicht nur bei den Sprachübungen. Der Franzose ließ sich von der eingewanderten Deutschen in die Gesellschaft der Schönen und Reichen Hollywoods einführen und lebte bald mit ihr zusammen in einem Haus, das Marlene wie ein kleines Versailles einrichtete. Er nannte sie »ma grande«, meine Große, und sie ihn »mon amour«. Die Romanze mit Jean Gabin sollte für Marlene Dietrich zur leidenschaftlichsten Liebesbeziehung ihres Lebens werden.

Die Romanze ihres Lebens: Marlene Dietrich und Jean Gabin.

Selbstverständlich ließ sie auch Rudi, der inzwischen an der Ostküste lebte, an ihrer neuen Liebe teilhaben.

Als Gabin einmal zu Außenaufnahmen abreiste, sagte sie sogar eine Werbetour für Kriegsanleihen ab. Krank vor Liebesschmerz und Eifersucht vertraute sie sich fast täglich ihrem Tagebuch an. »Er begleitet mich wie eine lodernde Flamme«, schrieb sie am 16. Februar 1942. »Jean je t'aime. Nur eines will ich, Dir meine Liebe schenken. Willst Du sie nicht, ist mein Leben für immer zerstört ... Ich liege im Bett. Mein Körper ist kalt, ich sehe mich an und finde mich unattraktiv, nicht attraktiv genug – für Dich allein möchte ich schön sein.«

Am nächsten Tag bekennt sie geradezu flehentlich: »Ich warte auf Dich, als könntest Du jeden Augenblick vom Studio heimkommen. Mein Angebeteter, bitte komm zurück.«

Schließlich verabreden sich die beiden in La Quinta. In dieser Oase in der Felsenwüste bei Palm Springs mieten sie sich einen verschwiegenen Bungalow und geben sich tagelang ihrer Liebe hin.

Ein FBI-Informant soll später gesagt haben, Gabin sei seiner Geliebten total verfallen gewesen: »Marlene-ga-ga«. Die Liebe dauert an. Verehrerinnen wie Mercedes de Acosta, der »weiße Prinz«, oder die knabenhafte Millionärin Joe Carstairs haben in diesen Monaten keine Chance bei ihr – ebenso wenig ihr Dichterfreund Remarque, der sich weiter in Sehnsucht verzehrt. Ein wenig verzweifelt versucht Boni, die Vergötterte in mahnenden Briefen zur Umkehr zu bewegen. »Lebe! Verplempere Dich nicht«, schreibt er ihr am 23. Mai 1942. »Lass Dir die Flügel nicht stutzen! Hausfrauen gibt's zu Millionen. Aus Brokat macht man keine Küchenschürzen. Den Wind kann man nicht einsperren. Und wenn man's tut, wird er abgestandene Luft.«

Aber Marlene gefällt sich ja in der Hausfrauenrolle. Sie liebt es, andere zu bemuttern. Und der kluge Remarque steht längst nicht mehr im Zentrum ihres Lebens. Der Einzige, der jetzt zählt, ist Jean. Dabei herrscht nicht immer nur eitel Sonnenschein. Gabin wird schnell eifersüchtig und verliert bisweilen die Selbstbeherrschung. Dann kommt es schon mal vor, dass er die Rolle des Raubeins auch im wirklichen Leben spielt und seiner »Grande« eine Ohrfeige verpasst. Aber solche Gefühlsaufwallungen sind meist schnell verflogen und münden in leidenschaftliche Versöhnungsszenarien.

Nachhaltig verdüstern dagegen die Meldungen vom Kriegsverlauf in Europa die Stimmung der Verliebten. Die Nachrichten aus Paris treffen Gabin wie Stiche in die Brust. Entsetzt hört er, wie im Herbst 1942 Hitlers Truppen im Stechschritt durch ganz Frankreich marschieren und ihre Hakenkreuzfahnen auf den Champs-Élysées hissen, wie die SS die Regie in Paris übernimmt und Landsleute im großen Stil deportiert werden. Schon lange hat ihn Heimweh geplagt. Jetzt kann er nicht mehr länger mit ansehen, wie sich die Nazis in seinem Land mit dem Segen des Vichy-Regimes breitmachen. Nach zwei Hollywood-Filmen beschließt er im Sommer 1943, sich den Freien Französischen Streitkräften anzuschließen, die General Charles de Gaulle im Londoner Exil gegründet hat.

Marlene weint, weiß aber, dass sie den Geliebten nicht zurückhalten kann. Schweren Herzens nimmt sie Abschied.

In ihrem Abschiedsschmerz vertraut sie sich wieder ihrem Mann an. Er könnte doch vielleicht in New York ihren Jean, bevor der in Norfolk in See sticht, quasi stellvertretend noch einmal in den Arm nehmen. »Papilein«, schreibt sie. »Jean ging heute nach New York. Du wirst in der Zeitung sehen, wann er ankommt. Meine große Liebe scheint zu viel für ihn und zu plötzlich, nachdem er so lange glaubte, meine Liebe sei nicht genug im Vergleich zu seiner … Ich werde nicht arbeiten und habe die Tournee abgesagt, weil mir das alles in meinem Unglück zu viel war.«

Doch dann hält sie es, so ganz allein in Kalifornien, nicht mehr aus und besteigt kurz entschlossen ein Flugzeug, um ein letztes Mal Abschied zu nehmen. Er trägt bereits Uniform, als sie in einem eng anliegenden schwarzen Kleid auf ihn zustürmt. Sie schwärmt von den Vorzügen des Fliegens und verkündet, dass die langen Zugfahrten durch die endlosen Weizenfelder des Mittleren Westens für sie der Vergangenheit angehören. »Bald müssen wir auch nicht mehr Tage auf einem Schiff vertrödeln, um nach Europa zu kommen«, sagt sie. »Wir werden über den Atlantik fliegen. Dann kann uns kein Meer mehr trennen.«

Doch jetzt wartet erst einmal ein Schiff auf den Geliebten. Sie versuchen, die letzten zwei Tage zu genießen, gehen tanzen, gehen essen, lieben sich, doch die bevorstehende Trennung liegt wie ein Abgrund vor ihnen. Dann begleitet sie ihren Soldaten nach Norfolk in Virginia, wo ein Frachter vor Anker liegt, der Gabin nach Algerien befördern soll. Gegen zwei Uhr morgens nehmen die beiden auf einem nebelverhangenen Kai mit einem letzten Kuss Abschied voneinander.

Vielleicht würden sie sich ja im Verlauf des Krieges irgendwo auf der Welt wiedersehen. Denn Marlene Dietrich hatte bei den United Service Organizations (USO), einer Organisation zur Unterstützung der US-Streitkräfte, den Antrag gestellt, bei der Truppenbetreuung in Übersee eingesetzt zu werden. Der Titel ihres letzten Films war zu ihrer persönlichen Parole geworden: *Follow the Boys*, ein Propagandastreifen über einen Stepptänzer, den es zur Vaterlandsverteidigung in den Krieg zieht. Aber erst einmal standen die Dreharbeiten für einen weiteren Film an – für *Kismet*, eine Kinooperette im Sultanspalast. Marlene spielte eine Tänzerin. Ihre Beine wurden in zwei Arbeitsschritten mit vier Schichten Goldbronze überzogen, ihre blonden Haare mit Goldstaub bestreut. Ihr Tanzkostüm bestand nur aus aneinandergereihten Ketten, sodass es bei gewagten Bewegungen zu brechen drohte – und den Anstoß der Zensur erregte. Doch Marlene Dietrich bewältigte auch diese Rolle mit gewohnter Selbstdisziplin. Dabei war sie von dem abgedroschenen Filmmärchen nicht gerade begeistert. Aber immerhin war es ihr erster Einsatz in den Studios von Metro-Goldwyn-Mayer, wo bisher ihre große Konkurrentin Greta Garbo den Ton angegeben hatte.

Endlich aber bekam sie Gelegenheit, in eine ganz andere Rolle zu schlüpfen: Die USO erteilten ihr grünes Licht für die Truppenbetreuung an der Front. Das FBI hatte sie zuvor gründlich durchleuchtet. Ihre Akte 65-42237 enthielt nicht nur Rühmliches. Ein Informant bezeichnete sie als »verhurt«, ein anderer als »weibisch grausam«. Und mit diesen Worten hatte Erich Maria Remarque sie laut FBI-Dossier charakterisiert: »Sie ist zu neunzig Prozent gut und zu zehn Prozent schrecklich.« Aber das zählte jetzt nicht mehr. Unterm Strich fiel das Urteil positiv aus. Damit war der Weg zu den Schlachtfeldern geebnet.

In den Schoß fiel ihr die neue Rolle allerdings nicht. Sie studierte in New York mit dem Komiker Danny Thomas, dem Pianisten und Akkordeonspieler Jack Snyder und der Komödiantin Lin Maberry aus Texas eine Show für die kämpfende Truppe ein. Zu ihrem Programm gehörte auch ein Zaubertrick mit Orson Welles, den sie schon für *Follow the Boys* in Szene gesetzt hatte. Sie zelebrierte die Kunst der Gedankenübertragung und spielte auf ihrer »singenden Säge« jaulend und quietschend ein Liebeslied. Zwischen den Proben ließ sie sich vorschriftsmäßig einkleiden. Wie alle Künstler verpasste man ihr die biedere Ziviluniform der USO. Sie war auch für Fahrten im Jeep gedacht und vor allem praktisch. Doch Marlene gefiel sich gar nicht darin. Sie kam sich vor wie eine Rotkreuzschwester im Gewand einer Stewardess. Aber allzu oft sollte sie sich später in dieser Montur auch nicht zeigen. Sie zog die Uniform der kämpfenden Truppe vor.

Vor zwölfhundert Soldaten und den strengen Augen der Zensur fand am 14. März 1944 am »Broadway des Kriegsministeriums« in Fort Meade in Maryland die Premiere statt. Mit Erfolg. Die GIs klatschten, johlten und stampften mit den Füßen, und auch die Zensoren erteilten der Show ihren amtlichen Segen. Zuvor war das komplette Skript schon vom War Department geprüft worden. Jeder Witz, jeder Gag musste danach genau so wiedergegeben werden, wie er genehmigt worden war – nichts durfte mehr verändert werden.

Am 14. April 1944 war es so weit. Bei einem Hagelschauer startete Marlene vom Flughafen La Guardia in New York zu einem zunächst noch unbekannten Ort auf der anderen Seite des Atlantiks. Erst in der Luft erfuhren die Passagiere, dass Nordafrika Ziel der Reise war. Algier. Marlene Dietrich war auf dem Weg in den Krieg – und sie malte sich aus, wie es wohl wäre, ihren Jean dort zu treffen.

Sie dachte auch an ihre Mutter. Die Nachrichten aus Berlin verhießen nichts Gutes für die dort lebenden Menschen. Am 28. März 1943 hatte sie ihrer Mutter auf einem Formblatt mit Zeilenbegrenzung einen Rotkreuzbrief geschrieben. Allzu persönlich konnte sie darin nicht werden. Entsprechend war auch die Antwort ausgefallen. Aber immerhin ein Lebenszeichen.

Von Liesel dagegen hatte sie seit dem Frühjahr 1939 nichts mehr gehört.

15

FEUERZANGENBOWLE
FÜR KZ-AUFSEHER

Sie kam gerade mit dem Rad vom Einkaufen in Bergen zurück, als sie die Menschen sah. Sie wurden die staubige Straße entlanggetrieben. Ausgezehrte Gestalten mit tiefliegenden Augen. Den meisten war anzusehen, dass ihnen jeder Schritt schwerfiel. Einige schleppten sich Schritt für Schritt voran, gerieten immer wieder ins Taumeln. Niemand sagte etwas. Es waren vor allem Frauen, manche hielten Kinder an der Hand, andere Kinder gingen allein. Als eine Frau hinfiel, schlug ein Aufseher, der noch keine zwanzig war, so lange mit einer Peitsche auf sie ein, bis sie sich mit letzter Kraft wieder aufrappelte. Es sah nicht so aus, als würde sie ihr Ziel erreichen.

Entsetzt bemerkte Liesel, dass eine der Gefangenen stehen blieb und sie anstarrte. Die Frau – sie mochte zwischen dreißig und vierzig sein – trug einen leicht verschmutzten hellbraunen Mantel, dem offenkundig schon bessere Tage beschieden gewesen waren. Der Blick hatte etwas Flehendes, vielleicht auch Anklagendes. Liesel war es, als würde sie von unsichtbaren Pfeilen durchbohrt, sodass sie sich schnell abwandte und zwang, die Augen wieder geradeaus auf die Straße zu richten. Als sie kurz zurückschaute, sah sie, dass die Frau ihren Kopf jetzt wie die meisten anderen gesenkt hatte und im nächsten Moment von einem Wachmann gestoßen und angeschrien wurde. »Los! Vorwärts, weiter, verdammt!«

Peitschen knallten. Liesel fühlte, wie Entsetzen in ihr aufstieg. Gleichzeitig streifte ihr Blick die zusammengekniffenen Augen eines Aufsehers, der ihr mit einer ruckartigen Kopfbewegung zu verstehen gab, dass sie sich trollen sollte. Ängstlich trat sie in die Pedalen.

Doch der Blick der Fremden verfolgte sie. Was mochte die von ihr gedacht haben? Musste sie sich schuldig fühlen, weil sie sich frei bewegen konnte? Weder Hunger noch Durst litt und gesund war? Eine prall gefüllte Einkaufstasche bei sich trug? Hatte sie gegenüber dieser Frau den Eindruck erweckt, sie stehe auf der Seite ihrer Peiniger? Ihre Gedanken schwärmten aus, und sie hatte Mühe, sie wieder einzufangen. Sie sog die kühle Herbstluft ein und seufzte. All diese Fragen führten doch zu nichts. Sie war ja vollkommen machtlos. Was konnte sie denn schon tun, um diesen armen Menschen zu helfen? Nichts. Gar nichts.

Arme Menschen? Glaubte man den SS-Leuten, waren es alles Zuchthäusler oder Perverse, die da ins Lager gesperrt wurden. Aber diese Frauen und abgemagerten Männer sahen nicht aus, als wären es Schwerverbrecher. Die Kinder schon gar nicht. An manchen Tagen lagen links und rechts der Straße Tote. Menschen, die den fünf, sechs Kilometer langen Weg von der Verladerampe bis zum Lager nicht geschafft hatten. Einmal hatte sie einen Mann gesehen, der auf Knien gerutscht war vor Entkräftung. Er hatte die Aufseher angefleht, ihn zu erschießen.

Nein, das war alles nicht mehr zu begreifen. Die Zeit war aus den Fugen geraten, wie Shakespeare es in seinem *Hamlet* geschrieben hatte. Total aus den Fugen. In Bergen drängten sich jetzt Flüchtlinge aus dem Osten und Ausgebombte aus den großen Städten – aus Bremen, Hamburg, Berlin. Alle erzählten furchtbare Dinge. Wie sie Hals über Kopf Haus und Hof verlassen hatten, um sich vor den vorrückenden Sowjetsoldaten in Sicherheit zu bringen. Welche Angst sie ausgestanden hatten, als nachts die Flieger gekommen waren. Wie sich vertraute Wohngegenden in Kraterlandschaften verwandelten.

Auch in Bergen-Belsen hatte es schon einige Male Fliegeralarm gegeben. In den Ostertagen 1944 hatten die tieffliegenden Kampfbomber sogar schon mal auf das Kasernengelände geschossen. Sie hatte am ganzen Körper gebebt vor Angst – gefürchtet, dass jetzt auch hier die Bomben vom Himmel fallen würden. Tatsächlich war im Lager auch eine Baracke in Flammen aufgegangen. Angeblich hatte es sogar Tote gegeben. Aber zum Glück waren die Verbände wieder abgezogen, ohne weiteren Schaden anzurichten.

Ganz anders musste es in Berlin zugehen. Schrecklich! Ihre Mutter hatte ihr geschrieben, dass auch das Haus in der Kaiserallee zertrümmert war. Dort hatte sie sie noch im letzten Jahr besucht und dabei festgestellt, dass sie ein älteres Ehepaar beherbergte. Juden. Ihre Mutter hatte die Leute versteckt. Bei allen Sympathien, die sie den Nazis anfangs noch entgegengebracht hatte, lehnte die aufgeklärte Preußin Josephine von Losch den Antisemitismus strikt ab.

Inzwischen hatte sie ein Notquartier in einer kleineren Wohnung gefunden und mühte sich immer noch, das Uhrengeschäft weiterzuführen – mittlerweile unterstützt von Elli Vetter, Marlenes Freundin aus alten Berliner Tagen.

Gern hätte Liesel ihre Mutter mal wieder besucht. Beim letzten Mal hatte sie sich mit ihr gestritten. Ihre Mutter hatte wieder über Georg hergezogen. Dass der sie in die Heide gelockt habe. In die hinterste Provinz, wo sich Has' und Igel gute Nacht sagen. Außerdem hatte sich Josephine von Losch mit ihrem Schwiegersohn wegen geschäftlicher Fragen überworfen, ihn gedrängt, aus dem Unternehmen Felsing wieder auszusteigen. Sie war es leid, sich von dem »Hohltöner aus der Heide«, wie sie Georg nannte, Vorschriften machen zu lassen. Deshalb hatte sie die Gesellschafteranteile von ihm zurückgekauft und ihm im Gegenzug ein Haus am Kurfürstendamm überlassen. Unersättlich nannte sie ihn. Geldgierig. »Der ist nur auf seinen Nutzen bedacht«, klagte sie, ein Urteil, das Liesel entschieden zu hart fand. Eines der wenigen Male in ihrem Leben hatte sie ihrer Mutter vehement widersprochen und war schließlich im Streit abgereist. Der Ton der Briefe war seither unterkühlt.

Dabei hatte sie eigentlich gar keinen Grund, Georg in Schutz zu nehmen. Denn inzwischen war klar, dass ihr Mann sie in Fallingbostel betrog – mit einer jungen Frau aus Braunschweig, die ihre Wohnung bei einem Bombenangriff verloren hatte.

Gern hätte sie sich mit ihrer Mutter versöhnt, aber an einen Berlin-Besuch war in diesen Tagen nicht zu denken. Die Züge fuhren nur noch unregelmäßig, und ständig wurden die Bahnlinien bombardiert.

Einen Lichtblick gab es für Liesel in all dem trostlosen Trubel: Ihre ehemalige Schulkameradin Anni war in Bergen gestrandet – ausgebombt wie so viele Berliner. Sie hatte sich gerade mit ihr in einem Café getroffen und sie zu einem belegten Brötchen eingeladen. Anni teilte sich ihr winziges Zimmer mit einer anderen Berlinerin. Gern hätte sie sie in ihrer großen Wohnung neben dem Kino aufgenommen, aber auf das Kasernengelände kamen nur »Befugte« mit speziellem Ausweis. Nur bei den Einheimischen drückten die Wachtposten manchmal ein Auge zu.

Sie wurde wie üblich durchgewunken, als sie die Schranke erreichte. Sie musste sich beeilen, um Hans-Georg noch zu sehen. Der Junge war wieder um fünf Uhr mit seinen HJ-Kameraden verabredet. Sie hatte ihm aus Bergen Pflaumenkuchen mitgebracht. Dafür ließ er sogar ein Schnitzel stehen. Viel Zeit blieb ihr nicht mehr, den Jungen zu verwöhnen. In einigen Tagen würde er einrücken. Sie mochte gar nicht daran denken: Er hatte das Gymnasium verlassen und sich zur Waffen-SS gemeldet. Mit sechzehn! Er war doch noch ein Kind. Aber er hörte schon lange nicht mehr auf sie. In diesem Fall hatte auch sein Vater versucht, ihn von seinem verrückten Vorhaben abzubringen. Aber Schorse war wie vernagelt, wehrte alle gutgemeinten Ratschläge empört ab und drohte damit, es in die Welt hinauszuposaunen, wenn seine Eltern es wagten, ihn an der Erfüllung seiner Vaterlandspflichten zu hindern. Und so hatte Georg Will dann als Erziehungsberechtigter tatsächlich schweren Herzens für den minderjährigen Sohn unterschrieben. »Ich kann es mir nicht erlauben, ihn daran zu hindern«, hatte er gesagt. »Wir leben hier schließlich vom Krieg, und die SS geht bei uns ja neuerdings ein und aus.«

Am Abend wollten sie im Kasino neben dem Kino wieder feiern. Einer der SS-Offiziere hatte Geburtstag. Erst wollten sie sich den neuen Zarah-Leander-Film ansehen, danach wollten sie es »krachen« lassen, wie sie gesagt hatten. Alles sollte vom Feinsten sein. Georg hatte extra eine Kiste Champagner besorgt. Er verstand sich mit den SS-Offizieren, mit einigen duzte er sich sogar. Und seine Verbindungen beschränkten sich nicht auf die Kaserne. Auch über Seilschaften, die bis zu seinem ehemaligen Freikorps Oberland zurückreichten, hielt Georg Will Kontakt zu SS-Leuten – persönlich bekannt war er zum Beispiel mit Josef Dietrich, Generaloberst der Waffen-SS.

Aber etwas ganz anderes war es, dass sich jetzt auch Hans-Georg diesen Hitler-Getreuen zugesellen wollte. Liesel wälzte sich nächtelang wach im Bett. Ihr war, als habe Georg mit seiner Unterschrift das Todesurteil für den Jungen unterzeichnet. Aber er hatte natürlich recht: Sie lebten in der Kaserne vom Krieg. Unter das abendliche Kinopublikum mischten sich immer mehr SS-Leute.

Im April 1943 schon hatte die SS den südlichen Teil des Kriegsgefangenenlagers übernommen, um dort sogenannte Austauschhäftlinge unterzubringen: Juden mit dem Pass oder der Einreisegenehmigung von »Feindstaaten«, die man wie Geiseln gegen internierte deutsche Zivilisten austauschen wollte – vielleicht auch gegen dringend benötigte Devisen. Das klang anfangs noch vergleichsweise harmlos. Denn immerhin durften diese Leute ja hoffen, in absehbarer Zeit in die Freiheit entlassen zu werden.

Aber diese Hoffnung sollte sich nur für wenige erfüllen. Für sehr wenige. Immer mehr Züge mit Häftlingen erreichten die Verladerampe in Bergen-Belsen, immer neue Gruppen von entkräfteten Menschen wurden ins Austauschlager getrieben.

Zu ihnen gehörte auch Manfred Rosenbaum. Er war 1924 in Berlin geboren, nach der Scheidung seiner Eltern aber 1935 zu seinem Vater und dessen zweiter Frau in die Niederlande gezogen.

Im Januar 1942 wurde die Familie interniert – zunächst im holländischen Durchgangslager Westerbork. Seiner Mutter war es 1937 gelungen, nach Palästina zu emigrieren. Da sie ihrem Sohn dort bereits Einreisepapiere für das Gelobte Land besorgt hatte, war ihm das Vernichtungslager Auschwitz erspart geblieben. Er hoffte, seiner Mutter bald folgen zu können. Doch er sollte sich täuschen. Das war schon bei der Ankunft zu spüren. »Links und rechts großes Geschrei von SS-Leuten«, schrieb der damals Zwanzigjährige am 2. Februar 1944 in sein Tagebuch. »Man teilt sogar Fußtritte aus. Mein erster schrecklicher Gedanke ist – KZ! Jedenfalls bin ich auf der falschen Beerdigung gelandet u. fühle mich betrogen u. belogen, von wegen ›bevorzugtem Austauschlager‹. So stehen wir einige Stunden in Regen und Kälte, wie eine hilflose Schafherde.«

Mindestens 14 600 jüdische Häftlinge wurden von Juli 1943 bis Dezember 1944 in das Austauschlager gesperrt und in primitiven Baracken untergebracht. Zweimal täglich mussten sie sich zum Appell aufstellen, oft stundenlang. Viele starben. Zur Verbrennung der Leichen wurde ein kleines Krematorium gebaut. Es sollte bald nicht mehr reichen.

Denn es kamen immer mehr. Aus aller Herren Länder. Vom Frühjahr 1944 an wurden in Bergen-Belsen arbeitsunfähige Häftlinge aus anderen Konzentrationslagern zusammengepfercht. Von August bis November 1944 trieb die SS mehr als neuntausend Frauen in das Heidelager, das zum KZ geworden war. Anfangs wurden im sogenannten Frauenlager vor allem Polinnen interniert, die beim Aufstand in Warschau festgenommen worden waren. Später kamen weibliche Häftlinge aus Auschwitz hinzu. Die Frauen – ebenso wie die arbeitsfähigen Männer – sollten in Rüstungsbetrieben zur Zwangsarbeit eingesetzt werden. Doch der Kriegsverlauf machte auch diese Pläne zunichte. Die meisten blieben in Bergen-Belsen – und starben hier.

Der größte Zustrom an Häftlingen setzte im Dezember 1944 ein, als frontnahe Konzentrationslager wie Auschwitz geräumt wurden. Juden, Sinti und Roma, aber auch politisch Verfolgte wurden in Viehwaggons angeliefert. Die meisten waren durch ihren vorangegangenen KZ-Aufenthalt bereits stark geschwächt und krank.

Unter diesen Häftlingen war auch Manfred Rosenbaums Vater. Er wurde im Männerlager interniert – nur durch einen Zaun vom Austauschlager getrennt. Nachdem sein Sohn davon erfahren hatte, hielt der an diesem Zaun immer wieder Ausschau nach seinem Vater. Vergebens. Erst nach Kriegsende erfuhr er, dass sein Vater Ende März 1945 nur ein paar Meter entfernt von ihm gestorben war.

Hannah Goslar sollte Bergen-Belsen überleben. Die Tochter eines preußischen Ministerialbeamten und einer Lehrerin war fünfzehn, als sie mit ihrer erst vier Jahre alten Schwester Rachel im Februar 1944 ins Austauschlager Bergen-Belsen transportiert wurde. Sie versuchte alles, um ihre Schwester mit dem Nötigsten zu versorgen. Ihre Mutter war bereits bei Rachels Geburt gestorben, ihr Vater starb kurz nach seiner Ankunft in Bergen-Belsen.

Im selben Monat traf Hannah Goslar, die seit 1933 mit ihrer Familie in Amsterdam gelebt hatte, eine gute Freundin wieder: Anne Frank. Sosehr sie sich mühte, sie mit zusätzlichen Lebensmitteln zu versorgen, es gelang ihr nicht, das geschwächte Mädchen am Leben zu erhalten. Im März 1945 starb Anne Frank an Typhus und Entkräftung. Sie war nicht älter als fünfzehn geworden. Doch ihr Tagebuch über ihr Leben im Versteck sollte später in siebzig Sprachen übersetzt werden und Menschen in aller Welt erreichen.

Elisabeth Will erfuhr nichts von den Schicksalen der Internierten. Sie traf nur auf die SS-Leute, die im Lager Dienst taten. Flüchtig kannte sie zum Beispiel Adolf Haas, Lagerleiter von März 1943 bis Ende November 1944. Der Obersturmbannführer hatte seinen Schnauzbart genauso gestutzt wie sein Namensvetter in der Wolfsschanze. Sein Idol. Doch der gelernte Bäckermeister schwärmte für Filme mit Heinz Rühmann und ließ durchblicken, dass er persönlich gar nichts gegen Juden habe – vor allem, wenn sie ihm schöne Bilder malten oder Kleinmöbel mit Intarsien drechselten. »Ich mach hier nur meinen Dienst und erfülle meine Pflicht«, hatte er einmal zu Georg gesagt. Wenn es nicht gegen ihn verwendet werden konnte, klagte er gern darüber, was ihm die »hohen Herren« in Berlin alles zumuteten. »Die müssten doch sehen, dass wir hier aus den Nähten platzen.« Seine Führungsqualitäten standen nicht in bestem Ruf. Wenn seine Untergebenen in der Kantine beim Bier zusammensaßen, war zu hören, dass er »den Laden nicht im Griff« habe, zu alt für die Aufgabe sei. Auch über »Weibergeschichten« wurde getuschelt.

Dies alles führte dazu, dass er zum 1. Dezember 1944 abgelöst wurde – durch den dreizehn Jahre jüngeren Josef Kramer. Der SS-Hauptsturmführer war ein anderes Kaliber als sein Vorgänger: forsch, autoritär, effizient, skrupellos. Ohne höhere Bildung hatte sich Kramer innerhalb von zehn Jahren vom einfachen Wachmann zum KZ-Kommandanten hochgedient. Zuletzt hatte er das Vernichtungslager Auschwitz-Birkenau geleitet und mehr als 300 000 ungarische Juden in seinen Gaskammern ermorden lassen. Er wohnte mit seiner Frau und drei Kindern in einem Haus ganz in der Nähe. Manchmal kam er mit seiner »Rosi« ins Kino.

Doch der stämmige Mann, der gern derbe Witze erzählte, wurde ihr dadurch nicht sympathischer. Es gefiel ihr gar nicht, wenn Georg diesen eitlen Hünen mit dem eiskalten Blick bei seinen Kinobesuchen hofierte. »Heil Hitler, Herr Hauptsturmführer, schön, dass Sie uns mal wieder beehren.« Georg hatte Kramer auch gratuliert, als man ihm im Januar 1945 das Kriegsverdienstkreuz 1. Klasse verliehen hatte. Nein, das wäre ihr im Traum nicht eingefallen. Immer kam es ihr so vor, als machte er sich über sie lustig, wenn er sich zu ihr herabbeugte, um ihr die Hand zu reichen. Kramer hatte SS-Aufseherinnen von Auschwitz mitgebracht. Eine der Frauen klagte Liesel, wie schwer ihr Dienst in diesem »Saustall« sei, wo die Menschen wie in einer Sardinendose zusammengequetscht seien, Seuchen wüteten und man immer Angst haben müsse, sich anzustecken.

»Ja, das ist bestimmt nicht leicht«, erwiderte Liesel. »Ich möchte nicht mit Ihnen tauschen.«

Wenn die SS-Leute in die »Truppen-Lichtspiele« kamen, verhielten sie sich nicht anders als Kinobesucher im Berliner Ufa-Palast: Sie lachten, gähnten, ließen sich zu Tränen rühren, starrten gebannt auf die Leinwand und bedankten sich manchmal sogar für den »schönen Film«. In Liesels Augen verlor damit auch das Lager, über das sie wachten, ein wenig an Schrecken. Das waren doch schließlich keine Ungeheuer, die dort ihren Dienst taten, sondern Menschen – Kinobesucher, die sich bei der *Feuerzangenbowle* mit Heinz Rühmann genauso amüsierten wie Zuschauer in Celle, Hamburg und Berlin. Ganz anders verhielten sie sich natürlich, wenn sie die armen Leute ins Lager trieben. Auch die Frauen knüppelten dann hemmungslos auf Wehrlose ein. Wahrscheinlich waren sie abgestumpft bei ihrer furchtbaren Arbeit.

Liesel wusste nicht mehr, was sie denken sollte. Noch nie hatte sie verstanden, Warum die Juden an allen Übeln dieser Welt schuld sein sollten. Auch Joseph Roth, dessen Bücher sie so liebte, war doch Jude. Sogar Georg hatte in Berlin immer nur den Kopf geschüttelt, wenn die Nazis ihre antisemitischen Hetztiraden anstimmten. Manchen jüdischen Schauspielern hatte er ja sogar – so erzählte er es jedenfalls – zur Flucht verholfen. Und jetzt schüttelte er die Hände von Leuten, die Juden wie Schlachtvieh behandelten. Aber hatte er eine andere Wahl? Jeder erfüllte doch hier nur seine Pflicht, sie selbst genauso wie diese Aufseher von der SS.

Ihr eigener Sohn war ja zur SS gegangen – zur Waffen-SS, zur kämpfenden Truppe. In einer Zeit, in der der Feind immer näher rückte. Der Gedanke machte ihr Angst und überlagerte alles andere. Sie betete jeden Abend für ihren Jungen und wartete auf seine Briefe. Zurzeit war er wohl noch in einem Ausbildungslager in Schleswig-Holstein. Aber wie lange noch?

Im Truppenkino lief gerade zum zweiten Mal *Die große Liebe*, der beliebteste Film der vergangenen Jahre. Zarah Leander spielte darin eine Sängerin, die sich in den deutschen Jagdflieger Paul

Wendlandt verliebt – und akzeptiert, dass die Liebe vor der nationalen Sache, und das heißt in dieser Zeit Krieg, zurücktreten muss. Erst als Paul am Ende verwundet im Lazarett liegt, gelingt es ihnen, beides zu vereinen, und die Verliebten blicken verträumt zum Himmel auf, wo ein Bombergeschwader vorbeizieht. Allem Anschein nach dem Endsieg entgegen. Ein Propagandafilm. Die Wirklichkeit sah anders aus. Nach der Schlacht um Stalingrad war es mit der Siegesgewissheit in Deutschland nicht mehr weit her. Aber Zarah Leander sang mit ihrer dunklen, warmen Altstimme wacker gegen die Zweifel an. »Davon geht die Welt nicht unter« und vor allem: »Ich weiß, es wird einmal ein Wunder geschehn« – ein Schlager, der zu *dem* Durchhaltelied geworden war. Liesel musste verbittert daran denken, dass diese Schauspielerin aus Schweden erst zu Ruhm gelangt war, nachdem Marlene den Nazis eine Absage erteilt hatte.

Auch der Reichsrundfunk übertönte weiter die Niederlagen. Liesel misstraute dem Getöse. Um sich über den wahren Kriegsverlauf zu informieren, hörte sie noch häufiger als früher heimlich »Feindsender«. An einem frühen Februarabend erklang kurz vor den Nachrichten wieder die vertraute Melodie von »Lili Marleen«. Sie horchte auf – und war wie elektrisiert. Das war nicht die Stimme von Lale Andersen, nein, das war eine andere Stimme. Sie legte ihr Ohr an den Lautsprecher, lauschte wie gebannt: Mochte der Kurzwellensender noch so rauschen, diese Stimme hätte sie auch noch hinter einem Wasserfall erkannt. Es war die Stimme ihrer Schwester. Marlene sang »Lili Marleen«. Auf Deutsch!

Wenn sich die späten Nebel drehn
Werd' ich bei der Laterne stehn
Wie einst Lili Marleen
Wie einst Lili Marleen

Als sie aus dem Fenster sah, fiel ihr gleich die Peitschenlampe ins Auge, die vor dem Kino stand. Wie die Laterne in dem Lied. Nur dass sie nicht *vor* der Kaserne stand, sondern auf dem Kasernengelände. Mittendrin! Und anders als im Lied war es auch nicht neblig. Nach einem wunderbaren Sonnenuntergang stieg jetzt der Mond hell und klar am Nachthimmel auf. Sie stellte das Radio ab und ging auf die Veranda, um die frische Abendluft einzuatmen und Marlenes »Lili Marleen« nachhallen zu lassen. Doch so erfrischend, wie sie gehofft hatte, war die Luft nicht. Rauchgeruch lag darin. Vom Lager wehte wieder dieser furchtbare Gestank herüber. Der kam von den verbrannten Leichen. Das kleine Krematorium reichte schon lange nicht mehr für die vielen Toten. Mehr als hundert sollten dort jetzt Tag für Tag sterben, war ihr gesagt worden. Schnell ging sie wieder ins Haus und schloss das Fenster.

16

MIT DEN JUNGS INS FELD

Buhrufe im Opernhaus von Algier. Pfiffe, Schmährufe, Schimpfkanonaden. Zweitausend amerikanische Soldaten lassen ihrem Unmut freien Lauf, als der Conférencier Danny Thomas sagt, dass Marlene Dietrich leider nicht wie geplant auftreten kann, da ein ranghoher Offizier Einwände erhoben hat. »Nehmt es bitte nicht zu schwer, Jungs, aber ...«

Mitten im Satz wird der Mann von einer Stimme aus dem Publikum unterbrochen: »Was soll der Quatsch? Hier bin ich doch.«

Darauf erhebt sich ein Offizier und schreitet selbstbewusst nach vorn, in der Hand ein kleines Köfferchen. Auf der Bühne angekommen, öffnet der Captain das Köfferchen, zieht ein hauchdünnes Glitzerkleid hervor und geht unter dem Johlen des Publikums hinter eine spanische Wand, um die Uniform gegen den hautengen paillettenbesetzten Fummel zu tauschen.

Das Publikum tobt, die Show beginnt. Marlene singt: »See what the boys in the back room will have«, sie klemmt sich ihre Säge zwischen die perfekten Beine, streicht mit einem speziellen Geigenbogen darüber, stimmt ein weiteres Lied an, scherzt, flirtet, wirft den GIs Kusshände zu. Der Jubel will kein Ende nehmen. Das Opernhaus vibriert vor Applaus und Bravorufen. »Sie kam, sägte und siegte«, wird ihr Biograph Steven Bach gut vierzig Jahre später schreiben.

Als gegen Mitternacht endlich Ruhe eingekehrt ist, kann Marlene vom Balkon ihres Hotels aus ein Feuerwerk der besonderen

Art verfolgen: Am Himmel zucken ferne Blitze auf. Die amerikanische Küstenluftwaffe hat das Feuer auf deutsche Jagdbomber eröffnet. Über Gibraltar tobt ein nächtlicher Luftkampf. Der letzte deutsche Versuch, den Einmarsch der Alliierten in Italien zu verhindern, wird zurückgeschlagen. Noch beeindruckender als das Aufflackern der Explosionen im Dunkel der Nacht aber ist für Marlene, dass sie in den Armen eines Mannes liegt, den sie schon lange vermisst hat: Jean Gabin.

John Lodge, Marlenes einstiger Filmpartner in *Scarlet Empress*, der jetzt als US-Offizier in Algier stationiert ist, hat den Franzosen über ihre Ankunft informiert – und der Panzerkommandant hat nicht lange gezögert, der Geliebten einen Besuch abzustatten. Die Wiedersehensfreude ist groß. Untergehakt wie Frischverliebte spazieren die beiden Uniformierten in den nächsten Tagen unter den Palmen und Platanen Algiers.

Doch viel Zeit bleibt Marlene nicht für ihren Geliebten in Kampfuniform. Die Shows sind eng getaktet. Im Jeep geht es über staubige, holprige Straßen zu Militärlagern unter sengender Sonne. Ein Zelt muss hier als Garderobe reichen, für die Bühne werden meist schnell ein paar Bretter zusammengezimmert. »Dietrich here today«, verkünden eilig gedruckte Plakate. »In the flesh! Not a motion picture« (»Aus Fleisch und Blut! Kein Film«). Durchgerüttelt und verschwitzt von langen Fahrten singt sie vor begeisterten GIs, die nicht auf Stühlen sitzen, sondern unter freiem Himmel auf ihren Stahlhelmen hocken.

Sie besucht auch verwundete Soldaten in einem Lazarett. »Die einzige Bewegung im Zelt, das einzige Geräusch ist das Blubbern des Blutes«, teilt sie einem *Vogue*-Reporter mit, der über ihren Kriegseinsatz berichtet. »Und du stehst da, und Leben rinnt von den Behältern in die Jungs. Du siehst, wie es in sie rinnt. Du hörst es.«

Sie sei auch auf einige schwerverletzte »Nazis« hingewiesen worden, die in dem Zeltlazarett lagen, erzählt sie. »Sie können doch Deutsch, sprechen Sie mit ihnen«, habe man ihr gesagt. »Und

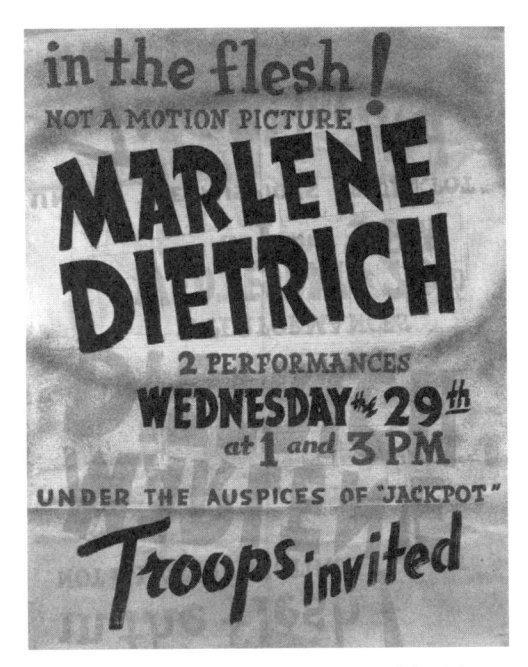

Plakat, das einen Live-Auftritt Marlene Dietrichs ankündigt.

ich gehe zu den Nazis, ganz jung sind sie. Mit ausdruckslosen Gesichtern sehen sie mich an und fragen: ›Sind Sie wirklich Marlene Dietrich?‹«

In Algier hört Marlene zum ersten Mal ein deutsches Lied, das auch bei US-Soldaten hoch im Kurs steht: das »Lied eines jungen Wachtpostens«. NS-Kulturfunktionäre haben es ins Englische übersetzen lassen, um es in ihren Propagandasendungen für die gegnerische Seite zu spielen. Die Britin Anne Shelton war die Erste, die es in der englischen Version sang, sie trug es 1942 in ihrer eigenen Radioshow vor. Da es bei den Streitkräften des Empire sofort gut ankam, nahmen daraufhin auch andere Interpreten des Vereinigten Königreichs das Lied auf. Am bekanntesten wurde die Version von Vera Lynn, die sich einen Namen als »sweetheart of

Captain Dietrich

the forces« gemacht hatte. »Lili of the Lamplight« hieß ihre Fassung.

Marlene ist von dem wehmütigen Lied so begeistert, dass sie es sofort einstudiert und in ihr Showprogramm aufnimmt. Bald bildet es die Schlussnummer. Mit großem emotionalem Nachhall.

Als die Truppen der Alliierten immer weiter nach Italien vordringen, wird Marlene Dietrich mit ihrem Ensemble von Algier nach Neapel verlegt. Keine Passagiermaschine steht dafür bereit. Den Flug über das Tyrrhenische Meer verbringt sie im Frachtraum eines Militärtransporters. Zwei- bis viermal am Tag tritt sie jetzt an den verschiedenen Stützpunkten der US Air Force am Golfo di Napoli auf. Von dort aus geht es weiter nach Sardinien, Korsika und schließlich in das Küstenstädtchen Anzio in der Nähe von Rom. Als sie am 23. Mai 1944 in der Stadt eintrifft, geht die 5. Armee gerade zum Angriff über, um die verbündeten Kameraden zu befreien, die seit vier Monaten in dem von Deutschen abgeriegelten

Brückenkopf festsitzen. Der Strand von Anzio ist noch mit Granatsplittern übersät, als sie vom Jeep springt und der Bühne zustrebt. Die GIs feiern sie wie eine Göttin, die aus dem Filmhimmel aufs Schlachtfeld herabgestiegen ist.

Sie begleitet die US-Truppen bei ihrem Siegeszug in die Ewige Stadt Rom und beobachtet entzückt, wie die Jungs mit Zigaretten und Schokolade um sich werfen.

Doch bei einem der nächsten Konzerte an der südlichen Adriaküste versagt ihr die Stimme. Schon seit Tagen hat sie unter Halsschmerzen und fiebriger Erschöpfung gelitten. Jetzt geht es einfach nicht mehr. Die Erkältung hat sich zu einer Lungenentzündung ausgewachsen. Sie lässt sich in ein Krankenhaus in Bari einweisen und zwei Wochen lang mit dem erst kurz zuvor entdeckten Antibiotikum Penicillin behandeln.

Danach steht sie wieder auf der Bühne. Diesmal vor vielen tausend alliierten Soldaten in Anzio. Während des Konzerts, mitten in einem Lied, wird ihr ein Zettel überreicht, und darauf steht eine Nachricht, auf die sie schon lange gewartet hat: An der Küste der Normandie sind mit einer gewaltigen Streitmacht die Alliierten gelandet. D-Day! Sie kämpft mit den Tränen, als sie die Nachricht verliest.

Kurze Zeit später wird sie mit ihrem Ensemble in die USA zurückbeordert. Nach siebzig Shows in zehn Wochen steigt sie am 16. Juni 1944 in eine Maschine der Air Force, um die Rückreise nach New York anzutreten.

Hier beschränkt sie sich nicht darauf, ihre Lungenentzündung auszukurieren, sondern beginnt schon bald mit Plattenaufnahmen. Vorrang hat dabei »Lili Marleen«. Der amerikanische Liedtexter Mack David schrieb ihr dafür einen eigenen Text:

Outside the barracks, by the corner light,
I'll always stand and wait for you at night,
we will create a world for two,
I'll wait for you the whole night through,

for you, Lili Marlene,
for you, Lili Marlene.

Bugler tonight don't play the call to arms,
I want another evening with her charms,
then we will say good-bye and part,
I'll always keep you in my heart,
with me, Lili Marlene,
with me, Lili Marlene.

Give me a rose to show how much you care,
tie to the stem a lock of golden hair,
surely tomorrow you'll feel blue,
but then will come a love that's new,
for you, Lili Marlene,
for you, Lili Marlene.

When we are marching in the mud and cold,
and when my pack seems more than I can hold,
my love for you renews my might,
I'm warm again, my pack is light,
it's you, Lili Marlene,
it's you, Lili Marlene.

Man schlug ihr vor, das Lied auch in deutscher Sprache aufzunehmen, und sie ließ sich nicht lange bitten. Der sentimentale Text von Liebe und Sehnsucht gefiel ihr. Sie war einverstanden, dass man ihre »Lili Marleen« in den Radioprogrammen für Propagandazwecke spielte. Dieses Lied und andere ihrer Lieder sollten jetzt über die feindlichen Linien hinaus tief in ihre Heimat schallen, sollten die deutschen Soldaten melancholisch stimmen und ihre Kampfmoral untergraben. Auf die Stimme einer populären Deutschen hörten die »Siegfrieds« vielleicht eher als auf die Stimme eines John oder George. Bereitwillig ließ sich Marlene vom US-Geheimdienst OSS (Office of Strategic Services) anwerben. Und sie sang nicht nur. Sie erhob ihre Stimme für die speziellen Radioprogramme auch, um die Deutschen zur Aufgabe aufzurufen.

Am 22. August 1944 feierte ihr im Jahr zuvor gedrehter Film *Kismet* im New Yorker Astor Theater Premiere. Natürlich musste sie dabei sein. Aber die Glitzerwelt des Films erschien ihr nach ihren Kriegserlebnissen hohl und oberflächlich. Wie konnte man über so einen albernen Operettenkitsch reden, wenn anderswo in der Welt Hunderttausende für die Freiheit kämpften. Und starben. Sie konnte es nicht fassen, wie gleichgültig viele Amerikaner dem mörderischen Treiben im Pazifik und auf dem europäischen Kontinent gegenüberstanden, und fühlte sich in Hollywood am falschen Platz. »Ich werde hier nicht sitzen und meine unwichtige Arbeit machen und den Krieg an mir vorbeiziehen lassen«, sagte sie dem Reporter Leo Lerman. Ein neuer Film kam für sie in dieser Situation nicht in Frage, und sie sagte auch ab, als man sie für das Musical *Rain* an den Broadway holen wollte.

Stattdessen kehrte sie im September nach Europa zurück. Auf dem Weg nach Frankreich legte sie Zwischenstopps in Labrador, Grönland und Island ein und gab auf den US-Militärbasen im hohen Norden ihre ersten Konzerte mit neuem Ensemble. Noch bevor sie die Front erreichte, geriet sie in Lebensgefahr. Als sie Grönland überflog, verschlechterte sich die Sicht derart, dass der Pilot die Orientierung verlor. Einer der beiden Motoren begann zu vereisen, allmählich wurde der Treibstoff knapp, worauf der Kapitän vorsorglich Fallschirme und Sauerstoffmasken austeilen ließ. Nur mit viel Glück und Rückenwind erreichten Marlene und ihre Combo schließlich doch noch mit vier Stunden Verspätung ihr Ziel.

Am 1. Oktober 1944 hielt sie Einzug in Paris. Fünf Wochen zuvor hatten die Alliierten im Zusammenwirken mit der Résistance die Stadt befreit, und die Bewohner bereiteten der berühmten Deutschen mit dem amerikanischen Pass einen freundlichen Empfang. Wildfremde Menschen begrüßten sie auf der Straße, Fans beschenkten sie mit Parfüm und Konfekt.

Vor ihrer Weiterreise an die Front quartierte sie sich im »Ritz« ein. Hier traf sie einen alten Freund wieder: »Papa«. Ernest Hemingway war als Kriegsreporter für das amerikanische Magazin *Collier's* unterwegs und amüsierte sich mit der *Times*-Korrespondentin Mary Welsh, die er gerade kennengelernt hatte. Das hinderte ihn nicht daran, an der Hotelbar bei Cognac und Calvados auch mit seiner Brieffreundin Marlene zu flirten, die er immer noch »Kraut« nannte. Die aber begnügte sich mit ihrer Rolle als gute Freundin. Als ihr »Papa« seine neue Lieblingsfrau Mary Welsh einmal im Suff geschlagen hatte und die ihn als »jämmerlichen, fetten, hirnlosen Feigling« beschimpfte, überbrachte Marlene der wütenden Reporterin Hemingways Entschuldigung – und gleichzeitig einen Heiratsantrag. Mary war versöhnt und nahm an. Zwei Jahre später wurde sie dann tatsächlich »Papas« vierte Frau. Die Heiratsvermittlerin blickte später auf ihren Botendienst für Hemingway selbstkritisch zurück: »An diesem Tag habe ich ihm keinen guten Dienst erwiesen.«

Aber in diesen Tagen ist ihr ein anderer Mann wichtiger als Hemingway: General George Patton, Befehlshaber der 3. US-Armee. Oft erzählte sie später, welchen Eindruck er auf sie machte: »Oh, er war wunderbar! Ein echter Soldat! Groß, stark, energisch.« Der General habe sie gefragt, ob sie wirklich den Mut habe, an die Front zu gehen. »Natürlich sagte ich ihm, dass ich für seine Jungs alles tun würde, egal was er von mir verlange. Ich hatte nur ein bisschen Angst davor, den Nazis in die Hände zu fallen.« Patton habe nachdenklich genickt und gesagt: »Man wird Sie nicht töten. Nein, töten wird man Sie sicher nicht. Wenn Sie in Gefangenschaft geraten, wird man Sie wahrscheinlich für Propagandazwecke einspannen und zwingen, Radiosendungen zu machen, so wie Sie es für uns getan haben.« Im nächsten Moment habe er einen kleinen Revolver aus seiner Jackentasche gezogen. »Hier«, habe der General gesagt. »Erschießen Sie ein paar von den Scheißkerlen, bevor Sie sich ergeben.«

Ja, dieser Patton sei »einfach wundervoll« gewesen.

Gute Brieffreunde – Marlene Dietrich und Ernest Hemingway

Marlene folgt im Oktober 1944 den ostwärts vorrückenden Truppen Pattons in Richtung Belgien und kehrt in den Krieg zurück. Von ihrem Quartier in Nancy aus fährt sie mit ihrem Ensemble zu den Soldaten an der Front und gibt Gastspiele in Zelten, Scheunen oder unter freiem Himmel. Die improvisierten Shows muten in ihren Erinnerungen an wie Filmszenen. Einmal habe sie in einem Stall gastiert, erzählt sie. »Es war kalt, bitterkalt, und dunkel. Ganz in der Nähe Geschützdonner. Ich trug mein goldenes Paillettenkleid, und sie leuchteten mich mit ihren Taschenlampen an.«

Eine Szene, die sich Abend für Abend wiederholt: Zu den Akkorden einer Gitarre, begleitet vom Getacker der Flugabwehrgeschütze und vom Wummern der Kanonen, beginnt Marlene Dietrich leise, ganz leise zu singen – ihre altbekannten Liebeslieder und natürlich »Lili Marleen«. Still und gerührt hängen die Soldaten an ihren Lippen, bis ein Kommandant dann oft das Konzert vorzeitig beendet, weil ein Angriff droht. »Bei alledem habe ich natürlich auch daran gedacht, dass manche der Jungs schon am nächsten Tag tot sein konnten.«

Wenngleich sie selbst dieses Risiko nicht teilt, lässt sie die Soldaten spüren, dass sie nicht als Filmdiva vor ihnen steht, sondern

Unterwegs zur kämpfenden Truppe – Marlene Dietrich als singender GI (Island, September 1944).

als eine von ihnen – nicht mehr in dem albernen Dress der Truppenbetreuer, sondern in der khakifarbenen Uniform der GIs. Sie lässt sich von ihnen fotografieren, während sie lachend ein Schützenloch aushebt oder einem jungen Soldaten mit dem Lippenstift ein Autogramm auf die Brust schreibt.

Sie schont sich nicht. Bei den Fahrten im offenen Jeep holt sie sich Frostbeulen an den Händen. Filzläuse setzen ihr zu, Ratten huschen über ihre Beine, wenn sie mal notgedrungen in einem Feldlager übernachten muss. Und wie die Soldaten leidet sie zeitweise unter heftigem Durchfall. Auch darüber macht sie ihre Witze. »Wenn ich gleich mal schnell von der Bühne laufen muss, wisst ihr warum, Jungs«, teilt sie in ihrer Show mit – und erntet damit einen gewaltigen Lacherfolg.

Dann wird es ernst. Der Vormarsch der Alliierten wird durch

die deutsche Ardennenoffensive gestoppt. Bald sind die Amerikaner von allen Seiten eingekesselt, und unter den zeitweise von Nachschub und Verstärkung abgeschnittenen Soldaten sitzt auch Marlene Dietrich in der Falle. Draußen ist es kalt und nass, die Gegend ist unwegsam, der Boden von Regen und Schnee aufgeweicht, aber sie hält, soweit es möglich ist, an ihrem Programm fest und lässt sich im Zickzackkurs im Jeep zwischen den feindlichen Linien hin und her fahren – irgendwo zwischen Eupen, Narmur und Bastogne, so genau weiß das niemand. Sie muss mit ihrer Gefangennahme rechnen. Die Deutschen fordern die Amerikaner zur Kapitulation auf. Doch die lassen sich nicht darauf ein und rüsten sich zum Befreiungsschlag.

Auch von dieser brenzligen Situation hat Marlene Dietrich später gern erzählt und so manche Mythen daraus gesponnen. Dazu zählt vermutlich auch die Geschichte, wonach sie einmal derart in Bedrängnis geriet, dass ein General einen Massenabsprung von Fallschirmjägern befahl, um sie retten zu lassen. Der erste Fallschirmjäger, der zu Boden schwebte, soll der Kommandeur der 82. Luftlandedivision persönlich gewesen sein: General James M. Gavin. »Er landete direkt vor meinen Füßen, kniete sozusagen vor mir«, vertraute Marlene später Max Colpet an. »Welcher Frau hätte das nicht imponiert.« Gavin, der jüngste General der US-Streitkräfte, sollte in den nächsten Monaten ihr »Lieblingsgeneral« werden.

Nach den Strapazen während der Ardennenoffensive kehrt sie im Februar 1945 erst einmal nach Paris zurück, um sich im »Ritz« zu erholen und Hemingway von ihren Abenteuern zu berichten. In dem Lokal »Chez Loup« trifft sie in geselliger Runde den Regisseur Billy Wilder, der wegen seiner jüdischen Herkunft 1933 aus Berlin geflüchtet ist und in Hollywood gerade seine ersten Erfolge feiert. Der Kriegsverlauf hat Wilder in eine übermütige Stimmung versetzt. »Hast du eigentlich auch mit Eisenhower geschlafen?«, fragt er Marlene. »Machst du Witze?«, erwidert die schlagfertig. »Der ist doch nie in der Nähe der Front gewesen.«

Kurze Zeit später – das letzte Aufbäumen der Wehrmacht ist zurückgeschlagen – kehrt sie noch ein weiteres Mal in den Krieg zurück. Sie folgt den GIs nach Deutschland. Die erste eroberte Stadt, die sie mit dem amerikanischen Militärkonvoi ansteuert, ist das rheinländische Stolberg in der Nähe von Aachen. Wie andernorts singt sie auch hier vor den US-Soldaten. Wie werden die Stolberger wohl auf sie reagieren? Sie fürchtet, beschimpft zu werden. Es kommt anders. Als sie eine Straße entlanggeht, wird sie von einer Passantin erkannt. Die Frau lächelt ihr zu und klatscht verzückt in die Hände. »Sie hier, Frau Dietrich?«, ruft sie und kann es nicht fassen, die Schauspielerin leibhaftig vor sich stehen zu sehen.

Daraufhin sei sie von Haus zu Haus gegangen und habe Zutaten für einen Kuchen gesammelt, den man ihr dann gebacken habe, erzählte sie später, in ruhigeren Zeiten. »Das war der beste Kuchen, den ich je gegessen habe.«

In Aachen, ihrer nächsten Station, sei sie ebenso freundlich empfangen worden. Die Menschen hätten verstanden, dass sie sich nicht gegen die Deutschen, sondern gegen die Tyrannei der Nazis gestellt habe. Zu ihren weiteren Plänen gefragt, erklärt sie dem Kriegskorrespondenten Frank Corniff am 2. Februar 1945: »Nachdem ich ein ganzes Jahr lang Truppenbetreuung gemacht habe, kann ich jetzt natürlich nicht einfach wieder einen Film machen.«

Kurz darauf fährt sie erneut nach Paris, um sich für die nächsten Truppenbesuche in Deutschland zu stärken. Am 19. Februar schickt sie ihrem Mann in New York eine Menükarte des Hotels Claridge, die sie mit einer Aufschrift versieht: »Da muss man eine halbe Stunde laufen, um das zu bekommen. Ich habe von dem Phenol in der Armeeverpflegung einen verkorksten Magen und muss unbedingt etwas Frisches essen.«

Einige Tage später trifft sie einen Panzerkommandanten, der sie zum Essen begleitet: Jean Gabin. Der Schauspieler in Kampfmontur begleitet sie auch beim Spazierengehen und aufs Hotelzimmer. Doch Marlene nutzt ihren Aufenthalt in Paris nicht nur für persönliche Vergnügungen. Als auf den Champs-Élysées nach

Hollywood-Vorbild die »Stage Door Canteen« eröffnet wird, ist sie dabei – gemeinsam mit dem Schauspieler und Komponisten Noël Coward und ihrem alten Freund Maurice Chevalier. Da Chevalier unter dem Vichy-Regime in Paris geblieben ist, lastet der Verdacht auf ihm, Nazi-Kollaborateur gewesen zu sein. Doch Marlene nimmt ihn in Schutz: »Wer sind wir denn, dass wir darüber urteilen könnten, was er getan oder nicht getan hat?«, sagt sie einem Journalisten.

Mitte April folgt sie den amerikanischen Truppen in Richtung Böhmen. Bald nachdem »ihre Jungs« Anfang Mai in Pilsen eingezogen sind, erreichen auch sowjetische Verbände die Region. Die Soldaten feiern den Sieg gemeinsam mit reichlich Wodka, und Marlene singt jetzt auch vor Rotarmisten. Stolz nimmt sie ein russisches Militärabzeichen entgegen, das sie fortan auf ihrer Eisenhower-Jacke tragen wird. Für ein Erinnerungsfoto stellt sie sich lachend zwischen zwei Offiziere der Roten Armee. Dahinter schreibt sie: »Wir spielen für die Russen. Spaß und Wodka.«

Nebenbei forscht sie nach ihren Schwiegereltern, die noch im nordböhmischen Aussig leben. Mit Hilfe ihrer Kontakte gelingt es ihr schnell, Anton und Rosa Sieber ausfindig zu machen. Obwohl deren Zukunft als Sudetendeutsche in Böhmen unsicher ist, geht es den beiden den Umständen entsprechend recht gut. Zum Beweis macht Marlene Fotos von ihnen und schickt sie Rudi nach New York – verbunden mit der Nachricht, dass seine Eltern wohlauf sind.

Die Siebers sind die ersten Familienangehörigen, die sie gegen Ende des Krieges trifft. Einige Tage später wird sie in München von der Frau in Bergen-Belsen erfahren, die behauptet, ihre Schwester zu sein, und in Regensburg erzählt ihr bei einem Truppenbesuch ein Deutsch-Amerikaner, dass ihre Mutter ihn in Berlin versteckt habe. Doch vorher kommt sie auf dem Weg nach Bayern noch einmal mit dem französischen Soldaten Jean Gabin zusammen. Die beiden Uniformträger mieten sich auf einem Bauernhof im oberbayerischen Traubing ein und besuchen im nahegelegenen

Garatshausen am Starnberger See einen alten Freund und Kollegen Marlenes: Hans Albers. Der »blonde Hans« wird beschuldigt, gemeinsame Sache mit den Nazis gemacht zu haben. Die Amerikaner haben ihn gezwungen, sein Haus zu räumen. Nur noch eine kleine Kammer darf der Schauspieler bewohnen, der gerade als Seemann in *Große Freiheit Nr. 7* eine tragende Rolle gespielt hat. Nach Marlenes Besuch steht ihm das Haus wieder allein zur Verfügung.

Es scheint, als würde ihr in der US-Armee jeder Wunsch von den Lippen abgelesen. Kurz darauf wird ihr sogar ein General für einen Privatbesuch sein Flugzeug überlassen.

17

BANGE TAGE

In der Umgebung brannten die Wälder. Bauernhäuser standen in Flammen. Feindliche Kampfbomber donnerten über das Dorf. In Bergen-Belsen war bisher noch keine Bombe eingeschlagen, aber die Detonationen waren unüberhörbar. Das Grollen in der Ferne mischte sich mit Krachen in der Nähe. Vom Nachbarort schallte bisweilen das Getacker von Maschinengewehrsalven herüber.

Liesel hatte schon die Fenster geschlossen, um das Getöse nicht mehr mit anhören zu müssen. Dabei schien die Sonne. Die Luft war lau und roch nach Frühling. Doch jedes Rumsen ließ sie zusammenzucken, jedes vorbeijagende Flugzeug ihr Herz rasen.

Mit der gespenstischen Ruhe inmitten des Krieges war es endgültig vorbei: Die Front rückte näher – von Stunde zu Stunde. Schon seit dem 15. Februar fuhr kein Personenzug mehr. Jetzt, am 10. April 1945, stellte die Celler Kreisbahn auch den Güterverkehr ein. Wer unbedingt weiterkommen wollte, musste per Anhalter fahren. Aber die Tiefflieger der Alliierten nahmen auch den Autoverkehr unter Beschuss.

Liesel blieb daher lieber im Haus. Es gab genug zu tun. Es konnte sich nur noch um Tage, vielleicht Stunden handeln, bis der Feind in die Kaserne einrückte und die Deutschen vertrieb, einsperrte oder einfach niedermähte. Man brauchte ja nur zuzuhören, wenn die Flüchtlinge von ihren Erlebnissen erzählten, um zu wissen, was Bergen-Belsen bevorstand. Da war es das Beste, sich rechtzeitig darauf einzustellen, und deshalb raffte sie alles zusammen, was man so zum Leben brauchte. Was Wert besaß und sich transportieren ließ. Zum Überlegen blieb nicht viel Zeit. Sie zog Kleider, Röcke, Blusen, Hosen und Schals aus dem Schrank und stopfte sie in einen großen Koffer. Der Mottenpulvergeruch raubte ihr fast den Atem. Um den Gestank zu überdecken, rieb sie sich ein wenig Kölnischwasser auf den Handrücken. Dann riss sie die Schubladen der Kommode auf, nahm Schlüpfer, Büstenhalter, Nachthemden und Strümpfe heraus und steckte sie zu den übrigen Sachen. Das meiste ließ sie liegen. Wo sollte sie hin mit all dem Zeug? Wer wusste denn, ob sie es überhaupt noch brauchen würde.

Drei lackierte Holzkästchen mit roter Samteinlage füllte sie mit ihrem Schmuck – den Ketten, Armbändern, Ringen, Broschen und Ohrringen, darunter auch ihre goldene Armbanduhr mit dem Felsing-Emblem und die Juwelen, die ihre Mutter ihr zu ihrem letzten Geburtstag geschenkt hatte. Welche Schätze! Würde sie es schaffen, all den schönen Schmuck zu retten, wenn es ernst wurde?

Sie hörte Schritte an der Wohnungstür. Georg, der gerade mit Offizieren gesprochen hatte, kehrte zurück. Als er den großen Koffer im Flur bemerkte, fragte er barsch: »Was ist denn *hier* los?«

»Ich packe.«

»Du packst? Willst du verreisen?«

»Ach, tu doch nicht so. Du weißt genau, was die Stunde geschlagen hat. Du solltest auch allmählich mit dem Packen anfangen.«

»Unsinn! Warum sollen wir uns hier dünnemachen wie die Spitzbuben? Wir haben doch nichts Unrechtes getan. Die Wehrmacht verhandelt gerade mit den Briten über einen geordneten Abzug. Das wird alles in geregelten Bahnen ablaufen, glaub mir. Die werden die Schlüssel zur Kaserne abliefern und gehen, wenn die Engländer hier einrücken. Aber wir können doch bleiben. Für die Sauerei hier sind ja wohl andere verantwortlich.«

Liesel schüttelte seufzend den Kopf. »Wie kannst du dir da so sicher sein? Bei diesem Durcheinander ist doch alles möglich.«

»Natürlich wird es einige Unruhe geben, aber umso wichtiger ist es, die Nerven zu behalten.«

Mit diesen Worten steckte er sich eine Zigarette an, nahm einen tiefen Zug und ließ eine dünne Rauchsäule aufsteigen. »Bei den SS-Leuten ist es natürlich was anderes. In deren Haut möchte ich nicht stecken. Aber wie man so hört, haben sich die meisten schon abgesetzt. Der eine meldet sich krank, der andere muss dienstlich ganz dringend nach Celle oder sonst wohin, und manch einer löst sich einfach in Luft auf. Die Ratten verlassen das sinkende Schiff.«

»Ja, die werden bestimmt nichts zu lachen haben, wenn die zur Rechenschaft gezogen werden.«

Und dann durchfuhr Liesel der Gedanke, dass ja auch Hans-Georg der SS angehörte – sogar der Waffen-SS.

Sie fischte einen Seidenschal aus der Kommode und ließ ihn wieder sinken. Der Junge war ja durch und durch fanatisiert. Wahrscheinlich würde er jedem Befehl folgen, mochte er auch noch so wahnsinnig sein. Bis zuletzt hatte er doch noch den Endsieg beschworen. Bis zum letzten Atemzug wollte er dafür kämpfen. Ob er immer noch so dachte? Ob er überhaupt noch lebte? Sie hatte ja schon so lange nichts mehr von ihm gehört.

Ihre Gedanken nahmen sie so gefangen, dass sie nicht verstand, was Georg gerade zu ihr gesagt hatte. Sie entschuldigte sich, fragte beschämt nach.

»Ich sagte, dass ich jetzt mal meine Papiere in Ordnung bringen muss.«

»Natürlich.«

Als Liesel ihm wenig später einen Tee in sein Arbeitszimmer brachte, sah sie, wie er seinen Parteiausweis in den Ofen warf.

Nachdem sie ihre Sachen zusammengepackt hatte, ging sie in das Zimmer ihres Sohnes, um mit Hans-Georgs Habseligkeiten fortzufahren. Es zerriss ihr das Herz, als sie seine alten Hosen, Hemden und Pullover im Kleiderschrank betrachtete. Sie sah ihn vor sich als kleinen Jungen. Das meiste davon passte ihm schon längst nicht mehr. Er war in den vergangenen Monaten mächtig in die Höhe geschossen. Auch der Konfirmationsanzug war ihm sicher schon zu klein geworden. Die HJ-Uniform legte sie zur Seite. Sie würde sie verbrennen. Er brauchte sie nicht mehr, und wenn die Alliierten sie fänden, würde das bestimmt keinen guten Eindruck machen.

Liebevoll faltete sie die noch brauchbaren Hosen und Hemden zusammen und strich so zärtlich darüber, als würde sie ihrem Jungen über die Wange streichen. Wo der jetzt wohl war? Hoffentlich nicht irgendwo in Gefangenschaft. Hoffentlich noch am Leben!

Als sie die Kleidungsstücke in einer Art Seesack verstaut hatte, wandte sie sich Hans-Georgs Schreibtisch zu. Er war noch vollgestopft mit Schulsachen. Die würde er vielleicht noch mal brauchen. Er hatte das Gymnasium ja schon zwei Jahre vor dem Abitur verlassen. Zerstreut blätterte sie in einem seiner Schreibhefte.

Die Sirene heulte auf. Schon wieder Fliegeralarm. Das zweite Mal an diesem Tag dieses auf- und absteigende Heulen. Schnell zog sie sich einen Mantel über und eilte in den Luftschutzkeller – gemeinsam mit Georg und Olga, der Haushaltshilfe aus Weißrussland, die das Heranrücken der Front sicher mit ganz anderen Augen sah als ihre deutschen Herrschaften.

Die Neuigkeiten, die in der gedrückten Stimmung des Luftschutzkellers die Runde machten, ließen nichts Gutes erwarten, mochte Georg noch so besänftigend dagegenhalten. Von Ruhe vor dem Sturm konnte keine Rede sein. Auf dem Kasernengelände herrschte viel Bewegung. Tag für Tag noch waren in den vergangenen Wochen Tausende von Häftlingen aus Mittelbau-Dora im Ostharz eingetroffen, einem Außenlager des KZ Buchenwald – begleitet von äußerst nervösen SS-Leuten, die sich vor den näher rückenden Alliierten fürchteten. Die Häftlinge, die Stollen für die Produktion der V2-Rakete ins Felsmassiv getrieben hatten, waren abgemagert und erschöpft, aber nicht so todkrank wie viele der Menschen im nahegelegenen Lager. Vom 8. bis 11. April wurden rund fünfzehntausend neu angekommene Internierte – zum großen Teil politische Häftlinge – auf dreißig Kasernengebäude verteilt. Vollkommen unklar war, wie die vielen Menschen versorgt werden sollten. Denn schon für die anderen Häftlinge im Lager gab es keine Lebensmittel mehr. Es hieß, manche seien in ihrer Not und Verzweiflung zu Kannibalen geworden. Liesel wurde übel, als sie ihre Nachbarn im Luftschutzkeller darüber tuscheln hörte. Wie gesagt wurde, herrschten dort mindestens ebenso schlimme Verhältnisse wie drei Jahre zuvor im russischen Kriegsgefangenenlager. Seuchen, Durst und Hunger führten offenbar zu einem Massensterben.

Zu riechen war davon nichts mehr. Das Verbrennen der Leichen auf den Scheiterhaufen unter freiem Himmel war Ende März eingestellt worden. Die Soldaten in der Kaserne hatten sich über den Gestank beschwert. Forstbeamte hatten zudem vor der drohenden Waldbrandgefahr gewarnt. Jetzt wurden die Leichen nur noch in großen Gruben notdürftig mit Sand überschüttet.

Auch unter den Zivilbeschäftigten dachte manch einer darüber nach, diesen Ort des Grauens vor dem Eintreffen der Briten zu verlassen. Aber wohin? Eine längere Reise war in diesen unsicheren Tagen viel zu gefährlich, und Bergen war schon von Flüchtlingen und Ausgebombten überfüllt.

Im Pfarrhaus von Bergen hielt unterdessen eine Mitarbeiterin ihre Eindrücke vom Näherrücken der Front und der Besatzungskräfte in einem Tagebuch fest.

12.4.45
Unter der Bevölkerung herrscht große Aufregung. In einer halben Stunde haben die englischen Panzer Bergen erreicht. Jeder buddelt die ihm wichtigen Habseligkeiten irgendwo im Garten ein.

13.4.45
Es verbreitet sich das Gerücht der Übergabe des Truppenübungsplatzes und des Konzentrationslagers, das unheimliche Massen von Menschen fasst, die in letzter Zeit durch das Näherkommen der Front aus andern Lagern nach hier gebracht wurden, die Übergabe soll bereits stattgefunden haben. Alle Unterrichtsstätten

und Schulen werden bis auf weiteres geschlossen, damit hören alle Kinderstunden und der Konfirmandenunterricht auf.

15.4.45
Misericordias Domini. Um 9 Uhr sind wenige Gemeindeglieder zum Gottesdienst gekommen. Keiner traut sich, sein Haus auf längere Zeit zu verlassen. Noch sieht man deutsche Soldaten mit Panzerfäusten herumlaufen. Während des Mittagessens erschüttern mächtige Detonationen das Pfarrhaus. Um 2 Uhr ist Anschreiben der Konfirmanden mit der dringenden Mahnung, auf dem schnellsten Weg nach Hause zu gehen. Um 3 Uhr 20 Minuten stehen die ersten zwei feindlichen Panzer auf dem Friedensplatz, die aus Richtung Belsen kommen. Alsdann zeigen sich Panzer auf der Cellerstraße aus Richtung Offen kommend. Drogerie Repke hat die weiße Fahne gehisst. Unaufhörlich fahren Panzer durch den Ort. Das dauert bis zur Dämmerung. Die Engländer durchsuchen die Häuser nach Waffen, auch nach Fotoapparaten. Das Pfarrhaus bekommt zur Nacht 12 Mann Einquartierung ... Das Klavier in Frau Pastors Stube erklingt ... Bald darauf steht das Zimmer in Glanzbeleuchtung mit allen auffindbaren Kerzen ...

Am 15. April 1945 rückt die britische Armee auch im Konzentrationslager Bergen-Belsen ein. Die Soldaten sind entsetzt: Kranke, bis auf die Knochen abgemagerte Häftlinge kauern neben Leichen. In offenen Gruben liegen Hunderte, vielleicht Tausende von Toten in allen Stufen der Verwesung. In den Baracken, aber auch außerhalb ringen Menschen mit dem Tode – darunter auch Kinder. Mit der kämpfenden Truppe kommen Fotografen und Kameraleute der 5. Army Film and Photographic Unit. Ihre Bilder zeigen Leichen, Knochenberge und Menschen, denen die Leiden der vergangenen Wochen und Monate ins Gesicht geschrieben stehen. Auf einem Foto ist eine ungarische Jüdin zu sehen, deren Gesicht von den Schlägen eines SS-Mannes entstellt ist. Die junge Frau weint.
Die rund dreitausend Briten beginnen sofort damit, Lebensmit-

tel, Kleidung, Decken, Betten und Medikamente für die Überlebenden heranzuschaffen. Sie werden von Einheiten des Britischen Roten Kreuzes und anderer Hilfsorganisationen unterstützt. Viele der Kranken werden zur Behandlung aufs Kasernengelände transportiert. Trotzdem dauert das Sterben an. Rund fünfzehntausend werden ihre Befreiung nur wenige Stunden oder Tage überleben.

Die Bewachung der KZ-Häftlinge hatten schon seit etlichen Wochen zum großen Teil ungarische Soldaten übernommen, die – als Bündnispartner der Deutschen – in Bergen-Belsen stationiert waren. Die Führungsriege hatte bis zuletzt aus SS-Männern und SS-Frauen bestanden. Sie werden nun nach der zwischen Besatzern und Wehrmacht vereinbarten Übergabe von den Briten gefangen genommen. Nicht alle aber verschwinden sofort von der Bildfläche. Lagerkommandant Josef Kramer wird im offenen Jeep mit unbekleidetem Oberkörper über das Gelände gefahren und mit Fußfesseln und Handschellen den Fotografen vorgeführt, während seine Bewacher ihre Gewehrläufe auf ihn richten. Zuvor musste Kramer bereits einen der Toten symbolträchtig auf seinen Schultern durchs Lager tragen. Fotos und Filmaufnahmen von diesen Szenen gehen um die Welt. Die meisten der befreiten Häftlinge sind viel zu erschöpft, um beim Betrachten solcher Bilder Genugtuung empfinden zu können.

Elisabeth Will hatte nicht vergebens gepackt. Schon wenige Tage nach dem Einmarsch der Briten musste sie mit ihrem Mann die Wohnung über dem Kino räumen. Stattdessen wurden den beiden auf dem Kasernengelände zwei winzige Dienstbotenzimmer in einem Kellergeschoss zugewiesen. Immerhin blieb ihnen im Gegensatz zu vielen anderen die Inhaftierung erspart. Sie standen unter Beobachtung, wie es hieß, konnten sich auf dem Kasernengelände aber frei bewegen.

Doch Liesel war froh, dass die Tage der Unsicherheit endlich hinter ihnen lagen. Als die Briten mit ihren rasselnden Panzern auf das Kasernengelände gekommen waren und mit vorgehaltenen Maschinenpistolen jedes Haus durchkämmt hatten, war ihr fast das Herz stehengeblieben vor Angst und Aufregung. Doch dann hatte sich der Wechsel in der Kaserne erstaunlich gesittet vollzogen. Ohne den geringsten Widerstand zu leisten, waren die Wehrmachtsoldaten, wie zuvor ausgehandelt, als freie Männer aus der Kaserne ausgezogen. Liesel fühlte sich an eine der vielen Militärparaden der vergangenen Jahre erinnert, als sie die Männer im Gleichschritt aus dem Tor herausmarschieren sah. Sogar ihre Waffen durften sie mitnehmen. Merkwürdig. Der Krieg war ja noch gar nicht zu Ende.

Auch in Liesels unmittelbarer Umgebung war der Friede trügerisch. Hass und lange aufgestaute Wut blickten ihr aus den Gesichtern vieler der befreiten Häftlinge entgegen, die sich jetzt auf das Kasernengelände schleppten. Sie zog es deshalb vor, in ihrem stillen Kämmerlein zu bleiben, und überließ es Georg, Nahrungsmittel zu beschaffen. Die waren knapp, und es gab viele, die dringend etwas zu essen brauchten. Liesel verstand diese Menschen, wenn sie versuchten, sich zu beschaffen, was man ihnen über Monate und Jahre vorenthalten hatte. So ausgehungert, wie die waren.

Die Bürger von Bergen bringen den befreiten KZ-Häftlingen weniger Verständnis entgegen, als sie schließlich in ihre Stadt strömen. So zum Beispiel erinnert sich 1947 der Berger Landwirtschaftsdirektor Alfred Neumann an die kritischen Tage: »Etwa am 19. April wurden die Tore des KZ-Lagers geöffnet. Es setzte nun ein Strom von Zehntausenden von Häftlingen zur allgemeinen Plünderung ein. Zunächst zögernd, dann immer frecher werdend, zuletzt mit brutaler Gewalt.«

Alle Kaufmannsläden in Bergen seien »systematisch ausgeplündert« worden. Surreale Szenen hätten sich in der Stadt abgespielt, schreibt Neumann. Man sah »KZ-Häftlinge und Polen mit Gehrock und Zylinder auf dem Rade fahren«. Italienische Feldgeistliche seien in den Kutten ihrer Mönchsorden herumgelaufen. »Ein Bild, derartig fremdartig, das hier noch nie gesehen worden war.«

Zu allem Überfluss werden die Bewohner Bergens am 22. April 1945 auch noch von den Briten aufgefordert, ihre Häuser zu verlassen. So soll Wohnraum für 8400 aus der Kriegsgefangenschaft im nahen Lager Wietzendorf freigekommene Franzosen und Italiener geschaffen werden. Innerhalb einer Stunde, heißt es, müssen alle Häuser geräumt sein. Die eingeschüchterten Bürger von Bergen kommen der Aufforderung sofort nach. Noch bevor die Frist verstrichen ist, bildet sich an diesem regnerischen Sonntag ein langer Strom von Menschen mit Bollerwagen, Pferdefuhrwerken und Fahrrädern, die in aller Eile mit dem Nötigsten bepackt worden sind. In einer endlos erscheinenden Schlange bewegen sich die Evakuierten auf die bereits überfüllten Dörfer der Umgebung zu. Manch einer quartiert sich aber auch einfach in einer Scheune oder einem Stall am Wegesrand ein.

Unter den Soldaten, die in die geräumten Häuser ziehen, ist der italienische Schriftsteller Giovannino Guareschi, der einige Jahre später durch seine Geschichten von Don Camillo und Peppone und deren Verfilmung weltberühmt werden wird. »Sie schenkten uns ein ganzes Dorf mit Zubehör«, notiert er in seinem Tagebuch aus der Zeit der Kriegsgefangenschaft. »Viele, die in die Häuser eintraten, fanden auf den gedeckten Tischen die Suppe noch in den Schüsseln dampfen ... Ich wurde plötzlich zum Besitzer von Drogerie Hermann Schort in Bergen, nachdem ich schon seit vielen Monaten an Auszehrung gestorben war.«

Allzu lange dauerte die Evakuierung nicht. Nach drei Wochen konnten die meisten Einwohner schon zurückkehren. Von Normalität aber blieb das Leben in Bergen noch weit entfernt. So wurde mitten im Ort auf dem Friedensplatz eine Entlausungsstation aufgebaut. »Die Passanten wurden aufgegriffen und in ein Zelt geführt, wo man ihnen ein Entlausungsmittel unter die Kleidung spritzte«, erinnert sich Neumann. Trotz alledem sei jeden Abend getanzt worden. »Es war [für die Besatzer] leicht, deutsche Frauen und Mädchen hierfür zu gewinnen: Weißbrot, Schokolade, englische Zigaretten und Alkohol waren begehrte Lockmittel.«

Gleichzeitig machten Schreckensnachrichten die Runde. »Hier war ein Bauer auf offener Dorfstraße von den Banden erschossen, dort hatte sich ein Ehepaar das Leben genommen«, schreibt Landwirtschaftslehrer Neumann in seinen Erinnerungen.

Auch im Tagebuch aus dem Pfarrhaus sind die Vorfälle vermerkt:

28.4.45
Des Lebens überdrüssig wurden heute der Apotheker Hartung und seine Frau auf der letzten Bank des Friedhofs tot aufgefunden. Herr Pastor, Herr Buhr und Herr Falk aus dem Konfirmandensaal bringen sie in die Leichenhalle. Am Abend des gleichen Tages verübte Schlachter August Kruse durch Einnehmen von Gift Selbstmord.

29.4.45
Herr Pastor findet im Haus des Schlachters Kruse an der Cellerstraße Frau Kruse ebenfalls tot vor. Sie hatte sich erhängt.

Durch fremde Hand wurde Werner Bielfeldt aus dem Leben gerissen, der als Kaufmann in der Kaserne reich geworden war. Am 24. April fielen gegen zwölf Uhr mittags auf offener Straße russische Plünderer über den Mann her und stachen auf ihn ein. »Ermordung durch Messerstiche in die Herzgegend«, heißt es in der Sterbeurkunde.

Liesel war schockiert, als sie davon erfuhr. Sie hatte Bielfeldt ja gut gekannt, war Stammkundin bei ihm gewesen, und auch im Kino hatte sie ihn gelegentlich getroffen. Der Kaufmann hinterließ drei Kinder und eine hochschwangere Frau. In seinem großen Kasernenladen hatte während der Kriegszeit den ganzen Tag die Kasse geklingelt. Von dem stattlichen Gewinn hatte er sich gleich zwei Autos leisten können: einen Mercedes und einen Opel Super 6. Nach dem Einzug der Engländer aber war es mit dem Luxusleben schlagartig vorbei gewesen: Fortan hatte Bielfeldt mit seiner Familie in einer Scheune gehaust.

Sein grausamer Tod führte Liesel vor Augen, wie schnell man in diesen Tagen alles verlieren konnte. Auch das eigene Leben. Und gleich musste sie wieder an ihren Jungen denken. Seit gut drei Wochen schon hatte sie nichts mehr von Hans-Georg gehört. Sie spürte tief in ihrem Innern, dass er noch am Leben war – das konnte gar nicht anders sein bei ihren vielen Gebeten. Aber die Angst und Ungewissheit lähmten sie zeitweise.

Da war es vielleicht gut, dass ihr jetzt nicht mehr den ganzen Tag Zeit zum Grübeln blieb. Die Engländer hatten sie in die Kantinenküche gesteckt, wo sie zentnerweise Kartoffeln schälen musste, von denen viele schon angefault waren. Anfangs war ihr die Arbeit so widerlich gewesen, dass sie sich fast übergeben hätte. Aber nach zwei, drei Tagen hatte sie sich in ihr Schicksal gefügt.

Georg, der ebenfalls in die Großküche verbannt worden war und vor allem Geschirr spülen musste, wehrte sich mit aller Kraft gegen die Demütigung. Mehrmals schon hatte er bei den Briten gegen die »entwürdigende Behandlung« protestiert – schriftlich, aber auch im persönlichen Gespräch mit einem der Offiziere. Dabei hatte er nicht nur ins Feld geführt, dass er Juden zur Flucht ins Ausland verholfen habe, sondern auch auf seine Verwandtschaft mit Marlene Dietrich hingewiesen. »Sie wissen vielleicht, wie die Amerikaner sie für ihre Propagandazwecke eingesetzt haben«, hatte er gesagt. »Und wir hatten hier natürlich darunter zu leiden.«

Zuerst glaubte man ihm nicht, hielt ihn für ein Großmaul, aber dann drängte er Liesel, sich den Besatzern als Marlenes Schwester zu erkennen zu geben. Das war ihr furchtbar peinlich, aber sie ging. »Ja, Marlene ist zwei Jahre jünger als ich«, sagte sie in ihrem unbeholfenen Schulenglisch. »Wir sind zusammen in Berlin aufgewachsen.«

»Berlin?«, wiederholte der Captain. »Interessant.«

Die Zweifel standen dem Briten deutlich ins Gesicht geschrieben. Vermutlich fragte er sich, ob die Hollywood-Diva tatsächlich ein so armseliges Mauerblümchen als Schwester haben konnte. Aber darauf kam es jetzt auch nicht mehr an.

18

ZU BESUCH IN BERLIN

Ihre Gedanken überschlugen sich, als sie an Bord der zweimotorigen Generalsmaschine mit der Nummer 293 809 in Richtung München zurückflog. Es war furchtbar, dass Liesel in Bergen-Belsen auf der Seite der Massenmörder gestanden hatte, um diesen Verbrechern von der SS entspannte Stunden mit Herz-und-Schmerz-Filmen oder albernen Lustspielen zu bescheren. Grauenhaft! Sicher, streng genommen hatte Georg das Kino geführt – aber mit Liesels Unterstützung. Und sie hielt zu ihm. Bis heute. Die Vorstellung, dass ihre Schwester immer noch mit diesem Nazi zusammenlebte, war ihr unerträglich. Innerlich verfluchte sie Liesel dafür.

Andererseits tat sie ihr auch leid. Sie hatte es mal wieder nicht gewagt, sich gegen ein starkes Gegenüber zu behaupten, und es war ihr auf den ersten Blick anzusehen, wie sie gelitten hatte in diesen turbulenten Tagen: In einem fort hatte sie gezittert, nervös gezwinkert, wild gestikuliert und dann wieder wie gelähmt ins Leere gestarrt, als wäre sie in sich zusammengesackt. Ein Häufchen Elend. Am Boden zerstört.

Es hatte ihr in der Seele wehgetan, ihre Schwester so zu sehen. Denn sie liebte sie immer noch, gerade in ihrer Hilflosigkeit, ihrer Zerbrechlichkeit. Im Grunde war Liesel doch herzensgut – schwach, aber lieb und verlässlich, ein guter Kamerad. Darum war sie fest entschlossen, ihr zu helfen. An Geld fehlte es ihr ja nicht. Ihr kam der Gedanke, Elisabeth ihre Einnahmen aus den deutschen Plattenverkäufen zu überlassen. Das ließe sich bestimmt arrangieren.

Im Gegenzug musste sich Liesel aber verpflichten, niemandem mehr zu sagen, dass sie Marlene Dietrichs Schwester war. Vor allem den Zeitungsleuten nicht. Keinerlei Interviews! Das musste die Bedingung für die Unterstützung sein. Das musste klar sein! Nicht auszudenken, was die Pressefritzen daraus machten, wenn sich herumsprach, dass Marlene Dietrichs einzige Schwester auf Seiten der Nazis gestanden hatte. Das musste unbedingt verhindert werden. Auch in Liesels Interesse.

Ja, es war hart, aber sie musste ihre Schwester von der Bildfläche verschwinden lassen, austilgen aus dem öffentlichen Bewusstsein. Ihr Entschluss, so zu tun, als habe sie nie eine Schwester gehabt, stand fest.

Bald schon würde sie in München landen und am selben Abend noch zu irgendeinem Auftritt gekarrt werden. Die ewig gleiche Show ging weiter. Aber ihr Leben war an einen Wendepunkt gelangt. Unvorstellbar, nach all den schlimmen Kriegserlebnissen wieder wie bisher diese oberflächlichen Filme zu drehen. Vor allem galt es nach den unruhigen Reisejahren in Uniform, Klarheit im Privaten zu schaffen. Zudem drängte Jean Gabin sie, sich endlich von Rudi scheiden zu lassen. Obwohl sie ihn, wann immer es möglich war, in Paris besuchte und ihr Rudi doch weitab vom Schuss im fernen New York lebte, war der Franzose rasend eifersüchtig auf ihren Mann. Schrecklich. Und vollkommen grundlos. Hinzu kam, dass Maria geheiratet hatte und bemüht war, einen eigenen Weg als Schauspielerin zu gehen. Klar, dass sie da nicht mehr so oft bei ihr sein konnte wie früher. Aber es war auch ein bisschen traurig.

Am meisten jedoch lag ihr am Herzen, ihre alte Familie wiederzufinden, die überall in Deutschland verstreut war. Vor allem ihre Mutter. Die hatte überlebt und hielt sich immer noch, wie sie von Liesel erfahren hatte, in Berlin auf – ihrer Heimatstadt, die von den Besatzungsmächten gerade in unterschiedliche Sektoren aufgeteilt und von den Sowjets besonders restriktiv behandelt wurde. Nun wollte sie all ihre Verbindungen nutzen, um sie ausfindig zu machen und so schnell wie möglich zu besuchen.

Natürlich wollte sie auch Kontakt zu Liesel halten. Der freundliche Captain Horwell, geborener Horwitz aus Berlin, hatte ihr angeboten, die Briefe in beide Richtungen weiterzuleiten und sie gleichzeitig über ihre Schwester auf dem Laufenden zu halten. Das immerhin war ein großes Glück in dieser schweren Zeit.

Am nächsten Morgen schrieb sie Liesel denn auch gleich. Sie schärfte ihr noch einmal eindringlich ein, keinesfalls mit Journalisten zu sprechen, erinnerte sie daran, sich gegen Typhus und Fleckfieber impfen zu lassen, und stellte ihr kontinuierliche Überweisungen in Aussicht.

Zwei Wochen später erhielt sie den ersten Brief von Liesel – mit einer freudigen Botschaft:

20. Mai 1945
Mein liebes Pussycat,
heute hatte ich eine ganz große Herzensfreude. Der Junge ist da!!!!!!!
Ich danke Gott von ganzem Herzen dafür. Morgen will ich mit ihm zu Hauptmann Horwell und mal sehen, wie er beschäftigt werden kann. Ich bin überzeugt, dass irgendetwas klappt.
Sein Interesse liegt auf technischem Gebiet ... Dank dafür, dass Du Dir den Weg gemacht hast, zu kommen. Ich bin auch überzeugt, dass Du Mutti finden wirst.

Sie freute sich mit Liesel über die Heimkehr Hans-Georgs, der ihr auch selbst einige Zeilen schrieb: »Liebe Tante Lena! Mit größter Freude habe ich gehört, dass Du bei uns warst. Ich bin zu traurig, dass ich Dich nicht gesehen habe ...«

Dass der Junge bei der Waffen-SS gewesen war, wusste sie zu diesem Zeitpunkt nicht. Sie antwortete Liesel sofort und richtete wie üblich auch einige freundliche Zeilen an Captain Horwell, der den Brief ja weiterleiten musste. »My Love«, schrieb sie. »Mein Lieber, du kannst Dir nicht vorstellen, was es mir bedeutet, dass ich Dich getroffen habe in dieser Welt, die so voll Elend ist.«

In einem anderen Brief an Horwell ging sie noch einmal auf ihren Besuch in Bergen-Belsen ein:

17. Mai 45
Ich war an jenem Nachmittag so aufgeregt, dass ich fürchte, mich nicht ausreichend bei Dir bedankt zu haben. Das Aussehen meiner Schwester hat mich furchtbar schockiert. Ich habe von meinen jüdischen Freunden, denen ich zur Flucht nach Amerika verhelfen konnte, erfahren, dass sie und meine Mutter ständig überwacht und als politisch verdächtig eingestuft wurden – und zwar meinetwegen. Davon habe ich Liesel lieber nichts gesagt. In der Zeit bis 1938, als Hitler versucht hat, mich zur Rückkehr nach Berlin zu bewegen, waren sie nicht gefährdet – bis zum Ausbruch des Krieges ... Jetzt war ich seit einem Jahr und zwei Monaten in Europa und mit einer ermüdenden Arbeit belegt, und ich hatte schreckliche Angst um meine Mutter und meine Schwester.

Dass Marlene jüdischen Freunden zur Flucht verholfen und ihrer Familie damit Unannehmlichkeiten bereitet hat, ist zwar ein bisschen übertrieben, aber es macht Eindruck auf Horwell. Der Captain berichtet auch gleich seiner Frau in London stolz von dem Brief, schreibt die wesentlichen Passagen ab und spricht von einem historischen »Dokument«. Elisabeth Will und deren Mann hätten tatsächlich unter einem »nervenaufreibenden Katz-und-Maus-Spiel mit der Gestapo« zu leiden gehabt, bekräftigt Horwell. Gleichzeitig amüsiert sich der Offizier über das Gurren und Tändeln, mit dem Marlene ihn umgarnt, und er fragt seine Frau schäkernd, ob sie eifersüchtig sei. Er verheimlicht ihr aber nicht, dass sich Marlene lobend über die Fotos von ihr geäußert hat, die auf seinem Schreibtisch stehen. »Lovely«, habe sie gesagt. Entzückend.

Dann aber wird der Captain Ende Mai ins zwanzig Kilometer

entfernte Celle versetzt, und Marlene sorgt sich, künftig keinen Kontaktmann mehr zu haben. Am 31. Mai schreibt sie:

> Ich war schockiert, zu hören, dass Du das Camp verlassen wirst und gar nicht mehr in der Nähe meiner Schwester bist ...
> Ich kenne niemanden außer Dich, der meine Briefe zu ihr weiterleiten könnte. Bitte teile mir doch mit, wohin ich sie künftig schicken kann, ohne Dich damit zu behelligen.

Im selben Brief äußert Marlene die Sorge, dass sich die Zeitungsleute an die Fersen ihrer Schwester heften könnten. Schließlich hat die *New York Sun* schon am 17. Mai unter der Überschrift »Actress finds sister in Belsen camp« vermeldet, dass sie Liesel wiedergetroffen hat. Und zwar im Konzentrationslager! »Sie ist so schüchtern und es nicht gewohnt, mit der Presse umzugehen«, schreibt sie ihrem Verbündeten.

Außerdem bittet sie Horwell, ihr den Weg zu ihrer Mutter zu ebnen. Denn mit Hilfe ihres amerikanischen »Lieblingsgenerals« James Maurice Gavin ist es ihr gelungen, deren neue Adresse ausfindig zu machen: Josephine von Losch, Fregestraße 70, Berlin-Friedenau.

Unglücklicherweise liegt die Fregestraße in der russisch besetzten Zone, und nicht einmal »Jumpin' Jim« Gavin, diesem tollkühnen Fallschirmspringer im Generalsrang, ist es bisher gelungen, Kontakt zu ihrer dort lebenden Mutter aufzunehmen.

> Da sie [von den Nazis] als »politisch verdächtig« eingestuft wurde, müsste sie eigentlich gut behandelt werden, aber ich fürchte, dass es eine Weile dauern wird, bis die Russen die Leute durchleuchtet haben – wenn sie es überhaupt tun. Außerdem könnte es schlecht sein, wenn man in der gegenwärtigen Zeit einen aristokratischen Namen trägt.

Doch Horwell kann sie beruhigen. Am 25. Juni schreibt er ihr:

> Ich habe mit Deiner Schwester gesprochen und fand, dass es ihr gut ging, besonders weil ihr Sohn zu Hause ist. Überdies hat sie gute Nachrichten von Eurer Mutter in Berlin erhalten. Du siehst, es ist leicht für mich, den Kontakt zu Deiner Schwester zu halten. Mache darum Gebrauch von meinen Diensten, wann immer Du möchtest. Ich stehe stets zu Deiner Verfügung.

Marlene nimmt das Angebot dankend an, bemüht sich aber gleichzeitig, für Horwell einen Nachfolger in Bergen-Belsen zu finden. Mit Erfolg. Fortan stellt ihr dort Leutnant Christopher Slade seine »Dienste zur Verfügung«, um den Kontakt zu Liesel aufrechtzuerhalten.

Auch für andere Familienangehörige setzt sich Marlene jetzt bei den Alliierten ein – unter anderem für Tante Vally, den Schwarm ihrer Kindheit, die immer noch in Dessau lebt. Tante Vally bangt um ihren Sohn Siegfried, der in Kriegsgefangenschaft geraten ist – und sie hofft auf ihre Nichte.

Doch Marlenes Gedanken kreisen vor allem um ihre Mutter. Jeden Angehörigen ihrer Einheit, der einen Marschbefehl nach Berlin erhält, bittet sie, Lebensmittelpakete für Josephine von Losch mitzunehmen. Und niemand weist die Bitte der bezaubernden Marlene zurück. Fast alle legen noch ein kleines Extra dazu. Den persönlichen Care-Paketen fügt sie immer auch kleine Briefe an ihre Mutter bei, die sie mit Blick auf die deutschsprachigen Zensoren in der sowjetischen Besatzungszone in Englisch schreibt. Zum Beispiel am 28. Juni 1945:

> Ich hoffe, das Paket hat Dich ordnungsgemäß erreicht.
> Ich tue alles, was in meiner Macht steht, damit ich Dich besuchen kann oder Du herauskommen kannst, wenn Du willst. Ich mache mir Sorgen um Dich und gebe jedem, der zu Euch fährt, eine Nachricht für Dich mit.

Bitte bleib gesund, bis ich kommen kann. Ich bin jetzt in Paris. Maria und Rudi sind in New York, aber Maria wird bald herkommen und für die Soldaten spielen ...
Gott segne Dich.
In Liebe
Deine Tochter Marlene

Zwei Wochen später wird sie mit ihrer Truppe nach Amerika zurückgeschickt. Die Heimkehr verläuft enttäuschend. Niemand erwartet sie am Flughafen La Guardia. Der Zoll beschlagnahmt die Pistolen, die ihr Verehrer in der Army geschenkt haben, und ein mürrischer Taxifahrer weigert sich, ihr beim Aussteigen die Tür zu öffnen. Denn sie trägt immer noch ihre Uniform, und heimkehrende GIs haben bekanntlich keine Dollars in den Taschen, sodass man sich keine Mühe zu geben braucht: Kein Trinkgeld – kein Service. Zu allem Überfluss teilt ihr auch noch ihr Agent mit, dass sie pleite ist, also keine Schecks mehr ausstellen darf. Sie versetzt einen Teil ihrer Pelze, um die Hotelrechnung bezahlen zu können. Für die Flaute auf dem Konto ist nicht nur ihr verschwenderischer Lebensstil verantwortlich. Sie hat auch ihren Mann, der wieder arbeitslos ist, großzügig unterstützt – ebenso dessen Geliebte Tami, die an Depressionen und wahnhaften Ängsten leidet und sich daher in psychiatrische Behandlung begeben hat.

Marlene fühlt sich einsam, erschöpft und leer im sommerlich heißen New York. Nicht einmal Rudi kann sie trösten. Es fällt ihr schwer, in das Zivilleben der amerikanischen Metropole zurückzufinden – zumal ihr nicht der Sinn nach einem neuen Film steht.

Hinzu kommt, dass Jean Gabin dauernd aus Paris anruft und sie bedrängt, einen Film mit ihm zu drehen, sich scheiden zu lassen und ihn zu heiraten. Sie sagt zu allem ja. Am 13. August 1945 antwortet sie Gabin:

Mein Engel,
Du bist vollkommen verrückt – und Du machst mich ganz krank
mit Deinen Zweifeln. In meinem letzten Brief habe ich natürlich
von meiner Scheidung gesprochen … Rudi wird sich um eine
Arbeit in Paris bemühen. Er willigt natürlich in die Scheidung
ein – es ist mehr die Vorstellung, die ihn erschreckt, und mich
auch, wie ich zugeben muss. Nur die Vorstellung, mehr nicht.
Wir sind ja beide so spießig. Wir haben beschlossen, nicht dabei zu
sein, wenn es möglich ist, sondern alles den Anwälten zu überlassen. Bitte erkundige Dich, mit welcher Begründung man sich in
Frankreich möglichst würdig scheiden lassen kann.

Schon vier Wochen nach ihrer Ankunft in New York fliegt sie wieder ab – diesmal geht es im Auftrag der USO direkt nach Berlin,
wo sie den amerikanischen Besatzungssoldaten die Langeweile
vertreiben soll. Sie freut sich auf das Wiedersehen mit »Jumpin'
Jim«, ihrem Lieblingsgeneral, vor allem aber will sie den Aufenthalt nutzen, um endlich ihre Mutter zu besuchen. Schon aus New
York hat sie ihr erneut geschrieben:

6. August 1945
Bis 1939 sandte Hitler mir Nachrichten, in denen er mich auf-
forderte, zurückzukommen. Als ich ablehnte, sagten sie, sie hätten
die Möglichkeit, mich sehr unglücklich zu machen. Ich wusste,
dass sie Dich meinten, und wurde fast verrückt vor Angst, sie
würden es an Dir auslassen …
Du musst sehr mutig gewesen sein – all diese Jahre. Liesel erzählte
mir, Du hättest jüdische Freunde in Deiner Wohnung gehabt.
Wenn man bedenkt, dass Du ständig beobachtet wurdest, war
das ganz wunderbar von Dir. Ich hoffe nur, ich kann eines Tages
das Schlimme wiedergutmachen, das Du wegen mir erleiden
musstest.

Auf einer speziellen Hörfunkfrequenz kann Marlene sogar mit ihrer Mutter sprechen – wenn auch nur teilweise auf Englisch und gestört von starkem Rauschen. Das Gespräch, das zwischen dem Englischen und Deutschen wechselt, wird aufgezeichnet und ist als Tondokument erhalten.

Lena?
Mami, meine Liebste. Wir müssen englisch sprechen.
Ja, meine liebste Lena, ich freue mich so, dich zu hören.
Wie geht es Liesel?
Liesel geht es gut.
Ja, wo ist Liesel?
Liesel is alright, and the child too. Her son is alright.
Did you see her?
Yes, I have seen her, and I'm coming as soon as I can ...
Mami, du hast meinetwegen gelitten. Verzeih mir.
Ja, mein Liebling.
Ich bin so dankbar für alles, was du getan hast.
Ja, meine liebste Lena.
Ich komme so bald wie möglich, Mami. Pass auf dich auf.

Marlene weiß selbstverständlich, dass andere mithören. Damit hat das Gespräch auch etwas von einer Selbstinszenierung, einer Show.

Shows anderer Art präsentiert sie jetzt täglich zweimal im Titania-Palast, dem wie durch ein Wunder unversehrten, von der US-Armee beschlagnahmten Kulturtempel in Steglitz, in dessen großen Saal zweitausend Besucher passen. Unbemerkt von den Berlinern singt sie hier vor amerikanischen Soldaten. Natürlich ist auch »Lili Marleen« dabei, das an allen Fronten des Krieges gesungen wurde und um die Welt gegangen ist. Die GIs sind gerührt. Sie trampeln vor Begeisterung. Aus den USA kommt aber aus konservativ-puritanischen Kreisen auch Kritik. Sie zeige zu oft ihre nackten Beine, heißt es. Zu frivol finden die Sittenwächter auch den Teil der Show, in dem sie die Gedanken ihres Publikums liest, aber nicht ausspricht, sondern kokett den Zeigefinger hebt: »Oh, denken Sie an etwas anderes, das kann ich nicht vor allen Leuten sagen.«

Die Soldaten schwelgen tatsächlich in Sexphantasien. Sie geraten außer Rand und Band vor Vergnügen. »The whole night through«, hört man sie auch nach der Show noch singen. So darf denn Marlene weiter ihren kessen Charme versprühen.

Kurze Zeit später aber wird es ernst. Endlich erhält sie Gelegenheit, sich mit ihrer Mutter zu treffen. Sie ist gerade in Paris, um während einer Auftrittspause Jean Gabin zu besuchen, da teilt General Gavin ihr in einem Telegramm mit, dass die Russen grünes Licht gegeben haben.

Als sie am 19. September in einer Militärmaschine auf dem Berliner Flughafen Tempelhof landet, hat sie ihre »singende Säge« geschultert und trägt wieder Armeeuniform, denn sie weiß, dass Fotografen zu dem arrangierten Treffen bestellt worden sind. Josephine von Losch ist von einem Jeep der US-Streitkräfte in ihrer möblierten Wohnung in der Fregestraße abgeholt und bis an den Rand der Landebahn gebracht worden. Sie wirkt hager, wie ein großer, den Stürmen trotzender Vogel in ihrem grauen Kostüm. Scharfkantig treten die Wangenknochen aus einem eingefallenen Gesicht hervor. In einem fort greift sie nach ihrem schwarzen Hut, den der Propellerwind fortzuwehen droht. Trotzdem hält sie sich auch jetzt aufrecht wie ein Feldmarschall.

Dann aber fallen sich die beiden Frauen in die Arme. Sie scheinen alles zu vergessen, was um sie herum geschieht – sogar die Fotografen, die die anrührende Szene festhalten. Die Bilder von Mutter und Tochter im Moment der Wiedervereinigung nach sieben Jahren werden um die Welt gehen.

Die beiden haben sich viel zu sagen. Marlene erzählt von zurückliegenden Armeeauftritten und ihren Shows im Titania-Palast, und Josephine von Losch berichtet, dass sie in den letzten Jahren des Krieges unzählige Verlobungsringe an ausrückende Soldaten verkauft hat, immer wieder aber auch von der Gestapo vor-

Marlene Dietrich mit ihrer Mutter auf dem
Berliner Flughafen Tempelhof, September 1945.

geladen worden ist. »Aber ich habe mich nicht von diesen Kerlen einschüchtern lassen«, betont die Witwe zweier Offiziere. »Keine Sorge!« Marlene klopft ihr anerkennend auf die Schulter und lobt ihren Mut – beruhigt, dass sich ihre Mutter trotz der schweren Zeiten ihre preußische Durchsetzungskraft bewahrt hat. Das Uhren- und Schmuckgeschäft Unter den Linden stehe noch, sämtliche Uhren hätten die Russen aber geklaut, erzählt Josephine von Losch empört. Tagelang hätten sie an dem großen Tresor geschweißt, um auch an die Juwelen zu kommen. Zum Glück hätten sie das nicht geschafft. Verschwunden sei aber die große Weltzeituhr mit dem Firmennamen »Conrad Felsing«. Stattdessen habe sie eine Uhr mit dem Firmennamen auf die Hausfassade gemalt. »Irgendwie muss es ja weitergehen«, sagt sie. »Wir können jetzt zwar keine Uhren mehr verkaufen, aber immerhin noch reparieren. Und da herrscht an Aufträgen kein Mangel.«

»Großartig, Mutti.«

Weniger erfreulich ist, was ihre Mutter von Rudis Eltern aus Nordböhmen berichtet. Sie sind aus ihrem Haus in Aussig vertrieben und in ein Flüchtlingslager in Thüringen gebracht worden. Mitte August habe sie einen Brief von ihnen erhalten, in dem sie angefragt hätten, ob sie bei ihr wohnen könnten. »Selbstverständlich«, habe sie geantwortet. Sie werde das Zimmer frei machen, in dem derzeit noch Fräulein Hering wohne, ihre Haushälterin. Überhaupt kein Problem. Die Frage sei nur, wie die beiden zu ihr kommen sollten – und wo sie sich im Moment aufhielten.

Marlene verspricht ihrer Mutter – und gleich darauf auch ihrem Mann –, nach den Schwiegereltern zu suchen. Aber das ist nicht leicht in diesen Tagen, denn die Siebers geistern immer noch in der sowjetischen Besatzungszone herum.

Sie quartierte sich in der Nähe ihrer Mutter ein, trat weiter zweimal täglich im Titania-Palast auf, versorgte ihre Mutter mit Corned Beef und eingelegten Heringen und besuchte alte Freunde wie den Schauspieler Hubert »Hubsi« von Meyerinck, der gerade in der *Dreigroschenoper* auftrat. Der Gutsbesitzersohn, der sich in den zwanziger Jahren offen zu seiner Homosexualität bekannt hatte, war schon ihr Filmpartner in *Tragödie der Liebe* gewesen und mit ihr einst in der Komödie am Kurfürstendamm aufgetreten. Mit Hubsi verabredete sie sich auch heimlich in der Wohnung ihrer Mutter. Als er sie auf den russischen Orden ansprach, mit dem sie sich schmückte, antwortete sie mit schalkhaftem Augenzwinkern: »Den habe ich mir erkämpft, als ich mit denen Wodka getrunken habe.«

Zwischendurch suchte sie in den Trümmern Berlins nach Spuren ihres früheren Lebens. Dabei steuerte sie auch die Kaiserallee an. In einem Brief an Rudi im fernen New York berichtete sie am 27. September 1945 von ihren Eindrücken:

Unser Haus 54 steht noch, und trotzdem Schüsse das Haus beschädigt haben, sind rote Geranien auf unserm Balkon. Nr 135 [das Haus, in dem einst Liesel mit ihrer Mutter lebte] hat nur noch Mauern, ist ganz ausgebrannt, der Balkon hängt herunter, und Mutti hat tagelang in den Trümmern gesucht, und nur oben drauf in Schutt und Asche lag die Bronze-Maske von meinem Gesicht. Unversehrt! Da hat sie dann tagelang gesessen und geweint.
Ich nehme ihr alles zu essen mit, was ich sehe, habe schon seit ich hier bin nur Brot gegessen und sehe aus wie ein altes Suppenhuhn mit gewrinkeltem Hals ... Habe mich nicht getraut zu meiner Schule in der Nürnberger Straße zu gehen. Ich kann noch die schwere Tür fühlen, die ich mit dem Rücken aufschob, weil ich zu klein war, um die Klinke zu fassen. Und ich besinne mich, wie traurig ich damals war und in mir dabei immer sang: Es ist bestimmt in Gottes Rat, dass man vom Liebsten, was man hat, muss scheiden ... Die Sprache klingt vertraut, wenn ich durch die Straßen gehe, nur die Kinder spielen Himmel und Hölle auf dem zerbrochenen Pflaster.

Eigentlich war ihr Aufenthaltsvisum auf fünf Tage befristet. Dank der umjubelten Auftritte im Titania-Palast wurde ihr Engagement verlängert, sodass sie noch einige Tage länger bleiben durfte. Am 29. September musste sie dann aber doch von ihrer Mutter Abschied nehmen.

Sie sollte sie nie wiedersehen. Am 3. November starb Josephine von Losch an Herzversagen.

Marlene war gerade wieder bei Jean Gabin in Paris, als sie davon erfuhr. Sie ließ sich sofort nach Berlin fliegen und organisierte die Beerdigung. Die Jungs von der Army lasen ihr jeden Wunsch von den Augen ab. Das Fraternisierungsverbot untersagte zwar persönliche Kontakte zwischen Amerikanern und Deutschen, doch die GIs der 82. Airborne Division zimmerten für Marlenes Mutter aus alten Schulbänken einen Sarg und karrten ihren Leichnam auf einem Lastwagen zum nahegelegenen Friedhof in Friedenau. Es regnete leicht, als Josephine von Losch an einem nebelverhangenen Novembernachmittag zu Grabe getragen wurde. Nur wenige wussten von der Beerdigung. Die Trauergemeinde war klein. Marlene wurde von Hubert von Meyerinck und ihren Schwiegereltern begleitet, die es gerade erst vor ein paar Tagen geschafft hatten, sich in die zerstörte Metropole durchzuschlagen.

Noch am selben Abend ließ Marlene Dietrich wieder einmal Berlin hinter sich zurück. Wegen des dichten Nebels musste sie auf ihren Flug verzichten und die Reise auf dem Landweg antreten.

Fünfzehn Jahre sollten vergehen, bis sie in ihre Heimatstadt zurückkehrte.

19

SCHLAFLOSE NÄCHTE

Georg lag wie üblich mit offenem Mund neben ihr und schnarchte – knarrend, knurrend, pfeifend, zischend. Manchmal atmete er leise, fast friedlich und sanft, dann wurde er wieder lauter und wütete geradezu in seinen Ausbrüchen. Es klang, als wäre es die Begleitmusik seiner wüsten Träume.

Schon seit zwei Stunden wälzte sich Liesel im Bett und konnte keinen Schlaf finden. Die Zukunft ragte vor ihr auf wie ein düsterer Berg. Wie sollte es weitergehen? Alle drei Kinos, die Georg bisher betrieben hatte, waren von den Alliierten beschlagnahmt worden – ob in Wildflecken, in Oerbke bei Fallingbostel oder hier in Bergen-Belsen. Zumindest in der hiesigen Kaserne zeichnete sich eine Einigung ab. Aber wer würde künftig ins Truppenkino gehen? Die Siegersoldaten? Die entlassenen Häftlinge? Die Bürger von Bergen hatten ja auch weiterhin keinen Zutritt zum Militärgelände, und es sah nicht so aus, als würde sich daran in absehbarer Zeit etwas ändern.

Georg fluchte von morgens bis abends über seine zähen Verhandlungen mit den Briten. Er hatte auch wirklich viel Geld in die Kinos und die Kantine gesteckt. Sollte das alles verloren sein? Derzeit lief noch die Überprüfung seiner NS-Vergangenheit. Er beteuerte allen gegenüber, immer schon gegen die Nazis gewesen zu sein.

Liesel konnte er natürlich nichts mehr vormachen, aber sie hütete sich, ihm das auf die Nase zu binden. Er stauchte sie sowieso schon bei jeder sich bietenden Gelegenheit zusammen. Manchmal schrie er sie an, wenn sie nur eine harmlose Bemerkung zum Wetter machte. Doch obwohl sie das Gefühl hatte, so etwas wie ein Blitzableiter für ihn zu sein, ließ sie jedes Gewitter schweigend über sich ergehen. Trotz seiner häufigen Wutausbrüche hing sie an ihm. Er konnte ja durchaus charmant und liebenswürdig sein, nur leider verwöhnte er meist nicht *sie* mit seinen Zärtlichkeiten, sondern anscheinend eine andere. Jedenfalls hatte sie schon oft ein fremdes Parfüm gerochen, wenn er spät aus Fallingbostel zurückkam. Aber daran wollte sie gar nicht denken. Sie wusste, dass sie nicht viel zu bieten hatte. Wenn er nur bei ihr blieb!

Zum Glück war Hans-Georg heimgekehrt. Aber auch der machte ihr Sorgen. Was sollte aus dem Jungen werden? Sie hätte es begrüßt, wenn er weiter zur Schule gegangen wäre. Aber er weigerte sich, sah keinen Sinn mehr darin, für Klassenarbeiten zu büffeln und vielleicht irgendwann mal Abitur zu machen. Stattdessen lungerte er jetzt den ganzen Tag herum und ließ sich von den britischen Soldaten zu Bier und Schnaps einladen. Dann kam es auch schon mal vor, dass er stolz von seiner berühmten Tante erzählte. Noch stolzer war er, wenn die Soldaten seine Trinkfestigkeit lobten und ihm lachend die nächste Flasche reichten. »Cheers! Prost!« Dabei vertrug er viel weniger, als er vorgab. Einmal war er so sturzbetrunken gewesen, dass er sich die Seele aus dem Leib gekotzt hatte. Schrecklich! Er war doch fast noch ein Kind. Jeder Ehrgeiz schien dem Jungen zu fehlen – nach der Kapitulation, den geplatzten Träumen vom Endsieg der Herrenrasse war etwas in ihm zerbrochen, das spürte sie. Im zerstörten Deutschland sah er für sich jedenfalls keine Zukunft mehr. Er träumte davon, nach Amerika auszuwandern. Mit Hilfe von Tante Lena.

Überhaupt: Marlene schwebte in dieser Zeit des Nicht-mehr und Noch-nicht, in der alle Karten neu gemischt wurden, wie ein rettender Engel über der Familie. Tatsächlich hatte sie mit ihren Beziehungen schon einiges bewirkt. Sie hatten eine bessere Wohnung bekommen, wurden bevorzugt mit Lebensmitteln versorgt, und auch bei den Verhandlungen über eine neue Kinopacht machte sich ihr Einfluss im Hintergrund bemerkbar. Aber zaubern konnte sie nicht. Es deutete sich schon an, dass sie die neue Wohnung bald wieder räumen müssten. Sie bestand zwar nur aus drei Dienstbotenzimmern, war aber wie die alte im Kinogebäude untergebracht und recht passabel. Aus Sicht der Briten immer noch ein unverdienter Luxus in Zeiten der allgemeinen Raumnot.

In ihrer Sorge schrieb Liesel am 9. September an ihre Schwester: »Alle drei Kinos sind beschlagnahmt worden. Mit unseren Konserven und Essvorräten geschah das Gleiche. Wir mussten die Wohnung räumen. Wir wohnen im selben Gebäude in drei Dienstbotenzimmern. Wir haben die Besorgnis, dass wir auch diese vielleicht räumen müssen.«

Das Problem war, dass Marlene sich keinesfalls für Georg ins Zeug legen wollte. Ihr Schwager war für sie ein Nazi, und sie ließ es ihn spüren. Umgekehrt reagierte Georg seinen Groll über Marlene an Liesel ab, seiner ungeschickten, lebensfremden Frau.

Über dem Schlafzimmer war Poltern zu hören. Eine Tür fiel ins Schloss, ein Stuhl wurde über den Boden geschrammt. Schwere Schritte. Die beiden britischen Soldaten über ihr kehrten von ihrem Kasinobesuch zurück. Mit ihren dröhnenden Bass-Stimmen setzten sie offenbar das Kneipengespräch fort. Lautes Lachen. Die Decke der Dienstbotenwohnung war so schlecht isoliert, dass sie manchmal sogar das Schnarchen der Briten mit anhören musste. Furchtbar! Oft drehten sie spätabends auch noch ihr Radio auf volle Lautstärke. Zum Glück verzichteten sie diesmal darauf.

Manchmal war ihr alles so schwer. So bleischwer, dass es ihr an der Kraft fehlte, aus dem Bett zu steigen oder Kaffee zu kochen. Oft brach sie, ohne es zu wollen, in Tränen aus. Der Arzt hatte ihr gesagt, es seien die Wechseljahre, aber das war sicher nicht der einzige Grund für ihre Niedergeschlagenheit.

Immerhin war mittlerweile die Rippenfellentzündung abgeklungen, die ihr wochenlang zugesetzt hatte – mit Fieber, Erschöpfung, Atemnot und stechendem Schmerz in der Brust. Anfangs hatte sie fast vier Wochen lang zu Hause im Bett gelegen. Dann war sie ins Krankenhaus in Celle überwiesen worden. Sieben Wochen hatte sie dort zugebracht. Erst am 8. September war sie entlassen worden. Entlassen in eine Welt ohne Regeln und vertraute Abläufe, in eine chaotische Gesellschaft von Menschen, die ihr nicht geheuer waren – Menschen, die sie mit hasserfüllten Blicken beäugten, am liebsten angespuckt hätten.

Natürlich gönnte sie es ihnen, dass sie endlich frei waren, auferstanden von den Toten, wild entschlossen zu überleben. Aber warum sollte sie, die doch höchstens für die Unterhaltung von Soldaten gesorgt hatte, für die Qualen büßen, die diese Menschen erlitten hatten? Warum! Sie hatte doch gar nichts getan.

Aber vielleicht hatte sie sich ja tatsächlich durch ihr Nichtstun, durch ihr komfortables Leben auf der Seite der Folterknechte, schuldig gemacht. Marlene zumindest schien so zu denken. Sie machte ihr Vorhaltungen, schämte sich für sie. Und darum legte sie Wert darauf, künftig nicht mehr mit ihrer Schwester in Bergen-Belsen in Verbindung gebracht zu werden. Das war bitter, aber auch verständlich. Immerhin sorgte Leni für sie. Mit ihren Briefen hatte sie schon ein halbes Dutzend Care-Pakete geschickt. In der letzten Sendung waren auch Fotos gewesen, die Leni bei ihren Auftritten im Titania-Palast in Berlin-Steglitz zeigten. Die Bilder waren wunderschön, wie Einblicke in eine Märchenwelt – mit einer strahlenden Fee, die alle Menschen aus ihrem grauen Alltag herausführte und verzauberte. Jetzt durften wieder ihre Filme im Kino gezeigt werden – ganz sicher auch bald in den Tonlichtspielen in Bergen-Belsen.

Das waren doch endlich Aussichten, die sie froh stimmten. Ach, vielleicht würde noch alles gut werden. Sie sehnte sich nach ihrer Pussycat und lud sie zu einem weiteren Besuch ein. Sie schrieb ihr: »Unsere Lage ist, wie Du siehst, schwierig, und wir würden Dir daher sehr zu Dank verpflichtet sein, wenn Du auf 2 oder 3 Tage vorbeikommen könntest, um alles durchzusprechen. Du findest bei uns ein sauberes, beheiztes Zimmer vor.«

Auch ihre Mutter wollte sie zu sich holen, wenigstens den Winter über, denn für die alte Frau würde es sicher schwer werden, die kommenden dunklen, kalten Tage allein im zerbombten Berlin zu verbringen. Sogar im Radio war darüber berichtet worden, dass Marlene sie besucht hatte. Es hieß, sie sei von Entbehrung gezeichnet gewesen.

Sie erschrak, wenn sie sich selbst im Spiegel betrachtete. Die Rippenfellentzündung hatte Spuren hinterlassen. Doch die drohende Rückfallgefahr und ärztlich verordnete Schonung befreiten sie immerhin von der Arbeitspflicht in der Küche. Sie kam auf diese Weise wieder mehr zum Lesen. Ein Engländer hatte ihr ein Buch von Hemingway geliehen: *Fiesta*. Die Lektüre des englischen Originals war mitunter ziemlich mühsam, aber der Roman gefiel ihr, auch wenn die Stierkämpfe sie abstießen. Sie wusste, dass Marlene mit dem Autor befreundet war. Das machte dieses Buch für sie besonders interessant. Nur wurde sie in letzter Zeit immer so schnell müde vom Lesen. Schon nach kurzer Zeit taten ihr die Augen weh.

Sie horchte auf. Was war das? Es war plötzlich so leise geworden. Georg hatte zu schnarchen aufgehört.

Nur wenige Wochen später erhielt sie in einem Telegramm von Marlene Nachricht vom Tod ihrer Mutter. Sie war wie gelähmt. Ihr war, als habe sie mit ihrer Mutter endgültig ihre Heimat verloren. Denn warum sollte sie jetzt noch nach Berlin zurückkehren? Da war niemand mehr, der auf sie wartete. Bodenlose Trauer überkam sie. Weinen aber konnte sie nicht. War das ein Zeichen dafür, dass sie ihre Mutter gar nicht wirklich geliebt hatte? Seit dem Umzug war die nicht nur räumlich für sie in weite Ferne gerückt. Dass ihre Wangen trocken blieben, lag aber vielleicht auch daran, dass Josephine von Losch ihre Töchter dazu erzogen hatte, Tränen zurückzuhalten, Selbstdisziplin zu üben.

Beistand konnte Elisabeth Will in ihrer Trauer nicht erwarten, weder von ihrem Mann, der immer ein distanziertes Verhältnis zu seiner Schwiegermutter gehabt hatte, noch von Hans-Georg. Der war, nachdem sie ihm die Nachricht vom Tod seiner Oma übermittelt hatte, schweigend in sein Zimmer gegangen.

Wie gern hätte sie ihre Mutter noch einmal gesehen! Sich ausgesprochen mit ihr. Aber dafür war es zu spät. Nun stellte sich nur noch die Frage, ob sie zur Beerdigung nach Berlin fahren sollte. Doch die Bahnverbindung war nach wie vor schlecht. Auch mit Rücksicht auf ihren labilen Gesundheitszustand entschied sie sich daher gegen eine Reise nach Berlin.

Immerhin durfte Georg inzwischen das Kino in Bergen-Belsen weiterbetreiben – ebenso die Truppenlichtspiele in Oerbke. Der Landkreis Celle hatte ihm die beiden Kinos mit Zustimmung der Briten verpachtet. Das Schöne daran war, dass auf diese Weise auch Hans-Georg eine Aufgabe hatte. Er kontrollierte die Eintrittskarten und wies den Besuchern im Dunkeln den Weg zu ihren Plätzen, und manchmal half er auch als Filmvorführer aus. Da er einigermaßen Englisch sprach, konnte er sich nebenbei mit den britischen Soldaten unterhalten und die eine oder andere Zigarette abstauben. Manche waren fast schon zu seinen Trinkkumpanen geworden. Das Leben ging weiter.

Wenige Tage später erhielt Liesel überraschend Besuch. Ihr stockte das Herz, als plötzlich Marlene in der Tür stand, begleitet von einem US-Soldaten. Leni hatte auf dem Weg nach Paris einen Zwischenstopp in Bergen-Belsen eingelegt – eine große Kiste voller Mitbringsel im Gepäck: Dosenwurst, Käse, Marmelade, Bohnenkaffee, Schokolade, Nylonstrümpfe, Socken, Handschuhe für den Winter. Der Soldat stellte die Kiste auf den Küchentisch und marschierte zur Tür hinaus. »Eine halbe Stunde«, rief Marlene ihm nach.

Wieder nur ein paar Minuten? Die Generalsmaschine stehe ihr nicht ewig zur Verfügung, sagte Marlene, und sie müsse auch noch mit ihrem neuen Kontaktmann in Bergen-Belsen sprechen. Dann aber nahm sie ihre Schwester erst einmal in den Arm, und jetzt endlich lösten sich bei Liesel die Tränen. Sie weinte vor Rührung über diesen Besuch – und in Gedenken an die Verstorbene. Marlene berichtete ihr von der improvisierten Beerdigung und dem zurückliegenden Besuch bei ihrer Mutter. Sie fragte Liesel, wie es ihr gehe, empfahl ihr dringend, mehr zu trinken und vor allem nicht den ganzen Tag im Haus zu hocken. »Du darfst dich nicht so gehenlassen, meine Süße. Das geht so nicht weiter. Du brauchst eine Aufgabe. Wie wäre es, wenn du die Kinder hier im Camp unterrichten würdest? Das hast du doch gelernt.«

Liesel wandte ein, dass sie sich noch zu schwach fühle, aber das ließ Marlene nicht gelten.

Liesel nickte und dankte überschwänglich für die mitgebrachten Geschenke und all die Wohltaten, die Leni ihr schon vorher erwiesen hatte. »Du bist wirklich die beste Schwester, die man sich wünschen kann. Wir sind ja so froh, dass wir das Kino weiterführen dürfen. Das haben wir nur dir zu verdanken. Ganz bestimmt werden wir hier auch bald deine Filme zeigen. Ganz sicher.«

Marlene nahm die Mitteilung zum Anlass, ihrer Schwester von ihrem nächsten Filmprojekt in Paris zu erzählen – mit Jean Gabin. Von dessen Heiratsplänen und der verlangten Scheidung sagte sie nichts.

»Und Rudi?«

»Der lebt immer noch in New York. Es geht ihm gut. Wir telefonieren und schreiben uns.«

Maria sei mittlerweile auch wieder in Deutschland, erzählte Marlene, unterwegs mit einer Schauspielertruppe, die vor amerikanischen Soldaten auftrete. »Vielleicht besucht sie dich mal.«

»Das wäre schön.«

Dann klopfte es auch schon an der Tür, und der Soldat erschien, um Marlene wieder abzuholen.

Vor ihrer Abreise ließ sie sich noch das Nothospital zeigen, schüttelte die Hände von Patienten, Schwestern und Ärzten. Auch ihrem britischen Kontaktmann stattete Marlene einen Blitzbesuch ab. Wie durch einen seltsamen Zauber sei sie auf einmal in der Offiziersmesse aufgetaucht, erzählte Christopher Slade später seinen Enkelkindern. »Alle sind gleich auf sie zugestürmt. Jeder wollte ihr die Hand schütteln und ein paar Worte mit ihr wechseln. Aber sie hat nur nach Captain Slade gefragt.«

Total perplex sei er gewesen und vielleicht auch schon ein bisschen angetrunken, darum habe er nur einen einzigen Satz herausgebracht: »Hallo, Marlene, wie geht's?«

Marlene Dietrich war im Übrigen sehr bemüht, ihren zweiten Besuch in Bergen-Belsen geheim zu halten. Niemand, so scheint es, sollte daran erinnert werden, dass ihre Schwester hier in diesem Vorhof der Hölle gemeinsame Sache mit den Nazis gemacht hatte. Mit Erfolg. Nichts drang von dieser Stippvisite im Novembernebel nach außen. Alle hielten dicht. Dass Marlene aber in Bergen-Belsen war, belegen nicht nur die Erinnerungen Slades, sondern auch Zeilen aus einem Dankesbrief, den Liesel ihrer Schwester am 28. November 1945 schrieb:

Liebes Pussycat,
Dein Besuch war mir eine sehr große Herzensfreude.
Ich kann gar nicht sagen, wie ich mich gefreut habe.

Es wurde früh kalt in diesem Jahr. Schon im November fiel Schnee. Viele Menschen froren in ihren ungeheizten Zimmern. Aber der frühe Wintereinbruch hatte auch sein Gutes: Sanft legte sich mit den rieselnden Schneeflocken eine weiße Decke über all das Graue und Hässliche der tristen Nachkriegslandschaft. Liesel sah darin etwas Tröstliches. Gern wäre sie ein wenig durch die verschneiten Felder und Wiesen der Umgebung spaziert. Die frische Luft würde ihr sicher guttun. Doch die Rückfallgefahr war noch immer nicht gebannt, und es fehlte ihr an Winterschuhen. Die waren ihr bei den Umzugswirren abhandengekommen. Darum bat sie Marlene in ihrem Brief vom 28. November, ihr hohe Schuhe zu schicken – es könnten auch gebrauchte sein:

Liebes Pussycat,
bitte halte mich nicht für unverschämt, wenn ich mit der Bitte komme. Wäre ich jemand wie im vorigen Jahr noch, würde ich Dich gar nicht bitten, sondern einfach zu Hause bleiben. Ich will aber, wenn Gott mich weiter gesund hält, jeden Tag heraus, weil nach Rippenfellentzündung die Gefahr der Tuberkulose besteht.

Im selben Brief bedankte sich Liesel auch für die mitgebrachten Sachen: »Sie waren zu herrlich.« Gleichzeitig sprach sie eine heikle Frage an – es ging um Erbschaftsangelegenheiten. Im Testament sei die Rede von 90 000 Mark gewesen, die ihre Mutter durch den Verkauf eines Hauses erlöst und irgendwo deponiert habe. »Dass das Geld nur nicht verlorengeht!« Da sie offenbar selbst spürte, dass das ein bisschen geldgierig klang, schob sie gleich im nächsten Satz selbstkritisch nach: »Du siehst, ich bin kühl und sachlich.«

Aber sie nahm auch Anteil an den Nöten ihrer Schwester, die ihr inzwischen geschrieben hatte, dass es in ihrer Beziehung zu Jean Gabin kriselte und sie sich einsam und leer fühle in Paris: »Es tut mir sehr weh, dass Du so viel Kummer und Sorgen hast. Du verlebst ja eine sehr schwere Zeit. Ich bete nur zu Gott, dass Du durchhältst.«

Wenige Wochen nach Marlene kommt auch Marlenes Tochter Maria zu Besuch. Die junge Frau, die gerade mit ihrer Schauspieltruppe durch das besetzte Deutschland tourt, lässt sich von Bremen mit einem Jeep nach Bergen-Belsen fahren. Sie kennt bisher nur die offizielle Version. Ihre Mutter hat ihr berichtet, was sie nach wie vor auch den amerikanischen Offizieren erzählt und in dramatischen Farben ausmalt: dass ihre arme Schwester im Konzentrationslager gequält worden sei, nur knapp der Gaskammer entronnen.

Als sie dann ihre Tante Liesel in deren gemütlicher Wohnung in einem bequemen Lehnstuhl sitzen sieht, wird ihr bewusst, dass ihre Mutter mal wieder schamlos gelogen hat. »Ich beugte mich zu ihr hinunter, umarmte sie und spürte ihre gesunde Rundlichkeit«, erinnert sich Maria Riva viele Jahre später. »Ihre Augen waren voller Angst, aber das waren sie immer gewesen, solange ich denken konnte. Sie wirkte immer noch schüchtern und unsicher. Sie hatte sich nicht verändert! Sie war wie immer, und das schockierte mich. Dieser Frau war nichts geschehen. Hier gab es keine KZ-Leiche, kein überlebendes Gerippe, das noch atmete.« Auch im Rückblick ist noch der ungeheure Zorn zu spüren, der in der jungen Schauspielerin aufflammte: »Welches verlogene Drehbuch hatte meine Mutter nun wieder geschrieben, um die Wahrheit zu verstecken, diesmal unterstützt und angestiftet vom britischen und amerikanischen Militär?«

Maria bemüht sich, ihre Wut mit Gesten der Freundlichkeit zu überspielen. »Ich gab meiner Tante die kostbaren Lebensmittel, die ich mitgebracht hatte. Sie brauchte sie nicht zum Überleben, jetzt waren sie einfach Luxus. Mit gewohnt zittriger Stimme stellte sie Fragen nach ihrer geliebten Pussycat, und ich gab ihr die Antworten, die sie hören wollte.«

Sie lässt sich von ihrer Tante Tee einschenken, knabbert die Kekse, die Liesel auf den Tisch stellt, und plaudert auch ein wenig mit Hans-Georg, ihrem Cousin, der kurz von seiner Kriegsgefangenschaft berichtet, aber nichts von der Waffen-SS sagt. Als sie selbst über ihre Arbeit in der Schauspielertruppe spricht, drückt Hans-Georg seine Bewunderung aus und verhehlt auch nicht, dass er davon träumt, ebenfalls nach Amerika zu gehen – in dieses »Land der unbegrenzten Möglichkeiten«. Maria nickt höflich, hat aber das ungute Gefühl, dass ihr Cousin nur eine Show vor ihr abzieht. Eine Schmierenkomödie. Nein, Schorse, wie ihn seine Freunde nennen, ist ihr immer noch nicht sympathisch. Aber sie lässt sich nichts anmerken. Sie spürt, wie stolz Liesel auf ihren großen Jungen ist, und sie liebt ihre Tante immer noch: »Es war nicht ihre Schuld, dass ich wütend war. Sie war das Opfer, das sie immer gewesen war, nur eben nicht das Opfer, das ich erwartet hatte.«

Während der Rückfahrt nach Bremen brodelt es in Maria:

»Die Wut brannte tief in mir. Ich wollte schreien, meine Wut hinausbrüllen, die vielen gequälten Seelen um Verzeihung bitten, deren Schmerz noch die Luft erfüllte und deren Leiden durch die eigennützige, empörende Lüge eines Menschen, mit dem ich verwandt war, geschändet worden war. Niemand darf die Qualen eines Volkes dazu benutzen, sich wichtigzumachen, und damit ungestraft davonkommen. Und ich wusste, die Dietrich hatte es schon getan.«

Maria Riva spricht von ihrer Mutter, wenn sie über »die Dietrich« schreibt.

Noch am Abend desselben Tages schreibt Hans-Georg seiner Tante einen Brief, um in den höchsten Tönen von Marias Besuch in Bergen-Belsen zu schwärmen:

3. 1. 1946
Meine liebe Tante Lena!
Heute gegen 8 Uhr traf Maria aus Bremen ein. Sie sieht ja blendend aus. Einfach herrlich. Maria kam aus Bremen und war glücklich, uns gesund zu sehen ... Auch Maria sagte, dass es möglich sei, nach Amerika auszuwandern. Sie würde auch ihr Bestes dazu beitragen. Aber eines steht fest: Deine Tochter ist nicht nur blendend schön, sie steht auch mit beiden Beinen fest in der Welt. Sie ist einfach fabelhaft. Ich lasse mich nicht so schnell zu Begeisterungsausbrüchen hinreißen, besonders nicht in Bezug auf Frauen, aber wenn ich es schon einmal tue, dann hat es seinen Grund.

Im selben Brief klagt Hans-Georg darüber, wie seine Mutter unter ihrem Mann zu leiden hat – wohl wissend, wie Tante Lena über seinen Vater denkt:

Mutti geht es besser, aber hier bei meinem Vater kann keine schwache Frau, besonders meine Mutter nicht, leben. Er pöbelt meine Mutter täglich mindestens zweimal an. Das ist für Deine

Schwester natürlich kein Zustand. Du kennst ja Mutti und weißt, wie schwach und zart sie ist. So ist eine Trennung unbedingt nötig, wenn Deine Schwester nicht vor die Hunde gehen soll. Entschuldige bitte den Ausdruck, aber es ist so.

Ganz uneigennützig schreibt Hans-Georg seiner Tante in Paris sicher nicht. Er hofft immer noch, dass Marlene ihm bei einer Auswanderung und einer Anstellung in der Filmbranche behilflich sein kann:

Ich habe mich jetzt entschieden, ins Filmfach zu gehen und Kameramann zu werden ... Zu unserem größten Bedauern sind seit längerer Zeit keine Nachrichten von Dir eingetroffen. Nun möchte ich schließen und verbleibe mit den besten Grüßen, Dein Neffe Hans-Georg

20

ENDE EINER LIEBE

Den anderen Gästen blieb nicht verborgen, dass am Nachbartisch ein heftiger Streit tobte. Mochten die beiden auch noch so angestrengt flüstern, die Blicke und Gesten waren eindeutig. Der Mann mit dem graumelierten Haar ließ resigniert die Arme sinken und schüttelte anklagend den Kopf, während die blonde Frau ihr silbernes Feuerzeug traktierte, um sich eine Zigarette anzuzünden, mit hochgezogenen Augenbauen einen tiefen Zug nahm und den Rauch wütend zur Decke blies. Es war unübersehbar, dass die Verstimmung keineswegs behoben war, sondern nur in eine neue Runde ging. Tatsächlich setzte die Frau schon im nächsten Moment zu einer weiteren Attacke an, indem sie ihrem Gegenüber mit kaltem Lächeln eine nicht sehr freundlich anmutende Botschaft zuraunte. Dann geschah etwas, das den aufgeschreckten Restaurantbesuchern den Atem stocken ließ: Der Mann schlug der Frau ins Gesicht. Die Geschlagene funkelte den Schläger nur kurz mit einem vernichtenden Blick an, bevor sie ihre Handtasche an sich riss, polternd den Stuhl zurückschob, ihren Pelzmantel von der Garderobe angelte und aus dem Lokal stürmte.

Wie bei einem heimlichen Treiben ertappt, wandten die Tischnachbarn ihre Blicke im nächsten Moment von dem Mann ab, der mit steinerner Miene auf seinem Stuhl erstarrt zu sein schien, und tuschelten miteinander – wohl um den empörenden Vorfall nachzubereiten. Was die Szene, die sich da vor ihren Augen abgespielt hatte, noch spektakulärer machte, war der Umstand, dass die meisten Gäste das streitende Paar aus dem Kino und den Illustrierten kannten: Jean Gabin und Marlene Dietrich.

Die Ohrfeige in diesem Pariser Nobelrestaurant markierte im Dezember 1945 den bisherigen Tiefpunkt in der Beziehungskrise der beiden. Immer düsterere Wolken hatten sich in den vergangenen Wochen über ihnen zusammengebraut. In ihrer Not hatte sich Marlene schon am 16. September in einem Brief ihrem Mann in New York anvertraut:

> Liebster Papi,
> ich vermisse Dich schrecklich! Es fällt mir schwer, mich an Jeans Eigenheiten zu gewöhnen. Ich kann mir nicht erklären, warum er nervlich in einem solchen Zustand ist ... Wir streiten uns jeden Abend. Worüber, fragst Du? Ein Beispiel: Er nahm ein Schlafzimmer mit Salon für uns beide. Ich sagte, es wäre besser, zwei nebeneinanderliegende Schlafzimmer zu nehmen. So hätte jeder ein eigenes Badezimmer, das wäre angenehmer. Ich versuchte, ihm zu erklären, dass man manchmal eine »Privatsphäre« braucht. Daraufhin stand er auf, zog sich an und ging.

Gabin machte Marlene eine Eifersuchtsszene nach der anderen. Er durchwühlte ihr Hotelzimmer nach verräterischen Briefen, begutachtete argwöhnisch ihre neue Reizwäsche und beschuldigte sie, mit jedem General ins Bett zu gehen. Besonders verdrießlich stimmte ihn weiterhin ihre Treue zu diesem Rudi in New York, dem sie endlose Briefe schreibe, statt endlich die Scheidung einzureichen. Hinzu kam, dass sie sich nun tatsächlich auch noch in »Jumpin' Jim« verliebt hatte, General James Gavin, den feschen Fallschirmspringer. »Er ist so süß«, schwärmte sie in einem Brief an ihren Mann, nachdem Gavin extra aus Berlin gekommen war, um sie in Paris zu besuchen. »Er war so nett und zärtlich und schrecklich lieb, ganz anders als in Berlin, wo er vor seinen Untergebenen, die seine Liebe als Liebesaffäre missdeuten würden, immer so diskret, korrekt und unpersönlich sein musste.« Er habe in Washington eine zwölfjährige Tochter und sei verheiratet, wolle sich aber scheiden lassen. »Aber nicht meinetwegen«, betonte Marlene. Sie habe bisher nicht einmal mit Gavin geschlafen. Trotzdem könne es vielleicht etwas Ernstes werden.

Dass Jean Gabin sich darüber aufregte, war aus Marlenes Sicht lächerlich. Er selbst hatte ja eine Geliebte. Fast jeden Abend ging er mit dieser Schauspielerin aus. Ganz ungeniert. Auch sonst hatte Jean ihrer Meinung nach keinerlei Grund zu klagen: Er war reich, berühmt und gut beschäftigt als Schauspieler. Sie dagegen langweilte sich in Paris zu Tode, hatte nach den aufregenden Monaten in der Army das Gefühl, den Boden unter den Füßen zu verlieren und in Bedeutungslosigkeit zu versinken. »Ich habe mich noch nie so allein und verloren gefühlt«, schrieb sie am 5. Dezember ihrem »Papi«. »Sicher, im Krieg habe ich an schlimmeren Orten gelebt. Aber das war etwas anderes. Zum einen war man da unter lauter jungen Leuten, und man hat über das Elend gelacht. Und dann war man nicht allein.«

Trotz der Streitereien versöhnte sie sich immer wieder mit Gabin, der seiner »Grande« nach seinen Ausfällen glühende Liebesbriefe schrieb und um Verzeihung bat, aber es waren zunehmend halbherzige Versuche, die alte Leidenschaft wieder auflodern zu lassen. Schließlich bereiteten sich die beiden gemeinsam auf ihren geplanten Film vor. Doch Marlene hatte schon längst die Lust daran verloren. Das Drehbuch fand sie sowieso schwachsinnig. Nein, die Aussicht auf die bevorstehenden Dreharbeiten im Sommer 1946 hatte für sie nichts Verlockendes mehr. Um die Zeit totzuschlagen, strickte sie für ihre Freunde Socken, häkelte und stickte, wie sie es von ihrer Mutter gelernt hatte.

Auch die Lektüre von *Arc de Tromphe*, dem neuen Roman von Remarque, den dieser ihr natürlich sofort nach seinem Erscheinen in den USA geschickt hatte, trug nicht gerade zu ihrer Erheiterung bei. Boni hatte darin seine Erlebnisse mit ihr verarbeitet und sie in der Gestalt der schönen Sängerin Joan Madou porträtiert, die von einem eifersüchtigen Verehrer erschossen wird. »Es ist kein großer Wurf«, berichtete sie Rudi. »Seine Frauengestalten sind immer schemenhaft. Ich bin auch viel interessanter als Joan Madou.«

Trotzdem schrieb sie Remarque am 1. Dezember 1945 aus dem Élysée Park Hotel einen weiteren zärtlichen Brief:

> Ich schreibe Dir, weil ich plötzlich akute Sehnsucht habe – nicht die, die ich sonst habe. Vielleicht brauche ich Leberwurstbrote, den Trost der Betrübten – und seelische Leberwurstbrote. Paris in grauem Nebel – ich sehe kaum die Champs-Élysées. Ich bin durcheinander und leer und ohne Ziel. Kein Herumlaufen mehr nach Lebensmitteln und Fliegern, die nach Berlin fliegen – keine Sorge mehr um meine Mutter, um sie durch den Winter zu füttern. Und ich weiß nicht, wo ich sein soll …
> Ich bin nicht in der Kreuzstichhandarbeiten-Ruhe! habe mich aufgelehnt und um mich geschlagen (nicht immer mit den fairsten Mitteln) und habe mich freigehauen und sitze nun in der Freiheit allein und verlassen in einer fremden Stadt. Und finde deine Briefe! Und schreibe dir ganz ohne Grund. Sei mir nicht böse.
> Dein zerfetztes Puma

Im Juni 1946 beginnen die Aufnahmen zu *Martin Roumagnac*. Marlene trifft dabei eine alte Freundin wieder: Margo Lion, mit der sie 1928 »Meine beste Freundin« im Duett auf der Bühne gesungen hat. Trotzdem ist der Dreh für sie »die Hölle«, wie sie später sagen wird. Die Streitereien, die Eifersuchtsszenen des Film-Liebespaares setzen sich hinter den Kulissen fort. Marlene präsentiert sich als Mutter der Kompanie und versorgt Schauspielerkollegen und Techniker mit Care-Paketen, kocht Kaffee, schmiert Brote. Jean reagiert mit Vorhaltungen und manchmal auch mit Schlägen. Als ein Reporter zu den Dreharbeiten kommt, steckt Marlene einem Elektriker demonstrativ eine Kirsche in den Mund und lässt sich dabei in koketter Pose fotografieren. Jean ist entgeistert, als er das Foto sieht.

In dem Film spielt Gabin einen Bauunternehmer, der sich in das treulose Flittchen Blanche (Marlene Dietrich) verliebt. Während Gabin für seine unprätentiöse Darstellung von den Kritikern gelobt wird, fällt das Urteil für Marlene vernichtend aus. Trotz der beiden Stars füllen sich die Kinos nicht. Der Film wird zum Flop.

Noch bevor die Dreharbeiten abgeschlossen sind, hat Marlene einen Vertrag für einen neuen Hollywood-Film unterzeichnet: *Golden Earrings*. Für die Rolle der Zigeunerin, die sie darin spielen soll, bestellt sie schon von Paris aus eine schwarze Perücke.

Vor ihrer Abreise nach Hollywood trifft sie sich noch einige Male mit einer kleinen, hageren, unscheinbar wirkenden Frau, die mit ihrer großen Stimme gerade ganz Frankreich verzaubert: Édith Piaf. Sie überhäuft den »Spatz von Paris« mit Geschenken und guten Ratschlägen und tauscht auch manche Zärtlichkeit mit der »lieben Freundin« aus.

Das Kapitel Jean Gabin dagegen ist für sie spätestens mit dem Ende der Dreharbeiten vorerst abgeschlossen. Daran ändern die Liebesbeteuerungen nichts mehr, die der Franzose seiner »Grande« allen Verstimmungen zum Trotz vor ihrer Abreise schickt: »Du warst, du bist und du bleibst meine einzige große Liebe. Ich fühle, dass ich Dich verloren habe, obwohl wir eine so schöne Zeit miteinander hatten ... Mir bleibt nur ein unendliches Gefühl der Traurigkeit, ein tiefer Schmerz in meinem Innern und großer Kummer.«

21

NEUES LEBEN

Eigentlich war es den britischen Soldaten streng verboten, sich mit deutschen Frauen einzulassen. Aber das Fraternisierungsverbot stand nur auf dem Papier, Liebesabenteuer ließen sich damit nicht unterbinden. Im Gegenteil: Die Notwendigkeit, sich über die Grenzen des Erlaubten hinwegzusetzen, erhöht den prickelnden Reiz einer amourösen Begegnung bekanntlich noch zusätzlich.

Die Affären zwischen britischen Soldaten und deutschen Frauen häuften sich. Die Tommys, wie sie mittlerweile nicht nur von ihren Verehrerinnen genannt wurden, machten sich einen Sport daraus, deutsche Freundinnen aufs Kasernengelände zu schleusen. Und die Tommys waren bei den jungen Frauen in Bergen und Umgebung äußerst beliebt. Sie sahen nicht nur gut aus, sie schienen auch über unbegrenzte Mengen von Schokolade, Zigaretten und Corned Beef zu verfügen. Überdies eröffnete sich mit jeder Liebelei die Aussicht auf ein Eheleben im Land der Sieger.

Die Kaserne entfaltete damit eine ungeheure Sogwirkung. Unter der Laterne vor dem großen Tor kam es zu vielen natürlich ganz zufälligen Begegnungen von Soldaten und herbeigeströmten Frauen mit anziehendem Parfümduft. Es verging kaum ein Tag, an dem nicht vor dem großen Tor auch besorgte Eltern standen und nach ihrem spurlos verschwundenen Töchterchen fahnden ließen. Dabei richteten sich die Befürchtungen nicht nur auf die liebeshungrigen Besatzer. Sie erhielten zusätzlich durch den Umstand Nahrung, dass sich auf dem Kasernengelände auch noch, und zwar in weitaus größerer Zahl, entlassene Häftlinge und Zwangsarbeiter aufhielten, die den deutschen Anwohnern zumeist nicht geheuer waren.

Und diese Abneigung beruhte auf Gegenseitigkeit. Bei manchen der unfreiwilligen Heidebewohner schlich sich das Gefühl ein, von einem Lager in ein anderes gewechselt zu sein. Wirklich frei fühlten sich viele der einstigen Internierten von Bergen-Belsen auch nach der Befreiung nicht. Da Polen und andere osteuropäische Staaten von der Sowjetunion besetzt waren, kam für viele eine Heimkehr nicht in Frage. Aber wohin? Die klassischen Auswanderungsländer USA, Kanada und Australien verhängten Einwanderungssperren, der Zuzug nach Palästina wurde von den Briten als Mandatsmacht bis zur Gründung des Staates Israel im Mai 1948 streng reglementiert, und kaum einer wollte in Deutschland bleiben, dem Land der Gaskammern und Judenhasser. So blieb den zumeist aus Osteuropa deportierten KZ-Häftlingen und Zwangsarbeitern nach ihrer Befreiung keine andere Wahl, als erst einmal auf dem Kasernengelände in Belsen auszuharren, von den Alliierten offiziell anerkannt als »Displaced Persons« (DPs), als Verschleppte.

Doch sie warteten nicht einfach nur passiv auf den Tag ihrer Abreise. Viele nutzten die begrenzte Freiheit, um ihr Leben selbst in die Hand zu nehmen. Polen und Juden gründeten eigene Komitees zur Selbstverwaltung und mühten sich, des drohenden Chaos und ausufernden Schwarzhandels mit einer polnischen und einer jüdischen Polizeitruppe Herr zu werden; sie unterrichteten ihre Kinder, versorgten ihre Kranken, trieben Sport, feierten Gottesdienste, tanzten, spielten Theater, bildeten Chöre, diskutierten, malten, musizierten und veranstalteten Kunstausstellungen.

Neben dem polnischen Camp entstand auch ein jüdisches Camp. Mit bis zu zwölftausend Menschen entwickelte sich hier die größte jüdische Gemeinde Norddeutschlands, mit Jiddisch als verbindender Sprache. Wo wenige Monate zuvor noch alle Menschen jüdischer Herkunft dem Tod geweiht zu sein schienen, blühte ne-

»Gib mir zurück mein Kind!« von Dolly Kotz in
einer Inszenierung des Kazet-Teaters Bergen-Belsen.

ben den Massengräbern wie nach einem langen eisigen Winter wieder jüdisches Leben auf. In seiner ganzen Vielfalt. Auf dem Kasernengelände entstanden Synagogen, ein Talmud-Kindergarten, eine Talmud-Grundschule und sogar eine Talmud-Hochschule. Ein jüdischer Fußballverein wurde gegründet, ebenso eine jüdische Zeitung und eine Bibliothek. Gleich zwei Theater wetteiferten um Besucher: das jiddischsprachige »Kazet-Teater« des Regisseurs und Stückeschreibers Sami Feder und die sozialistisch-zionistisch ausgerichtete deutschsprachige »Arbeiterbühne«. Gleichzeitig kamen deutsche Musiker aus Hannover nach Bergen-Belsen, sodass in der Kaserne auch Opern und Operetten aufgeführt wurden – unter anderem *Madame Butterfly* und *Wiener Blut*. Anfangs traten die Künstler vor allem im Zelttheater auf, das schon 1937 zur Un-

»Morgen kommt ihr dran, verfluchtes Judengesindel! Das Hängen gefällt euch, was?« Das Displaced-Persons-Ensemble des Kazet-Teaters spielt das Drama »So hat es angefangen«, verfasst und inszeniert von Sami Feder.

terhaltung der Wehrmachtssoldaten errichtet worden war. Doch Wind und Frost setzten dem zugigen Bauwerk derart zu, dass es Anfang 1947 nicht mehr bespielbar war. Daher fanden die Theateraufführungen jetzt vornehmlich im Kinosaal von Georg Will statt.

Der Kinodirektor, der kurze Zeit zuvor noch mit SS-Leuten gescherzt hatte, zeigte sich offen für die jüdischen Theateraktivitäten. Am 2. Februar 1947 gratulierte er Sami Feder in einem Brief zu dessen Inszenierung des Lustspiels *Das große Los (200 000)* nach einer Erzählung des populären jiddischsprachigen Autors Scholem Alejchem.

> Ich habe mit großem Interesse diese Aufführung verfolgt und kann nur meine besondere Hochachtung zum Ausdruck bringen, dass Sie mit diesem verhältnismäßig primitiven Material eine Aufführung zustande brachten, die weit über den Rahmen einer reinen Amateurtheateraufführung hinausgeht. Als langjähriger Theaterdirektor und Regisseur glaube ich beurteilen zu können,

dass mit dieser Aufführung ein außergewöhnliches Maß an Arbeit verbunden war. Ich glaube, Ihrem dramatischen Studio beste Zukunftsaussichten voraussagen zu können.

Auch in der *Welt* rühmte Will das Kazet-Teater, fand lobende Worte für den »sehr begabten Regisseur«, den »vielseitig begabten Bühnenbildner« und das »große Können« der Hauptdarstellerin. Der alte und neue Kinochef vergaß auch nicht, in seiner Hymne die »überdimensionale Tafel« bei den Massengräbern zu erwähnen, »auf der in allen Sprachen der Welt die grausigen Zustände aufgeführt sind, die hier vorgefunden wurden«. Doch an die »Gräuel der letzten Hitlerjahre«, betonte er, erinnere nichts mehr. »Aus diesem Bild des Grauens wuchs neues Leben, ein neuer Wille zum Dasein.« Und er schwärmte: Aus »ersten Aufführungen von Einaktern der Weltliteratur, selbstverfassten Szenen aus dem KZ-Leben und Solodarbietungen« sei eine »Ensemblekunst« erwachsen, »die sich auch an größere Stücke heranwagen konnte«.

Komplimente dieser Art waren natürlich nicht uneigennützig. Denn Georg Will gehörte für die Briten zur Gruppe der Täter. Somit musste er sich im Zuge der Entnazifizierung durchleuchten und heikle Fragen gefallen lassen. Da war es gut, wenn sich jüdische Künstler und Intellektuelle für ihn aussprachen. Und je mehr er für sie tat, desto günstiger urteilten sie über ihn. So beschaffte er dem Kazet-Teater Kostüme vom Schauspielhaus Hamburg und öffnete seinen Kinosaal bereitwillig für DP-Aufführungen, ohne daraus immer wirtschaftlichen Nutzen zu ziehen.

Da das Camp den Bürgern Bergens weitgehend verschlossen blieb, strömten vor allem britische Soldaten in Wills Kinopalast, den er jetzt in Shakespeare-Manier »Globe Theater« nannte.

Liesel gefiel der neue Name. »Globe Theater« – das klang nach *Hamlet* und *Macbeth*. Sie fand sich auch damit ab, dass fast ausschließlich englischsprachige Filme aus dem Pool der britischen Truppenbetreuung gezeigt wurden. Sie beteiligte sich an der Filmauswahl und setzte sich wieder an die Kasse. Im Gegensatz zu

Georg sprach sie ja fast fließend Englisch, und so fiel es ihr leicht, das eine oder andere Wort mit den Soldaten zu wechseln. Wie ein Fest war es für sie, als die Westernkomödie *Der große Bluff* (*Destry Rides Again*) endlich, acht Jahre nach der US-Premiere, auch in deutschen Kinos lief und das englische Original über diesen Umweg in die Britenkaserne gelangte. Es hatte sich herumgesprochen, dass sie die Schwester der schlagkräftigen Hauptdarstellerin war, und so kam ein Soldat nach dem anderen zu ihr, um seine Hochachtung für »Captain Dietrich« zu bekunden. Das wollte sie Marlene unbedingt schreiben! Natürlich blieb ihr nicht verborgen, wie die Tommys darüber tuschelten, dass Marlenes Schwester eine so unscheinbare graue Maus war, aber daran hatte sie sich schon zu Wehrmachtszeiten gewöhnt. Egal: Wer für Marlene schwärmte, wärmte auch ihr das Herz.

Weniger nah kam sie den früheren Häftlingen und Zwangsarbeitern. Sie vermied es weiterhin, sich ihren Blicken auszusetzen, in denen immer noch Argwohn, wenn nicht gar Hass aufblitzte. Und sie sah sich bestätigt, wenn Georg darüber klagte, wie schwierig es oft mit dem Zentralkomitee der jüdischen Gemeinde sei. Die Empfindlichkeiten waren groß. Harsche Kritik musste sich Will zum Beispiel gefallen lassen, als er die ungarische Chansonsängerin Irene de Noiret am 6. September 1947 für einen Abend mit internationalen Volksliedern verpflichtete. Die Sängerin hatte unter den Nazis Platten wie »Lili Marleen« produziert und war manchen der DPs suspekt – hinzu kam, dass sie ausgerechnet an einem Sabbat auftreten sollte. Die Kulturabteilung des jüdischen Komitees erklärte, dass »wir nicht das Geringste damit zu tun haben«.

Niemand dagegen nahm Anstoß daran, dass ein höflicher Hühnerzüchter aus dem nahegelegenen Dorf Altensalzkoth vor der Kaserne in Bergen-Belsen den DPs und Soldaten Eier verkaufte. Wer hätte auch ahnen können, dass es sich bei dem Eiermann um Adolf Eichmann handelte, Hitlers Chefplaner für den Mord an Millionen Juden, der von März 1946 bis Anfang 1950 unerkannt in dem kleinen Heidedorf lebte, Bäume fällte und Legehennen hielt.

Bei den deutschen Zivilangestellten auf dem Kasernengelände dagegen lag es nahe, dass sie auch schon anderen Herren gedient hatten. Entsprechend groß war das Misstrauen, das ihnen entgegenschlug.

Da zog es Liesel vor, ihre Freundin Anni zu besuchen, die mittlerweile als Lehrerin an der Mittelschule in Bergen arbeitete und nicht die Absicht hatte, ins zerbombte Berlin zurückzukehren. Liesel dagegen dachte jetzt wieder häufiger über eine Rückkehr in ihre Heimatstadt nach – vor allem auch, weil sie sich um Hans-Georgs Zukunft sorgte. Was sollte hier in der Provinz aus dem Jungen werden? Zur Schule gehen wollte er nicht mehr, und eine Lehre lehnte er auch ab. Gerade war er zu einer saftigen Geldstrafe verurteilt worden, weil er mit dem Auto seines Vaters gefahren war. Ohne Führerschein! Sechzig Mark hatte der Spaß gekostet. Nein, das Herumlungern bekam dem Jungen nicht. In Berlin würden sich ihm sicher viel mehr Möglichkeiten bieten. Vielleicht sogar im Geschäft ihrer Familie. Doch nach dem Tod ihrer Mutter stellte sich die Frage, wie es mit dem Felsing'schen Unternehmen weitergehen sollte. Das große Uhrengeschäft Unter den Linden war weitgehend zerstört, und der Laden lief seitdem nur noch auf kleiner Flamme als Reparaturwerkstatt weiter – geführt von Eleonore (»Elli«) Vetter, die das Geschäft gemeinsam mit Josephine von Losch durch NS-Zeit und Krieg gebracht hatte und nun nicht daran dachte, das Feld einfach zu räumen. In mehreren Briefen an Liesel stellte Elli Vetter sich als Interessenvertreterin Marlenes dar, die von der verstorbenen Mutter zur Haupterbin bestimmt worden sei. Marlene Dietrich, teilte sie mit, habe sie, Eleonore Vetter, zu ihrer Geschäftsführerin gemacht.

»Sie gibt sich als Deine langjährige Freundin aus«, schrieb Liesel am 2. Mai 1946 ihrer Schwester. Elli Vetter habe behauptet, Marlene sei die »Alleinerbin«, um selbst »ungestört schalten und walten zu können«. Fräulein Vetter habe das Geschäft ganz an sich gezogen und spiele sich als »Herrscher aller Reußen« auf, klagte Liesel.

Sie fühlte sich hintergangen und schaltete einen Rechtsanwalt ein. Gern hätte sie in Berlin selbst nach dem Rechten gesehen. Aber abgesehen davon, dass sie immer noch unter den Folgen der Rippenfellentzündung litt und die Bahnverbindungen schlecht waren, gab es noch ein weiteres Problem: Das Uhrengeschäft lag im sowjetischen Sektor.

Besonders schmerzlich aber war dann für sie die Nachricht, dass sich Marlene in dem sich anbahnenden Erbschaftsstreit anscheinend mit Eleonore Vetter verbündete. Was ihr der Anwalt aus Berlin übermittelte, klang besorgniserregend. Es schien, als wollte dieses Fräulein Vetter sie bei den Sowjets anschwärzen und wegen ihrer angeblichen Nazivergangenheit kaltstellen. Immer wieder äußerte sie ihr Entsetzen über eine Anschuldigung mit unabsehbaren Folgen: »Sie verschreit uns als Faschisten.« Vollkommen abwegig sei das. Ihr Mann habe nie etwas mit dem Konzentrationslager zu tun gehabt, und ihren Jungen könne man doch nicht dafür belangen, dass er als Minderjähriger zur Waffen-SS gegangen sei. Irritiert schrieb Elisabeth Will ihrer Schwester am 13. Mai 1946: »Mir ist auch mitgeteilt worden, dass sie sagt, Du wolltest das Testament anfechten.«

Gleichzeitig erhielt Marlene etliche Briefe von Eleonore Vetter. Die zupackende Kauffrau hatte sich schon während der zwanziger Jahre zur lesbischen Liebe bekannt. Gemeinsam mit der Sängerin Claire Waldoff war sie einst in Berlin eng mit Marlene Dietrich verbunden gewesen. Die alten Freundinnen hatten sich zuletzt bei der Beerdigung von Josephine von Losch getroffen. »Liebste Marlene«, hatte »Elli« wenige Tage danach geschrieben. »Hoffentlich bist Du gut in Paris gelandet. Hier hing der Himmel beinahe auf den Trümmern, sodass ich um Dich besorgt bin, wie Du den Flug im brodelnden Nebel überstanden hast.«

Jetzt wurde sie nicht müde, in ihren Briefen auf Liesel einzudreschen. Die sei ja wohl in einem »recht konfusen Zustand«, teilte sie am 3. Februar 1946 mit, und wenig später schrieb sie: »Für Liesel würde ich weder einen Weg tun noch den kleinsten Finger rühren.« Bekäme Liesel das Geschäft in die Finger, wäre es »in 6 Wochen hin«. Sie zeigte sich daher daran interessiert, das Geschäft zu kaufen – auch um es dem Einfluss von Georg Hugo Will zu entziehen, der angeblich bereits seine Fühler ausgestreckt hatte. Im Ostsektor könne der zwar vermutlich nicht viel ausrichten. »Aber man weiß ja nicht, was er aushecht.«

Elli Vetter weiß, dass sie mit ihren Angriffen gegen Georg Will bei Marlene offene Türen einrennt – und spielt immer wieder auf dessen Nazivergangenheit an. So schreibt sie Marlene am 1. Mai 1946:

> Meine private Meinung über die Testamentsregelung ist diese: Durch das Entnazifizierungsgesetz kann Will und Hans-Georg völlig ausgeschaltet werden. Liesel, die ebenfalls auf Seiten der beiden stand, kann man für die Dauer von 5 Jahren ausschalten, bis Du dann eine generelle Regelung triffst.

Wie Marlene darüber dachte, ist ihrem Kurzkommentar zu entnehmen, den sie auf den Brief schrieb: »Will ich nicht!«

So musste sich Eleonore Vetter geschlagen geben: Über einen Treuhänder gelang es Liesel, sich den Großteil der in einem Lager gebunkerten Uhren und Schmuckstücke zu sichern und ihn zu verkaufen. Das Geschäft wickelte allerdings Georg für sie ab, sodass sie von dem Geld nichts sah. Ihr Mann versprach, es gewinnbringend zu investieren, doch sie selbst zog wie üblich keinen Gewinn daraus. Mit der Währungsreform im Juni 1948 verlor das Geld ohnehin den größten Teil seines Wertes.

Gleichwohl schaffte es Liesel, sich mit Hilfe ihres Rechtsanwalts als Geschäftsführerin ins Berliner Handelsregister eintragen zu lassen. Doch praktischen Nutzen konnte sie nicht daraus ziehen. Kaufleuten aus dem Westen waren im Ostsektor die Hände gebunden.

Das Uhrengeschäft Unter den Linden wurde geschlossen. Eleonore Vetter zog in den Westsektor nach Berlin-Charlottenburg und forderte ihre alte Freundin Marlene auf, sie für ihre vergeblichen Bemühungen zu entschädigen. Dabei nahm der Ton ihrer Briefe eine zunehmend erpresserische Klangfarbe an. Am 12. November 1952 erinnerte sie zum Beispiel an das »heilige Versprechen«, das sie Marlenes »lieber Mutter« gegeben habe: »die Firma für Dich zu retten«. Doch gleichzeitig erwähnte sie, dass sie von »vielen in- und ausländischen Presseagenten« bestürmt werde, die ihr angeblich viel Geld für Exklusivinformationen boten. »Bisher lehnte ich auch die verlockendsten Angebote ab«, schrieb sie. Da sie nun aber in einen finanziellen Engpass geraten sei, müsse sie auch an sich denken. Für den Fall, dass ihr Marlene in den nächsten zehn Tagen keinen größeren Betrag auf ihr Konto überweise, sehe sie sich daher »gezwungen, die Presseangebote anzunehmen«.

Die Drohung scheint gewirkt zu haben. In mehreren Telegrammen bedankt sich Elli Vetter bei Marlene für Überweisungen. Als »Anzahlung«.

Liesel musste dagegen nicht drängen oder drohen. Marlene ließ sie bereitwillig an ihrem Reichtum teilhaben. Sie überließ ihr einen Großteil der Einnahmen aus den deutschen Plattenverkäufen und überhäufte sie mit Geschenken. Die Tantiemen überwies ihr Marlenes Münchner Rechtsanwalt Wolfgang Börner getarnt als »Rückzahlungen«, die Geschenke schickte ihr Marlenes alter Weggefährte Max Colpet, der nach dem Krieg nach München gezogen war.

Eine Heimkehr nach Berlin kam für Liesel jetzt noch weniger in Frage als zuvor. Ihre Mutter war tot, das Haus in der Kaiserallee zerstört, das zerbombte Uhrengeschäft lag unerreichbar in der sowjetischen Besatzungszone, und bei vielen der übrigen Hinterlassenschaften waren die Besitzverhältnisse immer noch ungeklärt. Somit richtete sie sich auf weitere Jahre in Bergen ein.

Kulturell immerhin wurde hier ja nun einiges geboten. Auch die britische Armee sorgte für Glanzlichter. Im Rahmen der Truppenbetreuung kamen aus England Künstler mit großem Namen nach Bergen-Belsen. Schon im Sommer 1945 hatte Laurence Olivier mit dem Stück *Arms and the Man (Helden)* von George Bernard Shaw im Camp gastiert. Der berühmte Geiger Yehudi Menuhin war zu einem Konzert angereist, und die Reihe der hochkarätigen Gastspiele wurde fortgesetzt – mittlerweile im Kinosaal. Auch in Oerbke bei Fallingbostel zeigte Will nicht nur Filme, sondern präsentierte auch Konzerte, Operetten, Theateraufführungen und Varietéveranstaltungen – mit bis zu 1300 Besuchern und Einnahmen, die an guten Tagen bei 10 000 Mark lagen.

Wie lange Georg die Kinos allerdings noch pachten konnte, stand in den Sternen. Ende der vierziger Jahre waren nur noch wenige Displaced Persons im Lager übrig geblieben, und die Briten planten, die Kasernen künftig stärker militärisch zu nutzen und auch die Familienangehörigen ihrer Soldaten in die Heide zu holen, sodass auf deutschem Boden allmählich ein Vereinigtes Königreich im Miniaturformat Formen annahm. Da lag es für die Briten nahe, das »Globe Theater« in eigener Regie zu führen – zumal Georg Will auch weiterhin als nicht ganz unbelastet galt. Trotz aller Sympathieerklärungen von jüdischen Kulturschaffenden – der Musiker Herman Yablokoff nannte ihn noch in seinen Erinnerungen einen »bewährten Freund des jüdischen Volkes« – hatte er unzweifelhaft auf Seiten der Nazis gestanden. Dies deutete sich auch Ende 1949 in einer Zivilklage an, die sein früherer Geschäftsführer Willy Stoffers wegen ausstehender Lohnzahlungen gegen ihn anstrengte. Will habe ihm im Juli 1944 »mit einer Notverordnung Görings gedroht«, beteuerte Stoffers. »Nationalsozialisten wie Will« müssten zur Wiedergutmachung herangezogen werden, forderte der Mann.

Gleichzeitig verlangte Georg Will Entschädigung für beschlagnahmte Einrichtungsgegenstände aus seiner Wohnung und den Truppenkinos. Ob Vorhang, Stühle oder Projektoren – er hatte das gesamte Kinoinventar doch aus eigener Tasche bezahlt. Das konnten sie ihm ja nicht einfach wegnehmen! Mit Hinweis auf die unrechtmäßige Beschlagnahmung lehnte er es ab, die Kinopacht zu zahlen: fünf Prozent seiner Nettoeinnahmen, was kein Kleckerbetrag war angesichts der florierenden Geschäfte der vergangenen

Jahre. Da der Landkreis Celle auf der Pacht beharrte, kam es zu einem entnervenden Schriftwechsel. Ein langwieriger Rechtsstreit entbrannte auch um einen Flügel, den er auf eigene Faust aus dem Kino in Oerbke hatte abtransportieren lassen. Mehrfach forderten ihn die deutschen Behörden auf, das Instrument zurückzugeben. Er habe es sich unrechtmäßig angeeignet, schrieben sie ihm. Doch Georg Will weigerte sich beharrlich. Er hatte den Flügel bereits nach Hannover verfrachtet, wo er ein neues Kino eröffnen wollte.

Die Metropol-Lichtspiele am Engelbostler Damm in der Nordstadt von Hannover waren 1943 bei einem Bombenangriff zerstört worden. Angesichts der unsicheren Zukunft auf dem Kasernengelände in Bergen-Belsen hatte Will das Trümmergrundstück gekauft und das Kino mit Hilfe der Erlöse aus dem Berliner Uhrengeschäft wieder aufbauen lassen, um sich ein zweites Standbein zu schaffen. Bereits 1949 hatte er es neu eröffnet und sich dabei werbewirksam als Schwager Marlene Dietrichs in Szene gesetzt. In seinem Kinosaal versteigerte er meistbietend ein signiertes Foto, das Marlene einst ihrer Schwester geschenkt hatte.

Liesel war entsetzt, als sie davon erfuhr. Überhaupt behagten ihr die hannoverschen Aktivitäten ihres Mannes ganz und gar nicht, und das hatte einen gewichtigen Grund: Sie war überzeugt, dass Georg in Hannover eine neue Geliebte hatte. Es häufte sich, dass es nachts neben ihr still blieb im Ehebett. Fast sehnte sie sich schon nach dem vertrauten Schnarchen.

Anfang 1950 bestätigte sich ihr Verdacht: Georg gestand ihr, er habe sich in Hannover verliebt. Da die Briten zur gleichen Zeit ankündigten, sie würden seinen Pachtvertrag nicht mehr verlängern, äußerte er die Absicht, ganz nach Hannover zu ziehen. »Dann kann ich mich da auch voll auf das Kino konzentrieren.«

Liesel war wie vom Schlag gerührt. Ein Abgrund tat sich vor ihr auf. Sie musste ihre ganze Kraft zusammennehmen, um ihre Bestürzung in Worte zu fassen: »Was soll denn aus mir hier werden?«

»Ich werde schon für dich sorgen, keine Angst«, sagte Georg.

»Und mit Leni kannst du bestimmt auch weiter rechnen. Außerdem bleibt ja der Junge bei dir.«

Der Junge. Wie lange würde es den noch bei ihr halten? Der war doch schon einundzwanzig Jahre alt! Liesel war viel zu kraftlos und niedergeschlagen, um Einwände zu erheben oder auch nur Fragen zu stellen. Wortlos ging sie ins Schlafzimmer und legte sich ins Bett, obwohl die Sonne noch hoch am Himmel stand.

Auch in den Tagen danach fühlte sie sich wie narkotisiert. Sicher, es war nicht ganz unerwartet so gekommen. Trotzdem hatte sie immer noch gehofft, dass Georg zu ihr zurückkehren würde. Nur der Gedanke an ihren Sohn hielt sie jetzt am Leben. Einige Monate später verließ sie mit ihm die Wohnung im Kinogebäude und mietete sich in Bergen im Obergeschoss eines kleinen Bauernhauses am Sülzweg ein. So war sie immerhin ihrer Freundin Anni näher, mit der sie so gern über Literatur und Theater sprach. Und Anni besuchte sie nicht nur, sondern vermittelte ihr über ihre Kontakte als Lehrerin auch Nachhilfeschüler – vor allem Kinder mit Schwächen in Englisch und Französisch.

Hans-Georg, der erst wenige Jahre zuvor in die Waffen-SS eingetreten war, schwärmte jetzt für Amerika und gründete in Bergen einen »Coca-Cola-Club«, für den er eifrig Mitglieder warb. Um etwas Geld zu verdienen, arbeitete er nun aushilfsweise in Kinos der Umgebung und bereitete sich auf die Filmvorführerprüfung vor. Und er träumte davon, auch an der Produktion von Filmen mitzuarbeiten – möglichst in Amerika, vielleicht sogar bei seiner Tante in Hollywood. Da er wusste, dass Tante Leni gerade mit Billy Wilder einen Film gedreht hatte, schrieb er dem deutschstämmigen Regisseur und erkundigte sich, ob der vielleicht etwas für ihn tun könne. Die Adresse des Absenders dürfte Wilder nachdenklich gestimmt haben. Erst wenige Jahre zuvor, im Herbst 1945, hatte er einen Film über deutsche Konzentrationslager *(Die Todesmühlen)* produziert – unter anderem über Bergen-Belsen. Doch Wilder nahm die Anfrage durchaus ernst und leitete sie an die Paramount-Zentrale weiter. Schließlich erhielt Hans-Georg

Post aus Amerika. Ein Paramount-Mitarbeiter bat ihn – unter Berufung auf Billy Wilder –, ein »Anstellungsgesuch« zu schicken. »Mit all Ihren Daten.«

Obwohl es Liesel davor graute, dass ihr Junge nach Amerika auswandern könnte, bat auch sie Marlene um Unterstützung. »Ich hoffe, dass er bald durch Deine Liebe und Güte Amerika betritt und dass er weiß, was er werden will, und mit eisernem Fleiß auf sein Ziel losgeht«, schrieb sie. »Dass er arbeitsam ist, das Gute weiterträgt und nicht das Böse. In eine richtige Lehre hier wird er sich wohl kaum stecken lassen.«

Unterdessen ging »Lili Marleen« um die ganze Welt. In fünfzig Sprachen wurde das Lied mittlerweile gesungen – aber immer nach der gleichen Melodie. Der Komponist Norbert Schultze erfuhr erst 1946, wie beliebt sein Lied im Ausland war. Als er es im amerikanischen Militärclub in Berlin spielte, wurde er gefeiert wie ein Held. Gleichwohl stufte ihn der Entnazifizierungsausschuss als Mitläufer ein, und die Information Control Division, die Propaganda- und Zensurabteilung der amerikanischen Besatzungszone in Deutschland, setzte ihn wegen seiner Naziverstrickung auf ihre schwarze Liste. Erst 1962 zahlte sich der Lili-Marleen-Erfolg aus: Fortan erhielt er jährlich rund 150000 Mark. Vorher waren seine Tantiemen in den Vereinigten Staaten als »Feindvermögen« beschlagnahmt worden. Nun sah niemand mehr in ihm einen Komponisten, der Märsche für die Nazis geschrieben hatte. Jetzt wurde er für seine Filmmusik, zum Beispiel zu den – immens populären – *Mädels vom Immenhof*, und Schlager wie »Die kleine weiße Möwe« gerühmt. Und natürlich für »Lili Marleen«.

Auch der Dichter Hans Leip verdiente nun an seiner »Lili«. General Eisenhower lobte ihn, obwohl er den deutschen Text vermutlich gar nicht kannte: »Hans Leip«, sagte Ike, »ist der einzige Deutsche gewesen, der der ganzen Welt während des Krieges Freude gemacht hat.«

22

DIE DIVA ALS GROSSMUTTER

»Verdammt noch mal, wie lange wollt ihr sie denn *noch* leiden lassen? Tut doch endlich was!«

Marlene Dietrich war ungehalten. Wie ein Feldwebel im Manöver herrschte sie die Ärzte und Schwestern an. Maria lag in den Wehen. Ihr Wimmern, ihr Schreien und Stöhnen gingen ihr durch Mark und Bein. »Kann man die Geburt nicht endlich mal einleiten?«, fragte sie eine vorbeieilende Hebamme vor dem Kreißsaal.

»Das muss der Arzt entscheiden.«

»Der Arzt, der Arzt!«, rief sie der Schwester hinterher. »Ich habe hier schon lange keinen Arzt mehr gesehen. Wenn man die Weißkittel braucht, sind sie nicht da, und wenn sie da sind, plustern sie sich auf und reden Quark.«

Kopfschüttelnd trippelte sie weiter auf und ab, bis nach einigen Minuten tatsächlich so ein »Weißkittel« auf sie zukam. »Warum …«, begann sie aufgebracht.

Aber der Arzt fiel ihr besänftigend ins Wort. »Liebe Frau Dietrich, Sie helfen Ihrer Tochter überhaupt nicht, wenn Sie hier die ganze Klinik verrückt machen. Trinken Sie lieber einen Tee oder eine heiße Schokolade. Das ist gut für die Nerven.«

»Ach was, bringen Sie mir lieber einen Whisky.«

»Tut mir leid, damit kann ich nicht dienen.«

»Dann mixen Sie mir einen Beruhigungscocktail.«

»Das geht nur, wenn Sie sich bei uns einweisen lassen.«

»Um Himmels willen. Das fehlte noch.«

Mit nachsichtigem Lächeln verschwand der Arzt hinter der Schwingtür, um sich der werdenden Mutter zuzuwenden.

In einem Nebenraum wartete auch Bill, der Vater, auf die Geburt seines Kindes. Aber niemand achtete auf ihn. Alle Blicke hatten sich seit ihrer Ankunft auf Marlene Dietrich gerichtet, die in einem weißen Hosenanzug in der Geburtsklinik aufgetaucht war, als wolle sie sich der Presse präsentieren. Anfangs war sie sogar in den Kreißsaal marschiert, um Maria die Hand zu halten und die schweißfeuchte Stirn abzuwischen, doch als sie begonnen hatte, ihrer Tochter und den Schwestern Anweisungen zu erteilen, war sie höflich, aber bestimmt hinauskomplimentiert worden.

Nach einer weiteren quälenden halben Stunde ertönte Weinen aus dem Kreißsaal. Babygeschrei. Es verging kaum eine Minute, da trat auch schon der sichtlich erleichterte Arzt auf Marlene zu. »Ein Junge. Es ist ein Junge.«

»Wunderbar! Und …?«

»Und alles dran. Herzlichen Glückwunsch!«

Es war selbstverständlich, dass Marlene als Erster die frohe Kunde überbracht wurde. Der junge Vater ließ seiner berühmten Schwiegermutter klaglos den Vortritt. Er hatte sich längst daran gewöhnt, in ihrem Schatten zu stehen.

Bill, der mit bürgerlichem Namen William Riva hieß, war bereits Marias zweiter Ehemann. Nach ihrer ersten kurzen Ehe mit dem Schauspieler Dean Goodman hatte sie dem Bühnenbildner und Filmausstatter am 4. Juli 1947 das Jawort gegeben. Und nun, ein gutes Jahr später, war sie Mutter geworden – Mutter von John Michael.

Damit fiel auch Marlene eine neue Rolle zu: Sie wurde an diesem 28. Juni 1948 zur Großmutter – eine Rolle, die sich mit ihrem bisherigen Image als Sexidol und Femme fatale nur schwer vereinbaren ließ. Der Konflikt machte ihr zu schaffen: Sie war zwar wie vernarrt in ihren kleinen Enkelsohn und bombardierte Maria mit endlosen Ratschlägen zu Pflege, Ernährung und Erziehung, wollte aber in der Öffentlichkeit keineswegs als »Oma« betrachtet werden und fand das Gerede darum nur lächerlich und überzogen. Doch die Presse ließ sich davon nicht bremsen. Die Illustrierte *Life* apostrophierte sie am 9. August 1948 sogar auf der Titelseite als »Grandmother Dietrich«. Fotos, die sie mit dem kleinen John Michael auf dem Arm zeigten, erzielten Höchstpreise.

Dabei war sie gerade zu neuen künstlerischen Höhen durch ihre Mitwirkung in einem Film aufgestiegen, der die Kritiker in Begeisterung versetzte: *A Foreign Affair (Eine auswärtige Affäre)*. Nur zwei Tage nach der Geburt von John Michael war in New York die Premiere gewesen. Die bitterböse Komödie hatte sie ein weiteres Mal ins zerbombte Berlin geführt – zumindest der Handlung nach. Denn *A Foreign Affair* spielt in der zerstörten Reichshauptstadt und erzählt von der Nachtclubsängerin Erika von Schlütow, die es mit Nazigrößen getrieben hat und jetzt heimlich mit einem US-Offizier anbandelt – zum Entsetzen der sittenstrengen Kongressabgeordneten Phoebe Frost, die eigens angereist ist, um den moralischen Zustand ihrer Landsleute in Uniform unter die Lupe zu nehmen. Marlene hatte sich anfangs dagegen gewehrt, die Rolle der durchtriebenen Nazi-Nutznießerin zu spielen. Aber dann hatte sie sich überzeugen lassen, dass Erika letztlich nicht aus einer politischen Überzeugung heraus handelt, sondern nur so gut wie irgend möglich unter den gegebenen Verhältnissen überleben will. Dass sie sich schließlich auf die Rolle eingelassen hatte, lag auch am Regisseur – an Billy Wilder. Sie kannte den gebürtigen Österreicher, der gerade mit den düsteren Noir-Dramen *Frau ohne Gewissen* und *Das verlorene Wochenende* seine ersten großen Erfolge gefeiert hatte, seit den zwanziger Jahren aus Berlin. Außerdem war sie nicht gezwungen, am Originalschauplatz zu spielen. Wilder war vor Beginn der Dreharbeiten in Berlin gewesen, um die Trümmerwüste in eindrucksvollen Bildern einzufangen. Marlene bewegte sich daher ausschließlich in den Paramount-Studios von Hollywood, wo das Milieu ihrer zerbombten Heimatstadt nachgebaut worden war.

Bei aller Komik ging der Film mit Deutschland hart ins Gericht. Mit knisternder Erotik verkörperte Marlene alles Böse des besiegten Nazireichs, wo die Untertanenseelen jetzt vor der Besatzungsmacht katzbuckelten und sich die »Frolleins«, auch »Schtrudel« genannt, in Erwartung kleiner Geschenke kichernd an die GIs ranschmissen. Es war klar, dass der Film in Deutschland nicht gerade bejubelt werden würde. Doch Marlene ließ sich davon nicht beeindrucken. Sie war so gut wie lange nicht. Das lag sicher auch an Friedrich Hollaender, der wieder die Songs komponierte und Marlene im Film als Barpianist begleitete. Billy Wilder räumte ihr zudem große Freiheiten ein: Er überließ ihr nicht nur die Ausleuchtung ihrer Auftritte, sondern gab ihr auch freie Hand bei den Kostümen. So trat sie in den Songszenen in dem Paillettenkleid auf, das sie schon während des Krieges bei der Truppenbetreuung getragen hatte.

Der Film kam an. Die amerikanischen Zuschauer wussten, dass Marlene keine gemeinsame Sache mit den Nazis gemacht hatte, sie konnten zwischen Rolle und Schauspielerin sehr wohl unterscheiden. In Deutschland dagegen kam der Streifen erst gar nicht in die Kinos.

Marlene Dietrich stand wieder hoch im Kurs. Sie bewies, dass man auch als Großmutter sexy sein und großes Kino machen konnte. Trotzdem fiel es ihr immer noch schwer, nach ihren Kriegserlebnissen ins Filmgeschäft zurückzukehren. Sie haderte mit Hollywood, kritisierte, dass sie als Schauspielerin nur ein Rädchen im Getriebe von Technik und Kommerz sei. Schließlich kehrte sie Amerika den Rücken und ging nach England, wo sie unter der Regie von Alfred Hitchcock den Thriller *Stage Fright* drehte (der in Deutschland, wohl in der Hoffnung auf klingelnde Kassen, völlig losgelöst von der Handlung *Die rote Lola* hieß) und auch in Henry Kosters Drama *Die Reise ins Ungewisse*, wieder gemeinsam mit James Stewart, vor der Kamera stand. Beiden Filmen blieb trotz des ansehnlichen Staraufgebots ein nennenswerter Erfolg beim Publikum versagt.

Plakat für den Film »A Foreign Affair« (»Eine auswärtige Affäre«)

Dabei machte *Die rote Lola* schon dadurch Schlagzeilen, dass der Pariser Modeschöpfer Christian Dior die Kleider entworfen hatte. Auch Marlenes Auftritte als Sängerin waren perfekt inszeniert, und der berühmte Komponist Cole Porter hatte ihr mit »The Laziest Gal in Town« einen Ohrwurm auf den Leib geschrieben. Aber die abgedroschene Story um eine Sängerin, die unter Mordverdacht gerät, blieb weit hinter den Erwartungen zurück, die sich mit dem Namen Hitchcock verknüpften. Noch weniger konnte *Die Reise ins Ungewisse* überzeugen. Der Film spielte sich ausschließlich im Innenraum eines Flugzeugs ab und bot damit nur äußerst öde Bilder. »Das Schlechteste, was ich je gelesen habe«, hatte Marlene schon über das Drehbuch gesagt.

Reichlich frustriert kehrte sie nach Amerika zurück. Sie unterschrieb einen lukrativen Vertrag mit einem amerikanischen Tabakkonzern und warb fortan für »Lucky Strike«. »I smoke a smooth cigarette – Lucky Strike«, lautete die Werbebotschaft neben dem Foto, das Marlene als lasziv-elegante Dame auf einem Sofa in tief ausgeschnittenem Tüllabendkleid mit Zigarette zeigte. Entgegen ihrer früher geäußerten Abneigung entschloss sie sich, einen weiteren Film in Hollywood zu drehen – diesmal mit ihrem alten Freund Fritz Lang: *Engel der Gejagten*. Das war wieder ein Western, und wieder sollte sie eine nicht mehr ganz junge, aber immer noch attraktive Saloon-Sängerin spielen. Doch zum Leidwesen ihres Regisseurs schminkte sie sich während der Dreharbeiten jeden Tag jünger. Am Ende sprachen die beiden nicht mehr miteinander. Zu ihrem Frust über den langatmigen Film und den pingeligen Erbsenzähler, als den sie nun den einst von ihr verehrten Fritz Lang empfand, kam für Marlene noch der Ärger über die Presseberichte nach der Premiere. Denn ihre schauspielerischen Leistungen würdigten die Journalisten nur am Rande, in erster Linie war sie in den Artikeln jetzt »die schönste Großmutter der Welt«. Und darüber konnte sie sich gar nicht freuen.

Trotzdem arrangierte sie sich auch mit dieser Rolle. Sie verheimlichte der Presse nicht, dass Maria im Mai 1950 den kleinen

Die »schönste Großmutter der Welt«: Marlene Dietrich mit ihren Enkeln Peter und Michael – die beiden rufen in New York ein Taxi (1954).

Peter zur Welt brachte und sie am Ende Großmutter von vier Enkelsöhnen war. Bereitwillig ließ sie sich für Homestorys mit ihren Enkeln auf dem Arm ablichten und putzte nebenbei noch tapfer die Wohnung ihrer vermeintlich unordentlichen Tochter.

Weniger offen ging sie mit ihrem Alter um. Ihr Geburtsjahr änderte sie so oft, dass kaum jemand wusste, wie alt sie wirklich war. Vielleicht nicht einmal sie selbst. »Sie besaß seit jeher die erstaunliche Fähigkeit, ihre eigenen Lügen selbst zu glauben«, schreibt ihre Tochter Maria. Da ihre »Mutter Marlene« Probleme mit dem Älterwerden hatte, waren ihre Geburtstage natürlich nicht nur Anlass zur Freude. Ausschließlich nahestehende Freunde bekamen es daher mit, als sie am 27. Dezember 1951 ihren Fünfzigsten »feierte«.

Ein halbes Jahr zuvor hatte sie sich erst in einen Schauspieler verliebt, der fast zwanzig Jahre jünger war als sie selbst: Yul Brynner. Der gebürtige Russe mit mongolischen und Roma-Vorfahren und Schweizer Bürgerrecht, der seit 1940 in den USA lebte, spielte gerade die Titelrolle des Königs von Siam in dem enorm erfolgreichen Broadway-Musical *Der König und ich*, für die er sich eine Glatze rasieren ließ. Vier Jahre sollte die Affäre der beiden dauern. Dass Brynner verheiratet war, spielte dabei keine bedeutende Rolle. Sie selbst war es ja auch.

Und sie stand ihrem Mann weiterhin nah. Als der sich in New York einer schweren Unterleibsoperation unterziehen musste, forderte sie alle Freunde und Liebhaber auf, dem »armen Papi« Blumen und Telegramme ins Krankenhaus zu schicken. Sie selbst steckte mal wieder mitten im Dreh zum nächsten Film und hatte keine Zeit, ihren Mann zu besuchen.

Nach seiner Genesung lieh sich Rudi Sieber von einem befreundeten Bankier zehntausend Dollar und kaufte im kalifornischen San Fernando Valley ein baufälliges Haus. Er schaffte sich viertausend Legehennen an und legte mit Hunderten von Drahtkäfigen den Grundstock zu einer Hühnerfarm – »Papis Ranch«, wie Marlene später spöttelte. Doch Rudi blühte auf als Hühnerfarmer – immerhin leistete ihm seine Tamara bei den Hennen Gesellschaft.

Marlene, die gerade als Auszeichnung für ihren Kriegseinsatz in die französische Ehrenlegion aufgenommen worden war, suchte ebenfalls nach neuen Herausforderungen. Da sie von der Filmbranche vorerst die Nase voll hatte, ging sie zum Radio. Einmal pro Woche moderierte sie jetzt eine eigene Rundfunksendung mit dem Titel »Cafe Istanbul«, einen Mix aus Spionage- und Kriminalgeschichten. Im Sommer 1953 trat sie im New Yorker Madison Square Garden bei einer Zirkusvorstellung für wohltätige Zwecke als Dressurmeisterin auf und schwang überzeugend die Peitsche.

Die Rolle gefiel ihr. Noch im selben Jahr nahm sie ein Engage-

Marlene Dietrich als Showstar mit Frack und Zylinder.

ment des Sahara Hotels in Las Vegas an. Anfangs hatte sie gezögert, unsicher, ob sie mit ihren bescheidenen Gesangskünsten vor dem reichen, anspruchsvollen Kasinopublikum bestehen würde. Aber dann redete ihr auch Maria zu: »Stell dir einfach vor, du singst wieder vor den Soldaten.« Die Vorstellung elektrisierte sie. Die Gage ebenso: 30000 Dollar die Woche. Dafür sollte sie pro Abend nur zwanzig Minuten lang Lieder aus ihren Filmen singen.

Doch sie verließ sich nicht nur auf ihre Stimme. Als sie am 15. Dezember 1953 erstmals die Bühne des »Congo Room« im Sahara betrat, stockte manchem der Atem: Auf den ersten Blick sah sie aus, als wäre sie nackt – als hätte sie sich auf ihren Oberkörper nur ein Kleid malen lassen. Erst bei näherem Hinsehen war zu erkennen, dass ihr Kostüm aus hautengem schwarzem Netzstoff bestand, der Rock mit hautfarbener Seide unterlegt, das Oberteil ungefüttert. Der Modeschöpfer Jean Louis hatte ihr das verführerische Gewand entworfen – die erste Kreation seiner Serie der »nackten Kleider«.

Ihre Begrüßung beschränkte sich auf ein gedehntes »Hel-lo«, worauf sie auch schon ihren ersten Song anstimmte. Sie besang »The Boys in the Back Room« und »Lili Marleen« – und dann verblüffte sie ihr Publikum ein zweites Mal: Während eines dramatischen Trommelwirbels verschwand sie hinter den Kulissen und kehrte rund sechzig Sekunden später in dem scharlachroten Frack zurück, den sie als Zirkusdirektorin getragen hatte. Effektvoll ließ sie auch hier die Peitsche knallen. Von wegen Großmutter!

Das Publikum reagierte mit stehenden Ovationen. Die Show wurde zu einem Triumph. Die Bilder und Artikel von der Premiere in Las Vegas gingen um die Welt. Einige der Zeitungsausschnitte schickte sie auch Liesel im fernen Bergen. Doch sie war weit davon entfernt, ihr Tun in der Wüstenstadt zu glorifizieren. »Ich bin hier mit einer leichten Prostitution beschäftigt«, schrieb sie Hemingway. Er solle sich aber von den Fotos nicht täuschen lassen: Sie erscheine nicht nackt auf der Bühne. »Du brauchst mich also nicht zu verstoßen.«

23

WEIHNACHTSBESUCH

Sie spielte die Schallplatte immer wieder, konnte sich nicht satthören an den schönen Liedern. Bei manchen sang sie leise mit: »Ich bin von Kopf bis Fuß auf Liebe eingestellt, denn das ist meine Welt und sonst gar nichts«. Oder: »Man lebt in einer großen Stadt und ist doch so allein …«

Aber dann brach sie beschämt ab, denn sie konnte ja überhaupt nicht singen. Ihre Stimme klang schrecklich: brüchig, dünn, falsch. Kein Vergleich mit Marlenes wunderbar rauchiger, geschmeidiger Stimme. O ja, die Platte war großartig. Sie wollte sich gleich dafür bedanken.

Erst vor einem Jahr hatte Marlene ihr den Plattenspieler schicken lassen. Anfangs wollte sie ihn gar nicht in Betrieb nehmen, weil sie Angst hatte, ihn gleich kaputt zu machen. Aber dann hatte Hans-Georg ihr erklärt, wie man ihn bedient, und jetzt wollte sie ihn nicht mehr missen. Wie hätte sie sonst all die wunderbare Musik hören sollen, die Leni ihr schickte? »Lili Marleen«. Auf Englisch und auf Deutsch! Auch Anni konnte sie jetzt die Lieder ihrer Schwester vorspielen. Das war doch herrlich!

Mit der letzten Sendung hatte Marlene auch Zeitungsartikel über ihre Auftritte in Las Vegas und eine hinreißende Porträtaufnahme geschickt. Sie wollte das Foto rahmen lassen und auf die Wohnzimmerkommode stellen.

Als sie später der Verkäuferin im Fotogeschäft das Bild reichte, nickte die beeindruckt. »Oh, wie hübsch. Wohl Ihre Tochter?«

Sie schüttelte den Kopf und bemühte sich, ihr »Nein« nicht zu schroff klingen zu lassen, ließ es aber dabei bewenden, sodass die Frau hinter der Ladentheke etwas ratlos wirkte und nun geschäftig einige Rahmen hervorzukramen begann, während Liesel ihr dabei schweigend zusah. Sie konnte doch wohl nicht sagen, dass die Schönheit auf dem Bild ihre Schwester war: Marlene Dietrich.

Dabei fühlte sie sich keineswegs gekränkt. Im Gegenteil. Sie wusste ja, dass sie älter aussah als Leni. Viel älter. Da war es doch ein Kompliment, dass man ihr zutraute, die Mutter dieses göttlichen Wesens auf dem Hochglanzfoto zu sein.

Davon schrieb sie Marlene noch am selben Abend.

Ich war ganz stolz und mein Herz hüpfte vor Freude. Möge Gott es geben, dass Du wie jetzt immer jung bleibst. Zu der Platte kann ich gar nichts sagen. So etwas gibt es ja nur einmal! Ich kann keine Worte finden!! Es überschreitet, was ich denken und vorstellen kann!!

Erst vor vier Wochen hatte Marlene ihr ein Kleiderpaket geschickt: einen Hosenanzug, Pullover und Blusen, ein langes, tief ausgeschnittenes Seidenkleid, Dessous, wie es sie in Deutschland sicher nirgends zu kaufen gab, Nylonstrümpfe und – die Krönung! – einen Wintermantel mit Pelzbesatz. Hans-Georg hatte jedes einzelne dieser raren Kleidungsstücke mit Kennermiene begutachtet und in höchsten Tönen geschwärmt. »Die musst du aber auch anziehen«, hatte er gesagt. Klar wollte sie das! Der Mantel und das Kleid waren vielleicht etwas eng, aber die Schneiderin im Ort würde es schon richten.

Natürlich war diese feine Garderobe nichts für den Alltag in Bergen. Sie wollte ja am Sülzweg nicht die vornehme Dame spielen, und damit hätte sie sich auch lächerlich gemacht. Aber bestimmt würde sich die eine oder andere Gelegenheit ergeben, die eleganten Sachen auszuführen. Ganz sicher.

Sie konnte immer wieder nur staunen, welch traumhafte Kleider

Marlene bei ihren Auftritten trug. Und wie die ihr standen! »Mein liebes Pussycat«, schrieb sie ihr am 13. November 1954. »Deine Bilder sind zu herrlich, unwirklich schön, ich sehe sie mir jeden Tag an. Mein Herz bangt vor Freude, wenn ich denke, wie viele Männer nach Dir zappeln und Du sie zappeln lässt.«

Von sich selbst gab sie in ihren Briefen immer weniger preis. Es war, als habe sie beschlossen, dass ihre Existenz nicht der Rede wert sei, als habe sie sich ausradiert. Ausgelöscht. So wie Leni sie nach außen hin aus ihrem Leben getilgt hatte. Natürlich, Marlene war es peinlich, so eine Schwester zu haben. Liesel hatte längst verstanden, dass sie für Marlene ein Makel war, ein Fleck auf der weißen Weste unter dem Frack. Sie passte nicht zu Lenis glanzvollen Auftritten und ihrem Image als Nazigegnerin und musste deshalb in der Versenkung verschwinden. Das war ein bisschen bitter, aber sie wurde ja reich entschädigt!

Außerdem war es gut, dass die Zeitungsleute nichts von ihr wussten. Verglichen mit Marlene war sie ja vollkommen uninteressant. Ihrem Leben fehlte doch jeder Glanz, ihre Tage schleppten sich dahin, eintönig und grau – zumindest in den Augen Außenstehender. Trotzdem fand auch sie manchmal so etwas wie Erfüllung. Die Nachhilfe zum Beispiel machte ihr großen Spaß. Sie freute sich immer schon darauf, wieder Englisch oder Französisch zu sprechen. »Good afternoon, Helga« oder »Bonjour, 'einz«. Beim Übersetzen lernte sie oft selbst etwas dazu. Und wenn sie Vokabeln abfragte oder kleine Diktate schreiben ließ, fühlte sie sich immer in ihre Zeit als Lehrerin zurückversetzt, und das war eine schöne Zeit gewesen. Sie fieberte richtig mit, wenn »ihre« Kinder in der Schule über Klassenarbeiten brüteten, und tanzte innerlich vor Freude, wenn dann auch noch gute Noten dabei herauskamen. Geradezu selig war sie, wenn ihre Nachhilfeschüler kleine Reime oder Gedichte aufsagten, die sie auswendig gelernt hatten. Shakespeares Wintergedicht zum Beispiel: »When blood is nipped, and ways be foul, / then nightly sings the staring owl ...« Wunderbar, wenn die Jungen und Mädchen in die Betonung und den Rhythmus hineinfanden und die Schönheit dieser Verse ergründeten!

Schön war es auch, mit ihrer Freundin Anni über gemeinsam gelesene Bücher zu sprechen. Zurzeit hatten sie sich gerade Thomas Manns *Zauberberg* vorgenommen. Sie liebte die elegante Sprache. Sie genoss es, sich in die vornehme Welt dieses Sanatoriums in Davos zu versetzen und die philosophischen Diskurse in sich nachklingen zu lassen.

Nur leider spielten die Augen nicht mehr mit. Schon nach einer halben Stunde hatte sie ihre Lektüre das letzte Mal abbrechen müssen, weil sich ein Nebel über das Schriftbild gelegt hatte. Es führte kein Weg daran vorbei: Sie musste vor Weihnachten dringend noch mal zum Augenarzt.

Weihnachten. Sie freute sich schon darauf. Dann würde der Junge, der zurzeit die Woche über in Hamburg zur Untermiete wohnte und dort in irgendeinem Kino arbeitete, auf jeden Fall wieder bei ihr sein. Erst einmal aber erwartete sie Georg. Er wollte am Sonnabend vor dem vierten Advent kommen, um ihr wie üblich einen Weihnachtsbaum zu bringen. Das hatte er schon in den Jahren zuvor so gehalten. Warum nicht? Sie war ja immer noch mit ihm verheiratet und durch all den Papierkram verbunden: Steuer, Versicherung, die Verwaltung des Berliner Vermögens, Arztrechnungen, die er für sie bezahlte. Da war es doch gut, sich mal für ein paar Stunden gegenüberzusitzen.

Sie fieberte dem Tag entgegen, drängte die Putzfrau, besonders gut zu putzen, überlegte angestrengt, was sie anziehen, was sie mit Georg reden sollte. Auch nachts, wenn sie im Bett lag, dachte sie immer wieder über den bevorstehenden Besuch nach.

Dann war es endlich so weit. Leider regnete es. Der Schnee, der einige Tage lang vorweihnachtlichen Glanz verbreitet hatte, schmolz. Aber egal, ganz egal.

Sie war auf das Treffen vorbereitet: Mit frischgeschnittener Feiertagsfrisur, dezent nach dem exklusiven Parfüm aus Paris duftend, wartete sie in Marlenes schwarzem Hosenanzug auf den Besucher aus Hannover. Um drei Uhr wollte er da sein. Um drei! Sie verfiel in allerlei rastloses Tun, während der Sekundenzeiger der großen Wanduhr tackend seine Runden drehte. Sie kochte Kaffee, deckte den Tisch, zerteilte den gekauften Wickelkuchen, strich sich nervös durchs Haar und räumte zum dritten Mal ihre kleine Küche auf. Doch obwohl es schon Viertel nach drei war, ließ sich draußen vor dem Haus niemand blicken. Ihre Aufregung wuchs. Sie starrte abwechselnd auf die Uhr und aus dem Fenster. Aber über die regenverhangene Straße schnürte nur eine Katze.

Endlich, es ging schon auf vier zu und dämmerte bereits, sah sie, wie der etwas klapprige, aber immer noch stattliche Opel Admiral vorfuhr – aus dem Kofferraum ragte der angekündigte Tannenbaum. Ihr Herz machte einen Hüpfer.

Die Begrüßung verläuft wie befürchtet: ziemlich steif. Georg entschuldigt sich wortreich für die Verspätung, und Elisabeth tut, als spiele das für sie überhaupt keine Rolle. Zum Dank bewundert Georg ihr Äußeres.

»Gut siehst du aus, Liesel. Alle Achtung!«

»Du aber auch, Georg.«

»Der Hosenanzug ist neu, scheint mir. Sehr elegant. Kompliment!«

»Von Marlene.«

»Da merkt man doch, dass sie Stil hat. Wirklich sehr schick!«

»Ja, damit kennt sich Leni aus.«

»Das ist wohl wahr.«

Zum Glück findet die stockende Konversation ein Ende, als Georg damit beginnt, den Weihnachtsbaum in den bereitgestellten Ständer zu zwängen. Beim Kaffeetrinken plaudern die beiden schon etwas entspannter über Filme, die jetzt, oft mit großer Verspätung, in die deutschen Kinos kommen, und über die neuesten Nachrichten von Marlene aus Amerika. Las Vegas!

Wie üblich lädt Georg sie am Abend zum Essen ein. Diesmal hat er einen Tisch im Hotel Kohlmann bestellt. Per Telefon.

Die Nachbarn reiben sich die Augen, als Liesel mit ihrem neuen Mantel und einem großen kunstblumenverzierten Hut an der Seite ihres Mannes aus dem Haus spaziert. So elegant sehen sie sie sonst nicht.

Beim Essen reden die beiden vor allem über Hans-Georg. Aus seinen Plänen, in die amerikanische Filmbranche einzusteigen, wird wohl nichts werden. Paramount hat höflich, aber bestimmt auf seine fehlende Qualifikation hingewiesen und ihm eine Absage erteilt. Schade! Immerhin besitzt er einen Vorführschein und hat bereits etliche Kinoerfahrungen gesammelt. Sein Vater will ihn in seinen hannoverschen Lichtspielen beschäftigen, doch Hans-Georg hat offenbar andere »Eisen im Feuer«, aber darüber ist nichts Genaueres bekannt. Er erzählt ja nichts, der Junge!

»Ach, der wird schon seinen Weg machen, da habe ich gar keine Zweifel«, sagt Georg. Liesel nickt.

Um Georgs Lebensgefährtin Karin haben die beiden bisher auch an diesem Abend wieder einen großen Bogen gemacht. Gleichwohl steht die Freundin in Hannover unsichtbar zwischen ihnen. Liesel hat sie noch nie gesehen, weiß aber, dass sie erheblich jünger ist. Ganz sicher auch hübscher. Zu gern wüsste sie, was Georg sonst noch an ihr findet – und wie sich ihre Beziehung entwickelt hat. Vielleicht ist es ja schon wieder vorbei. Doch die passende Frage will ihr nicht über die Lippen kommen. Zu groß ist ihre Angst, den Abend mit unbedachten Worten zu verderben. *Reden ist Silber, Schweigen ist Gold.* Ein Satz, der ihr über so manches Ehetief hinweggeholfen hat.

Trotzdem muss das Thema irgendwie auf den Tisch. Ihr ist, als würde sie sonst an der ungestellten Frage ersticken. Als das Gedeck des Hauptgangs abgeräumt ist und ihr Gegenüber sich schweigend eine Zigarre anzündet, bricht es auf einmal aus ihr heraus: »Wie geht es denn Karin?«

Sie hat sich bemüht, die Frage so beiläufig-locker wie möglich klingen zu lassen, aber Georg ist sichtlich überrascht. Er wiederholt den Namen, als habe er sich verhört. Als würde er überhaupt keine Karin kennen. »Karin? Ja, Karin geht es gut. Im Moment allerdings hat sie manchmal Probleme. Da ist ihr öfter mal so ein bisschen übel, weißt du?«

»Ist sie krank?«

»Nein, krank ist sie eigentlich nicht. Sie ist ... na ja, sie ist schwanger.«

24

ZEUGIN DER ANKLAGE

Sie wartete Tag und Nacht auf ihren König. Mal kam er zu Besuch, mal rief er an. So genau wusste man das nie. Sie hielt sich, wenn irgend möglich, immer für ihn bereit. Nur zwischen halb neun und elf Uhr abends hatte sie Ruhe. Dann nämlich stand er am Broadway auf der Bühne: als Herrscher über Siam, als Vater von siebenundsechzig Kindern und Beglücker zahlloser Haupt- und Nebenfrauen. Kam er dann aber irgendwann nach Mitternacht zu ihr, gehörte er ihr, ihr ganz allein. Oft hatte er es so eilig, dass er sich nicht damit aufhielt, die kupferfarbene Körperschminke abzuwaschen, bevor er in ihren Armen versank.

Sie war stolz darauf, dass dieser fast zwanzig Jahre jüngere Mann sie so heißblütig begehrte und seine metallicfarbenen Spuren in ihrem Bett hinterließ, und sie fühlte sich elend, wenn er bei seiner Frau Virginia war und sie auf ihn warten musste. Um ihm ganz nah zu sein, mietete sie in der Park Avenue, nur ein paar Schritte vom St. James Theatre entfernt, in dem Brynner Abend für Abend auftrat, ein Apartment. Das ließ sie, passend zu ihrem Liebhaber, mit Goldfarbe streichen, und damit er sich bei ihr ganz zu Hause fühlte, sorgte sie dafür, dass ihr Kühlschrank stets mit Kaviar und edelstem Schampanskoje gefüllt war.

Fast täglich führte Marlene Dietrich Anfang der fünfziger Jahre in ihrem Tagebuch Protokoll darüber, ob Yul Brynner kam – oder ob er nicht kam. So notierte sie zum Beispiel am 12. Mai 1952:

Kam erst um 13 Uhr an.
Y war hier.
Blieb bis 18 Uhr (er liebt mich).
Anruf um 18.45 Uhr.
Will um Mitternacht kommen.
Wundere mich, mache mir aber keine zu großen Hoffnungen.
So bin ich nicht enttäuscht, wenn es nichts zu bedeuten hat.
Y kam um Mitternacht. Blieb bis 0.45 Uhr.
Es hat nichts zu bedeuten.

Ziemlich enttäuscht schrieb sie am 6. August 1952:

Es ist schrecklich, er hat mich weder angerufen noch besucht.
Wie rücksichtslos! Wenn er sich nicht freimachen kann,
soll er wenigstens anrufen und Bescheid sagen ... Ich bin
seine Hure, sehen wir der Wahrheit doch ins Gesicht.

Obwohl sie so sehnsüchtig nach Yul Brynner schmachtete, fand sie Anfang der Fünfziger noch Zeit und Kraft, mindestens ein weiteres Dutzend zumeist prominenter Frauen und Männer »glücklich zu machen«, wie sie es nannte, darunter Frank Sinatra, den sie in Las Vegas kennengelernt hatte, und Édith Piaf, die sie bei ihren Reisen nach Paris besuchte. Bisweilen traf sie sich auch mit ihrem alten Verehrer Boni. Erich Maria Remarque lebte zwar wieder im Tessin, tauchte aber gelegentlich in New York auf. Doch die verzehrende Liebe, die er ihr einst in flammenden Worten gestanden hatte, war erloschen.

Die Briefe, die sie mit Ernest Hemingway wechselte, knisterten dagegen noch vor Erotik. Bisweilen aber gewährte sie ihrem »Papa« auch tiefe Einblicke in ihre zerrissene Seele. Am 5. Juli 1950 schrieb sie ihm:

Du hast recht – ich bin einsam. Aber nicht einsam wie andere Leute ... Ich bin vermutlich immer einsam, außer wenn ich mich um Babys oder Männer kümmere ... Du kannst Dir vorstellen, dass ich in meinem langen Leben bei jedem Namen genannt wurde und jeder Niedrigkeit bezichtigt, und ebenso wurde ich angebetet und in lächerliche Höhen erhoben, und daher weiß ich nicht mehr, was richtig und was falsch ist, genau wie mit den Kriegen. Es hängt davon ab, auf welcher Seite du dich befindest. Ich bin für die einen eine Hure und für die anderen eine Madonna.

Von körperlicher Leidenschaft oder gar Erfüllung war diese Dichterliebe schon immer weit entfernt gewesen, was Hemingway nicht davon abhielt, am 18. August 1952 in der Zeitschrift *Life* eine öffentliche Hymne auf »Kraut« anzustimmen. Unter der Überschrift »Ein Loblied für Mamma von Papa Hemingway« war da zu lesen:

Sie ist tapfer, schön, loyal, liebenswürdig und großzügig. Langweilig ist sie nie ... Sie ist ehrlich und hat zugleich einen Sinn für die Komik und die Tragik des Lebens, sodass sie nie wirklich glücklich sein kann, außer wenn sie liebt. Wenn sie liebt, reißt sie Witze darüber, aber es ist Galgenhumor ... Selbst wenn sie nichts als ihre Stimme hätte, könnte sie einem damit das Herz brechen. Aber sie hat diese reizende Figur und die zeitlose Anmut ihres Gesichts. Es spielt keine Rolle, wie sie einem das Herz bricht, wenn sie nur da ist, um es wieder zusammenzufügen.

Als Hemingway zwei Jahre später der Literaturnobelpreis verliehen wurde, schickte Marlene Dietrich ihrer Schwester in Bergen die Hommage – zusammen mit der preisgekrönten Novelle *Der alte Mann und das Meer*.

Natürlich musste sie auch ans Geldverdienen denken. Ihr Triumph in Las Vegas trug Früchte. Sie kehrte jedes Jahr in die Wüstenstadt zurück und war bald auf der ganzen Welt als Showstar gefragt. Dabei beeindruckte sie ihr Publikum weiterhin nicht nur mit ihren Liedern, sondern auch mit ihrer Garderobe. Im Herbst 1954 führte sie in Las Vegas ihr »Windkleid« vor. Ein großer Ventilator ließ den geschlitzten Fummel wie eine Fahne flattern, sodass ihr Körper teilweise entblößt war oder das tüllartige Gewebe auf den Leib gepresst wurde – und manches durchschimmern ließ. Ein Jahr später überraschte sie als exotischer Vogel in einem grüngelben Federkleid, und 1957 schrieb sie Modegeschichte, indem sie erstmals in ihrem »Schwanenmantel« auf die Bühne trat. Das bodenlange weiße Gewand bestand nicht etwa, wie vielfach angenommen, aus Hermelin- oder Winterfuchspelzen, sondern aus einem Seidengewebe, auf das in konzentrischen, u-förmigen Bögen die Brustdaunen von angeblich dreihundert Schwänen genäht waren – vom oberen Kragenrand bis zum Ende der Schleppe vier Meter lang. Vor jedem Auftritt musste der Mantel mindestens fünf Minuten aufgeschüttelt werden, damit er seine ganze Schönheit entfaltete. Darunter trug sie ein neues Glitzerkleid. Die im Scheinwerferlicht funkelnden Steinchen an diesem Hauch aus Stoff waren natürlich keine Diamanten, wie die Veranstalter behaupteten, sondern aus Glas gefertigt, doch auch sie trugen zu der Erotik von Reichtum und Luxus bei, die das neue Image der Sängerin prägte. Und egal ob Strass oder Edelsteine – sündhaft teuer waren die Kostüme allemal. Das galt auch für ihr berühmtes Tasselkleid, mit dem sie 1958 in Las Vegas und später, oft in Kombination mit dem »Schwanenmantel«, auf internationalen Bühnen Furore machte. Das mit zahllosen Perlenschnüren und -quasten (Tasseln) verzierte Gewand ließ insbesondere den Zuschauerinnen und Zuschauern, die auch freizügige Ausblicke auf die weiblichen Reize der Künstlerin zu schätzen wussten, nichts zu wünschen übrig.

Schon im Sommer 1954 trat sie das erste Mal im Café de Paris in London auf. Das Ambiente war wie geschaffen für eine Leinwandkönigin: Blattgoldverzierte Rokokosäulen aus Gips und rote Plüschsessel schmückten den ovalen Raum mit der gewundenen Treppe. Und während der Conférencier, der Dramatiker und Schauspieler Noël Coward, den sie schon 1945 in Paris kennengelernt hatte, um Mitternacht seine Hommage auf Marlene Dietrich anstimmte, zeigte sich die Diva bereits oben auf der Treppe, um sich – noch still und bewegungslos – im Scheinwerferlicht bewundern zu lassen:

Gott schuf die Bäume, die Vögel, die Bienen,
das Meer, den Wald und die Auen.
Und daneben besitzt er,
wir wissen's, so ist er,
ein Faible für Ausnahmefrauen.

Gemessenen Schrittes stieg Marlene nach der letzten Strophe in ihrem wallenden Mantel die Treppe herunter und ließ, lässig an einen Pfeiler gelehnt und mit den künstlich verlängerten Wimpern klimpernd, ihren Blick über das Publikum gleiten, während das Orchester die ersten Takte ihres Auftrittsliedes spielte.

Wie ins Hotel Sahara in Las Vegas kehrte sie, meist für vierwöchentliche Engagements, auch jedes Jahr nach London ins Café de Paris zurück, um sich in ihrem eigenen Glanz zu sonnen. Doch obwohl ihr diesseits wie jenseits des Atlantiks Tausende zujubelten, fühlte sie sich oft einsam und leer. »Meine Lebenskraft ist auf dem tiefsten Tiefstand, an den ich mich erinnern kann«, vertraute sie Hemingway an. »Ich lebe ohne Mann und habe niemanden, der mich beschützt. Diese selbstgewählte Einsamkeit stinkt.«

Ihr Angetrauter plagte sich unterdessen in Kalifornien mit seiner Hühnerfarm ab. Tami konnte ihm dabei nur wenig helfen. Die psychischen Probleme seiner Lebensgefährtin hatten sich verschlimmert, sodass sie zeitweise eine Klinik aufsuchen musste. Als Marlene gerade wieder einmal eine Auftrittsserie in Las Vegas hinter sich gebracht hatte, erhielt sie von Rudi einen seiner seltenen Briefe. Darin bedankte er sich für ihre Finanzspritzen. Denn seine »Ranch« war ein Zuschussgeschäft.

9. Dezember 54, 6 h früh
Liebste Mutti!
Ich habe Dir für so vieles zu danken und schon so lange, aber meine Arbeit kennst Du! Sie lässt mir nicht viel Zeit zum Schreiben, und abends bin ich immer so müde, dass ich es von einem Tag auf den anderen verschiebe. So versuche ich es mal früh vor der Arbeit. Also Deine Platten sind wunderbar, die Fotos aus Las Vegas hervorragend … Und nun mein Dank für das Geld, das mir so sehr hilft, wie Du gar nicht ermessen kannst. Auch dass Du die Zahlung von meinen Schulden übernommen hast, ist eine Erleichterung. Jeder Dollar zählt jetzt bei mir. Die Eierpreise sind noch immer unten – es ist nichts zu verdienen … Und doch habe ich heute 4000 Leger statt 3000, wie ich die Farm übernommen habe, mit einer Produktion von 2100–2200 Eiern pro Tag! … Ich bin nicht entmutigt – ich liebe meine Arbeit, mein Leben hier, die Tiere – nur bin ich manchmal angewidert von der Erfolglosigkeit so vieler schwerer Arbeit …
Mamilein, bitte besorge für mich was für die Jungen für Weihnachten – eine Kleinigkeit von Papi! Ich bin traurig, dass ich Maria und Bill nichts schenken kann – was soll ich machen – gegen den Wind kann ich nicht pissen.

Die Zeilen klangen wie ein Gruß aus einer anderen Welt. Ähnlich war es, wenn sie Briefe aus Bergen erhielt, mit dem Unterschied, dass Liesel nur wenig – und im Laufe der vergangenen Jahre immer weniger – über sich selbst preisgab. Doch schon aus den Andeutungen und Auslassungen ließ sich erahnen, dass es ihrer Schwester nicht so gut ging, wie sie ihr weiszumachen versuchte. Im Juni 1958 lud sie Liesel ein, sie in London zu besuchen. Sie gastierte wieder einmal im Café de Paris. Außerdem lief in London ihr neuer Film, der schon Ende Januar am Leicester Square mit großem Erfolg seine Welturaufführung erlebt hatte: *Zeugin der Anklage*.

Regie hatte wieder Billy Wilder geführt. Marlene spielt die aus Deutschland stammende Christine Helm-Vole, die Ehefrau des wegen Mordes angeklagten Handelsvertreters Leonard Vole. Christine belastet ihren Mann schwer, indem sie unter anderem sein Alibi aushebelt. Aber das ist nur eine Ebene dieser abgründigen Kriminalgeschichte nach einem Theaterstück von Agatha Christie. Marlene Dietrich verkörpert gleichzeitig eine Frau mit entstelltem Gesicht und Cockney-Akzent, die am Abend vor der Verkündung des von allen erwarteten Todesurteils bei Voles Verteidiger Sir Wilfrid (dargestellt von Charles Laughton) anruft und ihm Briefe anbietet, die die belastenden Aussagen der Ehefrau als Lügen entlarven. Beide Frauen, Christine und die mysteriöse Anruferin, sind in Wirklichkeit ein und dieselbe Person – aber das erfahren die Zuschauer und mit ihnen der verdutzte Sir Wilfrid erst in einer der letzten Szenen des Films.

Marlene hatte Probleme mit der Cockney-Frau. Mit der künstlichen Nase, die man ihr aufgesetzt hatte, sah sie aus wie eine Steckrübe mit Auswuchs. Zu allem Überfluss erteilte ihr Charles Laughton auch noch kluge Ratschläge, wie sie diese Frau spielen sollte – nämlich als »struppiges Weibchen mit einer Schnute, das ständig neckisch mit den Händen an den Kleidern herumspielt«. Sie berichtete ihrer Tochter davon und klagte vor allem darüber, dass ihre Erfahrung bei den Dreharbeiten offenbar nicht zähle: »Ich habe mein ganzes Leben lang Huren gespielt. Und hier kommen sie nicht einmal auf die Idee, dass ich dazu etwas beisteuern kann.«

In einer Rückblende spielt der Film auf Marlenes eigene Karriere an: Sie tritt als erheblich jüngere Barsängerin Christine in einer deutschen Nachkriegskneipe vor alliierten Soldaten auf – und singt ein Lied, dessen Melodie damals jeder Deutsche aus dem Radio oder von Kinobesuchen her kannte: »Auf der Reeperbahn nachts um halb eins«. Hans Albers hatte es 1944 in *Große Freiheit Nr. 7* gesungen, und Marlene war auch deshalb auf die Idee gekommen, es für »Zeugin der Anklage« auszuwählen, weil sie diesen Kollegen sehr schätzte, den sie ja schon vor der Nazizeit kennengelernt und gleich nach Kriegsende mit Jean Gabin am Starnberger See besucht

»I May Never Go Home Anymore«: Marlene Dietrich bei den Dreharbeiten zu *Zeugin der Anklage* in einer Rückblende als junge deutsche Sängerin Christine.

hatte. In der englischen Übersetzung heißt das Lied »I May Never Go Home Anymore« (Ich darf nie mehr nach Hause zurück).

Schon bald sollte der Song wie ihre ganz persönliche Klage klingen, doch zunächst einmal durfte sie sich über eine Gage von 150 000 Dollar und einen weiteren Kinoerfolg freuen.

Unterdessen machte ihre Tochter Karriere beim Fernsehen. Maria Riva spielte Hauptrollen in etlichen US-Serien – und brachte zudem noch einen weiteren Jungen zur Welt. Nach Michael und Peter gebar sie im Mai 1957 Paul. Marlene zeigte sich entsetzt, als sie erfuhr, dass ihr dritter Enkelsohn körperlich behindert war. Sie sprach gegenüber Freunden von einer »Tragödie«, von einem »Conterganfall«. Dabei habe sie die verhängnisvollen Tabletten gar nicht genommen, schrieb ihre Tochter später in ihrer Biographie. Doch ihre Mutter sei unbelehrbar gewesen. Dies kränkte Maria. Es machte sie wütend, dass ihre Mutter ihren Jungen wie einen hilflosen Krüppel behandelte, und sie hielt ihn möglichst fern von ihr. Marlene dagegen fühlte sich zu Unrecht gemaßregelt.

Inzwischen war die Zeit des Wartens auf den stürmischen Liebhaber mit der Glatze endgültig zu Ende gegangen. Enttäuscht musste sich Marlene mit der Tatsache abfinden, dass Yul Brynner immer noch mit seiner psychisch kranken Frau verheiratet war, und obendrein feststellen, dass er sich andere Geliebte suchte. Nachdem er fünf Jahre den König von Siam am Broadway gespielt hatte, stellte er ihn zum Abschluss auch noch auf der Leinwand dar – und wurde dafür prompt mit einem Oscar als bester Hauptdarsteller belohnt. Marlene gratulierte nur aus der Ferne. Sie eliminierte »Y« aus ihrem Tagebuch und begann, den abgedankten Herrscher zu hassen.

25

DIE REISE NACH LONDON

Immer fror sie, immer war ihr kalt. Ihre Wolldecke wurde ihr zu einer zweiten Haut. Auch wenn es warm war im Haus, mummelte sie sich darin ein. Und es war immer sehr warm in ihrer Wohnung – besonders seit ihrem Umzug vom Sülzweg in den Kreuzweg, wo sie nicht mehr jeden Morgen den Kohleofen anzünden musste, sondern Zentralheizung hatte. Kreuzweg! Natürlich hatte sie gleich an den Leidensweg Christi gedacht, als ihr die Wohnung im Obergeschoss dieses Rotklinkerbaus angeboten worden war. Hoffentlich war das kein böses Omen.

Tatsächlich stand es mit ihrer Verfassung nicht zum Besten. Sie fühlte sich verlassen. Zuerst hatte ihr Georg den Rücken gekehrt, jetzt war auch der Junge weggezogen. Hans-Georg hatte die Chance bekommen, ein Ufa-Kino in Düsseldorf zu leiten, und nicht lange gezögert, das Angebot anzunehmen. Zu allem Überfluss hatte er auch noch eine Frau kennengelernt und geheiratet. Klar, dass er nicht sein Leben lang bei seiner Mutter hocken konnte, aber traurig war es schon, den Jungen zu verlieren. Er war schließlich der Einzige aus ihrer Familie, der ihr noch geblieben war. Und sie vermisste ihn ganz schrecklich, musste oft weinen, wenn sie an ihn dachte. Manchmal fragte sie sich, warum sie überhaupt noch aufstehen sollte.

Hinzu kamen ihre gesundheitlichen Probleme: Die Beine waren geschwollen und taten ihr weh, sie konnte schlecht sehen, oft hatte sie Atembeschwerden – und dann eben dieses ständige Frieren. In einem fort fror sie. So klammerte sie sich an ihre Wolldecke. Um Wärme zu finden und vielleicht auch ein bisschen Schutz vor der kalten Welt. Sie hüllte sich darin ein, wenn sie strickte, las oder aß, und sie hängte sich die Decke über die Schultern, wenn sie aufstand, um sich Kaffee zu kochen oder eine Schallplatte aufzulegen. Sie nahm sie auch mit, wenn sie das Haus verließ.

Auch an diesem schon recht milden Maimorgen im Jahr 1958 hat sie sich die Wolldecke über die Schultern gelegt, als sie zu der Papierwarenhandlung im Ort aufbricht, um Briefbögen und Umschläge zu kaufen – und, nicht zu vergessen, die bunten Büroklammern, die Marlene so gernhat. Es ist doch schon etwas peinlich, immer nur beschenkt zu werden. Darum ist es ihr ein Bedürfnis, Marlene hin und wieder die bunten Büroklammern oder ein Maggi-Fläschchen nach Amerika zu schicken und sich so zumindest symbolisch zu revanchieren.

Jetzt aber hat ihre Schwester ihr etwas geschenkt, das alles Bisherige übersteigt: eine Reise nach London. Bahn- und Flugtickets hat sie schon von Marlenes Münchner Anwalt bekommen, und Marlene hat ihr einen detaillierten Zeitplan geschickt, mit der Zugverbindung nach Hannover und dem Flug nach London Heathrow, wo sie von Marlenes *stage manager*, erkennbar an einer roten Nelke, abgeholt werden soll. Sogar das Taxi ist schon bestellt, das sie vom Hauptbahnhof in Hannover zum Flughafen Langenhagen bringen wird. Selbstverständlich hat Marlene ihr auch ein Hotelzimmer gebucht. Sie soll im »Dorchester« wohnen, dem am Hyde Park mitten in der Stadt gelegenen Exklusiv-Etablissement für die Berühmten und Betuchten dieser Welt, in dem auch Marlene residiert.

Schon der Gedanke daran bringt ihr Herz zum Rasen. Wenn sie nur nicht alles verpatzt durch ihre Nervosität und Dummheit! Wahrscheinlich werden alle sie in diesem vornehmen Hotel anstarren wie eine verkleidete Landstreicherin, wie einen Straßenköter. Und erst in diesem eleganten Kabarett: Café de Paris. Wie das schon klingt! Oh, das könnte peinlich werden! Zum Glück wird

niemand erfahren, dass sie Marlenes Schwester ist. Zum Glück!
Ach, wie gut, dass niemand weiß, dass ich Rumpelstilzchen heiß.

Auch an diesem Vormittag kreisen ihre Gedanken schon wieder um London, während sie über den Kreuzweg trippelt. Auf einmal steigt Hitze in ihr auf. Die Sonne ist herausgekommen, es herrschen sommerliche Temperaturen, bestimmt über zwanzig Grad. Kurz entschlossen hängt sie ihre Wolldecke über einen Gartenzaun. Sie kann sie ja auf dem Rückweg wieder mitnehmen. Ganz gewiss wird niemand die alte Decke stehlen. Bestimmt nicht. Die Zeiten haben sich geändert. Niemand hat es in Bergen mehr nötig, Wolldecken zu klauen. Die befreiten Häftlinge und Kriegsgefangenen sind längst fort, auch die im Ort verbliebenen Flüchtlinge leiden keine Not mehr. Der Alltag ist in die kleine Stadt zurückgekehrt. Ein bisschen träge und trist, aber vor allem ruhig und geordnet.

Eine Nachbarin, die gerade Unkraut jätet, wünscht ihr einen guten Tag. Die Leute sind freundlich zu ihr, belächeln sie aber auch. Natürlich wird es registriert, dass sie meistens mit einer Wolldecke durch die Gassen zieht und stets einen Regenschirm dabeihat – mag der Himmel noch so wolkenlos sein. Es wird auch darüber gesprochen, dass sie nicht so viel Wert auf ihr Äußeres zu legen scheint, etwas schludrig wirkt in ihrem abgewetzten Mantel und den ausgetretenen Schuhen, in der einen Hand die rissige Ledertasche, in der anderen den unvermeidlichen Schirm. Und dann ihre Hüte! Nie verlässt sie das Haus ohne Hut – ob aus Naturfaser, Filz oder Kaschmir, mit einfacher Krempe oder bunter Feder. Hinter ihrem Rücken machen die Nachbarn schon hin und wieder mal Witze über ihr Auftreten. Ja, sie hat etwas von einer wandelnden Vogelscheuche, wenn sie so über die Straße schlurft. Zu diesem Bild passt es, dass sie manchmal alle Fenster aufreißt, weil ihr wieder mal etwas angebrannt ist.

Trotzdem haben sie alle irgendwie gern, und ihre Nachbarn sind stets bereit, ihr zu helfen, wenn eine Glühbirne gewechselt werden muss oder der Hahn tropft. Denn bei all ihrer Schrulligkeit genießt sie so etwas wie Respekt. Es ist bekannt, dass sie Massen von Büchern besitzt, viel liest, sehr gebildet ist, Englisch und Französisch spricht und Schülern Nachhilfeunterricht gibt. Und es ist auch durchgesickert, dass sie die Schwester von Marlene Dietrich sein soll. Das kann sich zwar niemand so richtig vorstellen, aber bei näherer Betrachtung lässt sich vielleicht doch eine gewisse Ähnlichkeit feststellen. Zum Beispiel dieser etwas nachlässige Gang.

Natürlich würde Marlene Dietrich niemals so gebeugt gehen wie ihre Schwester, die gerade in die Hauptstraße einbiegt. Auf jeden Fall respektieren es alle, dass Elisabeth Will nicht auf die stolze Diva angesprochen werden möchte.

Besonders gut versteht sie sich mit Berta Mundey, die einen kleinen Gemischtwarenladen am Kreuzweg betreibt. Die mollige, etwa gleichaltrige Frau an der Kasse ist immer offen für eine freundliche Plauderei und dabei nie aufdringlich, sondern stets sehr einfühlsam und diskret. Und sie hat ein Telefon. Auch die Ladenbetreiberin profitiert von der Bekanntschaft. Das Schöne ist, dass Marlene Dietrich neuerdings zu verabredeten Zeiten bei ihr anruft, um ihre Schwester zu sprechen. Wer nimmt in diesen Landstrichen sonst schon die Anrufe eines Weltstars entgegen? Natürlich muss alles vertraulich vonstattengehen. Streng geheim! Wie in einem Spionagefilm.

Verraten hat Elisabeth Will ihr aber, dass sie in Kürze nach London fliegen wird. Marlene habe ihr in einem Brief schon genaue Vorschläge gemacht, was sie anziehen soll. Die kenne sich in ihrem Kleiderschrank fast besser aus als sie selbst. Die eleganteren Sachen kämen ja auch tatsächlich alle von ihrer so großzügigen Schwester.

Und dann ist es so weit. Der Flieger hebt ab. Obwohl sie zwei Reisetabletten geschluckt hat, wird ihr etwas übel. Vielleicht hätte sie doch mehr frühstücken sollen. Aber sie war am Morgen so aufgeregt, dass sie nichts herunterbekommen hat. Atmen. Ruhig und tief atmen. Auch das hat ihr Marlene mit auf den Weg gegeben.

Immer kleiner werden die Häuser. Die Teiche und Seen schrumpfen zu blauen Tupfern. Wie auf dem Reißbrett sehen die Wiesen und Felder von oben aus – Rechtecke in unterschiedlichen Grünschattierungen, von Straßen und Flüssen durchzogen. Schön, dass Marlene auch für einen Fensterplatz gesorgt hat.

Doch auf einmal versinkt alles in einem Wolkenmeer, und wenige Sekunden später geht ein Ruckeln durch das Flugzeug. Hilfe! Was tun bei einem Absturz? Liesel versucht sich an die Instruktionen zu erinnern, die ihr gerade eben erst vorgeführt worden sind, aber es ist alles wie ausgelöscht. Und noch einmal wird die Maschine geschüttelt. Kräftiger als zuvor. Sie schließt schicksalsergeben die Augen. Doch dann kommt ein Rauschen aus den Lautsprechern, und der Kapitän teilt in beruhigend nüchternem Ton mit, dass er gerade dabei sei, ein »Schlechtwettergebiet« mit Turbulenzen zu durchfliegen. Es bestehe kein Anlass zur Sorge. Fast im selben Moment machen im Gang zwei freundlich lächelnde Stewardessen mit ihrem klappernden Wägelchen auf ihrer Höhe halt und bieten ihr Getränke und Speisen in Styroporverpackung an. Dankbar nickt sie und lässt sich Tee einschenken. Jetzt sollte sie wirklich etwas essen. Sonst würde Marlene bestimmt mit ihr schimpfen!

Zwei Tage später im Café de Paris. Liesel stockt der Atem, als Marlene in ihrem Schwanenmantel die Treppe herabschwebt, während das Orchester »The Boys in the Back Room« intoniert. Dann haucht sie ihr langgezogenes »Hello« ins Mikrophon, bevor sie leise zu singen beginnt. Wer gerade noch einen Schluck Wein trinken wollte, hält in der Bewegung inne und setzt, gefangen von dem Anblick, das Glas wieder ab. Unfassbar, dass das ihre Pussycat sein soll! Atemberaubend, wie Leni das Publikum in ihren Bann zieht. Liesel ist stolz, unbeschreiblich stolz auf ihre große kleine Schwester.

Gerade hat ein Minister ein Loblied auf sie gesungen. Es hat sich seit Noël Coward eingebürgert, dass Marlene von Prominenten angekündigt wird, und angeblich drängen sich die Schauspieler, Schriftsteller, Musiker und Politiker, um ihr die Ehre zu erweisen.

Die Vorstellungen sind trotz der sündhaft teuren Karten immer ausverkauft. Aus ganz Europa reisen die Besucher an – vor allem seitdem der Satiriker Art Buchwald eigens aus Paris gekommen ist, um von Marlenes glanzvollem Auftritt zu schwärmen: »Wir halten den Atem an. Dann beginnt sie zu singen. Ihre Stimme ist fast so verheißungsvoll wie ihr Kleid ... Der Raum wird immer heißer, das Keuchen immer lauter. Wir verkrallen uns in die Speisekarten ... Aus unseren Gläsern steigt Dampf auf.«

Marlene hat ihr die eigenwillige Konzertkritik vorab zur Einstimmung nach Bergen geschickt. Jetzt versteht sie, was dieser Buchwald gemeint hat: Marlene ist wie eine Magierin. Sie verzaubert ihr Publikum.

Wie üblich geht ein Raunen durch die Reihen, als sie kurz hinter den Kulissen verschwindet, um nach knapp sechzig Sekunden, begleitet von einem Trommelwirbel, mit Frack und Zylinder zurückzukehren. Die Leute applaudieren schon, wenn sie ihre Lieder ankündigt. Besonders groß ist der Beifall bei »Lili Marleen«. Liesel muss wieder weinen. Wie peinlich! So unauffällig wie möglich tupft sie sich die Tränen aus dem Gesicht. Zum Glück kennt sie hier niemand. Bei jedem Lied kommen Erinnerungen auf – vor allem bei dem letzten: »Falling in Love Again«, der englischen Version von »Ich bin von Kopf bis Fuß auf Liebe eingestellt«.

Marlene hatte ihr am Nachmittag in ihrer Suite im »Dorchester« gerade ihre neue Langspielplatte vorgespielt – ein Album von Columbia Records mit Live-Mitschnitten ihrer Auftritte im Café de Paris und der legendären Einführung von Noël Coward, im Beipack die enthusiastischsten Kritikerstimmen und einige Hemingway-Sätze über Marlene. Liesel war außerstande, ihre Bewunderung in Worte zu fassen. Nach der Plattenpräsentation ließ Marlene zur Stärkung vom Zimmerkellner einen »kleinen Lunch« auffahren, in mehreren Gängen – mit Gänseleberpastete, Spargelsuppe, Roastbeef, Bœuf Stroganoff, Waldorfsalat und Erdbeeren mit Vanilleeis und Schlagsahne. Dazu hatte sie auch Burt Bacharach gebeten, ihren Arrangeur, der mit ihr die Gesangsnummern einstudierte und sie als Pianist auf der Bühne begleitete. Er gehörte zu den wenigen, denen Marlene von ihrer Schwester erzählt hatte, und so war es nicht verwunderlich, dass Bacharach im Laufe des Gesprächs auch auf Liesels Vergangenheit in Deutschland zu sprechen kam und von ihr wissen wollte, ob sie in Bergen-Belsen sehr gelitten habe. Die Frage traf sie wie ein Schlag. Ihr schoss das Blut ins Gesicht. »O nein, nein«, stammelte sie. »Das wird im Ausland immer übertrieben, so schlimm war das gar nicht, ich ...«

Doch Marlene fuhr ihr scharf ins Wort. »Rede keinen Unsinn! Natürlich war es schlimm.« Und Bacharach erklärte sie: »Sie kann immer noch nicht darüber sprechen. Sie schämt sich.«

Als der Besucher gegangen war, tobte Marlene: »Halte dich bitte mit solchen Bemerkungen zurück, ja! Von wegen: Es war nicht schlimm! Ich hab die Filmaufnahmen von Bergen-Belsen gesehen und die Halbverhungerten im Hospital besucht. Das war mehr als schlimm! Und wenn du selbst davon verschont geblieben bist oder, schlimmer noch, auf der Seite dieser Mörderbande gestanden hast, dann solltest du wenigstens den Mund halten. Hast du mich verstanden? Halt einfach den Mund!«

Liesel nickte entsetzt und entschuldigte sich in weinerlichem Ton. Wie hatte ihr das nur passieren können! Sie wusste ja, was Marlene von ihr erwartete.

Doch so schnell, wie Leni explodiert war, so schnell beruhigte sie sich auch wieder. Besänftigend strich sie ihrer Schwester, die sich wieder mal in ein Häufchen Elend verwandelt hatte, über den Kopf und gab alle Schuld Georg. »Wann wirst du dich endlich von diesem schrecklichen Kerl scheiden lassen?«

»Wir sind ja praktisch schon geschieden.«

Marlene seufzte resigniert und forderte Liesel auf, die leckeren Erdbeeren zu probieren. Artig steckte sich Liesel eine in den Mund.

Sie war es gewohnt, von ihrer Schwester bevormundet zu werden. Schon gleich nach ihrer Ankunft hatte Marlene sie zum Hotelfriseur geschickt, weil sie ihre Dauerwelle made in Bergen »unmöglich« fand. Dann drängte sie Liesel einen Lippenstift auf,

»empfahl« ihr dringend ein anderes Parfüm und überredete sie, sich für die Abendvorstellung in einer nahegelegenen Boutique noch schnell eine Chiffonstola zu kaufen. Natürlich auf ihre Kosten. Als sie auf ihr Hotelzimmer kam, riss sie sofort die Fenster auf, weil sie meinte, Liesel brauche in ihrer ständigen Atemnot frische Luft, und sie ließ den Zimmerkellner rufen, damit er die Blumen austauschte, die ihrer Meinung nach »total verwelkt« waren und schon stanken.

Liesel sehnte sich nach ihrer Wolldecke. Sie war froh, als sie am nächsten Tag allein im Kino saß, um sich die englische Version von *Zeugin der Anklage* anzusehen. Auf die Dauer war es doch sehr anstrengend, in einem fort bevormundet und zurechtgewiesen zu werden. Marlene hatte ihr die Kinokarte geschenkt und ein Taxi bestellt, um sie zum Kino bringen und wieder abholen zu lassen. Danach konnte Liesel ihr gerade noch sagen, wie grandios sie den Film und besonders ihre schauspielerische Leistung gefunden habe, bevor sich ihre Schwester auf den Weg machte, um sich für die nächste Show herrichten zu lassen.

Als sie wieder im Flugzeug saß, um die Heimreise anzutreten, fühlte sie sich erschöpft wie schon lange nicht mehr. In all die Dankbarkeit, die sie gegenüber ihrer in so weite Ferne gerückten Pussycat empfand, mischten sich auch leise Zweifel, doch die wollte sie gar nicht erst aufkeimen lassen. Marlene meinte es ja nur gut mit ihr. Nein, es gab keinen Grund, mit Leni zu hadern. Sie musste ihr vielmehr dankbar sein. Ungeheuer dankbar – schon für die Zeit, die sie sich für sie genommen hatte.

Schon bald nach ihrer Rückkehr schrieb sie Marlene: »Die Londoner Aufführung und den Film ›Zeugin der Anklage‹ werde ich nie vergessen.« Dem Brief legte sie Ausschnitte aus Regionalzeitungen bei: Berichte, Kritiken und Werbeanzeigen, die den Erfolg des Gerichtsdramas auch in Deutschland dokumentierten. »Dein herrlicher Film lief im Uraufführungstheater 13 Wochen. Jetzt läuft er [hier] gleichzeitig in 6 Kinos, wie Du siehst. Als Film des Jahres und besonders wertvoll bezeichnet!! Ich freue mich sehr!!!«

Einen anderen Zeitungsbericht, der ihr ein Jahr später in die Hand fiel, schickte sie Marlene lieber nicht. Darin ist von Georgs neuesten Aktivitäten die Rede. Ihr Mann hat demnach die Kuranlagen von Bad Münder gekauft und rührt die Werbetrommel, indem er seine berühmte Schwägerin ins Spiel bringt. Sie kann es nicht fassen, mit welcher Skrupellosigkeit Georg sein Profitinteresse über die Rücksicht auf seine Frau, auf sie, stellt. Er weiß doch, wie wichtig es Marlene ist, nicht mehr in einem Atemzug mit ihrer Schwester genannt zu werden – und schon gar nicht in Zusammenhang mit ihm, Georg Will, ihrem Schwager. Er hat doch mitbekommen, dass Marlene sie beschworen hat, keinesfalls mit Journalisten zu reden. Und jetzt das! »Von Kopf bis Fuß auf Münder eingestellt«, lautet die Überschrift, darunter steht: »Marlenes Schwippschwager kauft in Niedersachsen ein komplettes Heilbad«. In dem Bericht ist von Gerüchten die Rede, wonach Marlene Dietrich selbst das Heilbad gekauft haben soll. Doch Georg Hugo Will, dem die Gerüchte gar nicht so ungelegen kommen, dementiert kokett: »Ich allein habe Bad Münder gekauft. Die Marlene hat damit nicht das Geringste zu tun. Was glauben Sie, was für einen groben Brief ich von ihr bekäme, wenn ich mit ihrem Namen Reklame machen würde.«

Was für ein Heuchler! Er *machte* ja mit Marlenes Namen Reklame! Natürlich hatte er die Spekulationslawine erst dadurch losgetreten, dass er sich als Schwager Marlene Dietrichs in Szene gesetzt hatte. Wie durchtrieben das alles arrangiert war – und wie wenig sie selbst in diesem üblen Spiel zählte, obwohl er es doch ihr allein zu verdanken hatte, dass er Marlene kannte! Zu allem Überfluss hatte die Geschichte schon in ganz Deutschland Wellen geschlagen. Nachdem zuerst die Zeitungen in Hannover und Umgebung darüber berichtet hatten, war jetzt sogar schon in der *Süddeutschen Zeitung* davon zu lesen. Wenn nur Marlene nichts davon mitbekam.

Die Worte tanzten vor ihren Augen: »Und er verheimlicht auch nicht, dass zwischen beiden Familien enge Beziehungen bestehen«, hieß es in dem Korrespondentenbericht. Das war doch wirklich der Gipfel der Verlogenheit! Mochte Georg auch noch so sehr betonen, dass »das« mit Bad Münder nichts zu tun habe, er setzte ganz offensichtlich auf den Werbeeffekt der Verwandtschaft. Sie war wie gelähmt, fühlte sich missachtet und hintergangen von diesem Mann, an dem sie immer noch hing.

Woher hatte er überhaupt das Geld, sich ein ganzes Heilbad zu kaufen? »Aus dem Handgelenk«, war da allen Ernstes zu lesen, habe er alles bezahlt. Was für ein Unsinn! Ganz bestimmt hatte sich Georg am Erbe ihrer Mutter bereichert. Von dem Geld, das er für sie in Berlin eintreiben wollte, hatte sie ja nie etwas gesehen.

Bad Münder war dem Artikel zufolge mit seinen Kuranlagen in die roten Zahlen geraten und hatte den kompletten Kurpark an den »Filmkaufmann aus Hannover« verkauft – einschließlich Badeanlagen, Kurhotel, Liege- und Trinkhalle, Inhalationsraum und Minigolfplatz. Der Kaufpreis werde auf 350 000 bis 400 000 Mark geschätzt, hieß es. Will wolle jetzt die Badeanlagen erweitern, einen Saal für 600 Personen bauen und die Bettenzahl des Kurhotels von 24 auf 60 erhöhen, kurz: Bad Münder zu einem »modernen Gesicht« verhelfen. Das Besondere seines Konzepts bestehe vor allem darin, dass er Bad Münder mit Hilfe seiner Beziehungen zu einem »Bad für Filmschaffende« machen wolle. Leinwandgrößen sollten also künftig den Kuranlagen zu neuem Glanz verhelfen – unmissverständlich schimmerte diese Werbebotschaft zwischen den Zeilen durch. Am 1. April 1960 schon solle das modernisierte Kurbad eröffnet werden. Mit Marlene Dietrich als Stargast? Der »Schwippschwager« will es nicht ausschließen: »Falls sie zu dieser Zeit zufällig in Europa ist.«

Liesel schäumte vor Empörung. Wie konnte es Georg nur so kalt lächelnd darauf anlegen, aus seiner Schwägerin Kapital zu schlagen? Er wusste doch nur zu gut, wie Marlene ihn verabscheute.

26

HEIMKEHR
MIT HINDERNISSEN

Las Vegas, London, Paris. Sie tourte durch die ganze Welt. Im vergangenen Jahr war sie in Südamerika gefeiert worden – in Rio, Buenos Aires, São Paolo, Montevideo. Gerade hatte sie ihr Repertoire zwei Wochen lang am Lake Tahoe in Nevada einem begeisterten Publikum präsentiert, und ihr Terminkalender für das Jahr 1960 war gefüllt mit weiteren Gastspielen in Schweden, Norwegen, Dänemark, in Zürich, Amsterdam, Madrid, mit Shows in mehreren Städten Israels und dann, im Herbst und Winter, wieder in den USA und in Kanada. Jetzt aber kamen Auftritte auf sie zu, die ihr, sobald sie daran dachte, besonderes Herzklopfen verursachten: eine Tournee durch Deutschland, beginnend mit einer Konzertreihe in Berlin, ihrer Heimatstadt – im Titania-Palast, wo sie 1945 praktisch unter Ausschluss der deutschen Öffentlichkeit vor GIs aufgetreten war. Willy Brandt, der Regierende Bürgermeister, hatte ihr Gastspiel an der Spree begrüßt und sie wie einen Staatsgast zu einem persönlichen Empfang gebeten; viele Weggefährten aus früheren Zeiten wollten ihre Shows besuchen und sie treffen.

Sie hatte auch Liesel und ihren Neffen Hans-Georg eingeladen. Liesel zog das Konzert in Düsseldorf vor, während ihr Sohn unbedingt den ersten Abend in Berlin miterleben wollte. »Ich habe immer dem Jungen erzählt, dass Du die schönste Frau bist, die es gibt«, schrieb Liesel ihr. »Er wird trotzdem ganz große Stielaugen machen, wenn er Dich in Wirklichkeit sieht und beim Auftreten.« Das klang, als wäre Hans-Georg noch ein Kind, als wäre er nicht längst verheiratet und bereits selbst Vater. Aber darauf kam es jetzt nicht an. Die Begeisterung, die aus den Zeilen sprach, beflügelte sie.

Doch die Vorfreude war getrübt. Marlenes Heimkehr stand unter keinem guten Stern. Schon Wochen vor dem ersten Konzert verbreiteten vor allem die Springer-Zeitungen gehässige Kommentare und Berichte. Sie habe ihr Deutsch verlernt und hasse die Deutschen, hieß es. *Bild* veröffentlichte massenweise Leserbriefe, die sich in wüsten Schmähungen und Drohungen ergingen. »Die Deutschen hasst sie, aber die harte Deutsche Mark liebt sie«, schrieb Herr Ruhland aus Rüsselsheim. »Marlene bleib draußen.« Und Herr Werner aus Hamburg drohte: »Wir werden sie gebührend empfangen.« Hunderte von Hassbriefen wurden ihr zugeleitet. »Schämen Sie sich nicht, als gemeine und schmutzige Verräterin nochmals deutschen Boden zu betreten?«, fragte eine Frau aus dem Rheinland. »Sie gehören gelyncht, da Sie die elendste Kriegsverbrecherin sind.« Die komplette Belegschaft einer Berliner Elektrofirma giftete in einem offenen Brief, der als bezahlte Anzeige in einer Zeitung erschien: »Gnädige Frau, woher nehmen Sie eigentlich den Mut, in Berlin aufzutreten, nachdem Ihr Benehmen während der Kriegszeit doch alles andere als deutschfreundlich war?«

Es gab auch Stimmen, die ihr Engagement gegen die Nazis verteidigten. Doch solche Meinungen gehörten einer linksliberalen Minderheit an. »Faule Eier oder Rosen für Marlene Dietrich?«, hatte die *Hamburger Morgenpost* bereits am 18. März in Erwartung des Gastspiels in der Staatsoper der Hansestadt getitelt. Es sah mehr nach faulen Eiern aus. In einem *Newsweek*-Interview sorgte sich Marlene denn auch schon vor dem Tourneestart um die »widerlichen Flecken«, die Eier auf der Kleidung hinterlassen: »Ich habe einen Schwanenmantel, und wenn darauf ein Ei landet, weiß ich nicht, was ich machen soll. Unmöglich, so etwas noch zu reinigen.«

Fragwürdige Schützenhilfe erhielt sie aus der DDR. »Kesseltreiben gegen Marlene«, titelte das SED-Organ *Neues Deutsch-*

land. Die Sängerin sei »Zielscheibe gehässiger Angriffe faschistischer Kreise in der Bundesrepublik« geworden.

»Ja, den Deutschen ist nicht zu helfen«, schrieb ihr Liesel. »Anstatt froh und glücklich zu sein, dass eine Deutsche ihren Ruhm um die Welt getragen hat!! Ich bin entsetzt, solche Ungebildetheit, Unhöflichkeit!!«

Auf Marlenes Seite stellte sich auch der Schauspieler Willy Fritsch. Der Herzensbrecher so vieler Ufa-Filme äußerte den Verdacht, »dass das damals von der Reichsfilmkammer angezettelte Kesseltreiben gegen die Dietrich so wirksam war, dass es heute noch im Unterbewusstsein schlummert«.

Der Zuspruch tat gut. Auch Willy Brandt distanzierte sich von den Anfeindungen. Er bekräftigte seine Einladung, obwohl der Kartenvorverkauf in Berlin ziemlich schleppend lief und der Titania-Palast zwei von fünf geplanten Vorstellungen strich.

Dann aber wird sie empfangen, wie es einem Weltstar gebührt. Scharen von Journalisten erwarten sie am 30. April 1960 gegen 22.30 Uhr am Flughafen Tempelhof. Willy Brandt lässt sie am folgenden Tag in ihrem Hotel abholen, um mit ihr im Schöneberger Rathaus zu plaudern, ganz in der Nähe ihres Geburtsortes. Hier trägt sie sich auch in das Goldene Buch der Stadt ein und lächelt gemeinsam mit Brandt in zahlreiche Kameras. Selbstverständlich ist der Regierende Bürgermeister auch am Abend des 3. Mai beim Konzert – außerdem Prominente wie Hildegard Knef, die sich in Hollywood mit Marlene Dietrich angefreundet hat und schon dem Empfangskomitee auf dem Flughafen zugesellte.

Doch vor dem Titania-Palast wartet ein anderes Empfangskomitee: um die hundert wütende Demonstranten. »Marlene hau ab«, steht auf Pappschildern, die sie erbost in die Höhe recken – oder in der Sprache, die die attackierte »Ami-Hure«, so mögen sie denken, sicher besser versteht: »Marlene go home«.

Das Konzert findet trotzdem wie geplant statt. Obwohl von achtzehnhundert Plätzen vierhundert frei bleiben, gelingt es Marlene auch im Titania-Palast, ihr Publikum zu begeistern. Sie be-

»Marlene hau ab«: Berliner demonstrieren beim Gastspiel
Marlene Dietrichs (1960).

ginnt mit dem Lied, das üblicherweise am Schluss steht: »Ich bin
von Kopf bis Fuß auf Liebe eingestellt«. Ebenfalls aus dem *Blauen Engel* stammt der zweite Song: »Ich bin die fesche Lola«. Der
Applaus wird stärker, die Mienen entspannen sich, Bravorufe werden laut. Bewegt reagieren die Besucher, als sie »Allein in einer
großen Stadt« anstimmt und mitteilt, dass sowohl der Komponist,
Franz Wachsmann, als auch der Textdichter, Max Kolpe, von den
Nazis aus dem Land vertrieben worden seien – ebenso wie Friedrich Hollaender, der die meisten ihrer Lieder vertont habe. Dann
folgt der klassische Höhepunkt: »Lili Marleen«. Das wehmütige
Soldatenlied, unsentimental, unterkühlt vorgetragen, verfehlt auch
in der geteilten Stadt seine Wirkung nicht, und Marlene verstärkt
den Erinnerungseffekt noch, indem sie sagt, dass Goebbels es einst
verboten hat.

Wie eine private Mitteilung mutet dagegen ihre Schlussnummer
an: »Ich hab noch einen Koffer in Berlin«.

Das Publikum ist gerührt. Willy Brandt springt auf, und auch
alle anderen erheben sich klatschend. Stehende Ovationen. Jetzt

Demonstrativer Händedruck:
Der Regierende Bürgermeister Willy Brandt
begrüßt Marlene Dietrich in Berlin (1960).

ist auch Marlene gerührt – so gerührt, dass sie entgegen ihrer Gewohnheit Zugaben gibt.

Die übrigen Konzerte verlaufen ebenfalls weitgehend störungsfrei. In Düsseldorf kommt es dann aber zu einem Zwischenfall, als sie das Parkhotel verlässt, um sich auf den Weg ins Schauspielhaus zu machen, wo ihr Auftritt angekündigt ist. Mehrere hundert Schaulustige drängen sich vor dem Eingang, darunter auch ein achtzehnjähriges Mädchen, das sich ihr plötzlich von hinten nähert und an ihrem Nerzmantel zieht. Als Marlene sich umdreht, schreit die junge Frau: »Verräterin!«, und spuckt ihr ins Gesicht.

Die Attackierte wischt sich angewidert den Speichel ab und steigt wortlos ins wartende Taxi. Scheinbar unbeeindruckt gibt sie an diesem Abend ihr Konzert und reißt auch hier, wie auf allen Bühnen dieser Tournee, das Publikum mit. Danach aber sagt sie einem Freund: »Das Lied ist aus.« Sie hätte auch einen anderen Titel aus ihrem Repertoire zitieren können: »I May Never Go Home Anymore«: Ich darf nie mehr nach Hause zurück. Nachdem man ihr ins Gesicht gespuckt hatte, stand ihr Entschluss fest: Eine Heimkehr nach Deutschland kam für sie nicht mehr in Frage.

Ein weiterer Zwischenfall ereignete sich am 22. Mai in der Rhein-Main-Halle in Wiesbaden. Als sie gerade ein Lied beendet hatte, stolperte sie und stürzte in den Orchestergraben. Noch bevor die Zwischenmusik verklungen war, stand sie wieder auf, klopfte den Staub von ihrem Frack und lachte dem Publikum achselzuckend zu, als wollte sie sagen: Seht her, so ein Tollpatsch bin ich. Und als ob nichts geschehen wäre, setzte die achtundfünfzigjährige Diva den Auftritt mit all ihrer preußischen Disziplin bis zum geplanten Abschluss fort und verneigte sich ein weiteres Mal vor tosendem Beifall.

Aber es war etwas geschehen. Am späten Abend rief sie Maria an: »Liebling, ich bin gestürzt. Hinten auf der Bühne war es so furchtbar dunkel.«

»Bist du verletzt?«

»Ach, wahrscheinlich ist es nicht weiter schlimm, aber die linke Schulter tut mir ein bisschen weh. Ich kann gar nicht schlafen.«

»Wie hast du denn damit deine Show zu Ende gebracht?«

»Ganz einfach: Ich habe mir von den Musikern einen Schlips geben lassen, meinen Arm an den Körper gebunden, und weiter ging's. Zum Glück hatte ich meinen Frack an, sonst wäre mir das Kleid noch zerrissen.«

»Hör zu, Mama, du musst dich unbedingt röntgen lassen. In der Nähe von Wiesbaden gibt es ein amerikanisches Krankenhaus. Wahrscheinlich ist deine Schulter gebrochen.«

»Unsinn! Das ist doch vollkommen überflüssig. Ich habe mir nichts gebrochen.«

Doch am Ende gab sie nach. Und das Röntgenbild war eindeutig: »Humerusfraktur«, lautete die Diagnose, Bruch des Oberarmknochens. Der Arzt sprach von einer typischen »Fallschirmspringerverletzung«. Trotzdem setzte sie ihre Gastspielreise fort – mit eiserner Selbstdisziplin und einer Schlinge für den Arm, die sie geschickt unter der Kleidung verbarg. »Die erste Vorstellung mit einem an den Körper gebundenen Arm, verdeckt von Flitter und Diamanten, war eine Katastrophe«, schrieb sie später in ihrer Autobiographie *Nehmt nur mein Leben*. Vollkommen verkorkst sei die auf einen Arm reduzierte Gestik gewesen. Schließlich habe sie – auf Empfehlung Burt Bacharachs – ganz ohne die Hilfe ihrer Arme gesungen. Niemand merkte etwas.

Maria bekümmerte etwas anderes. Ihre Mutter war sicher nicht gestürzt, weil die Bühne zu dunkel war. Wahrscheinlich hatte sie wieder zu viel getrunken. Schon seit einiger Zeit beobachtete sie, dass der Alkoholkonsum ihrer Mutter stieg – und ebenso der Verbrauch von Betäubungsmitteln.

Den Abschluss und umjubelten Höhepunkt ihrer Stationen in Deutschland bildete am 27. Mai ein Auftritt in München. Das Deutsche Theater war bis auf den letzten Platz ausverkauft, und nachdem die letzte Melodie verklungen war, wollte das Publikum nicht aufhören zu klatschen, es bescherte ihr fast sechzig Schlussvorhänge. »Wiederkommen!«, riefen die Leute.

Der frenetische Applaus wurde aufgezeichnet und einer Schallplatte untergemischt, die Marlene bereits zuvor in Berlin-Lankwitz in einem Electrola-Studio aufgenommen hatte. Dieser Kunstgriff erzeugte den Eindruck einer Live-Aufnahme all der Lieder, die sie auf der aktuellen Tournee gesungen hatte und die noch im selben Jahr unter dem Titel »Wiedersehen mit Marlene – Marlene Dietrich in Deutschland« erschienen.

Gleich im nächsten Monat, nur wenige Tage nach ihrer Rückkehr aus Europa, brach sie zu einer Gastspielreise nach Israel auf. Maria, die schon in Tel Aviv gewesen war, empfahl ihr, ruhig auch einige Lieder auf Deutsch zu singen. Marlene zögerte. Damals galt es als ungeschriebenes Gesetz, dass im Land der Holocaust-Opfer und ihrer Nachfahren kein deutsches Wort auf einer Konzertbühne erklingen durfte. Doch Marlene ließ sich von ihrer Tochter überzeugen. Sie wollte dazu stehen, dass sie Deutsche war – eine Deutsche, die sich gegen Hitler und seine Mörderbande gestellt hatte.

Der Erfolg gab ihr recht. Das Publikum in Tel Aviv, Haifa und Jerusalem feierte sie demonstrativ und applaudierte bei den englischsprachigen Liedern ebenso wie bei den deutschen – eben auch weil sie eine Deutsche war, die den Nazis widerstanden hatte und ihre Herkunft nicht verleugnete.

Ende Juli 1960 kehrte sie nach Düsseldorf zurück, um ihren Neffen Hans-Georg zu besuchen und sich mit ihrer Schwester zu treffen, der sie für drei Nächte ein Zimmer im Parkhotel gebucht hatte. Liesel war noch immer empört über die Spuckerin. Doch Marlene winkte ab und wischte die Mitleidsbekundungen beiseite: »Ach, Quatsch, so ein blonder Nazi kann mir doch nicht die Laune verderben.«

Da bis zu ihrem nächsten Konzert noch eine Woche Zeit war, fuhr sie am folgenden Tag mit Liesel zu einem Verwandtenbesuch nach Oedt, nur eine knappe Autostunde von Düsseldorf entfernt. Hier lebte die gemeinsame Cousine Victoria von Nathusius, Tante Vallys Tochter. Marlene hatte ihr gleich nach dem Krieg Care-Pakete geschickt und stand mit ihr in losem Briefkontakt. Dass sie einst für »Viktörchens« Mutter geschwärmt hatte, schien einer längst versunkenen Zeit anzugehören. Jetzt schwärmte ihre Cousine vor allem von Marlenes Düsseldorfer Konzert. Auch Liesel war wie geplant dabei gewesen, Und sie beschränkte sich nicht darauf, Marlene in überschwänglichem Ton ihre persönliche Bewunderung zu schildern, sie zeigte ihr auch etliche Kritiken von anderen deutschen Konzerten, die sie gesammelt hatte. Alle waren positiv. »Majestät im Schwanenpelz«, hatte eine Zeitung geschrieben. »Na, besser als Wolf im Schafspelz«, kommentierte Marlene. Liesel sah nicht gut aus, fand sie. Trotz aller Lobeshymnen wirkte sie matt und zusammengesunken, fahrig und nervös. Vielleicht sollte sie ihr noch ein paar von ihren Pillen geben.

Als Nächstes standen Konzerte in Paris auf dem Programm. Liesel sollte dabei sein. Sie kaufte ihr Tickets, buchte ihr ein Hotel und gab ihr wieder einen exakten Plan mit den Abflugzeiten an die Hand. Es war wichtig, dass sie aus dem Mief in der Heide herauskam und sich den Wind einer Weltstadt um die Ohren wehen ließ. Das würde sie hoffentlich auf andere Gedanken bringen.

Zwischen ihren Gastspielreisen rund um den Globus drehte Marlene 1961 in den USA einen neuen Film – ein politisches Gerichtsdrama, das, wie schon Wilders *A Foreign Affair*, um das schwere Erbe der Deutschen kreist: *Judgment at Nuremberg (Das Urteil von Nürnberg)*. Sie verwandelte sich dafür in Frau Bertholt, die Witwe eines deutschen Generals, der von den Amerikanern als Kriegsverbrecher gehängt worden ist. Gegenüber dem von Spencer Tracy gespielten amerikanischen Richter Haywood, der in einem anderen Prozess über vier hochrangige NS-Juristen urteilen muss, beteuert sie – wie so viele Deutsche in der Nachkriegszeit –, von den organisierten Massenmorden der Nazis nichts gewusst zu haben. Auch ihr Mann nicht, behauptet sie; der sei »Opfer der Vergeltung« geworden, »die der Sieger immer am Besiegten übt«.

Auch in diesem Film erklingt eine bekannte Melodie. Als sie mit Spencer Tracy durch die Straßen von Nürnberg schlendert, schallen aus einer Kneipe die Strophen von »Lili Marleen«. Frau Bertholt übersetzt den Text ins Englische und erklärt dem Richter, dass er im Original noch bewegender ist: »Ich wünschte, Sie würden Deutsch verstehen. Der Text ist wunderschön ... Der deutsche Soldat weiß, dass er sein Mädchen und sein Leben verlieren wird.«

Neben Marlene Dietrich und Spencer Tracy wirkten noch weitere Weltstars in dem Film mit, unter anderem Burt Lancaster, Judy Garland und Montgomery Clift. Die Rolle des deutschen Verteidigers Hans Rolfe übernahm Maximilian Schell. Marlene Dietrich hatte 1945 einige Stunden lang miterlebt, wie es bei den Nürnbergers Prozessen tatsächlich zugegangen war. Die Amerikaner hatten ihr heimlich einen Platz auf der Besuchertribüne verschafft. Aber darüber sprach sie bei den Dreharbeiten nicht.

Die Welturaufführung fand am 14. Dezember 1961 in der Kongresshalle in Berlin statt – einen Tag bevor in Jerusalem das Urteil über Adolf Eichmann gesprochen wurde. Willy Brandt hielt eine besonnene Rede, der sichtlich betrunkene Montgomery Clift dagegen provozierte die Zuschauer mit sarkastischen Bemerkungen über die angeblich unbelehrbaren Deutschen. Die Begeisterung hielt sich in Grenzen. Bei dem anschließenden Empfang kamen anstelle der erwarteten tausend Gäste gerade mal um die hundert. Regisseur Stanley Kramer schrieb später in seinen Memoiren: »Die Deutschen waren wie Frau Bertholt; sie wollten vergessen.«

Die Darstellerin der Frau Bertholt blieb der Premiere fern. Nach ihren Tournee-Erfahrungen kam eine zweite Reise nach Berlin für sie nicht mehr in Frage. »Ich bin keine Masochistin«, erklärte sie später in einem Fernsehinterview in Stockholm.

Die Kritiken fielen verhalten aus. »Werberummel und Staraufgebot vermochten nicht zu verhüllen, dass er [der Film] misslungen ist«, urteilte zum Beispiel *Die Zeit*. »Wenn man einen Thesenfilm drehen will, muss er zielstrebiger sein.« Das eher ablehnende Echo führte dazu, dass das Drama in deutschen Kinos kaum gezeigt wurde. In den Vereinigten Staaten ließ *Judgment at Nuremberg* dagegen die Kassen klingeln und erntete überdies zwei Oscars: für den Drehbuchautor Abby Mann und für Maximilian Schell als besten Hauptdarsteller.

27

GEDANKENAUSTAUSCH
ÜBER EINE MUTLOSE

Nach der Aufregung über Marlenes turbulente Tour durch Deutschland hatte Liesel wieder Zeit, über ihr eigenes Schicksal nachzudenken. Die Gedanken stürzten sie in eine Schwermut. Mehr denn je fühlte sie sich wie eine Verlassene. Ohne Hoffnung auf eine bessere Zukunft. Immer tiefer versank sie in ihrer Mutlosigkeit und Trauer – so tief, dass sie keinen Sinn mehr darin sah, morgens das Bett zu verlassen oder sich etwas zum Essen zu kochen.

Ihr in Düsseldorf lebender Sohn machte sich Sorgen – zusätzlich alarmiert durch einen Arztbericht, der zur Einweisung in ein Altenheim riet und Hans-Georg Will in seiner Überzeugung bestärkte, dass seine Mutter nicht länger allein in Bergen leben konnte. Da er seit einiger Zeit beruflich voll und ganz von seiner Arbeit bei einer Düsseldorfer Werbefirma beansprucht wurde, fehlte es ihm an der Zeit, sich selbst um seine Mutter zu kümmern.

In seiner Not wandte er sich an seine Tante, die gerade eine Reihe von Konzerten am Broadway International Theatre in Colorado Springs hinter sich gebracht hatte.

29.8.1961
Liebe Tante Lena!
Mutti ist seit Jahrzehnten psychisch krank. Und jetzt droht die Katastrophe. Ich will nicht über sie richten, warum sie sich nicht von diesem Mann – meinem Vater – zur rechten Zeit getrennt hat.

Nach seinem Auszug aus Bergen hat sie sich völlig an mich geklammert und hoffte, dass mein Leben und meine Verbindung zu ihr sie aus dem Nichts und der Enttäuschung retten würde. Als ich einen sehr unruhigen Berufs- und Lebensweg durchschritt, war sie noch agil und voller Hoffnung. Dann erklärte ich, dass ich heiraten würde, und tat es dann auch. Das war nach der Enttäuschung mit meinem Vater der zweite Schlag.

Es kam das Kind, meine Ehe ist glücklich und wird von Bestand sein. So und damit brach alles für Mutti zusammen. Der Mann weg, das Kind verheiratet und sie alleine. Und nun kommt ihr Unglück. Wäre sie eine psychisch gesunde und normale Frau, dann hätte Mutti sich tatsächlich das Leben mit einem Fernsehgerät, einer kleinen Wohnung in der Nähe der Kinder, einem Theaterbesuch, einer kleinen Reise und anderen weltlichen Freuden eingerichtet. Aber leider ist es nicht so.

Sie lebte immer auf einer anderen Ebene und hätte niemals einen Georg Will heiraten sollen, sondern einen Geistlichen, einen Universitätsprofessor oder einen anderen gebildeten Menschen. Im Sommer, im Juni, forderte mich der Arzt aus Bergen auf, zu ihm zu kommen, da sich der Zustand von Mutti so verschlechtert habe, dass sie nicht länger allein in Bergen bleiben könne. Mutti hatte mir nicht ein Wort davon geschrieben. Ich fuhr hin. Was soll ich Dir sagen? Es ist so, dass sie völlig hilflos und auch schon etwas schwierig geworden ist. An leiblichen Dingen fehlt es nicht. Aber das jahrelange Grübeln über das Warum und WIESO trägt jetzt seine furchtbaren Früchte. Sie kann nicht mehr lesen und sich nicht entspannen. Der Berger Arzt und [der Augenarzt] Dr. Kraus haben zu einem Heim geraten, da dies die Gewähr für ein regelmäßiges Leben ist. Denn Mutti muss an die Zügel genommen werden. Aufstehen, Bewegung, pünktlich essen usw. Erst muss aus rechtlichen Gründen mein Vater an die Strippe genommen werden. Er hat mit einem Mädchen, mit dem er seit Jahren lebt, ein Kind bekommen. Jetzt versucht er natürlich, Mutti nach Düsseldorf unter meine moralische Obhut zu bekommen,

und will sich danach scheiden lassen, um dem jetzt noch unehelichen Kind seinen Namen zu geben.
Fein, was? Hiervon darf Mutti nichts erfahren!!!
Um Muttis Heimaufenthalt und mir ein Erbteil zu garantieren, will er das Haus in Berlin auf dem Kurfürstendamm auf Muttis Namen festlegen. Die Idee ist lachhaft. Das Haus ist einen Dreck wert und mit Hypotheken belastet. Mit dem Geld hat er in Bad Münder ein Hotel mit Kuranlagen gekauft. Dieses recht sichere Objekt sollen dann die neue junge Frau und das zweite Kind bekommen. Fein!!
Eine Krankenversicherung hat er für sie nie abgeschlossen und jammerte mir vor einer Woche noch die Ohren voll, dass die Arztrechnung aus Bergen so hoch sei, und fragte nach Deiner Adresse.
Die Adresse habe ich ihm nicht gegeben. Jetzt soll er zahlen. Er hat auch den Aufnahmeantrag für das Heim unterschrieben und sich verpflichtet, die Unterhaltskosten zu übernehmen. Wie lange er zahlen kann und will, weiß ich nicht. Sollte er später mit dem Scheidungswunsch kommen, muss ein guter Rechtsanwalt her. Im Moment ist mein Vater etwas angeschlagen und fühlt sich schlecht. Das geht aber vorbei, und dann erleben wir einiges.
Und auch diese Dinge – die finanziell ungesicherte Zukunft – belasten Mutti. Die nackte Unterbringung mit Essen kostet je nach Lage des Heims und der Qualität der Zimmer zwischen 350 und 450 DM. Hinzu kommt ein Taschengeld für Bekleidung und Arztkosten. Wie gesagt, die Anträge sind raus, und ich beginne jetzt, jede Woche anzurufen bei den Leuten und zu drängeln …
Deine Verärgerung, Mutti noch in Bergen zu wissen und die Endstation im Altersheim, kann ich verstehen – aber Du musst auch bei Mutti anklopfen. Sie kann auch sehr starrsinnig sein …

Seinem Brief an Marlene Dietrich legte Hans-Georg Will ein Gutachten des Berger Hausarztes seiner Mutter, Dr. med. Habermann, bei. Darin heißt es über Elisabeth Will:

Die oben genannte Patientin wird von mir seit 1951 ärztlich betreut. Die geistig sehr hochstehende Frau lebte während dieser ganzen 10 Jahre in einer bescheidenen Wohnung, getrennt von ihrem Mann. In den ersten Jahren sah sie in der Erziehung und Betreuung ihres Sohnes noch eine große Lebensaufgabe. Nachdem ihr Sohn Hans-Georg aus beruflichen Gründen zunächst in Hamburg und später in Düsseldorf seinen Wohnsitz nehmen musste, war sie hier in Bergen völlig allein auf sich gestellt und hatte dadurch mehr als genügend Zeit, über ihre unerquickliche Lage nachzudenken. Während sie anfangs noch durch Unterrichtung von Kindern und ... Beschäftigung mit der Literatur einen gewissen Lebensinhalt und Ablenkung fand, wurde ihr ihre Vereinsamung desto länger, je mehr bewusst.
Die ständige gedankliche Beschäftigung mit der Frage, worin denn überhaupt noch der Sinn ihres Daseins bestünde, hat sie in eine Lage gebracht, die man am besten als eine an Verzweiflung grenzende tiefe Mutlosigkeit bezeichnen kann.
Neben der schweren seelischen Niedergeschlagenheit haben sich im Laufe der Zeit ihre körperlichen Kräfte derart vermindert, dass es unmöglich erscheint, sie noch länger sich selbst zu überlassen.

Doch die Suche nach einem geeigneten Heim erweist sich als schwierig, unter anderem weil Elisabeth Will selbst sich dagegen sträubt, ihr Leben unter fremde Aufsicht zu stellen, und es den Angehörigen nicht leicht macht, mit ihr über Alternativen zur Wohnsituation in Bergen zu sprechen.
Marlene wendet sich deshalb am 4. Dezember 1961 aus Chicago an Liesels Sohn:

Lieber Hans-Georg,
ich sorge mich sehr, da ich nichts mehr höre über das Heim. Kann ich etwas von hier tun?
Bitte arrangiere, dass Liesel wenigstens zu Weihnachten eine kleine Reise macht. Du hast ja das Geld in der Bank für solche

Dinge, das ich kürzlich schickte. Victoria von Nathusius [die Tochter von Tante Vally] kann Liesel auch besuchen, um ein bisschen Ablenkung zu haben ... Meine Tante Vally wird auch dort [in Oedt] sein zu Weihnachten.
Ich sorge mich, dass Liesel so allein ist. Da ich weiß, dass Du Verpflichtungen hast und nicht so oft reisen kannst, ist es doch besser für alle, dass Liesel ein bisschen reist und aus dem Einerlei von Bergen für eine Woche mindestens herauskommt.
Ich schicke Liesel eine Abschrift des Briefes ...
Viele Grüße auch an Deine Frau,
Marlene

28

KINDHEITSERINNERUNGEN

Diese Aufgabe hob ihre Stimmung. Es war schön, sich in die Vergangenheit zurücksinken zu lassen, in die Kindheit und frühe Jugend, als alles noch so hoffnungsfroh gewesen war. Nein, nicht immer einfach und lustig, das nicht, aber immer mit einer Zuversicht verbunden, die ihr irgendwann abhandengekommen war.

Als Marlene sie gebeten hatte, Erinnerungen für sie aufzuschreiben, die sie für eine geplante Autobiographie verwenden könnte, hatte Liesel gleich damit angefangen, in alten Schulheften und Briefen zu kramen, hatte Fotoalben gesichtet und in ihrem vergilbten Tagebuch geblättert. Sie wusste natürlich, dass sie selbst in Marlenes Memoiren nicht vorkommen konnte, aber das war vollkommen unwichtig, vielleicht sogar gut.

Sie hatte sich schon viele Notizen gemacht und alles einigermaßen chronologisch geordnet. Passend zum Thema wollte sie ihre Erinnerungen jetzt in ein Schulheft schreiben, immer mit einem Stichwort versehen. Aber womit anfangen? Noch einmal sortierte sie ihre Zettel, betrachtete Fotos, ließ Bilder in sich aufsteigen – und begann mit einer der frühesten Szenen, die ihr einfielen:

Das Schlaflied: Mutti sang nach einem Maskenball ein Lied vor unseren Betten. Es war bezaubernd, sie sang es mit einem Korb Blumen in der Hand. Der Korb, immer mit Blumen gefüllt, stand noch lange vor dem großen Spiegel in der Diele.
Marlenes Einschulung: Du wolltest so gern zur Schule, aber dann

wurde es Dir langweilig ... Deine Schwärmerei für Frl. Grütz-
macher.
Ein Umzug: Der Umzug vom Westend in die Tauentzienstraße
war nicht schön. Wir hatten beide Angst. Mutti ließ uns sagen:
Wenn ich bei meiner Mutter bin, dann kann mir nichts passieren.
Eimimi: Eimimi, unsere Großmutter, brachte Glanz und Schim-
mer. Mit der Equipage [Kutsche] holten sie Dich von der Schule ab.
Wir bekamen die herrlichsten Geschenke.
Braunschweig: Vatel nahm Dich stolz mit, wenn er abends noch
mal zur Kaserne ging. In dem schönen Theater sahen wir »Don
Carlos« von Schiller. Wir waren da in Pension, solange Mutter im
Krankenhaus war. Den Zapfenstreich von der Kaserne hörten wir
ganz deutlich.
Dessau: Das Schönste war, die Kavalierstraße langzugehen mit
Deinem herrlichen Haar, die schöne Locke, Korkenzieher, nach
vorne. Tante Vally machte Mutti die Hölle heiß, dass sie das nicht
erlauben durfte.
Gymnasium in der Uhlandstraße in Berlin: Professor Piezonka
war in Dich sehr verliebt. Er gab Deutsch. Ein Aufsatzthema
lautete: »Die Erinnerung ist die Patina am Rost des Lebens.«
In kürzester Zeit schriebst Du anderthalb Seiten, nicht sehr tief
und erschöpfend. Mein Angebot, Dir den Aufsatz zu schreiben,
lehntest Du ab. Als Du den Aufsatz wiederbekamst, stand
darunter: »Die Lebensauffassung der Verfasserin möchte ich auch
haben.«
Schultheater: Du spieltest die weibliche Hauptrolle ... Du sahst
bezaubernd aus und hattest großen Erfolg und viel Beifall.
Verehrer: Die Männer waren verrückt nach Dir [rot unterstrichen]
... Der Zigarrenladeninhaber an der Ecke nannte Dich »Gold-
chen«. Wenn Du auf dem Roller vorbeifuhrst, guckte er jedes Mal
hinaus. Du sagtest oft, ich sollte mit Dir gehen, damit Dich die
Männer nicht ansprechen ... Herr Fleischmann bei der Tanzstunde war verrückt nach Dir, Vetter Richard, und so weiter, und
so weiter.

Privatstunden: Wir waren beide wenig angenehm berührt, als zu der Mademoiselle Klavier (Du hattest auch noch Geige) eine Miss kam. Andere Kinder hatten mehr Zeit.

Wadenstrümpfe: Wenn ein Sonnenstrahl sich zeigte, quengeltest Du, dass Du Wadenstrümpfe anziehen durftest.

Schlittschuhlaufen: Du warst zu gerne auf dem Eis, und Du hast Dich wohl auch in Dessau mit Jungen verabredet.

Geigenstunden: Du hast viel geübt. Mutter musste Herrn Roscher, Deinem ersten Geigenlehrer, immer Kaffee kochen. Sie meinte, er schliefe sonst ein. Er gähnte immer.

Tanzstunde: Bei Mademoiselle Marignol. Du musstest oft vortanzen. Wir durften mittanzen bei dem französischen Fest, als der französische Botschafter kam. Ein gesellschaftliches Ereignis.

Sommerferien: Jedes Jahr verreisten wir an die See oder ins Gebirge. Es war zu schön.

Läden: Stundenlang konntest Du vor Läden stehen und Dir die Auslagen besehen.

Geburtstag: Du warst unglücklich, dass Du nach Weihnachten Geburtstag hattest. Du meintest, Du bekämst nicht genügend geschenkt aus diesem Grunde, aber Du bekamst dennoch viel.

Meerschweinchen: Auf Deine Bitten kaufte Mutti Dir Meerschweinchen. Du konntest stundenlang davor sitzen und sie betrachten.

Schön anziehen: Liebtest Du. Als Tante Lene, die Schwester von Eimimi, aus London mal eine Bluse schickte, warst Du ganz stolz.

An der See: Immer wolltest Du in die Strandkompanie, bis Mutti es erlaubte. Bald warst Du unser Leutnant, es gefiel Dir sehr. Du hattest Deine Leute schön im Zug.

Karl May: Verschlangst Du.

O sole mio: Du hattest eine Bekannte, die Dich zu »O sole mio« begleitete.

Henny Porten: Du warst von ihr vollkommen hingerissen. Du wartetest stundenlang vor dem Kino, um sie zu sehen.

Tiroler Bub: Am meisten liebtest Du Deine Seppl-Hosen, Du sahst bezaubernd darin aus. Dazu hattest Du ein passendes Hemd und ein passendes grünes Hütchen. Am liebsten wärst Du in den Seppl-Hosen zur Schule gegangen.
Abitur: Mutti wollte, dass Du, weil Du klug warst, das Abitur machtest. Dies wolltest Du durchaus nicht.

Am 26. April 1962 schickte Elisabeth Will ihrer Schwester die erste Kladde mit ihren Kindheitserinnerungen, am 29. September die zweite. In einem Begleitbrief an Marlene sprach sie von »Lieses Erinnerungen« – so als handelte es sich um Aufzeichnungen einer anderen Person. Und tatsächlich existierte ja die Liesel aus den Tagen der Berliner Kindheit nicht mehr. Sie war eine andere geworden. Leni dagegen, fand sie, war sich treu geblieben: noch genauso unternehmungslustig, verführerisch und schön wie damals.

Marlene übernahm kaum etwas von dem Material für ihre Autobiographien. In ihrem bewegten Leben war ohnehin nicht allzu viel Platz für die Kindheit. Aber sie dankte Liesel überschwänglich und schickte ihr zur Belohnung noch mehr Geschenke: einen neuen Pelzmantel, Feinkostpäckchen, Bücher, Schallplatten, einen neuen Plattenspieler – und auch einen Fernsehapparat.

Lange hatte Liesel sich gegen das Fernsehen gewehrt – ihr sei die Zeit dafür zu schade, und kulturell interessante Sendungen könne sie doch auch bei ihrer Freundin sehen –, aber schließlich hatte sie nachgegeben. Sowohl Marlene als auch Hans-Georg hatten ihr immer wieder versichert, dass ein bisschen Ablenkung gut für sie sei. Dass ihr das Fernsehen vielleicht helfe, nicht weiter stundenlang ihren trüben Gedanken nachzuhängen. Dem konnte sie sich nicht verschließen. Denn die trüben Gedanken machten sie tatsächlich krank, das wusste sie. Und ein Fernsehapparat war doch allemal besser, als ins Altenheim geschickt zu werden.

Nein, als sie einmal mit Hans-Georg eines dieser Heime in Düsseldorf besichtigt hatte, war ihr der Schreck in die Glieder gefahren: Unter all den abgestumpften Menschen zu leben war ihr ein Graus – behandelt wie ein Kind, eingesperrt wie eine Gefangene. Schon dieser säuerliche Geruch!

Nach etlichen Gesprächen und Telefonaten mit Hans-Georg und Marlene war schließlich vereinbart worden, dass sie in ihrer Wohnung am Kreuzweg betreut und umsorgt werden sollte. Mehrere Frauen wurden jetzt dafür bezahlt, dass sie stundenweise zu ihr kamen: eine Reinmachefrau, eine Köchin und eine Gesellschafterin, die ihr auch vorlas. Außerdem hatte sie ja noch ihr Kränzchen, ein paar nette ältere Damen, die sie durch ihre Freundin Anni kennengelernt hatte. Sie traf sich mit ihnen einmal in der Woche reihum zu Kaffee und Kuchen.

Marlene rief nun häufiger an, um sich zu erkundigen, wie es ihr gehe. Außerdem teilte sie ihr die ständig wechselnden Telefonnummern mit, unter denen sie jeweils zu erreichen war. Um Liesel die hohen Gebühren für die Anrufe zu ersparen, hatten sie R-Gespräche verabredet, bei denen der Angerufene die Kosten übernimmt. Um das Telefonat anzumelden und vorab die Kostenübernahme zu sichern, musste Liesel ins Berger Postamt gehen. Aber der Arzt hatte ja gesagt, Bewegung tue ihr gut.

Zusätzlich zu den vielen Geschenken ließ Marlene ihr weiterhin den Großteil ihrer deutschen Tantiemen überweisen, und Elisabeth dankte ihr bei jeder sich bietenden Gelegenheit. »Du bist für mich die Fee mit dem goldenen Füllhorn, die nur Gutes, Liebes und Schönes bringt«, schrieb sie.

Aber sie war ja auch auf Unterstützung angewiesen. Hans-Georg hatte für seine eigene Familie zu sorgen, und von ihrem Mann konnte sie noch weniger erwarten. Der hatte all sein – und ihr – Geld in sein Kurbadprojekt in Bad Münder gesteckt, mit dem es gar nicht gut zu laufen schien. Wie Hans-Georg ihr schrieb, stand »Vati« kurz vor der Pleite. Davon abgesehen musste der auch noch für seine junge Flamme und das gemeinsame kleine Kind in Hannover sorgen. Nein, da war nichts zu erwarten. Im Gegenteil: Sie fürchtete, er könnte sich in seiner Geldnot noch mehr von ihrem Berliner Erbe unter den Nagel reißen.

Hinzu kam, dass auch seine politische Vergangenheit immer wieder einen Schatten auf die Gegenwart warf. Bei Marlene meldeten sich neuerdings Leute, die behaupteten, Georg habe in der Hitlerzeit gemeinsame Sache mit den Nazis gemacht, sogar Juden denunziert. Liesel konnte das alles nicht glauben, aber eben auch nicht einfach als haltloses Gerede abtun. Solche Anschuldigungen verfinsterte ihre Stimmung zusätzlich. Da war es gut, die Gedanken auf die Kindheit zu lenken.

Unten fuhr die Postzustellerin mit ihrem Fahrrad vor. Ob ein Brief von Marlene dabei war?

Eine Sendung aus Amerika war es wirklich, aber nur eine Zeitschrift: die neue Ausgabe von *Newsweek*. Marlene hatte das Magazin für sie abonniert. »Damit Deine grauen Zellen was zu tun haben«, hatte sie ihr geschrieben.

29

ÜBER GRÄBERN
WEHT DER WIND

Zuerst mochte sie das Lied gar nicht. Viel zu sentimental, zu kitschig fand sie es, als sie es in der Version des Kingston Trio hörte.

Where have of all the flowers gone,
Long time passing?

Schrecklich. So pathetisch. Sie fand auch, dass es nicht zu ihr passte. »Ich bin doch eine Kriegerin und nicht so eine Blümchen-Pazifistin«, sagte sie zu Maria, die sie drängte, diesen Song von Pete Seeger in ihr Programm aufzunehmen. »Die Leute kennen mich doch noch in meiner GI-Uniform, wie ich auf Panzer geklettert und in die Schlacht gezogen bin. Da kann ich doch nicht plötzlich Nelken in Gewehrläufe stecken. Albern!« Aber auch Burt Bacharach, ihr Arrangeur und Orchesterleiter, redete auf sie ein: »Das Lied ist wunderbar, und es passt zu dir.«

Dann übertrug ihr alter Freund Max Colpet den Text in eine deutsche Fassung. Sie war beeindruckt und gab nach. Zum ersten Mal sang sie das Lied im Mai 1962 in Paris. Auf Französisch. Es kam an. Fortan machte sie es zu ihrer Schlussnummer. Mal sang sie es auf Englisch, mal auf Französisch, am häufigsten aber auf Deutsch:

Sag mir, wo die Blumen sind.
Mädchen pflückten sie geschwind.
Wann wird man je verstehn?
Wann wird man je verstehn.

Sag mir, wo die Blumen sind.
Wo sind sie geblieben?
Sag mir, wo die Blumen sind.
Was ist geschehn?

Als sie das Lied am 6. Oktober 1962 bei der Unicef-Gala in Düsseldorf sang, erlaubte sie sich keine Geste. Wie erstarrt stand sie auf der Bühne, die Hände wie gefesselt auf dem Rücken. Sie spürte, wie das Lied die Menschen anrührte, und es bewegte sie selbst. Besonders wenn sie diese Strophen sang:

Sag, wo die Soldaten sind,
wo sind sie geblieben?
Sag, wo die Soldaten sind,
Was ist geschehn?

Sag, wo die Soldaten sind?
Über Gräbern weht der Wind.
Wann wird man je verstehn?
Wann wird man je verstehn?

Vor dem letzten Wort der Zeile »Wann wird man je verstehn?« legte sie eine Kunstpause ein und flüsterte ihr »verstehn«.
 Sie musste an all die jungen Männer denken, die sie während des Krieges getroffen hatte. So mancher war nicht nach Hause zurückgekehrt. Zu der langen Reihe der Gefallenen unter ihren Bekannten gehörte auch »Big Joe«, der älteste der Kennedy-Jungs, mit dem sie einst an der Côte d'Azur geflirtet hatte. »Big Joe«! Ein richtiger Mann! Der hoch aufgeschossene Jüngling mit dem ge-

»Sag mir, wo die Blumen sind« – Marlene Dietrich als Sängerin mit ernster Botschaft.

winnenden Lächeln war im August 1944 als Bomberpilot bei der Explosion seines Flugzeugs über der Küste von Suffolk ums Leben gekommen. Josephs Bruder John dagegen war nun schon seit zwei Jahren Präsident der Vereinigten Staaten. Höchste Zeit, ihn einmal im Weißen Haus zu besuchen!

Der Tross ihrer Liebhaber wurde allmählich überschaubarer. Yul Brynner war nach seiner zweiten Heirat endgültig aus ihrem Gesichtskreis verschwunden, und vor kurzem war er auch noch zum zweiten Mal Vater geworden. Ihr Verhältnis zu Erich Maria

Remarque hatte sich abgekühlt, seitdem Boni 1958 Paulette Goddard geheiratet hatte, die frühere Frau Chaplins. Jean Gabin hatte ja schon 1949 seine Christiane zum Traualtar geführt und nach und nach drei Kinder mit ihr in die Welt gesetzt.

Und Rudi, ihr eigener Göttergatte? Der fütterte in Kalifornien immer noch seine Hühner und ließ sich von Tami über schlechte Eierpreise hinwegtrösten – wenn sie denn dazu in der Lage war. Die Arme litt weiter unter Schwermut und Wahnzuständen. Der eine Psychiater bezeichnete sie als manisch-depressiv, der andere diagnostizierte eine Hysterie. Mal war die Rede von schizophrenen Schüben, dann wieder von einer Depression. Die frühere Tänzerin schien das komplette psychiatrische Spektrum abzudecken – und Marlene finanzierte ihre kostspieligen Therapien, wie auch immer die Störungen oder Ausfälle gerade genannt wurden, die es zu behandeln galt. Sie hatte ihr auch schon selbst etliche Psychopharmaka »verordnet« – vor allem nach einer der Abtreibungen, zu denen sie Tami gedrängt hatte. Aber jetzt hatte sich die Lage offenbar dramatisch verschlimmert. Tami hörte Stimmen, die aus ihrem Innern zu ihr sprachen.

Vor gar nicht so langer Zeit hatte Marlene eine noch traurigere Nachricht aus Idaho erhalten: Ernest Hemingway hatte sich am 2. Juli 1961 erschossen – mit seiner Flinte, die er schon seit einiger Zeit als seine »glatte, braune Geliebte« bezeichnet hatte. Sie trauerte um ihn wie eine Witwe, trug tagelang Schwarz, schloss sich in ihrem Zimmer ein, las seine Brief und suchte nach einer Antwort auf die Frage nach dem Warum, zumindest nach einem Hinweis, gab – das jedenfalls schreibt ihre Tochter – »insgeheim« auch Hemingways Frau Mary eine Mitschuld am Tod des Freundes.

Nur einundsechzig Jahre alt war er geworden – so alt, wie sie jetzt selbst war. An ihrem einundsechzigsten Geburtstag war sie in St. Moritz aufgetreten, aber sie hatte kein Aufhebens davon gemacht an diesem 27. Dezember 1962. Nein, Geburtstage waren für sie schon lange kein Grund zum Feiern mehr. Wenn sie gefragt wurde, machte sie sich immer noch ein paar Jahre jünger, aber auf die Dauer war es doch ziemlich anstrengend, die ewige Jugend zu verkörpern. Manchmal kam sie sich schon sehr albern vor mit ihrer blonden Perücke und der dicken Schminke im Gesicht. Wenn sie morgens – meist war es eher gegen Mittag – aufstand, vermied sie es, in den Spiegel zu schauen. Es war nicht zu übersehen: Das Leben hatte tiefe Furchen in ihr Gesicht gegraben. Die Probleme mit Liesel hatten ihr wieder einmal auch ihr persönliches Problem vor Augen geführt: Ähnlich wie sich ihre Schwester in Bergen an ihren »Jungen« klammerte, hing auch sie, Marlene, an ihrem einzigen Kind, an Maria. Doch die gab ihr deutlich zu verstehen, dass sie ihr eigenes Leben führen wollte – außerhalb des langen Schattens ihrer Mutter. Verstehen konnte sie das gut, aber es war auch traurig.

Hinzu kamen die Schmerzen in den Beinen. Sie hatte die Dosis ihrer Schmerztabletten gerade wieder erhöht.

Immer anstrengender wurde es, all das zu überspielen, immer mehr Selbstdisziplin war vonnöten. Sie trank jetzt schon vor ihren Shows ein oder zwei Glas Champagner, um sich in Stimmung zu bringen, und wenn sie dann in ihr Hotelzimmer zurückkehrte und diese trostlose Einsamkeit über sie kam, kippte sie weitere Gläser – nicht nur Champagner, sondern auch Whisky. Das vertrieb die trüben Nachtgedanken, aber das Erwachen hielt bittere Rache für sie bereit.

Befreit von alldem war sie, wenn sie auf der Bühne stand und spürte, wie sich das Publikum von ihr verzaubern ließ. Dann badete sie im Applaus wie in einem Jungbrunnen.

»Wer kann sich Deinem Zauber entziehen? Du schlägst die Menschen in Deinen Bann«, hatte ihr Liesel gerade geschrieben. Liesel, diese treue Seele! Gut, dass sie jetzt doch nicht ins Heim musste. Es hatte sie sehr gerührt, als sie ihr Stichworte für ihr *ABC meines Lebens*, ihre alphabetisch geordnete Autobiographie, geschickt hatte – und gleichzeitig betrübt, dass sie so wenig Gebrauch davon machen konnte. Dass Liesel aus ihrem öffentlichen Leben verschwinden musste. Sie konnte es einfach nicht zulassen, mit einer Schwester in Verbindung gebracht zu werden, die gemeinsame

Sache mit den Nazis gemacht hatte – mochte sie selbst auch gar keine Schuld tragen.

Zwischen ihren Shows war sie gerade mit einem Film über Hitler beschäftigt. Die Dokumentation lehnte sich an Goethes Fabel *Reineke Fuchs* an und bezog alte Stiche sowie Bilder von Pablo Picasso und George Grosz ein. *Black Fox: The True Story of Adolf Hitler* hieß der Film, sie selbst wirkte als Sprecherin mit, beriet aber auch den Regisseur Louis C. Kounen bei der Arbeit am Drehbuch. Schließlich hatte sie den Aufstieg des »Führers« in den zwanziger Jahren direkt miterlebt. Das Low-Budget-Projekt begeisterte sie derart, dass sie über die niedrige Gage hinwegsah. In den USA wurde *Black Fox* 1963 als Bester Dokumentarfilm mit dem Oscar ausgezeichnet, in Deutschland dagegen nicht einmal öffentlich gezeigt – weder im Kino noch im Fernsehen.

Unterdessen kämpfte Marlene mit Frischzellenkuren und Klebestreifen im Gesicht weiter gegen das Altern an – nach wie vor apostrophiert als »schönste Großmutter der Welt«. Im Sommer 1961 war David, ihr viertes Enkelkind, geboren worden. Als Maria mit ihrem Mann Bill ein Jahr später in der Schweiz nach einem Haus suchte – die beiden ältesten Jungen waren in ein Schweizer Internat gekommen –, erklärte sie sich bereit, so lange auf das mittlerweile dreizehn Monate alte Baby in einem angemieteten Haus in der Nähe von Genf aufzupassen. Maria war ihr sehr dankbar, doch ihre Freude über die Hilfsbereitschaft der Mutter legte sich rasch, als sie zurückkehrte und feststellte, dass Marlene das eigentlich recht saubere Haus gründlich desinfiziert und Freunde um sich versammelt hatte, denen sie demonstrativ vorführte, wie vorbildlich sie sich um das vernachlässigte Baby ihrer Tochter kümmerte.

Marlene hatte auch ihre Schwester Liesel eingeladen, sie in ihrer »Kinderkrippe« in der Schweiz zu besuchen. Vertraut man den Erinnerungen Maria Rivas, wirkte Liesel nicht besonders glücklich, sondern »äußerst verwirrt über die vielen Hygienevorschriften, die sie zu befolgen hatte – und starr vor Schreck, dass ›Pussycat‹ sich wieder einmal über ihre Unbeholfenheit ärgern könnte«.

Aber auch Liesel durfte sich über die Fortschritte freuen, die der kleine David unter der Obhut seiner Großmutter machte. Stolz erzählte Marlene ihrer Tochter bei der Rückkehr, der Junge habe Laufen gelernt. »Als hätten der liebe Gott, die Natur und die Tatsache, dass mein Sohn dreizehn Monate alt war, überhaupt nichts damit zu tun«, merkte Maria in ihrer Biographie spitz an. Bei jedem Zusammentreffen habe sie David in den nächsten Monaten gefragt: »Wer hat dir das Laufen beigebracht?«, und das in einem Ton, als habe sie sagen wollen: »Untersteh dich, die falsche Antwort zu geben!«

Maria fand auch sonst Gründe, sich über ihre dominante Mutter zu ärgern. Besonders unerfreulich wurde es nach ihren Erinnerungen, als Marlene im Dezember 1962 mit einer neuen Freundin anreiste, um mit ihr und ihrer Familie Weihnachten zu feiern: »Es war eine Katastrophe.« Marlene habe in einem fort Befehle erteilt, habe – »mich, die Kinder, das Dorf« – herumkommandiert, sei dann allerdings bei ihrem Schwiegersohn auf entschiedenen Widerstand gestoßen: »Als sie versuchte, auch meinen Mann in ihrer Feldmarschallart zu behandeln, bockte er: ›Schluss jetzt!‹«

Vielleicht war Marlenes üble Laune auch darauf zurückzuführen, dass sie auf dringenden ärztlichen Rat vorübergehend das Rauchen aufgegeben hatte. Auch Maria mahnte sie, mehr auf ihre Gesundheit zu achten. Dabei sprach sie den Alkohol- und Tablettenkonsum nur mit diplomatischer Behutsamkeit an. Doch Marlene tat, als wüsste sie gar nicht, wovon ihre Tochter redete.

Bewährt hatte sich immerhin Marias Eintreten für Pete Seegers Antikriegslied. »Sag mir, wo die Blumen sind« wurde in allen Sprachen, in denen es Marlene Dietrich sang, zu einem Erfolg. Es prägte eine ganze Epoche.

Liesel schrieb nach einem Besuch in Düsseldorf, auch »der Junge« habe Gefallen daran gefunden: »Hans-Georg ist ganz begeistert von dem Blumenlied. Wie oft hat er es spielen lassen, es ist kaum zu zählen.«

30

BELAGERT

Ein kalter, klarer Tag im März. Die Sonne ließ Frühlingsgefühle aufkeimen. Doch Elisabeth Will hatte keinen Sinn für die aus dem Winterschlaf erwachende Natur. Sie spürte, dass sie hinter ihr her waren. Auch wenn sie sich vor ihren Blicken verbargen, wusste sie, dass sie sie verfolgten, auf Schritt und Tritt. Wie Schattenwesen, wie Luftgeister. Überall konnten sie ihr auflauern, hinter jeder Hausecke, hinter jedem Busch. Ihre Kamera auf sie richten, ihr den Weg versperren und ihr Fragen stellen. Ihre dreisten, unverschämten Fragen. Nein, die schreckten vor nichts zurück. Keuchend beschleunigte sie ihren Schritt, um schnell nach Hause zu kommen.

Nein, das bildete sie sich nicht ein. Sie wusste genau, dass sie in Bergen waren, dieses Reportergesindel. Nachbarn hatten ihr gesagt, dass sie nach ihr gefragt hätten, und ihr war auch ihr Auto aufgefallen, ein Opel mit Hamburger Kennzeichen, das sie sich vorsichtshalber notiert hatte. Man musste ja auf alles gefasst sein. Schließlich hatten sie schon das Haus fotografiert, in dem sie wohnte. Sie hatte es von weitem gesehen und war darüber zu Tode erschrocken gewesen.

In diesem Moment war Herr Scheithe, ihr Mitbewohner, aus dem Haus gekommen. Sie hatte sich schnell zurückgezogen, aber später hatte er ihr von dem Gespräch erzählt.

»Was machen Sie denn da?«, hatte er die Männer gefragt.

»Oh, 'tschuldigung, guten Tag erst mal. Wir arbeiten an einer

Reportage über Elisabeth Will, die Schwester von Marlene Dietrich – kennen Sie ja wahrscheinlich«, hatte einer von den drei Männern gesagt. »Die beiden Herren hier kommen aus Paris, von einer Pariser Illustrierten.«

»Machen Sie, dass Sie Land gewinnen! Frau Will spricht nicht mit der Presse. Sie hat schon eine einstweilige Verfügung gegen Ihre Kollegen beantragt. Sie will nicht in die Zeitung, verstehen Sie? Sie will das nicht.«

Darauf der deutsche Wortführer: »Das kann uns Frau Will doch auch selbst sagen. Es wäre sehr nett von Ihnen, wenn Sie uns zu ihr bringen könnten.«

»Den Teufel werde ich tun. Ich hab doch schon gesagt, dass Frau Will nicht mit Euch Pressefritzen spricht, und ich verbiete Ihnen, das Haus zu betreten. Haben Sie mich verstanden?«

»Dann warten wir eben hier. Irgendwann macht Frau Will sicher einen Spaziergang, bei dem schönen Wetter heute.«

»Da können Sie lange warten. Frau Will ist nämlich krank. Die geht bestimmt nicht aus dem Haus.«

»Das ist aber schade.«

Irgendwann waren die Männer abgezogen. Aber sie waren in Bergen geblieben und hatten alle möglichen Leute nach ihr gefragt: die Nachbarn, die Bäckersfrau, die Betreiberin des Papierwarenladens. Auch über den Postboten waren sie hergefallen. Ob Frau Will öfter mal Post von ihrer Schwester aus Amerika bekomme. Briefe, Ansichtskarten und so, vielleicht auch Päckchen. Unfassbar! Der Postbote hatte sich natürlich auf das Briefgeheimnis berufen und sich Fragen dieser Art verbeten.

Aber sie waren geblieben. Sie hatten sich im Hotel Hartung einquartiert und offenbar nicht vor, unverrichteter Dinge das Feld zu räumen. Elisabeth war so aufgewühlt, dass sie am 2. März 1963 gleich einen Brief an Marlene schrieb, um ihr Bericht zu erstatten: »Ich bin sehr unglücklich, sehr unruhig. Meine Nerven sind ganz gespannt, obwohl ich mir eigentlich nicht vorstellen kann, wie die Reporter einen Artikel gegen Dich zustande bringen wollen.«

Und nun, einen Tag später, hat sie den Brief zur Post gebracht – schweren Herzens, denn sie muss ja damit rechnen, dass ihr die Typen über den Weg laufen. Anders als sonst, wo sie immer einen Hut trägt, hat sie sich eigens ein Kopftuch umgebunden, um nicht erkannt zu werden. Aber wahrscheinlich wissen die gar nicht, wie sie aussieht. Woher denn auch?

Alles läuft, wie sie es sich erhofft hat. Sie biegt mit ihren kleinen Trippelschritten in den Kreuzweg ein und stellt erleichtert fest, dass die Straße leer ist. Nur eine Nachbarin harkt Laub vom vergangenen Herbst. Die letzten Meter. Plötzlich, sie steuert gerade auf die Haustür zu, kommen sie hinter der Straßenecke hervorgeschossen. Ein eisiger Schauer rieselt ihr über den Rücken. Sie erstarrt.

»Entschuldigen Sie bitte, Frau Will, haben Sie einen Moment Zeit?«

»Ich bin nicht Frau Will, und Zeit habe ich auch nicht.«

Ohne sich noch einmal umzublicken, stürmt sie in den Hausflur, schlägt die Tür hinter sich zu und läuft die Treppe hinauf, erleichtert, als sie endlich ihre Wohnung erreicht hat. Aber sie hat sich zu früh gefreut. Sie hat ihren Mantel noch nicht ausgezogen, da hört sie schon Schritte auf der Treppe. Kurz darauf klopft jemand. Da sie hofft, dass es vielleicht Herr oder Frau Scheithe oder eine Nachbarin sein könnte, ruft sie zaghaft: »Herein!«

Ehe sie sich's versieht, stehen drei Männer in ihrem Wohnzimmer. »Wir kommen aus Paris«, beginnt der eine.

Doch Elisabeth Will hebt abwehrend beide Hände und schneidet dem Mann das Wort ab: »Verlassen Sie sofort das Zimmer!«

»Wir wollten …«

»Sie sollen gehen, habe ich gesagt.«

»Aber …«

»Machen Sie, dass Sie rauskommen, oder ich hol die Polizei.«

Als sie endlich gegangen sind, hört Elisabeth, wie sie unten im Hausflur noch mit Frau Scheithe sprechen. Welche Unverfrorenheit! Sie bebt vor Zorn. »Bitten Sie die Herren hinaus, Frau Scheithe!«, ruft sie ihrer Mitbewohnerin zu. Und wieder meldet sich der deutsche Reporter zu Wort: »Frau Will, die Herren sind extra aus Paris gekommen, um mit Ihnen zu reden, ich ...«

Aber Elisabeth reicht es jetzt. Ihre Stimme überschlägt sich fast, als sie dem Mann von oben herab ins Wort fällt. »Habe ich Sie gerufen, Sie frecher Mensch? Verschwinden Sie!«

Doch erst als auch Frau Scheithe deutlich erkennbar auf einen Wutausbruch zusteuert, ziehen die ungebetenen Besucher endlich ab.

Elisabeth Will ist so aufgewühlt, dass es eine Weile dauert, bis das Zittern abgeklungen ist und sie wieder einen halbwegs klaren Kopf hat, um Marlene von den Vorkommnissen zu schreiben: »Es muss eine ganz schlimme Skandalzeitung sein. Er hat ganz Bergen ausgefragt. Sie sagen, sie arbeiten für eine Zeitung in Paris. Aber die Leute hier meinen, sie kommen von der Bildzeitung.«

Diesen Brief bringt sie nicht selbst zur Post. Sie bittet Frau Scheithe, ihn einzuwerfen. Nein, keinesfalls will sie diesen Leuten noch einmal in die Arme laufen oder sich gar von ihnen heimlich fotografieren lassen. Sie vermeidet es in den nächsten Tagen, das Haus zu verlassen, bittet Nachbarinnen, für sie einzukaufen, verschiebt einen Friseurtermin, verbarrikadiert sich in ihrer Wohnung. Erst als sie eine Woche später zum Arzt muss, traut sie sich wieder auf die Straße. Zum Glück scheint jetzt die Luft rein zu sein.

Fast drei Wochen lang blieb es ruhig, geradezu gespenstisch ruhig nach diesen aufregenden Tagen. Liesel atmete auf. Fast war sie sicher, dass diese Schmierfinken ihren Plan aufgegeben hatten. Nie und nimmer würden die einen Artikel zusammenkriegen. Was sollten die denn auch schreiben? Sie hatte ja nicht mit ihnen gesprochen.

Aber sie sollte sich täuschen. Als sie sich am Sonnabend, dem 30. März, im Papierwarenladen Kuverts und bunte Büroklammern für Marlene kaufen wollte, traf sie fast der Schlag. »Haben Sie schon gelesen?«, fragte die Verkäuferin. »In der Zeitung steht ein großer Artikel über Sie.«

»Wie bitte? Artikel? Was denn für ein Artikel?«
»Gucken Sie am besten selbst. Hier, in ›7 Tage‹ steht es drin.«
Elisabeth war nicht in der Lage, den Bericht im Laden zu lesen oder auch nur zu überfliegen. Ihre Hände zitterten, die Titelseiten der bunten Zeitschriften in dem Regal tanzten vor ihren Augen. Sie kaufte das Frauenblatt, stopfte es in ihre Einkaufstasche und lief, Unheil ahnend, halb besinnungslos vor Angst, gebeugt nach Hause. Als sie es wagte, die Illustrierte aufzuschlagen, und den Artikel entdeckte, war sie wie vom Donner gerührt. Dieses Machwerk übertraf ihre schlimmsten Befürchtungen. »Marlene muss helfen«, lautete die Überschrift. »Marlene Dietrichs Schwester ist arm und krank«, stand fett gedruckt darunter. »Wir wissen von Marlene Dietrich, dass sie von Kopf bis Fuß auf Liebe eingestellt ist«, begann der Text. »Ob sie auch auf Nächstenliebe eingestellt ist, wird sie beweisen müssen. Eine Gelegenheit dazu bietet sich: In dem kleinen Dorf Bergen in der Lüneburger Heide wohnt – vergessen und mit irdischen Reichtümern nicht gesegnet – ihre ältere Schwester Elisabeth.« In diesem Stil ging es weiter. »Marlene ist vielfache Millionärin, Elisabeth ist arm«, war da zu lesen. »Marlene lässt sich als ›schönste Großmutter‹ feiern und spielt ihre Rolle der ›kessen Lola‹ bis zum heutigen Tag. Elisabeth hat keinen Grund zum Feiern, denn sie ist nicht nur einsam, sondern auch krank. Ihr ist vom Leben nichts geschenkt worden ... Aber die alte Dame, von den Einwohnern von Bergen mit Nachdruck geehrt, ist nicht nachtragend. Sie freut sich, wenn Marlene – was selten geschieht – etwas von sich hören lässt.« Noch nie habe sich Marlene in dem kleinen Haus am Kreuzweg 15 in Bergen blicken lassen. »Hier bewohnt ihre Schwester zwei bescheidene Zimmer. An die wohlhabende Marlene, den Weltstar, erinnert ein Bild an der Wand, das Elisabeth aus einem Magazin ausgeschnitten hat.« Doch die arme Schwester hadere nicht mit ihrem Schicksal, sei frei von Bitterkeit. Jeder müsse sehen, wie er durchkomme, sei ihre Devise. Dabei gehe es ihr wirklich schlecht. »Ihre Nerven wollen nicht mehr richtig mitmachen, sie ist krank. Ihr Mann, Georg Will, der

mit ihrem Sohn in Hannover lebt, schickt ihr Geld.« Ihr einziger Luxus sei ein Fernsehapparat. Ein Geschenk Marlenes. »Geld, so sagt Elisabeth, würde sie von ihrer reichen Schwester nicht annehmen.« Dabei habe sie es dringend nötig. Ihr grauer Mantel zum Beispiel sei schon »viele Winter alt«. Das sei auch »in Paris« bekannt. Und dann wird auch noch aus einer Pariser Zeitung zitiert: »Sie ist ärmlich gekleidet. Über ihren Schultern trägt sie einen abgeschabten Mantel ...«

Jeder in Bergen, geht es weiter im Text der deutschen Illustrierten, wisse, wie sehr die »zierliche, immer freundliche Frau« zu kämpfen habe. Man vermeide es daher, sie auf Marlene anzusprechen, befürchte, dass sie nicht gut auf ihre berühmte Schwester zu sprechen sei. Aber das stimme nicht: »Sie spricht mit Liebe von ihrer Schwester und bewundert sie.«

Der letzte Satz hätte sie vielleicht versöhnlich stimmen können, aber ihre Empörung war viel zu groß, um sich von solchem Süßholzgeraspel besänftigen zu lassen. Nein, es war unfassbar, dass diese Leute, ohne mit ihr gesprochen zu haben, so einen Quatsch schrieben. Dann auch noch dieses Zitat aus der französischen Zeitung. Sollten die Kerle tatsächlich in *Paris Match* über sie geschrieben haben? Wahrscheinlich würde Marlene dadurch jede Menge Ärger kriegen. Was würde sie von ihr denken? Sie konnte ja nicht wissen, dass diese Typen sich alles aus den Fingern gesogen hatten. Sie wollte Marlene schreiben. Auf der Stelle. Noch voller Entrüstung verfasste sie eine persönliche Gegendarstellung.

Anbei ein Artikel, der mich sehr unglücklich gemacht hat ... Es ist mir ein Rätsel, wo die Journalisten ihre Kenntnisse herhaben. Sie sind vollkommen falsch. Wer hat ihnen gesagt, dass Du mir niemals hilfst??? Das ist doch eine Lüge. Was machte ich ohne Dich? Ohne Dich ginge es gar nicht. Du allein machst,

a) dass ich Hilfe habe,
b) dass ich ein Buch kaufen kann,
c) dass die Kirchhöfe in Ordnung sind,
d) dass ich den Arzt bezahlen kann,
e) dass ich essen kann, was ich will,
f) ich kann gar nicht alles aufzählen ...

Wenn ich nur herausbekäme, wer den Journalisten diese Lügen gesagt hat. – Meine Bekannten (Kränzchen) waren sehr außer sich über so viel Gemeinheit. Sie tranken weniger Kaffee, der Kuchen wurde kaum berührt.
Was können die Menschen nur gegen Dich haben?
Nun zu den einzelnen Punkten:

1. Ich bin durch Gottes Hilfe nicht krank. Meine Nerven machen ihre Sache. Ich bin durch Gottes Hilfe nicht ständig auf die Hilfe eines Arztes angewiesen.
2. Das Geld, wenn ich mal krank bin, kommt von Dir für den Arzt, nicht von meinem Mann.
3. Hans-Georg lebt in Düsseldorf, nicht in Hannover.
4. An der Wand hängt kein Bild von Dir aus einem Magazin ausgeschnitten, sondern ein Bild, was Du mir schicktest ... vor Dir, Michael und Peter ... Es ist sehr schön gerahmt.
5. Das Fernsehgerät schenktest Du mir Ende des Jahres.
6. Der graue Mantel, er hat ein Kaninchenfutter, ist noch gut. Das sagen alle. Ich habe durch Dich eine Galerie von Mänteln.
7. Es stimmt nicht, dass man vermeidet, mit mir über Dinge zu sprechen. Es wird gesagt, dass ich anfange zu lächeln, wenn ich nach Dir gefragt werde.
8. Es ist infam, so zu tun, als ob Du nur zu Weihnachten ein Paket schickst.
9. Wie können die Journalisten sagen, und schreiben, sagt Elisabeth: Geld würde ich nicht nehmen. Die Praxis beweist das Gegenteil.

10. Mir ist vom Leben viel geschenkt worden. Eine solche Schwester, mein Herz lachte schon als junges Mädchen, wenn ich sie ansah, eine ganz große Freude und ein exquisiter Genuss. Hans-Georg kam durch Gottes Gnade aus dem Krieg zurück, um nur etwas zu nennen.
11. Ich bin fett und nicht zierlich, und ich weiß, dass ich scheußlich aussehe.

Das Einzige, was stimmt, ist die Schilderung meiner Gefühle, Dir gegenüber. Dies Leben hätte ich nie bewältigt ...

12. Meine beiden Zimmer sind hübsch, nicht bescheiden.
13. Mehr als lächerlich ist, dass geschrieben wird, ich würde verehrt. Da kann man nur den Piep zeigen.

Ich habe mit niemandem gesprochen! Am meisten regt mich auf, dass in der französischen Zeitung ein Artikel erschienen sein soll. Wie soll ich mich benehmen? Bitte schreibe dies kurz.
Wie geschrieben, ich bin sehr bestürzt und unglücklich über diese Sache. Von mir hatte Bergen nie erfahren, dass Du meine Schwester bist ...
War der französische Artikel sehr schlimm? ...
Ich hoffe nur, es geht Dir gut und Du regst Dich über die Gemeinheit nicht zu sehr auf.

Kurze Zeit später sandte ihr Marlene den französischen Artikel zu – kommentiert mit bissigen Bemerkungen. *Paris Match* hatte sogar ein Foto von der unbekannten deutschen Schwester veröffentlicht. Ein Passfoto. Im nächsten Brief an Marlene erläuterte Elisabeth ihrer Schwester die Sachlage. Die Journalisten, schrieb sie, hätten sich die Aufnahme beim örtlichen Fotografen beschafft. Sie habe sich dort vor langer Zeit ein Foto für die Ausweispapiere machen lassen, die für ihre Reise in die Schweiz erforderlich gewesen seien, und jetzt leider erst im Nachhinein erfahren, dass sich die Reporter an das Atelier gewandt hätten. Auch war es ihr wichtig, ihre Schwester ein weiteres Mal darauf hinzuweisen, dass sie keineswegs von ihrem Mann unterstützt werde:

> Ich kann beschwören, es stimmt nicht, dass er sein Geld für meine Gesundheit opfert. Er hat mich doch nur ausgenützt und mich in dem Moment abgeschoben, wo ich ihm nichts mehr nützte, bis dahin hat er mich hingehalten. Mit Worten. Es war meine Schuld, dass ich ihm so lange geglaubt habe.
> Es ist nicht zu glauben, wie kann [so etwas] geschrieben werden: Es ist doch Hohn und eine ganz gemeine Lüge.

31

BEGEGNUNGEN,
AUF HÖCHSTER EBENE

»Premiere in Washington«, schrieb Marlene Dietrich am 6. September 1963 in ihr Tagebuch. Und gleich darunter: »Ausverkauft.« Es war nicht ungewöhnlich, dass ihre Shows ausverkauft waren. Das war hier im Shoreham Hotel nicht anders als an all den anderen Orten, zu denen ihre Tourneen sie führten. Etwas Besonderes aber war es schon, in Washington D. C. aufzutreten – in der Nähe des Weißen Hauses, in der Nähe eines alten Bekannten, der zum Präsidenten der Vereinigten Staaten aufgestiegen war. Und Jack, wie sie John Fitzgerald Kennedy vertraulich nannte, hatte sie eingeladen, ihn im Weißen Haus zu besuchen. Zunächst hatte sie sich am 9. September im Women's Press Club auf ein paar Drinks mit dem Maler und Journalisten William Edwin Walton, einem Freund und Berater Kennedys, getroffen, und für den nächsten Tag war sie im Weißen Haus zuerst mit Walton zum Lunch und später mit dem Präsidenten verabredet.

»Zwanzig Minuten mit Jack«, notierte sie am 10. September in ihrem Tagebuch. Danach musste sie wieder auf die Bühne, wieder vor ausverkauftem Haus.

Es blieb nicht bei der einen Begegnung. Nach einem Lunch mit Bobby Kennedy traf sie sich am 11. September erneut mit JFK. »Drinks mit Jack im Weißen Haus«, notierte sie knapp. Laut Tagebuch wurde ihr danach von der Jüdischen Gemeinde eine Medaille verliehen. »Musste Besuch im Weißen Haus vorzeitig abbrechen. Nicht zum ersten Mal, dass sich Juden in mein Leben einmischen.«

Was es mit diesen Notizen auf sich gehabt haben könnte, ist in den Memoiren des amerikanischen Theaterkritikers Kenneth Tynan nachzulesen, das, gut zwanzig Jahre nach dessen Tod, 2001 veröffentlicht wurde. Laut Tynan hat Marlene ihm Einzelheiten ihrer Begegnung mit John F. Kennedy anvertraut. Danach steht im Oval Office schon ein Sektkühler mit ihrem deutschen Lieblingswein bereit, als sie am frühen Abend eintrifft. Gegen 18.15 Uhr kommt dann JFK beschwingten Schrittes herein. Er küsst sie, trinkt etwas Wein mit ihr und führt sie auf den Balkon hinaus. »Ich hoffe, Sie haben es nicht eilig«, sagt er.

»Leider warten zweitausend Juden darauf, mir um 19 Uhr eine Medaille zu verleihen«, erwidert Marlene.

Darauf John F. Kennedy: »Da bleibt uns nicht viel Zeit. Stimmt's?«

Nach den überlieferten Erinnerungen hat Marlene ihm nur in die Augen geblickt und gesagt: »No, Jack, ich schätze nicht.«

Das lässt sich Jack nicht zweimal sagen: Er nimmt ihr das Glas aus der Hand und führt sie ins Präsidentenschlafzimmer. Und dann passiert es – »süß und sehr schnell«, wie Marlene später sagte. John F. Kennedy sei gleich danach eingeschlafen. Irgendwann, erinnert sich Marlene, habe sie auf die Uhr geguckt, den Präsidenten wach gerüttelt und gesagt: »Jack, wach auf! Zweitausend Juden warten auf mich.«

Noch etwas schlaftrunken habe JFK daraufhin, nur mit einem Handtuch bekleidet, den Fahrstuhlführer angewiesen, ihr einen Wagen zu rufen.

Die Darstellung passt zu einer Episode, die Maria Riva in ihrem Buch überliefert hat. Danach weihte Marlene ihren Schwiegersohn William, der sich gerade eine Zeitlang in ihrem New Yorker Apartment aufhielt, nach ihrer Rückkehr aus Washington in die Affäre ein: »Sie kam zur Tür herein, sah ihn, öffnete ihre große Krokodilledertasche, holte ein paar rosa Höschen heraus, hielt sie ihm unter die Nase und sagte: ›Riech mal. Das ist er, der Präsident der Vereinigten Staaten. Er war wunderbar!‹«

Zehn Wochen später war »Jack« schon nicht mehr am Leben. Am 22. November 1963 gegen 12.30 Uhr wurde John F. Kennedy während einer Wahlkampfreise im offenen Wagen in der Innenstadt von Dallas/Texas durch mehrere Gewehrschüsse ermordet.

Erst kurz zuvor hatte Marlene in Paris eine gute Freundin verloren: Édith Piaf war am 10. Oktober an Krebs gestorben – im Dezember wäre der »Spatz von Paris« achtundvierzig geworden.

Für die mittlerweile zweiundsechzig Jahre alte Marlene Dietrich hingegen ging die Show weiter. Am 4. November 1963 trat sie in einer Galavorstellung im Beisein von »Queen Mum« im Prince of Wales Theatre in London auf. Unter den vom britischen Königshaus geladenen Stars waren auch vier junge Männer aus Liverpool. Marlene zeigte sich irritiert, als sie die Pilzköpfe bei den Proben bemerkte. Ihre Tochter, die sie begleitete, schilderte später ihre spontane Reaktion. »Liebling, guck mal da drüben«, habe ihre Mutter ihr zugeflüstert. »Wer sind die denn? Die sehen ja aus wie Affen mit ihren langen Haaren! Wie kommen die denn hinter die Bühne?«

»Mama, ich glaube, es wäre eine gute Idee, wenn sich die Dietrich« – so nannte sie ihre Mutter auch in deren Beisein – »mit ihnen fotografieren ließe.«

»Was, mit den Affen?«

Da habe sie ihrer Mutter erklärt, wie verrückt die jungen Leute nach den vier Pilzköpfen seien und dass es eine »Riesensensation« wäre, wenn »die Dietrich« sich mit ihnen zeigte.

Das überzeugte Marlene, und sie signalisierte ihr Einverständnis. Sofort ging Maria zu John Lennon, um ihm zu sagen, dass Marlene Dietrich gern die Beatles kennenlernen würde.

Das Foto, das daraufhin gemacht wurde, ging um die Welt – und wenn Marlene, so schreibt die Tochter in ihrem Buch, fortan auf die »Pilzköpfe« angesprochen wurde, verkündete sie: »Was, Sie wissen nicht, wer die Beatles sind? Wie ist das möglich? Sie sind genial – man sieht es ihnen nicht an, aber sie sind genial ... Ich habe sie um Autogramme für Marias Kinder gebeten, und sie wollten sich unbedingt mit mir fotografieren lassen.«

Berichte dieser Art bescherten ihr nicht nur neue Engagements und heizten ihre Plattenumsätze an, sie lenkten auch ab von den gehässigen Artikeln über Liesel. Nein, es gefiel ihr gar nicht, was *Paris Match* da zusammengeschustert hatte. Es war wirklich ungerecht, zu behaupten, sie kümmere sich nicht um ihre Schwester. Aber sie verweigerte jeden Kommentar. Ihr reichten schon die anklagenden Briefe, die sie immer wieder mit Liesels Vergangenheit in Bergen-Belsen konfrontierten. Als ob sie dafür verantwortlich wäre! Ganz sicher war nicht einmal Liesel verantwortlich zu machen. Aber so viel Differenzierungsvermögen konnte man von der Regenbogenpresse natürlich nicht erwarten.

Ende Januar 1964 war sie zu Konzerten nach Warschau eingeladen. Da würde es gar nicht gut passen, wenn engste Familienangehörige plötzlich als Nazis dastünden. Aber die Sorge war unbegründet. Sie wurde gefeiert wie lange nicht mehr. Das polnische Publikum verlangte ihr eine Zugabe nach der anderen ab, sie sang im selben Konzert »Falling in Love Again« und »Lili Marleen« gleich mehrmals und machte den begeisterten Menschen im ausverkauften Kulturpalast eine Liebeserklärung. Die Amerikanerin mit deutschen Wurzeln versicherte den Polen ihre Hochachtung, zeigte sich gerührt über die warmherzige Aufnahme in diesem leidgeprüften Land hinter dem »Eisernen Vorhang«. »Es war bitter kalt – aber die Leute waren es nicht«, schrieb sie später. »Sie liebten unsere Show. Frauen knieten im Korridor, wenn ich mein Zimmer verließ, küssten mir die Hände und mein Gesicht. Sie wüssten, sagten sie mir, dass ich während der Hitler-Zeit mit ihnen gewesen wäre.«

Zum Gedenken an den Aufstand im Warschauer Ghetto legte sie am Mahnmal Blumen nieder. In ihren Erinnerungen *Nehmt nur mein Leben* schreibt sie: »Immer seit den grauenhaften Missetaten, die mich veranlasst hatten, Deutschland den Rücken zu kehren, hatte ich mich schuldig für das deutsche Volk gefühlt, jetzt mehr denn je.«

Wenige Monate später sang sie auch in Russland, zuerst in

Leningrad, dann in Moskau, und obwohl sie in ihrem Schwanenpelz und dem bourgoisen Glitzerkleid auf die »Neuen Menschen« der sozialistischen Welt wie eine Galionsfigur des dem Untergang geweihten Kapitalismus wirken musste, flogen ihr auch hier die Herzen zu. Als sie sich nach elf Vorhängen im ausverkauften Estraden-Theater in Moskau schon in ihre Garderobe zurückgezogen hatte, fingen die Zuschauer erneut an, rhythmisch zu klatschen – bis sie auch noch ein zwölftes Mal auf der Bühne erschien. Barfuß und bewegt hielt sie eine kleine Ansprache auf Englisch: »Ich liebe Ihr Volk seit langem. Ich liebe Ihre Schriftsteller, Ihre Komponisten und Ihre Seele ... Ich glaube, ich habe selbst eine russische Seele.«

In ihrer Autobiographie erzählt sie, dass einmal in Moskau kurz vor ihrem Auftritt alle Lichter ausgegangen seien. Burt Bacharach, ihr ständiger Begleiter, habe darum gebeten, den Vorhang wieder zu schließen, da die Musiker ihre Noten gar nicht lesen könnten. Dann aber sei der erste Geiger aufgesprungen und habe in deutscher Sprache gesagt: »Lassen Sie den Vorhang ruhig oben, wir alle kennen ihre Musik auswendig, wir brauchen kein Licht.«

Der Geiger, schreibt Marlene, habe recht behalten. »Sie kannten jede Note und spielten erstklassig. Nach Schluss der Vorstellung küsste Burt jeden der Musiker, und ich küsste sie auch, nachdem wir uns alle ein wenig ausgeruht hatten und bei Wodka und Kaviar zusammensaßen.«

Es ist nicht verbürgt, ob sich dies wirklich so abgespielt hat, denn Marlene Dietrich hat es in ihren Selbstdarstellungen nie so besonders genau mit der Wahrheit genommen. Aber auch Filmaufnahmen und zeitgenössische Berichte dokumentieren, wie sie von den Russen gefeiert wurde. Besonders groß war der Jubel, als sie »Where Have All the Flowers Gone« anstimmte.

Eine Tournee jagte die nächste. Zwischendurch blieb kaum Zeit, einmal ruhig durchzuatmen, und schon gar nicht konnte sie es sich leisten, den Warnsignalen ihres Körpers nachzugeben. Sie vertraute ihrem Tagebuch an, dass sie sich schlecht fühle, klagte über

Rückenschmerzen, über Lähmungserscheinungen in den Beinen. Maria drängte sie, sich endlich gründlich untersuchen zu lassen. Ein Arzt teilte ihr mit, es sei nicht auszuschließen, dass irgendwann ihre Beine amputiert werden müssten, wenn sie sich weiterhin so unvernünftig verhalte. Aber sie winkte ab. Die Ärzte wollten sich nur wichtigmachen, war ihre Devise. Sie trank einfach ein paar doppelte Scotch. Das betäubte nicht nur die Schmerzen.

Aber irgendwann ging gar nichts mehr. Nachdem sie stark an Gewicht verloren hatte und Schmerzen im Unterleib hinzugekommen waren, ließ sie sich dann doch im Januar 1965 von einem Gynäkologen in Genf untersuchen. Die Diagnose war eindeutig und niederschmetternd: Gebärmutterkrebs. Sie lehnte eine Operation ab und entschied sich – nach einer heute nicht mehr gängigen Methode – für Radiumeinlagen. Insgesamt sechs Mal musste sie sich im März und April strahlentherapeutischen Behandlungen unterziehen.

Dann aber wollte sie gleich wieder auf Tournee gehen. Gastspiele in Südafrika und Australien standen an. Die konnte sie doch nicht absagen.

Zwischendurch überbrachte Maria ihr eine traurige Nachricht aus dem fernen Kalifornien: Tami war tot. Rudis Lebensgefährtin war am 26. März 1965 angeblich von einem Mitpatienten in der staatlichen Nervenklinik Camarillo ermordet worden. Marlene erklärte sich sofort bereit, die Kosten für das Begräbnis zu übernehmen.

Rudolf Sieber bestattete seine Tamara im russisch-orthodoxen Sektor des Hollywood Memorial Park Cemetery (heute Hollywood Forever Cemetery). »My Beloved«, ließ er in ihren Grabstein einmeißeln. Meine Geliebte. Als Geburtsjahr gab er 1930 an – das Jahr, in dem Marlene einst nach Hollywood abgereist und Tamara, Marias Kindermädchen, in Berlin zu seiner Geliebten geworden war. Er fühlte sich mitverantwortlich für ihren Leidensweg. Gern hätte er Tami zum Traualtar geführt, aber Marlene war solchen Plänen strikt entgegengetreten – bestrebt, die Illusion einer Ehe aufrechtzuerhalten, die in Wirklichkeit nur wenige Wochen Bestand gehabt hatte. Wenn überhaupt.

Marlene schaffte es nicht rechtzeitig zur Beerdigung. Vielleicht fürchtete sie auch, dass Maria ihr wieder Vorhaltungen machen würde, mitverantwortlich für Tamis Leid zu sein. Doch sie wollte Rudi nicht allein lassen. Sie flog einige Tage später mit einem Freund ins San Fernando Valley, um ihren verwaisten Mann zu trösten. Viel zu sagen hatten sich die beiden nicht. Während Rudi für seine Hühner sorgte, schrubbte sie Böden, kochte, wusch und bügelte.

Ihr blieb für diesen Besuch auch nicht viel Zeit. Schon am 28. April wurde sie in Johannesburg erwartet. Maria und ihre Ärzte rieten ihr dringend ab, aber sie wollte die schon lange geplante Gastspielreise nach Südafrika nicht absagen.

Dabei ging ihr der Rassismus im Kolonialreich der Buren eigentlich gegen den Strich. Das Publikum im Civic Theater von Johannesburg war ausschließlich weiß. Farbige hatten keinen Zutritt. Um der Apartheid zumindest symbolisch etwas entgegenzusetzen, brachte sie ihrem schwarzen Fahrer das Essen persönlich in den Dienstbotenraum. Es war dem Mann untersagt, gemeinsam mit ihr und den anderen Gästen im Restaurant zu speisen.

Danach ging es gleich weiter. Nach einer dreiwöchigen Konzertreihe in Kopenhagen und einer Rundreise durch Großbritannien stand für Oktober bereits Australien auf dem Terminplan. Vorher wollte sie sich unbedingt wieder einmal mit Liesel treffen. Sie lud sie nach Liverpool ein. Anfang September wollte sie in der Stadt der Beatles singen.

32

BLÜTENREGEN

Das Adelphi Hotel erschien ihr wie ein Palast. Die ehrwürdige weiße Außenfassade, die Halle mit den Marmorsäulen und der Freitreppe, der elegante Speisesaal in dem gedämpften Licht der Kronleuchter – und dann das riesige Zimmer: Doppelbett, Ledergarnitur, stuckverzierte Decke, Balkon. Viel zu groß für eine Person. Prunkstück des Zimmers war der Kamin – eine offene Feuerstelle mit repräsentativer Marmorfassade. Schade war nur, dass kein Feuer darin brannte. Auch die Heizkörper fühlten sich kalt an. Die Hotelleitung sah offenbar noch keine Veranlassung, Anfang September zu heizen, zumal die Sonne schien. Aber Liesel fror. Ihr war so kalt, dass sie ihren Wintermantel trug, als Marlene kam, um sie zu begrüßen.

Die sprach sie auch gleich nach der stürmischen Umarmung auf ihre winterliche Bekleidung an. Und sorgte auf der Stelle für Abhilfe. Marlene inspizierte den wohl eigentlich zur Dekoration dienenden Korb mit den großen Buchenscheiten, bestellte beim Zimmerservice Kleinholz und Papier zum Anzünden und schichtete, nachdem alles, was sie benötigte, beisammen war, die Teile so systematisch übereinander, als wollte sie ein Lagerfeuer entfachen. Mit Erfolg. Kaum hatte sie ein Streichholz unter ihr Kunstwerk gehalten, loderten die Flammen auf. Als sich dabei etwas Rauch in dem Zimmer auszubreiten begann, riss sie sofort alle Fenster auf.

Liesel zog es deshalb vor, ihren Mantel erst einmal anzubehalten. Aber sie genoss es, das prasselnde Feuer zu betrachten, und als Marlene die Fenster endlich wieder geschlossen hatte, wurde es sogar behaglich warm im Raum.

Marlene orderte Tee und Gebäck, zündete sich eine Zigarette an und begann, von ihrer wie üblich ausverkauften und umjubelten Tour durch englische und schottische Städte zu erzählen. Brighton, Birmingham, London, Edinburgh und Manchester lagen schon hinter ihr. »Fabelhaft.« Und jetzt Liverpool. »Das Royal Court Theatre hier ist phantastisch«, schwärmte sie. »Und das Publikum – sagenhaft! Die Leute wollten mich gar nicht wieder gehen lassen. Eine Zugabe nach der anderen haben sie mir abverlangt. Wirst sehen.«

»Ich weiß doch, wie großartig du bist, ich freu mich schon ungeheuer«, erwiderte Liesel. »Ich hoffe, dass ich das Theater auch finde.«

»Kein Problem. Liegt gleich um die Ecke. Keine fünf Minuten entfernt. Ich zeichne es dir auf.«

Sofort nahm Marlene einen Briefbogen des Hotels und skizzierte den Weg. Als Liesel die Wegbeschreibung zaghaft entgegennahm, schlug Marlene vor: »Aber es kann dich auch einer vom Theater abholen. Kein Problem. Ich werde das veranlassen.«

»Nein, nein, bitte nicht. Das schaffe ich schon.«

Wie bei ihrem letzten Englandbesuch hatte Marlene ihr die Anreise wieder generalstabsmäßig ausgearbeitet, Tickets besorgt, Listen mit Abflugzeiten geschickt und sie vom Flughafen abholen lassen. Trotzdem war Liesel sehr erschöpft und wollte vor der Vorstellung noch ein wenig schlafen. Zum Glück schickte ihre Schwester sie diesmal nicht gleich zum Friseur. Sie kritisierte nicht einmal ihre Garderobe. Da sie selbst sich auch noch etwas ausruhen wollte, ging sie schon nach einer halben Stunde.

Nach der Show würde man sich ja schon wieder sehen. Marlene hatte sie zu einem kleinen intimen Umtrunk mit Nachtimbiss eingeladen.

Marlene ließ es auf der Bühne wieder mächtig knistern. Liesel konnte kaum glauben, dass diese Lichtgestalt in dem glitzernden

Kleid dieselbe Frau sein sollte, die ihr gerade noch das Kaminfeuer angezündet hatte. Erst als sie nach der Vorstellung wieder mit Marlene allein war, verwandelte sich das abgeschminkte Zauberwesen in ihre Schwester zurück.

Marlene klagte darüber, wie viel Kraft sie die Auftritte kosteten. Und wie einsam sie sich danach immer fühle. »Das ist wirklich furchtbar, wenn man nach der Show so allein in seinem Hotelzimmer hockt, du kannst es dir nicht vorstellen, meine Süße. Schrecklich!«

Liesel wurde bereits nach dem ersten Glas Champagner schwummrig, aber sie zwang sich, Haltung zu bewahren, hörte artig zu, während Marlene eine Anekdote nach der anderen erzählte – vom Weißen Haus bis zu ihrer Begegnung mit den Beatles, die jetzt schon zu ihren Fans zählten. Doch nach und nach stieg auch der erfahrenen Trinkerin der Alkohol zu Kopfe, und sie lallte schon bedenklich, als sie plötzlich wieder davon sprach, dass sie immer noch diese Schmerzen in den Beinen habe.

Zwischen ihrem letzten Auftritt in Liverpool und ihrem ersten Konzert in Bristol machte sie noch einmal mit Liesel Station im »Dorchester« in London. Sie lud auch Maria, die seit einiger Zeit mit ihrer Familie in England lebte, in ihre Suite ein.

Liesel freute sich, ihre Nichte wiederzusehen – ganz besonders froh war sie, dass Maria in Begleitung ihrer ältesten Söhne Michael und Peter erschien, die mittlerweile schon siebzehn und fünfzehn waren. Seit Jahren hatte sie nur Fotos von den beiden gesehen.

Marlene bestellte ein Fünf-Gänge-Menü in ihre Suite. Den Zimmerkellner schickte sie gleich wieder weg. Sie übernahm die Rolle der bewirtenden Hausfrau und bestand darauf, ihre Gäste selbst zu bedienen. Sie war so beschäftigt, dass sie gar nicht mitbekam, was am Tisch gesprochen wurde. Dabei ging es hoch her. Es entspann sich ein Gespräch, an das sich Maria noch viele Jahre später erinnern sollte. Sie zeichnete es für ihre Biographie nach:

Während meine Mutter die erlesenen Speisen auftrug ... ließ sich ihre Schwester zu unserem wachsenden Befremden über die moralische Integrität des Deutschen Reiches aus. Sicher hätte es schlechte Nazis gegeben, jedoch sei unbestreitbar, dass Deutschland während der Naziherrschaft seinen verlorenen Ruhm wiedererlangt habe.

Ihre Söhne hätten nach dem Essen entsetzt die Flucht ergriffen, schreibt Maria.

Ich spürte, dass sie es nicht richtig fanden, dass ich noch blieb, was ich ihnen nicht verdenken konnte, aber ich hatte einfach Mitleid mit dieser seltsamen kleinen Frau, die früher einmal über so viel Weitsicht und politische Klugheit verfügt hatte und jetzt so diffuse Sympathien bekundete.

Liesel blieb nicht verborgen, welche Reaktionen ihre Worte auslösten. Sie hätte sich am liebsten in Luft aufgelöst. Zum Glück bekam Marlene nichts von ihrem Gestammel mit.

Schon bald nach ihrer Heimkehr nach Bergen berichtete die ihr von einem »bösen Brief«, in dem erneut Vorwürfe gegen ihren Schwager und auch gegen ihren Neffen, Hans-Georg, erhoben worden seien. Liesel war außer sich. Als sie sich halbwegs gefasst hatte, antwortete sie: »Ich kann nur sagen, dass weder mein Mann noch mein Sohn im Konzentrationslager tätig waren, und dass weder mein Mann noch mein Sohn SS-Männer im Konzentrationslager Bergen-Belsen waren.«

Wenige Wochen später setzte Georg Hugo Wills Tod einen Schlusspunkt unter die zerrüttete Ehe der Elisabeth Will, geborene Felsing. »Mein Mann ist am 10. dieses Monats gestorben«, teilte Liesel ihrer Schwester am 16. Dezember 1965 mit. »Nun muss ich sehn, was aus mir wird.«

Sie war von der Nachricht nicht überrascht worden. Schon zwei Jahre zuvor hatte sie erfahren, dass Georg an einer unheilbaren

Krankheit litt – und Marlene geschrieben, dass sie im Falle seines Todes voraussichtlich Geld für einen Rechtsanwalt benötige. Denn Georg war ja Vater eines zweiten Sohnes geworden und hatte mit der Mutter dieses Kindes in Hannover zusammengelebt. Da war es unumgänglich, Einblick in seine Hinterlassenschaften zu nehmen und sich das Erbe zu sichern. Schließlich war sie seine Witwe – und sie hatte ihm einst ihre Berliner Erbschaft anvertraut. Davon war, so stand zu befürchten, sicher nicht viel übrig geblieben, denn Georgs Unternehmungen – ob in Bad Münder oder in Hannover – hatten nie gehalten, was er sich davon versprochen hatte. All das musste nun, nach seinem Tod, geklärt werden.

Ach, es war alles so kompliziert, so verfahren. Sie sah einen nervenaufreibenden Papierkrieg auf sich zukommen.

Aber das war nur die eine Seite. Der Todesfall stimmte sie auch traurig. Trotz aller Ärgernisse und Kränkungen hatte sie ihren Mann in der hintersten Kammer ihres Herzens ja immer noch geliebt und in manchen Momenten sogar verzweifelt gehofft, er möge zu ihr zurückkehren. Gerade in der Weihnachtszeit, wo er sie immer in Bergen besucht hatte. Noch im vorigen Dezember war er mit ihr am vierten Advent essen gegangen, und jetzt, nicht einmal ein Jahr später, lag er schon unter der Erde. Hans-Georg war mit ihr zur Beisetzung nach Hannover gefahren. Sie hatte der jungen Gefährtin ihres Mannes am Grab nur kurz die Hand gereicht. Danach war sie gleich nach Bergen zurückgekehrt.

Ihre Augen wurden immer schlechter. Lesen konnte sie zeitweise gar nicht mehr. Grauer Star, Netzhautablösung – die Diagnosen machten ihr Angst. Nach der letzten Operation war es zu allem Überfluss zu einer Blutung im linken Auge gekommen, sodass ihr wohl noch eine weitere Operation bevorstand. Wegen der Komplikationen fuhr sie mittlerweile zu einer Augenklinik nach Hamburg. Dort wurde sie von einem Professor behandelt, der für Marlene schwärmte. Sie schrieb ihrer Schwester davon und ließ sich ein Autogramm für den Augenarzt schicken.

Marlene. Je trostloser ihr Leben am Kreuzweg in Bergen wurde, desto hingebungsvoller nahm sie Anteil am glanzvollen Leben ihrer Schwester. In Gedanken reiste sie mit Pussycat um die Welt, verfolgte die Nachrichten über ihre Tourneen in den Zeitungen, im Radio und im Fernsehen – und freute sich über jeden Brief der Schwester, über jeden persönlichen Bericht am Telefon. Gerade war Marlene in Australien. »Sicher werden die Leute in Sydney auch jubeln«, schrieb sie ihr. »Ich stelle es mir immer vor und freue mich.«

Als sie dann erfährt, dass Marlene bei einem Auftritt in Australien gestürzt ist, bebt sie vor Sorge und Mitgefühl: »Mein liebes Pussycat, ich bin ganz entsetzt, hoffentlich hast Du nicht zu große Schmerzen!! Bitte, bitte lass Dich richtig röntgen und tue, was der Arzt sagt. Dein so herrlicher Körper!«

Bestürzt schreibt sie, sie habe in der Zeitung gelesen, dass ein Fotograf Marlene bei einem weiteren Konzert in Warschau rohe Eier vor die Füße geworfen habe, und legt ihrem Brief den Artikel bei. Danach behauptet der Mann, Marlene habe Fotos nicht bezahlt, die er von ihr gemacht habe. Gleichwohl sei er zu drei Monaten Gefängnis verurteilt worden. Zu Recht, wie Liesel findet. Im selben Brief wünscht sie ihrer Schwester viel Erfolg bei der bevorstehenden Südafrikatournee: »Hoffentlich ist es nicht zu heiß in Afrika.«

Wann immer sie mitbekommt, wie die Menschen in weit entfernten Teilen der Welt ihrer Leni zujubeln, gerät sie in einen wahren Freudentaumel. Die positivsten Berichte schneidet sie aus und schickt sie Marlene – verbunden mit schwärmerischen Botschaften wie im Dezember 1966: »Mein liebes Pussycat! Wie herrlich schreiben die Journalisten über Dich! Worte können ja gar nicht ausdrücken, wie phantastisch alles ist!! Mein Herz klingt vor Freude, wenn ich die Kritiken lese.«

Gleichzeitig ist sie sorgsam darauf bedacht, die berühmte Schwester aus ihrem Alltag auszuklammern. Sie erwähnt sie so gut wie nie. Die Freundinnen und Nachbarinnen wissen natürlich, wer die schöne Frau auf dem Bild an der Wohnzimmerwand ist, sprechen Liesel aber nicht darauf an. Es ist, als habe sie eine Trennwand in ihr Leben gezogen, eine hohe Mauer zwischen ihren so unterschiedlichen Lebenswelten errichtet.

Doch gerade diese Abschottung scheint einen besonderen Reiz auf die Klatschpresse auszuüben. Immer wieder versuchen Reporter, sich hinter Liesels Mauer zu schleichen, um vielleicht doch Blicke in die geheime Welt der rätselhaften Schwester zu erhaschen. Sie lassen einfach nicht locker. »Journalisten hinter mir her«, teilt sie Marlene 1965 in einem Telegramm mit. In ihrer Panik nennt sie das Frankfurter Autokennzeichen und den Fahrzeugtyp: »Mercedes 220, Farbe anthrazit. Stopp. Berichte weiter.« Ein Fotograf soll erzählt haben, man habe ihm fünftausend Mark für ein Foto von ihr geboten. Fünftausend Mark! Und es hört nicht auf. Noch am 31. August 1967 schreibt sie Marlene, dass wieder Journalisten im Laden von Berta Mundey nach ihr gefragt haben. Engländer sollen es diesmal gewesen sein – zum Glück »nicht so furchtbar aufdringlich«. Sie sei gerade zu Besuch in Düsseldorf gewesen. »Wenn die Reporter bloß nicht wiederkommen!«

Doch allmählich treten solche Vorfälle in den Hintergrund. Noch beherrschender in den Briefen an Marlene werden ihre überschwänglichen Dankesbekundungen: »Durch Dich habe ich jeden Tag Weihachten«, schreibt sie. »Wie verwöhnst Du mich!« Und immer wieder: »Du bist die Fee mit dem goldenen Füllhorn.«

Akribisch bestätigt sie den Eingang jeder Überweisung, gerührt dankt sie für die vielen Geschenke: für die Fleurop-Blumen zum Geburtstag und den Pelzmantel zu Weihnachten, für das Feinkostpaket aus Paris, die Briefmarken aus Kapstadt, die Brille mit den teuren Spezialgläsern, das Abo für *Newsweek* und *Time* und die immer neuen Schallplatten.

Längst hat sie sich auch mit dem Fernsehapparat angefreundet, den Marlene ihr geschenkt hat. Aufmerksam studiert sie jetzt die Programmvorschau, um nur ja keinen Film mit ihrer geliebten Leni und keinen Bericht über sie zu verpassen. Stolz teilt sie ihr mit, dass sogar im Vormittagsprogramm des Deutschen Fernsehfunks der DDR eine Sendung über sie läuft, und voller Vorfreude schreibt sie am 10. Dezember 1966, in der ARD werde bald *Der große Bluff* gezeigt. »Ich freue mich schon ungeheuer. Ich möchte nicht versäumen, Dir bei dieser Gelegenheit nochmals allerherzlichst für den Fernsehapparat zu danken.«

Da von den Hinterlassenschaften ihres Mannes, wie sich nun nach zermürbendem Schriftwechsel bestätigt, nicht viel zu erwarten ist, kann sie Marlenes Zuwendungen gut gebrauchen. Auf die Dauer aber belastet es sie auch, immer nur beschenkt zu werden. Umso mehr freut es sie, dass sie bisweilen etwas zurückgeben kann. Und mittlerweile versorgt sie ihre Schwester nicht mehr nur mit farbigen Büroklammern und Maggi-Fläschchen. Auf Marlenes Wunschliste stehen nun vor allem Pillen und Tropfen – Medikamente, die es andernorts auf der Welt nicht in jeder Apotheke zu kaufen gibt. Gar nicht genug bekommen kann sie vor allem von »Blütenregen«. Sie bestellt – und bezahlt – manchmal gleich fünfzehn Flaschen von diesem Antidepressivum, das in Wirklichkeit anders heißt, bei ihrer Schwester. Liesel ist nicht ganz wohl dabei. Sie muss sich in der Apotheke in Bergen kritische Blicke gefallen lassen, ihre ganze Überredungskunst aufbieten, um das Bestellte zu bekommen. Besorgt gibt sie Marlene weiter, dass »Blütenregen« eigentlich rezeptpflichtig ist. »Man dürfte es nur genau nach ärztlicher Verordnung einnehmen, also Vorsicht.«

Bei einem anderen Medikament, das sie schickt, weist sie in einem Begleitbrief mahnend darauf hin, dass es zu Thrombose führen kann. »Dies wäre doch furchtbar.«

Marlene ist das schnuppe. Sie schlägt solche Warnungen in den Wind, bestellt immer mehr von dem Stoff, der die trüben Gedanken vertreibt, die Schmerzen vergessen macht und die Stimmung hebt. Und Liesel beschafft ihr das Bestellte. Ganze Pakete mit Beruhigungs- und Aufputschmitteln schickt sie ihr mit leise mahnenden Begleitschreiben. Wie könnte sie ihrer großzügigen Schwester auch nur einen einzigen Wunsch abschlagen!

Ihr eigenes Leben tritt unterdessen mehr und mehr in den Hintergrund. Nur am Rande vermerkt sie in ihren Briefen gelegentlich, dass sie mal wieder bei ihrem Jungen in Düsseldorf war; ihren Enkelsohn und die Schwiegertochter erwähnt sie mit keinem Wort.

»Wie geht es Dir?«, fragt Marlene in einem Brief vom 7. September 1968. »Du schreibst wieder mal nichts von Dir selbst.«

Doch Liesel beteuert nur, dass es ihr an nichts fehlt. Dank Lenis großzügiger Unterstützung könne sie sich sogar Kirschen und Erdbeeren kaufen, schreibt sie.

Die Überweisungen ermöglichen es ihr auch, Bestellungen bei Quelle, Otto oder Neckermann aufzugeben. Aber ihre Wünsche sind bescheiden: ein neuer Hut, ein Tauchsieder, warme Socken. Beim Durchblättern der Versandhauskataloge fällt ihr im Sommer 1972 auf, dass neuerdings »Marlene-Dietrich-Hosen« angeboten werden. Machen die Textilfirmen etwa mit dem Namen ihrer Schwester unerlaubt Reklame? Sie geht in Bekleidungsgeschäfte, fragt nach »Marlene-Dietrich-Hosen« und schaut sich drei der Hosen, die ihr vorgelegt werden, näher an. Der Befund wühlt sie so auf, dass sie in ihrem nächsten Brief Marlene davon berichtet: »Alle drei haben den Schnitt der Hose [aus dem Katalog], aber weder auf dem Etikett noch darunter steht Dein Name.«

Eigene Belange streift sie nur noch in Nebensätzen. Wenn überhaupt.

Ihre wachsende Sehschwäche bringt es mit sich, dass ihre Schrift von Brief zu Brief größer und ungelenker wird. Da sie zudem dünnes, farbiges Papier benutzt, sind die Briefe oft nur noch schwer zu entziffern.

Zum Glück hat sie 1967 ein eigenes Telefon bekommen. Seither kann sie mit Marlene telefonieren, ohne ihre Wohnung zu verlassen. Auch noch spätabends oder nachts, wenn die Sonne scheint in Los Angeles oder Sydney – und vorausgesetzt natürlich, Marlene hat nichts anderes vor.

33

KÖNIGIN DER WELT

Ihr Name leuchtete in greller Neonschrift ins Dunkel der Nacht, und in ebenso großen Lettern erstrahlte der Titel ihrer neuen Show: »Queen of the World«. Nachdem sie mehrmals rund um den Globus gereist war, um ihre Magie zu entfalten, eroberte sie nun, im Jahr 1967, den Olymp des Showgeschäfts, den Broadway in New York. Wie eine Majestät präsentierte sie sich auch hier in ihrem Schwanenmantel und den exklusiven Glitzerkleidern. *Königin der Welt.*

Ihre Show lief ab wie ein Uhrwerk. Alles war einstudiert. Jede Geste, jeder Schritt, jeder Augenaufschlag. Nichts blieb dem Zufall überlassen. Alles war harte Arbeit, auch wenn es noch so leicht und locker wirkte.

Wie Josef von Sternberg sie einst für den Film ins rechte Licht gesetzt hatte, so brachte ihr Arrangeur Burt Bacharach ihren Stern auf der Bühne zum Leuchten, verhalf ihr zu einer Perfektion, die selbst am Broadway ihre Wirkung nicht verfehlte. Da musste natürlich auch hinter den Kulissen alles stimmen. Für die »Queen« nur das Beste, lautete die Devise. Eine dieser simplen Garderoben mit dem Putzmittelgeruch einer Umkleidekabine genügte ihren Ansprüchen natürlich nicht, sie ließ sich ihr Reich hinter der Bühne mit edlen französischen Möbeln einrichten. Überdies beanspruchte sie einen speziellen Blumenraum: eine gekühlte Vorratskammer für Rosen, Nelken und Anemonen mit dazu passenden pinkfarbenen Satinschleifen. Denn einer der ausgefeilten Bühnentricks bestand darin, junge Männer mit Blumensträußen auf die Bühne zu schicken, die sie der »Königin der Welt« in genau festgelegten Momenten zu Füßen zu legen hatten – zum Beispiel vor dem Lied »Honey Suckle Rose«. Die Dietrich, scheinbar überrascht und entzückt von diesen Gesten der Zuneigung, hob dann einen der Sträuße auf und schwenkte die Blumen im Takt ihres Liedes, als wären sie ihr zufällig in die Hände geraten. Eine Schlüsselstellung fiel den bezahlten »Blumenjungs« beim Finale zu. Einer nach dem anderen hatte auf die Bühne zu flitzen, damit die umjubelte Diva die Blumengebinde aufsammeln und stolz ins Publikum halten konnte. Es sah aus, als wollte sie auch die übrigen Zuschauer ermutigen, sich an der Huldigung zu beteiligen. Mit eigenen Sträußen.

Jede Show lief nach dem gleichen Muster ab. Sie sang ihre Lieder wie ein Soldat in strammer Haltung, sie fixierte die Besucher mit ihren wimpernschweren Augen, ein bisschen verträumt, aber doch hellwach. Am Ende verbeugte sie sich mit durchgedrückten Knien – so tief, dass ihre Haare fast den Boden berührten. Wie andernorts tobte das Publikum auch am Broadway vor Begeisterung. Die Besucher sprangen auf, um der Majestät mit dem goldenen Haar und der perlmuttfarbenen Haut in stehenden Ovationen für die Show zu danken.

Nur eng Vertraute wie ihre Tochter bemerkten, dass sie bisweilen wie eine Marionette agierte und bei ihrer Moderation ins Nuscheln geriet. »Ich, die so viele großartige Auftritte von ihr mitbekommen hatte, musste jetzt mit ansehen, wie sie sich auf mittelmäßige Weise selbst imitierte«, erinnert sich Maria. »Ihre sprühende Energie war von den Geistern der Flasche vertrieben worden, und ihre Kunst war gefangen in Mittelmäßigkeit.«

Aber das blieb dem normalen Konzertbesucher verborgen, und sie tourte weiter um die Welt, kassierte Traumgagen und scheute keine Kosten, um die Auftritte so pompös wie möglich zu gestalten. Ihre Kostüme ließ sie sich exklusiv bei Modeschöpfern von Weltruf schneidern – und sie bestellte sie immer gleich in doppelter Ausführung. Ihre Luxussuiten verfügten über riesige Bäder mit zwei Schminktischen, vergoldeten Armaturen und Spezialregalen für Perückenständer; zudem beanspruchte sie etliche Räume für ihre Schrankkoffer, ein Kingsize-Bett und noble Sitzgarnituren sowie eine kleine Küche mit Kochplatte, Töpfen und nach ihren Wünschen angelieferten Lebensmitteln.

Weit entfernt vom glamourösen Luxusleben seiner Frau lebte Rudi Sieber weiter in den windschiefen Gebäuden einer Farm in Kalifornien, wo er sich, so gut es ging, um den Restbestand seiner Geflügelzucht kümmerte. Doch im Mai 1967 warf ihn eine Herzattacke mit anschließendem Schlaganfall aus der Bahn. Marlene, die sich gerade in Paris aufhielt, sagte alle Termine ab, um zu ihrem Mann zu fliegen. Als sie das Krankenzimmer betrat, lag Rudi im Koma. Marlene ließ sich in der Klinik ein Zimmer geben, um Tag und Nacht bei ihm zu sein. Sie blieb, bis sich sein Zustand stabilisierte. Als sie abreiste, ließ sie einen Mann mit geschwächtem Herzen zurück – so gebrechlich, dass er kaum noch für sich allein sorgen konnte.

Später lud sie ihn ein, noch einmal nach New York zu kommen, um einen ihrer Triumphe am Broadway mitzuerleben. Aber da war er nur noch ein Schatten seiner selbst. Die geschwollenen Beine machten ihm das Laufen schwer. Es war ihm peinlich, sich in der Öffentlichkeit an der Seite seiner ewig jungen Frau zu zeigen, und sowie Marlenes Broadway-Engagement beendet war, flüchtete er zurück in sein kalifornisches Tal, um sich den Erinnerungen an die geliebte Tami hinzugeben.

Marlene versammelte derweil weiter neue Liebhaber und Liebhaberinnen um sich. Bei ihrer Australientournee zum Beispiel lernte sie einen jungen, aber bereits verheirateten Journalisten kennen: breitschultrig, rotwangig, derb. Sie gab ihm ein Interview, erteilte ihm die Erlaubnis, eine autorisierte Biographie über sie zu schreiben, und teilte mit ihm das Bett. Sie lud Hugh sogar nach London ein, aber schon bald musste der Australier mit der Statur eines Preisboxers heim zu seiner Frau und seinen drei Kindern,

Die Diva im Konzert (Göteborg 1964).

und Marlene blieb zurück mit einer Eintragung, die er ihr in ihrem Tagebuch hinterließ. Darin hielt er eine Klage fest, die er von ihr zu hören bekommen hatte: »dass Männer wie ich nichts anderes kennen, als ins Bett zu gehen und dann gleich loszulegen – zack, zack und fertig«. Es mangle ihm an der Phantasie, die sie von Männern »eines bestimmten Schlages« kenne, habe sie ihm vorgehalten. Trotz dieses »herzlosen Seitenhiebs« der Geliebten, der offenbar immer noch in ihm nachhallte, endete die Eintragung mit dem versöhnlichen Satz: »Ich liebe sie.«

Aber das waren nur Worte. Als sie bei einer zweiten Australientournee im Jahr 1968 auf eine Fortsetzung der Affäre hoffte, verlor sie ihren Liebhaber auf ewig: Der Australier starb an einem stürmischen Tag während einer Pressereise bei der Explosion eines Hubschraubers.

Trost fand sie, indem sie ihren Lieblingsenkel Michael umsorgte, der in Paris an der amerikanischen Universität studierte. Sie ging mit ihm in teure Restaurants und Bars, führte ihn in ihre Kreise ein, machte seine Wohnung sauber und verabreichte ihm Aufputschmittel, damit er seinen Lernstoff besser bewältigte. Ihre Tochter mochte darüber verärgert sein – egal, sie genoss es, den jungen Mann zu verwöhnen.

Gar nicht begeistert war sie, als Michael ihr mitteilte, dass er Schauspieler werden wolle. »Glaube, er hat kein Talent«, schrieb sie ihrer Schwester in Bergen. »Und außerdem ist das ein sehr unsicherer Beruf.«

Liesel gab ihr recht: »Es hat mich sehr betrübt, dass Michael Schauspieler werden will«, antwortete sie am 5. Juni 1969. »Er hat doch das Abitur! Da stehen ihm ja die schönsten Berufe offen.«

Marlene mühte sich unterdessen, ihren Ruhm als Schauspielerin und Sängerin meistbietend zu vermarkten. Sie brauchte das Geld – auch um die Schulbildung ihrer vier Enkelkinder zu finanzieren. In dem Bestreben, die Geschäfte mit ihrem Namen noch effizienter abzuwickeln, gründete sie die Firma Marlene Dietrich Inc. Zwischen den Tourneen nahm sie neue Platten auf und schaffte es mit ihren Songs bisweilen in die Hitparade. Auch das aufblühende Medium Fernsehen bediente sie. Schon 1963 hatte Sveriges Television in Schweden ihre Stockholm-Show gezeigt, zwei Jahre später war im australischen Fernsehen ihre Show *The Magic of Marlene* zu sehen. Für beide Sendungen hatte sie sich die Rechte gesichert, sodass eine Zweitausstrahlung nur mit ihrer Zustimmung möglich war. Sie handelte Rekordtantiemen aus. Für die Aufzeichnung eines Gastspiels in London erhielt sie 200 000 Dollar. Am 23. und 24. November 1972 wurde die Show *An Evening with Marlene*

Dietrich im New London Theatre aufgenommen. Erstmals in Farbe. Und bei all ihren Shows führte Burt Bacharach, der inzwischen zu den Größen des aufkommenden Popbusiness zählte, Regie und sorgte dafür, dass alles wie am Schnürchen lief – doch dahinter steckte minutiöse Planung.

Gleichwohl schaffte sie es bei ihren Live-Auftritten immer noch, den Eindruck zu erwecken, als sprühe sie vor Spontaneität, als sei das gerade hier und jetzt stattfindende Konzert etwas ganz Einmaliges, und mit ihrer Ausstrahlung und Bühnenpräsenz zog sie das Publikum weiter derart in ihren Bann, dass niemand auf die Idee kam, er wohne einer Routineveranstaltung bei. So feierte sie im September 1970 bei der Expo im japanischen Osaka einen weiteren Triumph.

Wenn sie in Europa gastierte, lud sie immer wieder auch Liesel ein, sie auf der Bühne zu erleben. »Ich singe in London im Februar und März«, hatte sie ihr schon am 7. September 1968 geschrieben. »Also mach Dich bereit, mich dann wieder zu besuchen! Tausend Küsse, in Liebe Marlene«. Aber Liesel konnte sich nicht noch einmal zu einer anstrengenden Englandreise aufraffen.

Der Kontakt der Schwestern beschränkte sich so fortan auf gelegentliche Telefonanrufe und Briefe, und Liesel schickte weiterhin Medizinpakete nach Amerika, wofür Marlene ihr sehr dankbar war. »Ich habe die Sendungen von den Pillen bekommen«, schrieb sie zum Beispiel am 30. Oktober 1969. »Danke sehr. Du musst mir sagen, was ich Dir alles schulde für die Medizin, da Du doch das Geld, das ich Dir schicke, für Dich behalten sollst.«

Sie konnte die Tropfen und Pillen aus Deutschland gut gebrauchen. Manchmal fühlte sie sich so elend, dass es ihr undenkbar schien, jemals wieder auf die Bühne zu gehen und anderthalb Stunden lang zu singen und zu plaudern, als wäre sie dreißig. Aber der »Blütenregen« half ihr, die inneren Plagegeister eine Weile zu betäuben. Und wenn sie es wieder einmal geschafft hatte, gönnte sie sich zur Belohnung ein Glas Champagner. Es konnten auch zwei oder drei sein – und dazu noch einen Scotch.

Manchmal wallten melancholische Stimmungen in ihr auf. Dann las sie Rilke oder sprach das Freiligrath-Gedicht vor sich hin, das schon ihre Mutter so geliebt hatte:

O lieb, solang du lieben kannst,
O lieb, solang du lieben magst,
Die Stunde kommt, die Stunde kommt,
Wo du an Gräbern stehst und klagst.

Sie war glücklich, als sie im Oktober 1969 eine englische Übersetzung entdeckte. Sie schrieb den Text ab und schickte ihn Liesel:

Oh love as long as you can live,
Oh love as you may love,
The hour comes, the hour comes,
When you stand at graves and cry.

Liesel machte ihr Sorgen. Es betrübte sie, dass ihre Schwester gar nichts mehr von sich selbst schrieb. Dass sie sich in ihren Briefen immer kürzer fasste und ihre Schrift immer krakeliger wurde. Aber was sollte sie tun? Liesel wollte ja unbedingt in ihrer kleinen Wohnung in Bergen bleiben. Doch Marlene spürte, dass es so nicht weitergehen konnte.

Immer häufiger erinnerten sie jetzt Todesnachrichten daran, wie begrenzt das Leben war. Auch ihr »Entdecker« war mittlerweile tot. Am 22. Dezember 1969 war im Alter von fünfundsiebzig Jahren Josef von Sternberg in Los Angeles gestorben. Sie fuhr zu seiner Beerdigung, sprach aber mit niemandem, und kein Reporter bemerkte, dass die stumme Dame mit dem großen Kopftuch die fesche Lola aus dem »Blauen Engel« war. Um vierzig Jahre gealtert.

Ihr Verhältnis zu Sternberg war in den letzten Jahren bis zum Gefrierpunkt abgekühlt. Der Regisseur hatte sich von ihr ausgenutzt gefühlt: »Die kommt nur noch, wenn sie was braucht«, klagte er. Hellmuth Karasek hat ein Treffen mit Sternberg für ein Interview auf der Frankfurter Buchmesse 1968 geschildert, wo der Regisseur, ein Jahr vor seinem Tod, seine Autobiographie vorstellte:

Sternberg begrüßte uns mit ausgesuchter Höflichkeit, gehorchte freundlich den Bitten des Kameramanns und des Beleuchters – er war schließlich Profi, der größte Lichtzauberer, den das klassische Kino hervorgebracht hatte –, bis ich meine erste Frage stellte: »Herr von Sternberg«, fing ich vor laufender Kamera an, die Sendung wurde live übertragen, »Herr von Sternberg, Sie haben mit Marlene Dietrich ...« Weiter kam ich nicht. Sternberg unterbrach mich brüsk und schnauzte mich in die Kamera hinein an: »Hören Sie mir mit diesem Scheißweib auf!« Ich schnappte nach Luft, das Interview war beendet, meine Audienz bei Sternberg auch.

Mit Erich Maria Remarque war sie bis zuletzt in gutem Kontakt. Als sie im Frühjahr 1970 erfuhr, dass ihr Dichterfreund schwer erkrankt war, schickte sie ihm Blumen und telefonierte jeden Tag mit ihm. Gern hätte sie Boni im Tessin auch besucht, aber das wollte seine von ihr gelegentlich als »Flittchen« bezeichnete Frau Paulette Goddard nicht. Als Remarque am 25. September 1970 starb, legte Marlene wie nach dem Tod Hemingways Witwenkleider an. »Ohne seinen Wein, den er über alles liebte, war ihm das Leben nicht mehr viel wert«, schrieb sie Freunden Marias. Im selben Brief erhob sie Vorwürfe gegen die Witwe: »Jetzt hat das Flittchen seine ganzen Schätze: die van Goghs, Cézannes, Modiglianis etc., etc. Und die wunderschönen Teppiche – alle unbezahlbar. Vielleicht hat sie ihm deshalb nie erlaubt, mich zu sehen.«

Aber schon nach zwei Tagen legte Marlene ihre Trauerkleidung wieder ab. Für die Beerdigung im Tessin fand sie keine Zeit. Die Show musste weitergehen. Die Königin der Welt konnte sich doch nicht wochenlang in Schwarz hüllen.

Sie dachte gar nicht daran, sich zur Ruhe zu setzen. Ihren siebzigsten Geburtstag hielt sie einfach geheim, und zu Beginn des Jahres 1972 fuhr sie wieder einmal in die Schweiz und quartierte sich in der Klinik »La Prairie« in Clarens ein, wo sie sich einer weiteren Frischzellenkur unterzog. Liesel schickte ihr einen Artikel, in dem die *Neue Post* darüber berichtete. »Ich reise für einige Zeit in die Schweiz, um mich zu erholen«, hatte sie angeblich den Reportern erzählt. Doch die *Neue Post* wusste es besser: »Unter Erholung verstand die berühmteste Großmutter der Welt diesmal, dass sie sich ein wenig Jugend zuschanzen wollte. Marlene Dietrich lässt sich in der Schweiz verjüngen.«

Marlene ärgerte sich darüber, dass Liesel ihr den höhnischen Artikel geschickt hatte, mochte sie ihr in ihrem Begleitbrief auch noch so viele Komplimente machen. Und es zeugte, fand sie, auch nicht gerade von Feingefühl, dass Liesel ihr einen Zeitungstext zusandte, in dem die Schauspielerin Uschi Glas mit ihr verglichen wurde – wieder mit Liesels Kommentar versehen: »Mein liebes Pussycat, es ist ja Unsinn, dass Uschi Glas Deine Stimme hat. Dich gibt es ja nur einmal.«

Auf jeden Fall war es nett gemeint. Ja, Liesel war bei all ihrer Naivität schon sehr rührend. Und Marlene fuhr damit fort, ihre arme Schwester in Bergen mit Geschenken zu überhäufen. Am 30. August 1970 schrieb sie an Herrn Strobl von der Electrola:

Ich habe eine große Bitte an Sie. Ich möchte das schönste
Grammophon, das es bei Ihnen gibt, kaufen, und eine wunderbare
Auswahl von klassischen Platten dazu, natürlich alles Karajan-
Platten … Der Apparat ist für Deutschland bestimmt.
Die Adresse: Elisabeth Will, Kreuzweg 15, Bergen-Belsen.

34

»ICH FALLE«

Es war der 7. Mai 1973, ein Montag. Auf den Tag genau vor achtundzwanzig Jahren war Marlene Dietrich das erste Mal nach Bergen-Belsen gekommen. Damals hatte die Mittagssonne geschienen, jetzt graute schon die Nacht.

Im DDR-Fernsehen, in Bergen gut zu empfangen, lief gerade in der beliebten Montagsfilmreihe vor Karl-Eduard von Schnitzlers *Schwarzem Kanal* der französisch-ungarische Historienfilm *Die Nacht hat schwarze Augen*, als kurz nach neun aus dem Obergeschoss des Hauses Nummer 15 am Kreuzweg Brandgeruch stieg. Helga E., die mit ihrer Familie auf der anderen Straßenseite lebte, hatte zunächst nichts davon bemerkt und sich auf den Film konzentriert. Dann aber hörte sie vor dem Fenster den Jungen aus dem gegenüberliegenden Haus rufen: »Bei uns brennt es!«

Sie sprang sofort auf und folgte dem Jungen ins rote Klinkerhaus. Gemeinsam mit den im Erdgeschoss wohnenden Nachbarn stürmte die Verkäuferin die Treppe hoch und riss die Wohnungstür auf. Es roch stark nach verbranntem Plastik, von einem offenen Feuer war nichts zu sehen. Sie lief deshalb gleich in den Raum, aus dem der Qualm kam. Beißender Rauchgestank schlug ihr aus dem Wohnzimmer entgegen, die Tischdecke war verkohlt. Dann sah sie ihre Nachbarin. Sie hatte sich hinter dem Ofen verkrochen. In sich zusammengesackt kauerte Elisabeth Will in einem verrußten Polyester-Nachthemd auf dem Boden und wimmerte kraftlos. »Ich falle«, sagte sie. »Ich falle.«

Wie sich herausstellte, hatte sie vergessen, den Tauchsieder aus der Steckdose zu ziehen. Achtlos hatte sie das Gerät auf den Tisch gelegt. Kurze Zeit später war die Plastiktischdecke in Brand geraten. Als sie sich über den Tisch gebeugt hatte, um den Brand zu löschen, hatte ihr Nachthemd Feuer gefangen. Der Kunststoff war verschmort und in die Haut eingebrannt.

Als die Nachbarn sie ins Nebenzimmer trugen und auf ein Sofa legten, verlor Elisabeth Will das Bewusstsein. Ein Krankenwagen transportierte sie mit Blaulicht ins Krankenhaus nach Celle. Doch jede Hilfe kam zu spät. Gegen ein Uhr nachts erlag sie ihren schweren Verletzungen. Ihr Sohn war sofort über den Unfall informiert worden und gleich in Düsseldorf aufgebrochen. Als Hans-Georg um zwei Uhr in der Klinik eintraf, war seine Mutter schon tot.

Marlene Dietrich hielt sich gerade wieder wegen mehrerer Gastspiele in London auf, als ihr Neffe Hans-Georg sie am nächsten Morgen im Hotel anrief, um ihr die traurige Nachricht zu übermitteln. »Sie versteinerte«, berichtete später Maria. »Ich nahm ihr den Telefonhörer aus der erstarrten Hand und gab ihr einen doppelten Scotch.«

Sie war wie betäubt, aber sie weinte nicht. Noch am selben Abend hatte sie einen Auftritt. Sie hielt durch. Niemand merkte ihr etwas an. Sie sang, als wäre nichts geschehen, machte wie gewohnt ihre Arbeit, tat ihre Pflicht, wie sie es von ihrer Mutter gelernt hatte.

Einige Tage später erhielt sie von Liesel noch einen Brief, datiert auf den 7. Mai 1973, den Tag des Zimmerbrands. Er las sich wie die meisten anderen Briefe, die Liesel ihr geschrieben hatte:

Liebe Pussycat,
ich hoffe, dass heute das Gewünschte an Dich abgeht. Tausend Dank für den Brief. Tausend Dank auch für die Marken. Hoffentlich geht es Dir und Deinen Lieben gut.
Der Brief soll zur Post.

Alles Liebe, Gute und Schöne.
Es umarmt Dich
Deine dankbare Liese

Marlene schrieb auf den Brief: »last letter«.

»An den Folgen eines Unglücksfalls verstarb nach einem Leben in Duldsamkeit Frau Elisabeth Will«, stand in der Todesanzeige. Dreiundsiebzig war sie geworden, fast drei Viertel des Jahrhunderts, das immer genauso alt gewesen war wie sie.

Die Trauerfeier fand am 14. Mai in der Friedhofskapelle Bergen statt. Marlene nahm nicht daran teil.

Beigesetzt wurde Liesel auf eigenen Wunsch auf einem Friedhof in der hannoverschen Nordstadt – an der Seite ihres Mannes. »Im Tode vereint«, ließ ihr Sohn in den Grabstein einmeißeln.

Noch am selben Tag, dem 14. Mai 1973, schilderte Hans-Georg seiner Tante Lena Einzelheiten der Beisetzung:

> Viele Bekannte kamen zur Trauerfeier, auch alte Freunde aus der Zeit in Belsen (Truppenübungsplatz). Der Pfarrer gab sich Mühe und dankte allen … Es war ein trüber Tag, und es regnete zeitweise. Die Glocken läuteten, als der Wagen mit dem Sarg nach Hannover abfuhr … In Hannover wartete ein Geistlicher, der aus der Pfarrgemeinde kam, die auch unseren Vater beerdigte. Zusammen mit einem mir bekannten älteren Ehepaar gaben wir Mutti das letzte Geleit. Unter einem schönen Baum ruht sie in einem hellen Sarg aus Eiche.
> Es war ihr Wunsch, in der Nähe ihres Mannes zu liegen. Das ist auch gut so, denn nach Hannover komme ich beruflich öfters. Der Sohn von Frau F. [Georgs Lebensgefährtin] brachte auch einen Kranz. Ich will nicht klagen, doch ist der Tod von Mutter für mich schmerzlich. Es ist das Ende eines Zeitabschnitts im Leben meiner Familie. Meine Mutter bedeutet mir doch mehr, als ich es ausdrücken konnte. Was für eine Familie, die durch Umstände, Triebe und Ereignisse von außen zerrissen wurde! Gebe Gott, dass Du

> **STATT KARTEN**
>
> Bergen, Kreuzweg 15
> Düsseldorf, Schumannstraße 68
>
> An den Folgen eines Unglücksfalls verstarb nach einem Leben in Duldsamkeit
>
> **Frau Elisabeth Will**
> 5. 2. 1900   8. 5. 1973
>
> In stiller Trauer
> für die Familie
> **Hans-Georg Will**
>
> Die Trauerfeier findet am Montag, dem 14. Mai 1973, um 12 Uhr in der Kapelle des Friedhofes zu Bergen statt.
> Überführung anschließend nach Hannover.
> Best.-Inst. E. Brammer, Bergen.

Todesanzeige für Elisabeth Will in der *Celleschen Zeitung* vom 11. Mai 1973.

mit Rudi und Maria und ihrem Mann und den Kindern in ruhigen Bahnen leben und enden kannst. Gleiches versuche ich mit meiner Frau und meinem Kind, welches weinte um die Großmutter ...
Mehr als 20 Jahre lebte Mutti »alleine«. Und doch sagte sie mir, dass sie viele Jahre genossen hat. Jahre, die Du ihr ermöglicht hast. Dafür Dank und nochmals Dank.
Ja, liebe Marlene, bitte belaste Dich nicht mit diesem Ereignis. Du hast alles getan. Du warst eine gute Schwester. Du hast Deiner Schwester die Freiheit gegeben, die sie so liebte. Sie wollte in der Wohnung leben und sterben. So ist es geschehen!

Marlene Dietrich beantwortete diese Zeilen Hans-Georgs mit einem (nicht erhaltenen) Brief, in dem sie offenkundig ihre tiefe Trauer über den Verlust ihrer Schwester zum Ausdruck brachte.

Hans-Georg Will schrieb ihr daraufhin am 2. Juli 1973 ein weiteres Mal:

Liebe Tante Lena,
Deinen Kummer kann ich voll verstehen. Mutti hat eine kurze Zeit gelitten, und sie ist nicht leicht gestorben. Ich sah ihr Gesicht eine halbe Stunde nach dem Tod, als ich in Celle eintraf. Sie wollte in der Wohnung sterben, sie wollte in kein Heim – auch nicht in ein sehr gutes – aber es gab kein Aufschieben, der Zustand war in den letzten Wochen zu schlecht geworden. Eine Pflege war in der Wohnung nicht länger möglich oder zu verantworten. Mutti sagte nach außen, dass sie in ein Heim wollte – sie wollte aber nicht.
Ich habe mit vielen Damen gesprochen, die sie kannten. Und ich habe nur eine Stellungnahme gehört: »Dieser Tod war schrecklich, es war aber eine Erlösung für Ihre Mutter. In einem Heim wäre sie verkümmert…«
Mutti hat das Leben in Bergen (auch allein) genossen, die letzten Jahre mit dem nachlassenden Augenlicht waren leider traurig. Die Lesemaschine stand in der Wohnung. Ich bot sie einem Augenarzt an, sie einem bedürftigen Patienten zu schenken.

35

IN DER MATRATZENGRUFT

Ein halbes Jahr nach dem Tod ihrer Schwester verlor auch Marlene Dietrich die Balance: Bei einem Konzert auf der Shady Grove Music Fair in Gaithersburg bei Washington D.C. stürzte sie am 7. November 1973 in den Orchestergraben. Nach der dritten Zugabe war sie zum Bühnenrand gegangen, um dem Orchester und Dirigenten zu danken. Bei der Verbeugung geriet sie ins Taumeln, verlor das Gleichgewicht und fiel auf einen hervorstehenden Nagel. Dabei zog sie sich eine stark blutende Wunde am Bein zu.

Auch Tage später noch hatte sie Schmerzen beim Gehen. Ihre Tochter bedrängte sie, sich im Krankenhaus untersuchen zu lassen. Aber sie verwies auf ihre Tourneeverpflichtungen, ließ sich nur notdürftig verarzten, zog über das verletzte Bein einen Gummistrumpf und stand schon zwei Wochen nach ihrem Sturz wieder in Montreal auf der Bühne. Der Jubel des Publikums ließ sie ihre Gebrechen vergessen. Es war wie ein Rausch. Die Presse lobte sie in den höchsten Tönen, und sie setzte ihre Tournee fort: Toronto, Phoenix/Arizona, San Francisco, New York, Dallas. Ein Mix aus Tabletten und Alkohol betäubte ihre Schmerzen.

Dann aber wurde die Durchblutungsstörung immer schlimmer und eine Bypass-Operation unabdingbar. Eine Hautverpflanzung schloss sich an. Die Tage im Krankenhaus wurden für sie zur Qual. Ihr Körper schrie nach Alkohol. Vor dem nächsten Klinikaufenthalt füllte sie Fläschchen für Gesichtsreiniger mit Scotch und ließ sich Cognac und Pillen ans Krankenbett schmuggeln.

Wieder zurück auf die Bühne: New Orleans, Los Angeles, Washington, Toledo, Chicago, Mexico City, London, Rio de Janeiro und weiter quer durch Südamerika.

Oft ist sie so angeschlagen, dass sie mit einem Rollstuhl zur Bühne gefahren werden muss. Einzelne Konzerte müssen abgesagt werden. Aber sie rappelt sich wieder auf, krallt sich am Vorhang fest, schleppt sich ins Scheinwerferlicht und absolviert ihre Show mit eiserner Disziplin und reichlich Champagner.

»Solange ich arbeite, geht alles. Aber was, wenn nicht?«, schreibt sie in ihr Tagebuch. »So nehme ich Schlafmittel. Schon seit langem. Aber es ist nicht schlimm. Es ist nur traurig. Oder langweilig.«

Nach ihrer Südamerikatournee reist sie im Dezember 1974 ein zweites Mal nach Japan und gibt ein halbes Dutzend Shows in Tokio und anderen Städten. Sie muss sich ein künstliches Hüftgelenk einsetzen lassen, tourt aber danach gleich weiter. Nach Konzerten in Brüssel, Amsterdam, Antwerpen, London, Toronto, Montreal und etlichen Städten in den USA bricht sie im September 1975 zum dritten Mal nach Australien auf. Die Tournee steht unter keinem guten Stern. Rudi ist schwer krank, er könnte bald sterben. Die Konzertveranstalter klagen über den schleppenden Vorverkauf der Eintrittskarten, und im Gegenzug klagt Marlene über die unzulängliche Werbung. Bei ihren Auftritten ist sie oft so betrunken, dass sie ihre Einsätze verpasst.

Das Publikum applaudiert immer noch, aber oft aus Mitleid. Die Kritik des australischen Boulevardblatts *Daily Telegraph* vom 24. September 1975 ist vernichtend: »Eine kleine alte Frau, die tapfer versucht, die Rolle der früheren Leinwandkönigin Marlene Dietrich zu spielen, stolpert in Her Majesty's Theatre über die Bühne ... Wie eine aufgezogene Puppe, die überalterte Verkörperung einer deutschen Legende, kämpft sie sich durch ihre Lieder. Sie torkelt, wenn sie von der Bühne herabsteigt, um ihren Pelz abzulegen ... Die Maske der Dietrich ist ein Meisterstück müde gewordener Perfektion.«

Als sie kurz darauf sturzbetrunken auf die Bühne des »Theaters Ihrer Majestät« in Sydney kommt, stolpert sie schon bei den ersten Takten. Sie versucht, sich am Vorhang festzuhalten, kann aber nicht verhindern, dass sie rückwärts zu Boden schlägt. Das Orchester gerät aus dem Rhythmus, das Publikum applaudiert irritiert, und Marlene Dietrich, die dreiundsiebzigjährige gefallene Diva, ruft: »Vorhang! Vorhang runter!«

Der linke Oberschenkelknochen war gebrochen. Sie benötigte vier Monate, um wieder auf die Beine zu kommen – allerdings nur mit einer Gehhilfe. Danach stand für sie fest: Dies war ihr letzter öffentlicher Auftritt gewesen. Sie quartierte sich in ihrer Wohnung in Paris ein und verließ ihr Appartement in der Avenue Montaigne Nummer 12 nur noch selten – ängstlich besorgt, Reporter könnten sie im Rollstuhl beobachten. Im April 1976 flog sie noch einmal nach Kalifornien, um ihren Mann zu besuchen. Sie stellte das ganze Haus auf den Kopf, ließ eine Klimaanlage einbauen und Krankenpfleger einstellen. Doch schon wenige Wochen nachdem sie nach Paris zurückgekehrt war, am 24. Juni 1976, starb Rudolf Sieber.

Sie trauerte, lehnte es aber ab, noch einmal zur Beerdigung nach Kalifornien zu kommen. Sie wolle auf dem Friedhof nicht von Reportern belästigt werden, sagte sie.

Rudi wurde auf demselben Friedhof begraben wie seine geliebte Tami. Außer Maria und deren Söhnen folgten seinem Sarg nur wenige.

Im November 1976 segnete auch Marlenes langjähriger Geliebter Jean Gabin das Zeitliche. Marlene Dietrich war erschüttert. Mit diesem Todesfall musste sie sich endgültig von ihrem heimlichen Traum verabschieden, dass der Geliebte vielleicht doch noch zu ihr zurückkehren könnte.

Einen Monat nach Gabins Tod kam sein Cousin, von Beruf Notar, mit einem großen Karton zu ihr. Darin waren sämtliche Geschenke, die sie dem Geliebten jemals gemacht hatte. »Jean hat in seinem Testament festgelegt, dass ich Ihnen das nach seinem Tod bringe«, sagte der Mann. Marlene hatte gerade Besuch von dem befreundeten Pariser Rundfunkjournalisten Louis Bozon, der später in einem Fernsehinterview von ihrer Reaktion erzählte: »Sie war wie erstarrt. Sie schaute auf die Gegenstände und sagte kein einziges Wort. Mir war klar, dass ich sie nie mehr auf dieses Ereignis ansprechen konnte.«

Sie richtete sich in ihrer Wohnung im Triangle d'Or, der teuersten Wohngegend in der Pariser Innenstadt, wie in einer behindertengerechten Festung ein. Gleich zwei Konzertflügel zierten ihren Salon, doch sie benutzte sie selten.

Anfang 1978 lässt sie sich noch einmal dazu überreden, das Appartement für Dreharbeiten zu verlassen. Sie übernimmt die Rolle einer Baronesse in dem deutschen Film *Schöner Gigolo, armer Gigolo*. Eigens für die Diva werden in einem Pariser Vorstadtstudio Kulissen der teilweise in Berlin spielenden Handlung nachgebaut. Maria soll dafür sorgen, dass ihre Mutter pünktlich – und vor allem nüchtern – am Set erscheint. Doch die Dreharbeiten werden zum Fiasko. Marlene ist so betrunken, dass sie sich nicht mal ihren kurzen Text merken kann. Dann aber besinnt sie sich ihrer preußischen Disziplin und verwandelt sich in eine aristokratische Nachtclubbetreiberin, die einen sehr viel jüngeren Mann, einen mittellosen preußischen Leutnant, gespielt von David Bowie, als Gigolo einstellt. »Tanzen, Musik, Champagner – der beste Weg, um zu vergessen.« Die Worte kommen ihr überzeugend über die Lippen. Die Crew applaudiert, als die Szene abgedreht ist. Doch zu einem Erfolg wird der Film nicht. Ein Abgesang auf vergangene goldene Zeiten, vorgetragen an der Seite David Bowies. Ihr Titelsong immerhin rührte das Publikum. Sie sang das Lied auf Englisch: »Just a gigolo ...« Viele Kinobesucher in Deutschland kannten natürlich auch die deutsche Version des beliebten alten Schlagers:

Schöner Gigolo, armer Gigolo,
Denke nicht mehr an die Zeiten,
Wo du als Husar, goldverschnürt sogar,
Konntest durch die Straßen reiten.

Wie ein Motto ihrer späten Jahre klangen vor allem diese Verse:

Wenn das Herz dir auch bricht,
Zeig ein lachendes Gesicht,
Man zahlt und du musst tanzen.

Nach diesem Schwanengesang zog sie sich endgültig aus der Öffentlichkeit zurück. Sie ging nie mehr aus dem Haus. Nur noch enge Vertraute und Familienangehörige durften sie besuchen. Nicht einmal ihre alte Freundin Hildegard Knef ließ sie herein. Sie wedelte nur mit der Gardine, um die abgewiesene Besucherin zu grüßen, als die in der Hoffnung auf ein Wiedersehen eigens von Berlin nach Paris gekommen war.

Eine Ausnahme machte sie bei Romy Schneider. Die sechsunddreißig Jahre jüngere Schauspielerin, die unter Depressionen litt, durfte Marlene in der Avenue Montaigne besuchen. Vieles verband sie mit Romy: Beide hatten Deutschland den Rücken gekehrt und damit dort Anfeindungen provoziert, beide waren zu lebenden Legenden geworden, tablettenabhängig und alkoholkrank, und beide fühlten sich in all ihrem Luxus und Ruhm einsam. So versorgte Marlene ihre Freundin verständnisvoll mit Schlaftabletten und Aufputschmitteln. Marlenes Hausfreund, der Rundfunkjournalist Louis Bozon, erzählte später in Interviews, einmal habe sie ihm ein ausgehöhltes Buch in die Hand gedrückt, das mit Pillen gefüllt gewesen sei, und ihn gebeten, es Romy Schneider zu bringen. »Det warn Amphetamine, sonst nix«, erklärte Marlene, als er ihr vorhielt, sie als Drogenkurier missbraucht zu haben.

Romy und Marlene hatten sich schon Anfang der sechziger Jahre in Paris kennengelernt. Besonders intensiv wurde der Kontakt, nachdem Romy Schneider im Juli 1981 ihren vierzehnjährigen Sohn verlor. Der Junge hatte beim Übersteigen eines Zauns das Gleichgewicht verloren und sich auf einer Metallspitze aufgespießt. Wie schon so oft in der Vergangenheit betätigte Marlene sich als Seelenärztin und Trösterin. Sie beschaffte Romy immer neue Tabletten und half ihr auch durch Zuspruch über manchen Kummer hinweg. Wie dankbar die ihr war, ist einem Plakat zu Romys letztem Film *Die Spaziergängerin von Sans-Souci* zu entnehmen, das sie Marlene schenkte. »Marlene Liebste!«, steht in Romys Handschrift darauf. »Meine beste Freundin! Dank Dir für alles Verständnis. Deine doofe Romy«.

Kurze Zeit später, Ende Mai 1982, starb die Ikone französischer Kinokunst, die einst als legendäre »Sissi«-Darstellerin die Herzen von Millionen verzaubert hatte. Sie brach – gerade mal dreiundvierzig Jahre alt – an ihrem Schreibtisch zusammen. Es wurde vermutet, dass eine Überdosis Tabletten ihren frühen Tod verursacht hat. Doch eine Obduktion fand nicht statt.

Wie zuvor Liesel fürchtete auch Marlene die Fotografen. Immer quälte sie die Angst, sie könnten sich heimlich in ihre Wohnung einschleichen. Einmal erzählte sie, ein Fotograf habe sich mit einer Feuerwehrleiter auf die Höhe ihrer Fenster in der dritten Etage befördern lassen, um sie abzulichten. Sie habe mit einer Wasserpistole auf den unverschämten Kerl geschossen.

Bei aller Wachsamkeit konnte sie es nicht verhindern, dass ein Paparazzo in ihre Wohnung eindrang, während sie schlief. Als sie aufwachte, zog sie sich geistesgegenwärtig ein Tuch über das Gesicht. Aber da war es schon zu spät. Ein bestechlicher Hausmeister soll dem Fotografen den Zugang zur Wohnung verschafft haben.

Im Jahr 1982 fragte Maximilian Schell bei ihr an, ob sie bereit sei, an einem Dokumentarfilm über ihr Leben mitzuwirken. Sie hatte den Schauspieler und Regisseur bei den Dreharbeiten zu *Das Urteil von Nürnberg* kennengelernt und war seitdem in lockerem Kontakt mit ihm geblieben. Da sie selbst schon mit dem Gedanken gespielt hatte, sich noch einmal mit einer Lebensbilanz in Form eines Films in Erinnerung zu bringen, und angesichts ihres verschwenderischen Lebensstils auch die »Moneten« gut gebrauchen konnte, die man ihr bot, sagte sie schließlich zu, stellte aber bald darauf eine Bedingung, die Schell die Sprache verschlug: Sie wünsche keinesfalls Filmaufnahmen, beschied sie. »Ich bin zu Tode fotografiert worden«, erklärte sie. »Das reicht.«

Maximilian Schell, der die Dietrich gern in ihrem Rollstuhl gefilmt hätte, war enttäuscht, fügte sich aber den Vorgaben. Er beschränkte sich auf Tonaufnahmen, die er mit Archivaufnahmen und Bildern eines nachgebauten Appartements kombinierte. In einem Vertrag ließ Marlene Dietrich genau festschreiben, welche Filmszenen verwendet werden und welche Aspekte ihres Lebens keinesfalls zur Sprache kommen durften.

Das mehrtägige Interview wurde für Schell zu einer Geduldsprobe. Mal sprach sie englisch, mal deutsch, mal antwortete sie stundenlang nur missgestimmt mit »Ja« und »Nein«; dann wieder verbat sie sich Fragen, indem sie auf den Vertrag pochte; sie tat so, als ginge sie immer noch auf Tournee, oder erklärte alles zu »Quatsch« oder »Kitsch«, was der Interviewer ansprach. »Sie müssen ein Idiot sein, wenn Sie so eine Frage stellen«, hielt sie Schell entgegen. »In meinem Vertrag steht nicht, dass ich spannend sein muss«, blaffte sie. Kindheit? Jugend? Stummfilmzeit? »Ich interessiere mich nicht für die Vergangenheit«, erklärte sie beharrlich. »Ich bin ein praktischer Mensch, ich lebe in der Gegenwart. Rückwärts habe ich nie gelebt.« Ob sie Heimatgefühle habe? »Quatsch. So ein Kitsch!«

Bei anderer Gelegenheit maulte sie: »Wissen Sie, was ich hasse, ist dieser ganze psychologische Scheißkram.« Als Schell ihr eine bestimmte Filmszene vorführen wollte, zeterte sie: »Ich will das nicht sehen, ist ja lächerlich.« Sie kritisierte sein Manuskript als »Blödsinn«, warf ihm vor, dass er nicht ausreichend vorbereitet sei, beschimpfte ihn alkoholumnebelt als Amateur, drohte mehrfach, das Interview abzubrechen. Schließlich brach der verzweifelte Interviewer das Gespräch selbst ab und rannte türenschlagend aus der Wohnung. Als er reumütig zurückkehrte, musste er bittere Vorhaltungen über sich ergehen lassen: »Sie sollten zurück zu Mama Schell gehen und erst mal Manieren lernen. Sie sind wie eine Primadonna. Schreckliche Manieren! Niemand ist mir bisher rausgerannt. Sie sind der Erste – und der Letzte, das kann ich Ihnen sagen. Ich habe mit den größten Künstlern und Politikern an einem Tisch gesessen, und niemand hat sich so benommen. Niemand!«

Aber dann kochte die alte Dame ihrem Besucher und seinem Team eine Suppe, servierte Schnittchen mit Leberwurst und Salami und gab sich trotz ihrer körperlichen Gebrechen als patente Hausfrau. Bis zum nächsten Wutanfall. Maximilian Schell war am Ende ein nervliches Wrack. Aber er bezog die Schimpftiraden, Widerworte und Klagen seiner Interviewpartnerin offensiv in seinen Film ein. Das Porträt beleuchtet somit auch die Umstände seiner Entstehung und charakterisiert Marlene Dietrich nicht nur durch Aussagen über ihr Leben, sondern vor allem durch die Art, wie sie sich gebärdet. Und bei aller kratzbürstigen Abwehr und gespielten Gefühlskälte taute sie bisweilen auf und überraschte mit Äußerungen, die man noch nie von ihr gehört hatte, etwa dem Geständnis, dass Sex und Erotik für sie nie eine Rolle gespielt hätten. Schließlich brach sie sogar in Tränen aus. Nur weinend brachte sie das Freiligrath-Gedicht über die Lippen, das sie einst von ihrer Mutter gelernt hatte: »O lieb, solang du lieben kannst ...«

Das Gedicht hing gerahmt in ihrer Küche – genau so, wie sie es aus ihrer Kindheit kannte. »Ich muss heulen«, sagte sie. »Ist vielleicht ein kitschiges Gedicht, aber meine Mutter liebte das sehr.«

Einsilbig dagegen blieb sie, als Maximilian Schell fragte, ob sie Geschwister habe. Die Antwort: »Nein.«

»Sind Sie allein aufgewachsen?«

»Ja.«

Ursprünglich konnte sie von ihren Zimmern auf den Boulevard mit den schönen Bäumen sehen. Wegen der hohen Miete und drohender Räumungsklage musste sie in ein kleineres Appartement auf derselben Etage wechseln – mit Blick auf eine Nebenstraße. Aber sie gab sich gelassen: »Hauptsache, ick hab meine Jeranien noch. Und wenn ick ehrlich bin, isset mir völlig wurscht. Ick gucke doch nie ausm Fenster.«

Von ihren Millioneneinnahmen war ihr kaum etwas geblieben.

Sie stellte ungedeckte Schecks aus, bekam Besuch vom Gerichtsvollzieher und verhökerte Bühnenkostüme, um ihre Schulden zu bezahlen. Sparen war für sie jedenfalls keine Alternative. Sie gab das nicht vorhandene Geld weiter mit vollen Händen aus, musste immer wieder hohe Steuerbeträge nachzahlen und unterstützte auch weiter – bisweilen dubiose – Bittsteller.

Trotzdem reduzierte sich ihre Welt in ihren letzten Lebensjahren auf zwei Quadratmeter Bett mit zwei Telefonen, einer Heizplatte in Kopfhöhe, einem Fernsehapparat und einem kleinen Kühlschrank. Daneben ihr »Büro« mit Briefpapier, Kuverts, Briefmarken, Klebe- und Paketband, Briefwaage, Notizblöcken, Lesebrillen, Lupe, Autogrammbildern. Was sie sonst noch benötigte, angelte sie sich mit eigens konstruierten Zangenarmen. In erreichbarer Nähe waren vor allem ihre Medikamente – große Mengen von Aufputschmitteln, Valium, Kortison, Antibiotika, Morphiumpräparaten – und ihr Alkoholvorrat, zum Teil abgefüllt in Mineralwasserflaschen.

Das Dienstmädchen Angel putzte, kochte und kaufte für sie ein, und zwei-, dreimal die Woche kam ihre Sekretärin Norma Bosquet. Körperlich ein Wrack, aber geistig, zumindest in nüchternen Phasen, hellwach, hielt sie etliche Zeitungen wie *Le Figaro*, *Le Monde*, *Die Welt*, *Stern*, *Bild* oder *The Herald Tribune* und verfolgte aufmerksam, was in der Welt vorging. Zum Beispiel den Prozess gegen Klaus Barbie, den »Schlächter von Lyon«. Der Prozess begann im Mai 1987 in Paris. Aus diesem Anlass schrieb sie bewundernde Briefe an die Nazijägerin Beate Klarsfeld, die den entscheidenden Hinweis zur Festnahme Barbies gegeben hatte.

Im Alter von sechsundachtzig Jahren ließ sie sich von Udo Lindenberg dazu überreden, noch einmal an einer Plattenaufnahme mitzuwirken. Zu Lindenbergs Lied über seine Mutter, »Hermine«, sprach sie Zeilen aus »Wenn ich mir was wünschen dürfte«: »Menschenskind, warum glaubst du bloß, / gerade dein Leid, deine Schmerzen wären riesengroß.« Sie sprach die Verse in ihrer Wohnung auf ein Tonband.

Kontakt zur Außenwelt hielt sie vor allem durch stundenlange Telefonate. Tag und Nacht. Gern plauderte sie mit Prominenten. Zum Beispiel mit Ronald Reagan, den sie noch aus gemeinsamen Hollywood-Zeiten kannte. Als der US-Präsident bei einem Staatsbesuch in Paris weilte, rief sie ihn im Hotel an. Reagan bot ihr an, bei ihr vorbeizuschauen. Aber sie lehnte ab – angeblich mit den Worten: »Ronald, it is too late.«

Manchmal rief sie auch Tennis-Stars an, deren Match sie im Fernsehen verfolgt hatte – Björn Borg oder John McEnroe. Sie schwärmte für die Tennisspieler wie ein Backfisch.

Nach eigener Darstellung ließ sie sich einmal auch mit dem Buckingham-Palast in London verbinden. Angeblich wollte sie Prinzessin Margaret überreden, dem schwerkranken Schauspieler David Niven einen Orden zu verleihen. Plötzlich habe sie die Queen an der Strippe gehabt. Eine Viertelstunde habe die Königin freundschaftlich mit ihr geplaudert. »Das war sehr lustig.«

Doch lustig war es nicht so oft für sie. An vielen Tagen beschlich sie eine große Einsamkeit. Dann griff sie zum Telefon, um sich nicht so allein zu fühlen. Oft rief sie ihre Tochter in New York an, der sie – wohl zu Unrecht – vorhielt, sie würde sie nie besuchen. Nicht selten lallte sie bei ihren Telefonaten. Obwohl Maria heimlich dafür sorgte, dass der Whisky ihrer Mutter verdünnt wurde, und alles tat, was in ihrer Macht stand, um sie vom Alkohol fernzuhalten, war Marlene doch oft schon am Morgen betrunken. Sie bezahlte Freunde und Bekannte dafür, sie heimlich mit Schnaps und Pillen zu versorgen. Eine Pariser Apothekerin verehrte sie derart, dass die ihr auf Wunsch auch verschreibungspflichtige Medikamente ohne Rezept zukommen ließ – ein Ersatz für Liesels Pillenpakete.

Der körperliche Verfall beschleunigte sich. Die Beine, die sie einst berühmt gemacht hatten, versagten bald ganz ihren Dienst. Ein grauer Star raubte ihr die Sehkraft auf dem linken Auge, sodass ihr das Lesen schwerfiel. Ihre geliebten Rilke-Gedichte konnte sie zum Glück auswendig. Rilkes »Herbsttag« war ihr so wichtig, dass sie die letzte Strophe aus dem Gedächtnis aufschrieb und mit der Überschrift »Einsamkeit« versah:

> Wer jetzt kein Haus hat,
> Baut sich keines mehr.
> Wer jetzt allein ist,
> Wird es lange bleiben.
> Wird schlafen, wachen, lange Briefe schreiben
> Und einsam gehen hin und her
> In den Alleen, wo die Blätter treiben

Ende 1991 erlitt sie einen Schlaganfall, der weitere Beeinträchtigungen nach sich zog. Ein halbes Jahr später, am 6. Mai 1992, starb sie. In den Tagen vor ihrem Tod hatte sie über eine Erkältung geklagt, aus der, so wird vermutet, eine Lungenentzündung geworden war.

Die Trauerfeier in der Pariser Kathedrale La Madeleine fand im engsten Familien- und Freundeskreis statt. Hollywood nahm daran nicht teil. In Erinnerung an ihre Verdienste während des Krieges und ihre Zugehörigkeit zur französischen Ehrenlegion schmückte die Trikolore den Sarg.

Der wurde dann auf Wunsch der Verstorbenen nach Berlin überführt, und Marlene Dietrich stand ein letztes Mal im Blickpunkt ihrer Heimatstadt, deren Bewohner überrascht und gerührt zugleich auf die Heimkehr der verlorenen Tochter reagierten.

Sie kehrte zurück an den Ort ihrer Kindheit. Als der offene Leichenwagen am 16. Mai bei strahlendem Sonnenschein von Charlottenburg nach Friedenau im Bezirk Schöneberg fuhr, säumten Zehntausende die Straßen. Die Menschen warfen Blumen auf den Sarg, der in die Fahne Berlins eingeschlagen war.

Marlene fand ihre letzte Ruhestätte auf demselben Friedhof wie ihre Mutter. In ihren Grabstein wurde eine Zeile aus einem Gedicht von Theodor Körner eingraviert: »Hier steh ich an den Marken meiner Tage«.

Ein anderes Gedicht rezitierte Maximilian Schell auf Wunsch der Familie am offenen Grab: »O lieb, solang du lieben kannst ...«

In den folgenden Tagen zogen Fans mit leeren Koffern zum Friedhof – eine Anspielung auf ein Chanson Marlene Dietrichs, das an der Spree unvergessen ist: »Ich hab noch einen Koffer in Berlin«.

Marlene hatte sich ihren Abgang eher unsentimental ausgemalt. Auf die selbstgestellte Frage, wie sie sich das Ende ihres Lebens vorstelle, antwortete sie in *Nehmt nur mein Leben*: »Ich hoffe, da werden keine großen Reden gehalten. Kein Theater: Einfach weg mit dem Körper.«

NACHWORT

Ihr Nachlass füllte eine Lagerhalle: 4000 Kleidungsstücke, 70 Handtaschen, 150 Paar Handschuhe, 400 Hüte, 430 Paar Schuhe – alles vom Feinsten, meist exklusiv von Modeschöpfern entworfen. Dazu 16 500 Fotos, 2500 Tondokumente, 1800 Bücher, 150 Gepäckstücke wie Überseekoffer, Handkoffer, Hutschachteln und Kosmetikkoffer sowie 300 000 Blatt Papier – neben Drehbüchern, Tagebüchern, Terminkalendern und Geschäftsunterlagen vor allem Briefe. Marlene Dietrich hat der Nachwelt aus ihrem schillernden Leben reichlich Material hinterlassen, von ihren Filmen, Platten, den Aufzeichnungen ihrer Fernseh- und Radioauftritte einmal ganz abgesehen. Das öffentliche Leben der Diva spiegelt sich zudem in Dutzenden von Biographien, Filmporträts und Presseberichten. Die Marlene Dietrich Collection der Deutschen Kinemathek in Berlin, die den Nachlass im Herbst 1993 für fünf Millionen Dollar bei Sotheby's ersteigerte, gewährt Interessierten heute Einblick in die Vielfalt all dieser Lebenszeugnisse.

Elisabeth Will führte dagegen ein Schattendasein, das Leben einer grauen Maus weit abseits des Scheinwerferlichts. Nur Aufzeichnungen aus ihrer Kindheit und Briefe an Marlene sind überliefert. Kein Wunder, denn Marlene hat nach dem Zweiten Weltkrieg alles in ihrer Macht Stehende getan, um Liesel aus dem öffentlichen Bewusstsein zu tilgen – und Liesel hat sich bereitwillig auslöschen lassen.

Dies hat für ein Buch über die ungleichen Schwestern natürlich beträchtliche Konsequenzen. Die Lebenszeugnisse Elisabeth Wills sind äußerst spärlich, die Erinnerungen von Lebensgefährten und Zeitzeugen lückenhaft und teilweise widersprüchlich. Damit besteht die Gefahr, dass Liesel auch in der Rückschau im Schatten der reichlich dokumentierten Vita ihrer Schwester untergeht.

Aber auch im Falle Marlene Dietrichs lassen es all die überlieferten Dokumente und Erinnerungen noch nicht ohne weiteres zu, ein Leben in klaren Konturen zu rekonstruieren. Denn die Diva hat nicht nur ihre Schwester verleugnet, sie hat auch ihr eigenes Leben bis zur Unkenntlichkeit umgedichtet und sich selbst zur Legende stilisiert. Zum Mythos Marlene.

»Sie müssen sich Marlene Dietrich wie eine Packung Kellogg's vorstellen«, hat ihre Tochter Maria einmal in einem Fernsehinterview gesagt. »Sie war ein Produkt, sie hat sich zu einem Markenartikel machen lassen, aber das war nicht sie.« Ihre Mutter sei gefangen gewesen in der Rolle, die sie nach ihrer Entdeckung durch Josef von Sternberg gespielt habe, sagte Maria Riva in einem anderen Zusammenhang. »Ihr Leben war eine Tragödie – zum Symbol für etwas zu werden und sich selbst dafür auszugeben.«

Keine Frage: Marlene Dietrich hat sich zeitlebens selbst inszeniert. Mit ihrer eigenen Lebensführung und Legendenbildung tat sie das Ihre, um als Kultfigur androgyner Erotik in Erscheinung zu treten und als moralisch integre, im Widerstand gegen Hitler bewährte Glamourkönigin durch die Welt zu touren. Viel Blendwerk verbindet sich mit dieser öffentlichen Rolle. Da Liesel zu dieser Selbstdarstellung nicht passte, musste sie im Schattenreich verschwinden.

Niemand kann den Anspruch erheben, im Vollbesitz der Wahrheit über diese so gegensätzlichen Schwestern zu sein, auch diese Doppelbiographie nicht. Gleichwohl habe ich mich so weit wie möglich an Fakten, überlieferte Dokumente und Schilderungen aus dem Umfeld der Porträtierten gehalten. Dies gilt auch für die rekonstruierten Szenen, die dem Leser einen lebendigen Einblick in den Alltag der beiden Frauen vermitteln sollen. Natürlich ist nicht alles, was hier gesprochen, gedacht oder empfunden wird, verbürgt. Nach so vielen Jahrzehnten lässt sich nicht mehr sicher sagen, wie es in bestimmten Situationen gerochen oder geklungen hat. Trotz ihrer fiktiven Elemente aber basieren auch derartige Szenen immer auf Fakten oder in Briefen dokumentierten Aussagen.

Eine grobe Orientierung über die wesentlichen Lebensdaten gibt die nachfolgende Zeittafel.

BIOGRAPHISCHE DATEN

5. Februar 1900
Geburt von Ottilie Josephine Elisabeth in Schöneberg bei Berlin als erstes Kind der Eheleute Louis Erich Otto Dietrich und Josephine Wilhelmine Elisabeth Dietrich, geborene Felsing.

27. Dezember 1901
Geburt von Marie Magdalene Dietrich.

5. August 1908
Tod des leiblichen Vaters Louis Dietrich.

1906 – 1919
Elisabeth und Marlene besuchen Schulen in Berlin und Dessau.

16. Juni 1916
Eduard von Losch, der dritte Mann der Mutter von Marlene und Elisabeth, fällt im Ersten Weltkrieg.

1919
Elisabeth beendet Lehramtsstudium und nimmt Tätigkeit als Lehrerin auf.

1920/21
Marlene besucht Internat in Weimar und bereitet sich auf Violinstudium vor.

1922
Marlene erhält Schauspielunterricht und übernimmt kleine Rollen an Berliner Bühnen sowie in Stummfilmen.

17. Mai 1923
Marlene heiratet den sudetendeutschen Regieassistenten Rudolf Emilian Sieber (geboren 1897).

13. Dezember 1924
Maria Elisabeth Sieber wird geboren.

1926
Elisabeth heiratet den Dramaturgen und Theatermanager Georg Hugo Will.

10. Juni 1928
Hans-Georg Will wird geboren.

Oktober 1929
Probeaufnahmen für den Film *Der blaue Engel*. Marlene Dietrich erhält den Vertrag für die Rolle der Barsängerin Lola.

1. April 1930
Uraufführung von *Der blaue Engel* im Gloria-Palast in Berlin. Am Abend desselben Tages reist Marlene – ohne Mann und Tochter – auf der MS »Bremen« nach Amerika.

14. November 1930
Marlenes erster Hollywood-Film *Marokko* wird uraufgeführt (Regie: Josef von Sternberg).

6. Dezember 1931
Marlene kommt zu Besuch nach Berlin.

17. April 1931
Marlene kehrt gemeinsam mit ihrer Tochter Maria und der Garderobiere Resi nach Amerika zurück.

August 1933
Familientreffen in der Schweiz mit Marlene, Rudolf, Maria, Elisabeth und Josephine von Losch.

1933/34
Die Nationalsozialisten entziehen Georg Will die Lizenz für das Kabarett »Tingel-Tangel« und das Theater »Tribüne«.
Will tritt der NSDAP bei.

1935
Marlene Dietrich trennt sich nach sieben gemeinsamen Filmen von ihrem Regisseur Josef von Sternberg – und wird daraufhin von den Nationalsozialisten umworben.

1937
Marlene Dietrich beantragt die amerikanische Staatsbürgerschaft. Im Sommer trifft sie sich mit ihrer Mutter und Schwester in St. Gilgen am Wolfgangsee (Österreich).

1937
Georg H. Will wird die Leitung der Truppenkinos in Bergen-Belsen, Fallingbostel-Oerbke und Wildflecken übertragen.

August 1938
Letztes Familientreffen: Marlene Dietrich, Rudolf Sieber, Maria, Elisabeth Will, Hans-Georg und Josephine von Losch kommen in der Schweiz in der Nähe von Lausanne zusammen.

1939
Elisabeth Will zieht mit Hans-Georg zu ihrem Mann nach Bergen-Belsen.

14. Juni 1939
Marlene Dietrich erhält die amerikanische Staatsbürgerschaft.

1942–1944
Marlene Dietrich wirbt in den USA aktiv für Kriegsanleihen.

April 1944 – Juli 1945
Marlene Dietrich reist im Dienst der Truppenbetreuung nach Algerien und tritt in Nordafrika und Italien, in Frankreich und Deutschland vor amerikanischen Soldaten auf.

April 1945
Elisabeth und Georg Will müssen ihre komfortable Wohnung in Bergen-Belsen verlassen, zudem entzieht die britische Militärregierung Georg Will die Leitung der Truppenkinos.

7. Mai 1945
Marlene besucht ihre Schwester Elisabeth in Bergen-Belsen.

20. Mai 1945
Elisabeths Sohn Hans-Georg kehrt aus der Kriegsgefangenschaft zurück.

Juni 1945
Georg Will darf das Truppenkino auf dem Kasernengelände (bis 1950) weiterbetreiben.

September 1945
Marlene besucht ihre Mutter im zerstörten Berlin und reist ein zweites Mal heimlich nach Bergen-Belsen.

3. November 1945
Josephine von Losch stirbt.

1. April 1950
Georg und Elisabeth Will müssen das Kino in der Kaserne aufgeben, da der Pachtvertrag nicht verlängert wird.

1951
Georg Will verlässt seine Frau Elisabeth und übernimmt in Hannover die (von ihm zuvor sanierten) Metropol-Lichtspiele.

1960
Marlene Dietrich tourt durch Deutschland. Im Mai 1960 ist sie bei einem Gastspiel erstmals wieder in Berlin. Die Deutschlandtournee wird von Protesten überschattet.

2. Juli 1961
Marlenes Freund Ernest Hemingway erschießt sich.

22. November 1963

Marlenes Freund John F. Kennedy wird bei einem Attentat ermordet.

1965

Marlene erkrankt an Gebärmutterkrebs und muss in Genf behandelt werden.

14. Dezember 1965

Georg Hugo Will stirbt im Alter von 67 Jahren in Hannover.

8. Mai 1973

Elisabeth Will stirbt bei einem Wohnungsbrand in Bergen

18. November 1973

Marlene Dietrich stürzt bei einem Konzert in Washington in den Orchestergraben und verletzt sich. Sie tritt zunächst noch weiter auf, muss sich dann aber einer Operation unterziehen.

1975

Marlenes letzte Tournee mit Stationen in Belgien, den Niederlanden, Großbritannien, Kanada, USA und Australien.

29. September 1975

Bei einem Sturz in Sydney (Australien) zieht sich Marlene Dietrich einen Oberschenkelhalsbruch zu. Sie lässt sich in New York behandeln und besucht anschließend ihren erkrankten Mann in Kalifornien.

1976

Marlene Dietrich zieht sich in ihre Wohnung in Paris zurück.

24. Juni 1976

Marlenes Ehemann Rudolf Sieber stirbt in Kalifornien.

15. November 1976

Marlenes langjähriger Geliebter Jean Gabin stirbt in Neuilly-sur-Seine.

1978

Marlene Dietrich wirkt zum letzten Mal in einem Film mit: *Just a Gigolo* (Regie: David Hemmings).

1982/83

Maximilian Schell dreht den Dokumentarfilm *Marlene*, der auf einem Tonbandinterview mit Marlene Dietrich basiert.

6. Mai 1992

Marlene Dietrich stirbt in Paris. Nach einer Trauerfeier in Paris wird sie nach Berlin überführt und am 16. Mai auf dem Friedhof in Friedenau neben ihrer Mutter beigesetzt.

30. Januar 2013

Elisabeths Sohn Hans-Georg Will stirbt.

BILDNACHWEIS

© Archiv der Stadt Bergen: S. 149, 169, 173.
© Gedenkstätte Bergen-Belsen: S. 129, 283, 298.
© Heinrich Thies (Reproduktion): S. 139.
© für alle übrigen Fotos: Deutsche Kinemathek –
Marlene Dietrich Collection Berlin.

QUELLEN

Kapitel I

Die Schilderungen speisen sich zum großen Teil aus Briefen des britischen Oberleutnants Arnold R. Horwell, die dieser im Mai 1945 von Bergen-Belsen an seine Frau Susanne (»Suse«) in London schickte. Die Briefe sind als »Private Papers« im Imperial War Museum in London archiviert. Weitere Details entstammen einem Interview, das die Journalistin Jo Glanville 1999 für BBC Radio 4 mit Horwell führte. Im Juni 2000 interviewte auch der *Daily Telegraph* Horwell. In dem Artikel »Film star felt ashamed of Belsen link« (24. Juni 2000) heißt es:

> Mr Horwell said: »I was sitting at my desk and there appeared a very glamorous officer in an American uniform with a stream of blonde hair coming down from one side of her helmet. It was extraordinary to see a beautiful woman dressed like that. She introduced herself as Capt Marlene Dietrich of General Omar Bradley's staff. I remember it word for word. It has stuck with me all these years. She asked about her sister. I then drove her off in a Jeep to see her. The sister had worked peeling potatoes in a canteen. I introduced her and they embraced. They were very pleased to see each other. All the details are recorded because I sent letters to my wife about everything that happened and these are now in the Imperial War Museum in London.«

Auch der Amerikaner Steven Bach führte ein Interview mit Arnold Horwell, das in sein Buch *Marlene Dietrich. Die Legende. Das Leben*, Düsseldorf 1993, eingeflossen ist.

Weitere Details zur Situation in Bergen-Belsen nach der Befreiung entstammen Dokumenten des Imperial War Museum und der Gedenkstätte Bergen-Belsen.

Kapitel 2

Marlene Dietrichs Tagebuch, »Rotchen« genannt, wird in der Marlene Dietrich Collection (MDC) der Deutschen Kinemathek in Berlin verwahrt. Das Tagebuch liefert wertvolle Informationen über die Kindheit und Jugend der späteren Schauspielerin. Informationen über die frühen Jahre Elisabeths entstammen unter anderem einer Kladde, die Elisabeth ihrer Schwester als Material für deren Autobiographien lieferte – Selbstdarstellungen, die sich teilweise weit von der Wirklichkeit entfernen. Obwohl Marlene Dietrich zum Beispiel im Vorwort von *Nehmt nur mein Leben* über unseriöse Biographen klagt, ist ihre eigene Autobiographie in fast allen wesentlichen Fragen nachweislich fehlerhaft oder gar grob verfälscht. So verleugnet sie sowohl ihre Schwester als auch ihren leiblichen Vater und beteuert, nie Tagebuch geführt zu haben. Näher an der Realität bewegt sich ein Gespräch, das Werner Sudendorf und Silke Ronneburg von der Deutschen Kinemathek am 8. Juni 2006 mit Hans-Georg Will, dem Sohn Elisabeths, auf Sylt führten. »Meine Großmutter hat ihre Tochter Marlene abgöttisch geliebt, meine Mutter wurde in den Hintergrund gedrängt«, sagt Hans-Georg Will. Ein Mitschnitt wird in der Marlene Dietrich Collection verwahrt.

Zudem stützt sich dieses Kapitel auf die Biographie Maria Rivas (MR), *Meine Mutter Marlene*, München 1992, S. 7–49. Die Autorin hat darin zahlreiche Gespräche verarbeitet, die sie mit ihrer Mutter geführt hat.

Weitere Quellen: Steven Bach (SB), *Marlene Dietrich*, a. a. O., S. 27–71; Jean-Jacques Naudet / Peter Riva (Hg.), *Marlene Dietrich*, kommentiert von Maria Riva, Berlin und München 2001, sowie Hasso Felsing, *Der ewige Ausländer*, Lathen 2000. Felsings Schilderungen als Cousin und Weggefährte der beiden Dietrich-Schwestern sind besonders glaubwürdig, da sie eigenen Erfahrungen entstammen – so zum Beispiel die Charakterisierung Liesels als »Tochter eines Drachens«.

Dass Josephine von Losch in zweiter Ehe mit Ulrich Gustav Heinrich Bünger verheiratet war, ist erst 2014 durch das Internetportal forum.ahnenforschung.net bekannt geworden.

Kapitel 3

Über Elisabeth Wills Tätigkeit als Lehrerin finden sich verstreute Äußerungen in der Biographie ihrer Nichte Maria Riva sowie (rückblickend) in ihren Briefen an Marlene. Auch Marlene erwähnt in ihrem Tagebuch immer wieder kurz, dass ihre Schwester als Lehrerin arbeitet. Die Szenen in der Schule basieren hierauf, sind aber in ihrer Ausgestaltung fiktiv.

Kapitel 4

Das Kapitel stützt sich auf Marlene Dietrichs Tagebuch und weitere Dokumente der MDC (Theaterdaten, Filmographie). Die Autobiographien Marlene Dietrichs weichen oft stark von überlieferten Fakten ab und konnten nur sehr bedingt berücksichtigt werden. Einen großen Informationswert besitzt dagegen die Biographie Maria Rivas mit ihren auch ganz persönlichen Bewertungen und Detailschilderungen.

Kapitel 5

Georg Will schreibt in einem Beitrag für den *Film-Kurier*, Jahrgang 1960, wie er Marlene Dietrich entdeckt und deren Schwester Elisabeth kennengelernt und geheiratet hat (Deutsches Institut für Filmkunde, Frankfurt am Main). Weitere Einzelheiten entstammen der Biographie Maria Rivas und dem Tagebuch Marlene Dietrichs. Der Ehevertrag zwischen Marlene Dietrich und Rudolf Sieber ist in der MDC archiviert.

Details zur Lebensgeschichte von Georg Hugo Will finden sich in seiner Entnazifizierungsakte, die im Bundesarchiv archiviert ist. Neben entlastenden Darstellungen von Freunden und Bekannten gehört zu dem Konvolut auch ein Brief, den Will am 24. August 1936 an den »Parteigenossen Hinkel« im Ministerium für Aufklärung und Propaganda schrieb. Hierin rühmt sich Will unter anderem, das Freikorps Oberland mitgegründet und »noch lange Zeit der Verbindungsmann von Oberland für Berlin« gewesen zu sein. Gegenüber der britischen Militärregierung gab er am 8. Juli 1947 an, er sei von 1926 bis 1933 Mitglied der SPD gewesen.

Kapitel 6

Die Darstellung der Probeaufnahmen mit Marlene Dietrich für *Der blaue Engel* stützen sich auf den erhaltenen Filmstreifen der Probeaufnahmen, der erst 1992 entdeckt wurde und heute in der Deutschen Kinemathek verwahrt wird (Ufa-Film, Nr. 701, 195/3). Eine Kopie dieser Probeaufnahmen ist auch über YouTube abrufbar.

Weitere Details zu den Probeaufnahmen und der Entwicklung Marlene Dietrichs entstammen der Biographie ihrer Tochter Maria Riva (*Meine Mutter Marlene*, MR), S. 58–86, sowie der Biographie Steven Bachs, S. 115–178, und der Autobiographie Josef von Sternbergs (*Das Blau des Engels*, München 1991). Die Telegramme von und an Marlene Dietrich sind zitiert nach MR; darin finden sich auch Auszüge aus der Filmkritik Kracauers, wie sie Rudolf Sieber zitierte (S. 88). Die Filmkritik der *Berliner Zeitung* ist nach Steven Bachs Marlene-Dietrich-Biographie (SB), S. 176, zitiert.

Kapitel 7

Hinweise zur Stimmung Elisabeth Wills in dieser Zeit ergeben sich aus ihren Briefen an ihre Schwester Marlene. Maria Riva berichtet in MR, dass »Tante Liesel« ihr Schreiben und Lesen beibrachte. Auch weitere Details über die Karriere ihrer Mutter stützen sich auf ihr Buch. Marlenes Auftritt im »Tingel-Tangel« wird dagegen von Friedrich Hollaender in dessen Autobiographie *Von Kopf bis Fuß* beschrieben – ebenso die Zusammenstöße zwischen Hollaender und Georg Will im »Tingel-Tangel«: »Es gab einen Krach, dass die Mosaikmauern von selbst hätten einstürzen können. Sie taten's aber nicht. Trotzig blickte Hagen von der Wand herunter. In lieblicher Brustwehr grinste Kriemhild ihr aus fünfzig Steinchen zusammengesetztes Lächeln. Jetzt half Herrn W. kein Heulen und Zähneklappern mehr. Die Mauern mussten herunter.« Hollaender stellt auch die politischen Anspielungen seiner Revue dar. Lügenbaron von Münchhausen zum Beispiel trägt eine Hitler-Maske und lügt »das Blaue vom Himmel herunter«, wie Hollaender schreibt. »Am Schluss der Szene kann er sich beim eignen Schopf nicht mehr aus dem Sumpf ziehen. Der Beifall prasselte. Die Prassler wurden allerdings drei Jahre später raschestens beseitigt.«

Ein Foto der MDC dokumentiert, wie Marlene Dietrich in Hollywood über einen eigenen Rolls-Royce mit Chauffeur verfügte, vgl. dazu die passende Bildunterschrift in MR.

Umstritten ist, ob sich Marlene Dietrich und Greta Garbo tatsächlich begegnet sind. MR berichtet, die beiden seien in Beverly Hills Nachbarinnen gewesen. Ebenso umstritten ist, wie eng und intim die Beziehung zwischen Greta Garbo und Mercedes de Acosta war. In ihrer Autobiographie *Hier liegt das Herz. Erinnerungen meines Lebens*, Göttingen 1996, spricht die Millionenerbin von einer »intensiven Affäre«, die über Freundschaft weit hinausgegangen sei.

Die Briefe zwischen Marlene Dietrich und Mercedes de Acosta sind zum Teil in der MDC archiviert, zum Teil von Maria Riva zitiert, so auch im Falle von Marlenes Brief an ihren Mann über Mercedes de Acosta (S. 164).

Kapitel 8

Das Kapitel stützt sich inhaltlich auf zahlreiche Briefe sowie auf MR. Wie Fotos, die in der MDC verwahrt sind, dokumentieren, hat sich Marlene Dietrich aber 1933 nicht – wie von Maria Riva geschildert – in einem Dorf in Österreich mit der Familie getroffen, sondern in dem Schweizer Bergdorf Fetan (heute Ftan).

Am 20. September 1933 berichtete die *New York Times* unter der Überschrift »Marlene Dietrich shuns Reich film« über Marlene Dietrichs Entscheidung, in Deutschland keine Filme mehr zu drehen – und ihre Weigerung, über Hitler zu sprechen.

Informationen über die vorangegangenen Reisen in Europa basieren vor allem auf den Erinnerungen MRs, die in ihrer Biographie auch über die Liebhaber und Liebhaberinnen ihrer Mutter berichtet hat.

In ihrer Autobiographie *Nehmt nur mein Leben* nennt Marlene Dietrich Gary Cooper »einsilbig« (S. 122). Noch drastischer äußerte sie sich in Interviews über den Filmpartner (vgl. SB, MR).

Die Paris-Erinnerungen Max Colpets sind dessen Memoiren *Sag mir, wo die Jahre sind*, Köln 1995, entnommen.

Weitere Informationen zu der dargestellten Erpressung Marlene Dietrichs und angedrohten Ermordung Marias finden sich bei SB, S. 218f.

Kapitel 9

In einem (nicht näher datierbaren) Brief aus dem Jahr 1932 bedankt sich Elisabeth Will bei Marlene für das Buch *Radetzkymarsch* von Joseph Roth und teilt mit, dass sie auch von Roths Roman *Hiob* begeistert ist.

Die Situation Georg Wills in den ersten Jahren der NS-Herrschaft ist in Wills »Entnazifizierungsakte« dokumentiert. Sie besteht zumeist aus entlastenden Schreiben jüdischer Weggefährten, enthält aber auch die Mitteilung der Reichstheaterkammer vom 16. Juli 1935 und Wills Brief an seinen Parteigenossen im Propagandaministerium vom 24. August 1936. Elisabeths Brief, in dem sie Marlene um Geld bittet (14. September 1936), ist ebenso wie der bereits erwähnte Brief Liesels Teil des Nachlasses der MDC. Dass Liesel wieder als Lehrerin tätig wird, ergibt sich aus einem Visumsantrag für die Schweiz vom 6. August 1936.

Marlenes öffentliche Stellungnahme nach ihrer Trennung von Sternberg ist zitiert nach SB, S. 270. Zahlreiche Details zur Zusammenarbeit von Hollywood und Hitlerdeutschland schildert Ben Urwald in *Der Pakt. Hollywoods Geschäfte mit Hitler*.

Kapitel 10

Über den »Herrenbesuch« bei Marlene Dietrich in London im Dezember 1936 gibt es unterschiedliche Darstellungen. Marlene Dietrich selbst behauptete später, Hitlers Stellvertreter Rudolf Hess habe sie aufgesucht. Einer anderen Version zufolge wurde Alexander von der Heyde bei ihr vorstellig, der Vertreter der Syndikat-Film AG, der nachweislich schon im August 1936 versucht hatte, sie zur Rückkehr nach Deutschland zu bewegen. In seinem Brief vom 14. August 1936 (Quelle: MDC) betonte Heyde ausdrücklich, er handle nicht im Auftrag der deutschen Regierung, versicherte aber: »Wenn ich nun auch nicht im Auftrag des Führers kam, so hat unser Direktor Fasolt natürlich vor meiner Reise zu Ihnen mit der höchstzuständigen Regierungsstelle in Berlin Rücksprache genommen und sich die Gewissheit verschafft, dass man es sehr begrüßen würde, wenn Sie nach Deutschland kämen und hier arbeiten würden.« Die größte Glaubwürdigkeit besitzt indessen die Schilderung Maria Rivas, die zum Zeitpunkt des Treffens im Dezember 1936 bei ihrer Mutter im Hotel war. Über den Besuch in der Pariser Botschaft im Oktober 1937 berichtet Marlene Dietrich in ihrer Autobiographie *Nehmt nur mein Leben* (1979). Die Darstellung korrespondiert mit Goebbels' Tagebucheintragungen. Die von Goebbels lancierte Pressemeldung ist zitiert nach Markus Spieker, *Hollywood unterm Hakenkreuz*, Trier 1999, S. 233 f.

Georg Will berichtete 1960 in einem Interview mit dem Journalisten Hanns J. Wiechers, wie Goebbels ihn für seine Bemühungen um Marlene Dietrich einspannte (vgl. Wiechers, Goebbels und Marlenes französische Filmprojekte sowie Ufa-Protokoll Nr. 1348).

Auch Alfred Polgar hat Marlene Dietrich im Sommer 1937 in St. Gilgen besucht, um mit ihr an einer Biographie zu arbeiten, die allerdings erst viele Jahrzehnte später erschienen ist. Darin erzählt der österreichische Schriftsteller, wie Marlene beim Kalben einer Kuh im Stall hilft. In einer Radiosendung zu dem Buch (»Glutvoll auflodernder Sex-Appeal«, Deutschlandfunk, 11. Februar 2015) zitiert Günter Kaindlstorfer Schilderungen Polgars, aus denen hervorgeht, wie sie in der Küche das strenge Regiment einer Hausfrau führt: »Sie hat tatsächlich fabelhaft gekocht, und sie hat alle Leute, die sie kannte, gern BEKOCHT. Sie hat auch gern diverse Wohnungen irgendwo aufgeräumt, einfach, weil sie einen Sauberkeitsfimmel hatte. Aber natürlich war sie in Bezug auf ihre engste Familie – ihre Tochter Maria, ihren Mann und dessen Geliebte – sehr anstrengend. Sie war vielleicht auch schrecklich.«

Kapitel 11

Elisabeth Wills Freude über die (vorübergehende) Rehabilitierung ihrer Schwester im NS-Staat spiegelt sich in mehreren Briefen wider, die sie in dieser Zeit an Marlene geschrieben hat (archiviert in MDC). Nichts dagegen schreibt sie über ihren Umzug von Berlin nach Bergen-Belsen. Hierüber berichtete später ihr Sohn Hans-Georg Will in einem Gespräch mit Werner Sudendorf und Silke Ronneburg (MDC): »Meine Mutter war immer von anderen abhängig. Vielleicht war sie darum sogar glücklich, aus den Fängen ihrer Mutter wegzukommen. Aber sie hat Husten gegen Schnupfen eingetauscht.« In dem Film *Her Own Song* sagt Hans-Georg Will, wie bereits zitiert, zum gleichen Thema: »Meine Mutter war eine rührende, hochgebildete, aber manchmal auch etwas hilflose Frau zwischen zwei großen, starken Fronten.« So kommentiert

Marlenes Tochter Maria Riva den Umzug nach Bergen-Belsen: »Meine nette, arme Tante war eine Frau, die ihrem Mann überallhin folgte. Und so kam sie nach Belsen.«

Kapitel 12

In der Chronologie und einzelnen Details folgt dieses Kapitel Steven Bach (SB). Marlene Dietrichs Aufenthalt in Cap d'Antibes in den Jahren 1938 und 1939 ist unter anderem in den Urlaubsfilmen dokumentiert, die Marlene Dietrich mit ihrer Amateurkamera aufnahm (MDC). Die detailliertesten Schilderungen finden sich in Maria Rivas Biographie über ihre Mutter. Da die Autorin selbst dabei war, ist ihnen der höchste Wahrheitsgehalt zuzubilligen. Das Gleiche gilt für die anschließende Zeit in Hollywood. In diesem Zusammenhang schildert Maria Riva auch, wie sie von der Geliebten ihrer Mutter vergewaltigt wurde (S. 572 f.).

Die Beziehung zwischen Marlene Dietrich und Erich-Maria Remarque spiegelt sich im umfangreichen Briefwechsel der beiden, der im Erich-Maria Remarque Archiv in Osnabrück verwahrt wird und auszugsweise in dem Buch *Sag mir, dass Du mich liebst. Zeugnisse einer Leidenschaft*, herausgegeben von Werner Fuld und Thomas F. Schneider, Köln 2001, nachzulesen ist (dort unter anderem S. 43). In den Augen Maria Rivas (MR, S. 529) glich Remarque »einem Schauspieler in einem heroischen Stück, der für immer in den Kulissen steht und auf sein Stichwort wartet. Währenddessen schrieb er Bücher, deren männliche Figuren all die Kräfte verkörperten, die in ihm schlummerten, sich im Leben aber nie zu einem vollendeten Charakter zusammenfügten.« Der zitierte Remarque-Brief ist nachzulesen bei Fuld/Schneider, S. 136 f., und, etwas abweichend wiedergegeben, in MR (S. 572).

Die Beziehung zwischen Marlene Dietrich und John Wayne beleuchtet unter anderem Steven Bach (SB, S. 353 f.). Das Zitat »Daddy, kauf mir das gute Stück« hat der Regisseur Tay Garnett in seinen Erinnerungen *Light Your Torches and Pull up Your Tights*, New Rochelle 1973, S. 244 f., überliefert. Hier wird es in der Version Werner Sudendorfs (*Marlene Dietrich*, München 2001, S. 130) übernommen.

Kapitel 13

Die Situation in Bergen-Belsen während des Zweiten Weltkrieges ist durch Zeitzeugenberichte, Fotos und Fundstücke umfassend dokumentiert. Die Dokumente sind von der Gedenkstätte Bergen-Belsen zusammengetragen, ausgewertet und ausgestellt worden. Dieses Kapitel stützt sich insbesondere auf den großen Katalog zur Dauerausstellung »Bergen-Belsen. Kriegsgefangenenlager, Konzentrationslager, Displaced Persons Camp«.

Da es von Elisabeth Will aus dieser Zeit keine überlieferten Briefe oder Tagebuchnotizen gibt, ist nicht sicher, wie sie auf die Situation reagierte. Klar ist hingegen, dass ihr das Elend im Kriegsgefangenenlager und später im Konzentrationslager nicht verborgen geblieben sein kann. Sie lebte in unmittelbarer Umgebung und hatte durch das von ihrem Mann betriebene Truppenkino und die angegliederte Gaststätte Kontakt zu den Wachleuten der Wehrmacht und SS-Offizieren, die in den Lagern tätig waren. Kino, Kantine und die ehemalige Wohnung der Wills sind bis heute erhalten. Zudem lässt eine Aufstellung von Einrichtungsgegenständen vom 20. Februar 1950 (Entschädigungsforderung für beschlagnahmte Güter) Rückschlüsse auf den Lebensstandard der Familie zu.

Die Schilderungen über Hans-Georg Will in der Hitlerjugend stützen sich auf den schon mehrfach erwähnten, in der Marlene Dietrich Collection, Berlin, archivierten Mitschnitt eines Interviews, das Silke Ronneburg und Werner Sudendorf am 8. Juni 2006 mit Will führten, sowie auf Gespräche des Autors mit dem früheren Bergener Ortschronisten Karl Heitmann, der Will noch von dessen HJ-Zeit her kannte.

Der Brief des Staatskommissars Hans Hinkel an Lale Andersen ist zitiert nach dem Buch *Lili Marleen. Ein Lied bewegt die Welt* von Liel Leibovitz und Matthew I. Miller (München 2009, 223 f.), auf dem auch die übrigen Ausführungen des Kapitels zu diesem Thema basieren (insbesondere S. 199–219).

Kapitel 14

Marlene Dietrichs Kampagne für amerikanische Kriegsanleihen spiegelt sich in zahlreichen Fotos, Filmen, Zeitungsberichten und Tagebuchaufzeichnungen wider. Nicht verbürgt ist dagegen die nächtliche Begegnung mit Franklin D. Roosevelt. Dass Marlene Dietrich sie in ihrer Autobiographie *Nehmt nur mein Leben* schildert, sagt nichts über ihren Wahrheitsgehalt. Es ist in jedem Fall eine schöne Anekdote.

Die Angaben über Marlenes FBI-Akte stützen sich unter anderem auf Werner Sudendorfs Marlene-Dietrich-Biographie, S. 134 f., und auf die Biographie Eva Gesine Baurs, S. 277 f. Auch (einbezogene) Details der Beziehung zwischen Marlene Dietrich und Jean Gabin werden von Sudendorf und Baur geschildert. So schreibt Sudendorf (S. 134) über Marlenes Sprachunterricht: »Gabin hielt sich in seiner Unerfahrenheit sklavisch an die Betonung, die Marlene ihm beibrachte ...« Ähnlich schildert Steven Bach (S. 376 ff.) die erste Phase der Beziehung.

Marlene Dietrichs Äußerung über das Fliegen stützt sich auf Maria Riva (S. 599): »Fliegen ist ja so herrlich.«

Kapitel 15

In einem am 20. April 1960 verfassten Bericht erinnerte sich die Bergenerin Käthe Lontzeck, wie sie im Jahr 1944 einen »Elendszug der KZ-Leute« beobachtete. Sie schildert, dass die Menschen »von der Rampe bis ins Internierungslager noch einige Kilometer weit zu gehen« hatten. Weiter schreibt sie: »Ich hörte von weitem schon immer ein Klatschen wie von Peitschen. Deutsche Soldaten begleiteten den Zug, der sich mühsam weiterschleppte ... Und dann sah ich am Ende des Zuges, wie ein junger etwa 19 jähriger mit einer Peitsche auf die einschlug, die nicht weiter konnten. Ich lief zu ihm: ›Sie können doch diese Entkräfteten nicht so unbarmherzig peitschen, haben Sie doch Mitleid!‹ ›Mitleid?!‹, rief er mich an. ›Sie wissen nicht, was das für Verbrecher sind.‹« Der Bericht Käthe Lontzecks ist Teil der 1981 veröffentlichten Dokumentensammlung *Berger Bürger schreiben die Nachkriegsgeschichte ihrer Stadt*, zusammengestellt und kommentiert von Hans-Heinrich Zander, Stadtarchiv Bergen, Signatur 331-01.

Die Tagebuchaufzeichnungen des KZ-Häftlings Manfred Rosenbaum sind nach dem Ausstellungskatalog der Gedenkstätte Bergen-Belsen zitiert.

Wie Elisabeth Will auf die ankommenden Häftlinge und die Berichte über die Zustände im Lager reagierte, lässt sich nicht mit Sicherheit sagen. Spätere Briefe deuten aber darauf hin, dass sie entsetzt war und der NS-Ideologie ablehnend gegenüberstand. Davon durfte sie sich jedoch in ihrem täglichen Umgang mit Wehrmachtssoldaten und SS-Leuten, die ins Kino kamen, nichts anmerken lassen. Es ist davon auszugehen, dass sie die Bilder des Grauens allmählich verdrängte und die Lagerbediensteten als Menschen akzeptierte, die einer schwierigen Arbeit nachgingen.

Der später von ihrem Mann Georg Will vorgebrachte Hinweis, er habe Mitte der dreißiger Jahre in Berlin dem jüdischen Schauspieler Karel Stepanek zur Flucht verholfen, wurde nach dem Krieg auch von Arnold Horwell bestätigt.

Dass Josephine von Losch in ihrer Berliner Wohnung Juden versteckte, erwähnt Marlene Dietrich in einem Brief, den sie ihrer Mutter nach Kriegsende schrieb (zitiert nach Naudet/Riva, Hg., *Marlene Dietrich*, S. 129): »Du musst sehr mutig gewesen sein – all diese Jahre. Liesel erzählte mir, Du hättest jüdische Freunde in Deiner Wohnung gehabt.«

Hans-Georg Will berichtete 2006 in dem erwähnten Interview, seine Eltern seien entsetzt über seinen Entschluss gewesen, zur Waffen-SS zu gehen. Ein Mitarbeiter Georg Wills indessen klagte in der Nachkriegszeit, Will habe ihm bei einem Streit mit einem Göring-Erlass gedroht und auf Seiten der Nazis gestanden. (Das Schreiben befindet sich im Bestand der Gedenkstätte Bergen-Belsen.)

Dass die Wills für SS-Offiziere im Kasino Champagner-Partys ausgerichtet haben, ergibt sich aus einem Interview mit dem britischen Soldaten Charles Salt, das im Imperial War Museum in London archiviert ist (BT 604): »From time to time they need to make parties, champagne-parties for the SS-officers.« Eine Kopie des Interviews befindet sich im Archiv der Gedenkstätte Bergen-Belsen, auf das sich dieses Kapitel auch in anderen Fragen stützt.

Kapitel 16

Marlene Dietrichs Truppenbetreuung bei den US-Streitkräften ist durch zahlreiche Berichte, Interviews, Fotos und Briefe dokumentiert. Rund fünfzehn Stunden stand Marlene allein dem amerikanischen Reporter Leo Lerman Rede und Antwort. Lermans Reportagen »Welcome, Marlene« (in *Vogue* vom 15. August 1944) und »GI Dietrich« (1945) sind in der Marlene Dietrich Collection archiviert.

Über die Zahl der Zuschauer bei dem Marlene-Dietrich-Konzert in Anzio bei Rom gehen die Angaben weit auseinander: Baur zum Beispiel spricht von viertausend, Bach von zwanzigtausend Zuschauern.

Die Stolberg-Episode ist dem Film *Her Own Song* entnommen, in dem sich ein früherer US-Soldat an Marlenes ersten Deutschlandbesuch gegen Ende des Krieges erinnert. Zudem stützt sich dieses Kapitel auf die Biographie Maria Rivas (MR) und die von ihr wiedergegebenen Erinnerungen ihrer Mutter sowie auf die Recherchen des Biographen Steven Bach, der auch die Hemingway-Anekdote mit dem Heiratsantrag für Mary Welsh erzählt (S. 402). Inhaltlich ähnlich stellt auch Marlene Dietrich selbst die Begebenheit in *Nehmt nur mein Leben* (MD), S. 207, dar.

Marlene Dietrichs Äußerungen über General Patton sind in voller Länge bei MR (S. 615) nachzulesen. Die Ausführungen zur Ardennenoffensive stützen sich auf MR (S. 618), SB (S. 427) und MD (S. 169).

Wie Marlene in den Ardennen angeblich von General Gavin gerettet wurde, schildert auch Max Colpet in seiner Autobiographie *Sag mir, wo die Jahre sind*, S. 196.

Kapitel 17

Marlene Dietrichs Enkelsohn Peter Riva teilte dem Australier Paul Evans mit, Elisabeth Will habe sich nach der Befreiung des Lagers Bergen-Belsen eine Häftlingsnummer auf den Unterarm tätowieren lassen, um sich als KZ-Häftling auszugeben. Einer seiner Brüder, so Riva, habe die Tätowierung einige Jahre nach Kriegsende entdeckt und Liesel dazu befragt. Nachbarn, die zum Teil täglichen Kontakt mit Elisabeth Will hatten, wollen dagegen von einer Tätowierung nie etwas bemerkt haben. Auch der Leiter der Dokumentation in der Gedenkstätte Bergen-Belsen,

Klaus Tätzler, äußert Zweifel an dieser Behauptung. Theoretisch möglich wäre es jedoch gewesen, dass ein befreiter Häftling die Tätowierung vorgenommen hat, der (oder die) zuvor als Funktionshäftling im Lager den Gefangenen Häftlingsnummern eintätowierte. Die konkreten Folgen, die sich für Elisabeth und Georg Will aus dem Einzug der Briten ergeben haben, leiten sich aus der Korrespondenz zwischen Elisabeth Will und Marlene Dietrich und aus den Briefen Arnold Horwells ab. Details zum Kriegsende in Bergen-Belsen und der Befreiung des Konzentrationslagers entstammen den Forschungsergebnissen der Gedenkstätte Bergen-Belsen und der Dokumentation *Berger Bürger schreiben die Nachkriegsgeschichte ihrer Stadt* (1981).

Die Erinnerungen von Giovannino Guareschi sind unter dem Titel *Heimliches Tagebuch*, Starnberg 1971, auf Deutsch erschienen.

Kapitel 18

Die Korrespondenz zwischen Marlene Dietrich und Arnold Horwell ist im Imperial War Museum archiviert (vgl. die Anmerkungen zu Kapitel 1). Im Gespräch mit Werner Sudendorf und Silke Ronneburg von der Deutschen Kinemathek erläuterte Hans-Georg Will das durch eine ganz besondere Vereinbarung geprägte Verhältnis der beiden Schwestern: Seinen Informationen zufolge erklärte sich seine Mutter, Elisabeth Will, damit einverstanden, künftig öffentlich nicht mehr als Schwester Marlene Dietrichs in Erscheinung zu treten und vor allem keinerlei Pressekontakte aufzunehmen oder zu dulden, und im Gegenzug sollte sie dafür von Marlene Dietrich finanziell unterstützt werden. Dazu Hans-Georg Will wörtlich in einem Tondokument der MDC: »Meine Tante hat ihr verboten: jegliche Fotos, jegliche Interviews – davon waren ihre Zuwendungen abhängig.« Die finanziellen Zuwendungen an Elisabeth Will wickelte Marlene Dietrich über ihren Münchner Anwalt Wolfgang Börner ab. Dabei handelte es sich um den Großteil der Tantiemen Marlene Dietrichs aus den deutschen Schallplattenverkäufen. Börner überwies diese Einnahmen, getarnt als Rückzahlungen, an Elisabeth Will. Näheres dazu bei Christine Fischer-Defoy, *Marlene Dietrich Adressbuch*, Berlin 2003, S. 141. Auch Max Colpet erhielt von Marlene Dietrich den Auftrag, ihrer Schwester Geldbeträge zu überweisen und überdies auch Sachgeschenke zuzuleiten (vgl. ebd., S. 70f.).

Zudem stützt sich dieses Kapitel auf Briefe von Elisabeth Will und Marlene Dietrich, die in der MDC verwahrt oder von Maria Riva in *Meine Mutter Marlene* (MD) zitiert werden. Auch der Brief von Marlene Dietrich an Jean Gabin vom 13. August 1945 basiert auf MR (S. 629).

Das Radiogespräch zwischen Marlene und ihrer Mutter ist nach dem Original-Tondokument in dem Film *Marlene Dietrich – Her Own Song* von J. David Riva (Gemini Film, 2001) zitiert.

Marlene Dietrichs Brief an ihre Mutter vom 6. August 1945 ist zitiert nach Naudet/Riva (Hg.), *Marlene Dietrich*, S. 129.

Hubert von Meyerinck erinnert sich an seine Begegnung mit Marlene Dietrich und die Beerdigung von Josephine von Losch in seiner Autobiographie *Meine berühmten Freundinnen*, Düsseldorf 1967.

Kapitel 19

Die seelische Verfassung Elisabeth Wills spiegelt sich unter anderem in einem Brief, den sie ihrer Schwester am 9. September 1945 sandte.

Rückschlüsse auf einen zweiten Belsen-Besuch Marlenes erlaubt der Brief Elisabeths vom 28. November 1945, in dem sie sich bei ihrer Schwester für ihr Kommen bedankt. Es ergäbe keinen Sinn, wenn hier der Besuch im Mai 1945 gemeint wäre. Alles deutet jedoch darauf hin, dass Marlene Dietrich diesen zweiten Besuch streng geheim hielt.

Die Begegnung zwischen Marlene Dietrich und Christopher Slade stützt sich auf Informationen von Slades Großneffen Paul Evans, mit dem der Autor während seiner Recherchen zahleiche E-Mails wechselte. Evans lebt in Melbourne/Australien.

Maria Riva schildert den Besuch bei ihrer Tante in Bergen-Belsen in *Meine Mutter Marlene* (S. 644 f.). Seine Sicht dieses Besuchs beschreibt Hans-Georg Will in einem Brief vom 3. Januar 1946 an seine Tante Lena, der wie die übrigen Briefe von der Marlene-Dietrich-Collection verwahrt wird. Diesem Brief zufolge war Maria Riva am 3. Januar 1946 in Bergen-Belsen – nicht, wie sie selbst in ihrer Biographie andeutet, in der zweiten Novemberhälfte 1945. Hans-Georg Will weist in seinem Brief ausdrücklich darauf hin, dass seine Cousine an eben diesem 3. Januar 1946 in Bergen zu Besuch war.

Kapitel 20

Das Ende der Liebesbeziehung zwischen Marlene Dietrich und Jean Gabin spiegelt sich in zahlreichen Briefen, die Marlene ihrem Mann Rudi nach New York sandte. Marlenes Brief an Remarque ist in ganzer Länge nachzulesen in der Briefdokumentation »*Sag mir, dass Du mich liebst* ...«, Seite 177f.

Die einleitende Szene dieses Kapitels stützt sich unter anderem auf die Marlene-Dietrich-Biographie des früheren Leiters der MDC Werner Sudendorf: »Die Spannungen mit Jean Gabin erreichten im Dezember 1945 einen vorläufigen Höhepunkt, als er ihr in einem Lokal eine Ohrfeige versetzte« (S. 140).

Marlenes Brief an ihren Mann, in dem sie allgemein über den Streit mit Gabin berichtet, ist zitiert nach MR, S. 629. Aus derselben Quelle stammt Marlene Dietrichs Brief an »Papi« über General Gavin, vgl. MR, S. 648.

Kapitel 21

Die Situation der Displaced Persons auf dem Kasernengelände ist in der Gedenkstätte Bergen-Belsen und dem Katalog zur Dauerausstellung differenziert dargestellt. Speziell auf die Theateraktivitäten der befreiten Häftlinge und Zwangsarbeiter geht Sophie Fetthauer in ihrem Buch *Musik und Theater im DP-Camp Bergen-Belsen* (Neumünster 2012) ein, aus dem auch das Zitat Yablokoffs über Will als »Freund des jüdischen Volkes« stammt (S. 267). Georg Wills Brief an den jüdischen Theaterregisseur Sami Feder wird ebenso in der Gedenkstätte verwahrt wie die Briefe, die seine Auseinandersetzungen mit den deutschen und britischen Behörden und das Ende seiner Kinopacht dokumentieren. Georg Wills Beitrag für *Die Welt* über das »KZ-Theater in Belsen« erschien am 31. Mai 1945.

Dass Elisabeth Will am Kinobetrieb beteiligt war, ergibt sich aus einem Brief des britischen Generals Brian G. Horrocks an Marlene Dietrich vom 15. Juli 1946: »He [ein Informant aus Bergen-Belsen] tells me, that your sister, Mrs Elisabeth Will is still in Belsen with her husband and is thriving. The husband runs the local cinema in which she also [is] interested.« Nicht überliefert ist, wie Elisabeth zu den DPs, den Displaced Persons, stand. Da sie in keinem ihrer Briefe an Marlene darauf eingeht, ist anzunehmen, dass sie sich auf Distanz zu ihnen hielt – entsprechend der Einstellung der übrigen Zivilangestellten, die von den entlassenen Häftlingen mit großem Argwohn betrachtet wurden.

Das Kasernengelände durfte zwar offiziell nur mit einem speziellen Ausweis betreten werden, in der Praxis war eine Eingangskontrolle aber aufgrund der zahlreichen DPs mit uneingeschränkter Bewegungsfreiheit gar nicht möglich. Zudem kamen viele deutsche Frauen auf das Kasernengelände, um britische Soldaten zu besuchen (vgl. Loheide-Akten im Bestand der Gedenkstätte Bergen-Belsen). Gleichwohl konnte sich das Kinoprogramm nur an die offiziell registrierten Camp-Bewohner richten.

Elisabeths Brief an Marlene findet sich ebenso in der Marlene Dietrich Collection (MDC) wie das Schreiben der Paramount an Hans-Georg Will. Im Archiv der MDC lagern auch die Briefe, die Elisabeth Will von Eleonore Vetter aus Berlin erhielt, ebenso die Telegramme und Briefe, die Vetter an Marlene Dietrich sandte. Das Testament Josephine von Loschs ist hingegen nicht überliefert.

Georg Wills Wechsel nach Hannover ist unter anderem durch das Kinoarchiv der Stadt Hannover dokumentiert. Von seiner Geliebten und der Trennung von seiner Frau berichtet sein Sohn Hans-Georg in dem erwähnten Gespräch mit der MDC.

Schreiben (vom 26. Februar und 6. März 1947) des für Bergen-Belsen zuständigen Gutsbezirks Loheide dokumentieren, dass Hans-Georg Will 1946 wegen Fahrens ohne Fahrerlaubnis zu einer Geldstrafe von 60 Mark verurteilt wurde (Archiv der Gedenkstätte Bergen-Belsen). Dokumentiert ist zudem (durch die Aussagen britischer Soldaten), dass Georg Will nach dem Krieg aus seinem Mercedes den Motor ausbauen ließ und versteckte (Archiv der Gedenkstätte). In zahlreichen Briefen an unterschiedliche Behörden verlangte er Entschädigungszahlungen für beschlagnahmte Gegenstände (Kopien im Archiv der Gedenkstätte).

In dem (im Selbstverlag produzierten) Buch *Geschichte des Clubs der Wurzelbrüder* findet sich ein Gedicht über Hans-Georg Will und seinen »Coca-Cola-Club« (Stadtarchiv Bergen).

Weitere Informationen über Hans Leip und Norbert Schultze zum Thema »Lili Marleen« finden sich in dem Buch *Lili Marleen. Ein Lied bewegt die Welt* von Liel Leibovitz und Matthew I. Miller (München 2009).

Kapitel 22

Dass ihre Mutter sich bei den Entbindungen ihrer Söhne in den Mittelpunkt drängte, schildert auch Maria Riva in ihrem Buch (MR, S. 682): »Da sie fest überzeugt war, ich könne ohne ihre magische Gegenwart kein Kind gebären, war sie wieder zur Stelle, als im Mai 1950 Peter geboren wurde. Obwohl auch Bill da war, kam der Arzt wieder zuerst zu Marlene Dietrich, um ihr zu sagen, es sei ein Junge.«

Über Rudi Siebers Einstieg als Hühnerbaron berichten Steven Bach und Maria Riva detailliert in ihren Biographien – ebenso über Marlenes Affäre mit Yul Brynner und ihre ersten Shows in Las Vegas. Die Auftritte in Las Vegas spiegeln sich zudem in zahlreichen Presseartikeln. Auch Marlene Dietrich selbst schreibt darüber in ihrer Autobiographie *Nehmt nur mein Leben* (S. 242): »Gute Kostüme waren vor allem in der Anfangszeit meiner ›neuen Karriere‹ überaus wichtig für mich, denn ich wusste nur zu gut, dass mein Singen noch viel zu wünschen übrigließ ... Man hatte mich gebeten, nicht mehr als zwanzig Minuten zu singen, ›damit die Leute an ihre Spieltische zurückkehren können‹. Ich sang ungefähr acht Lieder, alle aus meinen Filmen. Das Publikum applaudierte wie wild, und ich dachte in meiner Unschuld, alles wäre in Ordnung. Das war es auch. Ich wurde Jahr für Jahr wieder engagiert, in Las Vegas zu singen.«

Der Brief an Hemingway ist nach der Biographie von Eva Gesine Baur, *Einsame Klasse*, S. 362, zitiert.

Kapitel 23

Von der Episode im Fotogeschäft berichtet Elisabeth Will ihrer Schwester in einem Brief aus dem Jahr 1954 (ohne genaue Datierung). An die Adventsbesuche Georg Wills in Bergen erinnern sich frühere Nachbarinnen. Das Kapitel stützt sich zudem auf Aussagen Hans-Georg Wills, wonach sein Vater in Hannover Anfang der fünfziger Jahre mit einer jungen Frau zusammenlebte, die von ihm schwanger wurde. Die szenische Gestaltung des Kapitels ist fiktiv.

Kapitel 24

Die Tagebuchnotizen Marlene Dietrichs und der Brief Rudi Siebers sind nach der Biographie ihrer Tochter Maria Riva (MR) zitiert, und auch die Details zur Beziehung zwischen Marlene Dietrich und Yul Brynner stützen sich auf Maria Rivas Erinnerungen.

Die Bühnenkostüme Marlene Dietrichs sind zum Teil in der Deutschen Kinemathek in Berlin ausgestellt und in dem von Jean-Jacques Naudet und Peter Riva herausgegebenen Bildband *Marlene Dietrich* dokumentiert und beschrieben.

Marlene Dietrichs Brief an Rudolf Sieber vom 5. Juli 1950 ist zitiert nach Eva Gesine Baur, S. 339.

Die Hommage auf Marlene von Noël Coward ist zitiert nach MR, S. 726. Sie ist im englischen Original in Marlene Dietrichs *Nehmt nur mein Leben* nachzulesen (S. 210f.): »We know God made trees / and the bird and the bees and the seas / for the fishes to swim in. / We're also aware / that He had quite a flair / for creating exceptional women.« Eine Übersetzung von Max Colpet findet sich im selben Buch, S. 333. Eine hiervon abweichende Übersetzung zitiert Steven Bach, S. 503.

Marlene Dietrichs Brief an Hemingway, datiert auf den 8. März 1955, ist zitiert nach Eva Gesine Baur.

Sämtliche Tourneedaten sind dem o. g. Bildband *Marlene Dietrich* entnommen.

Marlene Dietrichs Reaktion auf ihren behinderten Enkelsohn Paul ist zitiert nach MR, S. 766.

Kapitel 25

Die Schilderung des Erscheinungsbildes von Elisabeth Will bei ihren Einkäufen und Spaziergängen in Bergen stützt sich auf Gespräche, die der Autor mit einstigen Nachbarinnen am Kreuzweg führte. Der erste London-Besuch Elisabeths ist durch ihren Brief vom 5. Juli 1958 dokumentiert, in dem sie sich bei ihrer Schwester für die »Londoner Aufführung« und den Kinobesuch bedankt. Details zum Ablauf der Show im Café de Paris sind Konzertkritiken sowie Schilderungen von Maria Riva und Steven Bach entnommen. Die beschriebenen Reaktionen Liesels dagegen sind fiktiv – ebenso wie die Auseinandersetzung mit Marlene im

Beisein von Burt Bacharach. Dass Liesel immer wieder von Marlene zurechtgewiesen und bevormundet worden ist, schildert Maria Riva an mehreren Stellen ihrer Biographie. Bezogen auf einen London-Besuch ihrer Tante im Jahr 1965 schreibt sie zum Beispiel (MR, S. 793): »Sie [meine Mutter] hörte sich an, als spräche sie mit einer geistig Behinderten. Ich litt für meine Tante, die sich freilich gar nicht getroffen fühlte. Sie war schon so lange ein Opfer, dass sie ein nicht noch größeres Opfer werden konnte.«

Die erwähnte Schallplatte trägt den Titel *The Marlene Dietrich Album. Live At The Cafe De Paris, London*. Sie ist 1991 in einer neuen Version bei Sony Music Entertainment erschienen, vgl. Naudet/Riva, S. 248. Weitere Informationen zu der Platte bei Steven Bach, S. 504.

Der Artikel »Von Kopf bis Fuß auf Münder eingestellt« erschien im September 1959 in der *Süddeutschen Zeitung*.

Kapitel 26

Marlene Dietrichs Deutschland-Tournee ist in zahlreichen Zeitungsartikeln und Büchern umfassend dokumentiert – ebenso ihre Gastspielreise durch Israel, die sie in dem Film *Her Own Song* und ihrer Autobiographie *Nehmt nur mein Leben* auch selbst kommentiert. Darin betont sie, dass es im Juni 1960 noch keinem Künstler erlaubt gewesen sei, in Israel auf einer Bühne die deutsche Sprache zu gebrauchen. »Umso erstaunter war ich, dass das Publikum wollte, dass ich in meiner Muttersprache singe.«

Keine Rede dagegen ist in der Autobiographie von ihrer Schwester oder ihrem Neffen Hans-Georg. Alle Schilderungen hierzu stützen sich auf überlieferte Briefe; Hans-Georg Wills Einladung zu dem Konzert in Berlin und Marlenes Treffen mit ihrer Schwester in Düsseldorf sind sowohl durch Marlenes als auch durch Liesels Briefe dokumentiert. Am 15. September 1960 schreibt Elisabeth Will zum Beispiel ihrer »Pussycat«: »Ich denke sehr viel und mit großer Dankbarkeit und Liebe an die herrlichen Tage in Düsseldorf mit Dir! Und in Paris. Die Vorstellungen werde ich nie vergessen.« Daran schließt sich unmittelbar ein Hinweis auf die Tabletten an, die Marlene ihr offenbar gegeben hat: »Die Pillen sind schön.«

Von dem Anruf ihrer Mutter nach dem Bühnensturz in Wiesbaden berichtet Maria Riva in MR, S. 777. Auch Marlene Dietrich selbst geht in *Nehmt nur mein Leben* auf den Vorfall ein und bestätigt unter anderem, dass sie nach dem Sturz Maria angerufen habe (S. 279f.): »Hier muss ich erklären, warum ich immer meine Tochter anrufe, wenn ich in Schwierigkeiten bin. Meine Tochter weiß alles, was sie wissen will oder wissen muss ... Ich bin seit langem an ihr unheimliches Wissen gewöhnt.«

Die sogenannten Hassbriefe, die vor und während der deutschen Gastspielreise Marlene Dietrichs in verschiedenen Zeitungen erschienen, sind zum Teil im Archiv der MDC archiviert. Hier sind sie unter anderem zitiert nach Steven Bachs Biographie (SB, S. 537ff.).

Aus derselben Quelle stammt die Solidaritätserklärung von Willy Fritsch (SB, S. 541).

Auch die Schilderung der Premiere von *Das Urteil von Nürnberg* in Berlin mit der Reaktion des Regisseurs Stanley Kramer stützt sich auf Steven Bach (SB, S. 553). Die zitierte Kritik der Wochenzeitung *Die Zeit* entstammt der Ausgabe 52/1961.

Dass Marlene Dietrich bei den Nürnberger Prozessen war, berichtet Eva Gesine Baur in ihrem Buch *Einsame Klasse* (S. 311f.). Dabei stützt sie sich auf die Tagebuchnotizen des *Prawda*-Bildberichterstatters Boris Polewoi.

Kapitel 27

Alle zitierten Briefe lagern im Archiv der MDC in Berlin – ebenso der Bericht ihre Hausarztes Dr. Habermann aus Bergen vom 31. Juli 1961.

Kapitel 28

Elisabeth Wills handschriftlich abgefasste Kindheitserinnerungen sind in Form von zwei Schulheften überliefert und in der MDC in Berlin archiviert. Dass sie sich gegen eine Heimeinweisung wehrte und stattdessen in ihrer Wohnung von mehreren Frauen umsorgt wurde, berichten Nachbarinnen in Bergen. Über das Scheitern des Engagements von Georg Will in Bad Münder berichtet die »Chronik Bad Münder 1945–1985« (S. 412): »Der 1959/1960 unternommene Versuch, das Kurbad durch den hannoverschen Filmkaufmann Georg Hugo Will führen zu lassen, scheiterte ... Ende 1962 / Anfang 1963 gab er den Hotel- und Kurbetrieb auf. Die Stadt nahm den Kurbadkomplex und die Heilquellen ab 1.8.1963 von Herrn Will zurück.« Will hatte zuvor einen neuen Speisesaal und weitere Gästezimmer gebaut. Der Chronik zufolge plante er, die Kuranlagen an die Bauberufsgenossenschaft Hannover zu verkaufen, die den gesamten Komplex zu einer »Schulungsstätte« umfunktionieren wollte. Will hatte bereits einen Kaufvertrag ausgehandelt. Die Stadt Bad Münder erhob dagegen Einspruch, da sie befürchtete, dass bei einer Realisierung der Pläne künftig kein Kurbetrieb in Bad Münder mehr möglich sein würde.

Kapitel 29

In ihrer Autobiographie *Nehmt nur mein Leben* weist Marlene Dietrich selbst darauf hin, dass sie anfangs Bedenken hatte, »Sag mir, wo die Blumen sind« zu singen. »Aber meine Tochter bestand darauf, dieses Lied sei wichtig für mein Programm, und es gelang ihr schließlich gemeinsam mit Burt Bacharach, mich davon zu überzeugen« (S. 259). Elisabeth Will berichtet in einem Brief vom 1. März 1964, wie ihr Sohn Hans-Georg für das »Blumenlied« schwärmt.

Wie Marlene auf den Suizid von Ernest Hemingway reagierte, schildert Maria Riva in ihrer Biographie (MR, S. 779): »Sie konnte sich nie mit dem Tod ihres Freundes abfinden und verzieh ihm nie, dass er sie verlassen hatte.«

Maria Riva berichtet in ihrem Buch auch davon, wie ihre Mutter bei ihrem jüngsten Enkelsohn David einhütete und Liesel sowie andere »sorgfältig ausgewählte Freunde« einlud (MR, S. 782).

Kapitel 30

In zahlreichen Briefen schildert Elisabeth Will von März bis Mai 1963 ihrer Schwester Marlene, wie sie in Bergen von Reportern bedrängt wird. Das Kapitel stützt sich detailliert auf diese Briefe, die von Panik und Angst geprägt sind. Am 30. März 1963 erscheint in *7 Tage*, einer Illustrierten der Mediengruppe Klambt, unter der Überschrift »Marlene muss helfen« ein Bericht über Elisabeth Will. Sie reagiert darauf mit einer Gegendarstellung in einem Brief an Marlene (Mappe 4.3-93 / 16-20), der fast vollständig zitiert wird. Alle Briefe sind in der MDC archiviert. Der Zeitschriftenartikel wurde mir vom Archivar der Stadt Celle zur Verfügung gestellt.

Kapitel 31

Der Bericht über Marlene Dietrichs intime Begegnung mit John F. Kennedy stützt sich auf die Tagebücher von Kenneth Tynan, die 2001 veröffentlicht wurden (*The Diaries of Kenneth Tynan*, hg. von John Lahr, S. 38 f.). *Die Welt* berichtete über den Vorabdruck im *New Yorker* am 4. August 2000 unter dem Titel »Sag mir, wo das Höschen ist ...«. Darin findet sich das Zitat: »Mir fiel sein schlimmer Rücken auf – diese Kriegsverletzung. Ich sah ihn an, und er war schon beim Ausziehen. Er wickelte rollenweise Bandagen von seiner Taille ab – er sah aus wie Laokoon und die Schlange, na, du weißt schon. JFK bezog die Stellung oben; und süß und sehr schnell war alles vorbei. Dann schlief er ein.« Tynan hielt seine Erinnerungen an das mehrere Jahre zurückliegende Gespräch mit Marlene Dietrich bereits 1971 fest. Es ist selbstverständlich nicht verbürgt, dass es den Tatsachen entspricht. Doch die Erinnerungen passen zu der Episode, die Maria Riva in ihrer Biografie als Nachspiel der behaupteten Affäre schildert (S. 785). Auch von der Begegnung mit den Beatles berichtet Maria Riva (S. 787). Von Ihren Erlebnissen in Warschau und Moskau erzählt Marlene Dietrich in *Nehmt nur mein Leben* (S. 276 f.). Symptome, Diagnose und Behandlung des Gebärmutterkrebses werden am zuverlässigsten und detailliertesten von Maria Riva geschildert (MR, S. 788–790).

Kapitel 32

Maria Riva schildert das Gespräch mit ihrer Tante Liesel im Londoner Hotel, MR, S. 793. Es ist jedoch nicht verbürgt, dass Maria Rivas Erinnerungen den Tatsachen entsprechen. Denkbar ist, dass Liesel ins Schlingern geriet und sich missverständlich ausdrückte, als sie sich angegriffen fühlte. Jedenfalls findet sich in ihren Briefen an Marlene kein einziger Satz, der Sympathien mit den Nazis anklingen lässt. Aber sie wusste natürlich, wie Marlene darüber dachte – und im Alltag in Bergen verkehrte sie mit Menschen, die eine ganz andere Meinung als ihre Schwester dazu hatten. Mit Menschen, die sich wie sie zu Unrecht angegriffen fühlten und dazu neigten, die Verbrechen der Vergangenheit kleinzureden, und das Konzentrationslager noch 2017 mit einem überfüllten Campingplatz verglichen.

Alle übrigen Aussagen zu Liesels Erlebnissen, Eindrücken und Stimmungen in diesem Kapitel stützen sich auf ihre Briefe (MDC). Die *Neue Post* berichtete im Januar 1972 über Marlenes Frischzellenkur in der Schweiz. Am 22. Januar 1972 schickte Liesel ihr den ausgerissenen Artikel, verbunden mit einem Kommentar zu Uschi Glas. Der Zwischenfall mit dem Eierwurf in Polen ereignete sich am 6. März 1966 im Warschauer Kulturpalast, vgl. Naudet/Riva, S. 242.

Kapitel 33

Maria Riva begleitete ihre Mutter bei deren Broadwayauftritten und schilderte ihre Erfahrungen und Eindrücke in ihrer Biographie (MR, S. 797). Die Eintragung des australischen Liebhabers Hugh Curnow findet sich in Marlene Dietrichs »Daily Reminder« (Terminkalender). Näheres zu der Affäre mit Hugh Curnow ist nachzulesen bei MR, S. 792f., und SB, S. 564f.

Marlene berichtete Liesel von ihrem Enkelsohn Michael in ihren Briefen vom 7. September 1968 und 30. Oktober 1969, am 5. Juni 1969 antwortete Liesel darauf. In ihrem Brief vom 7. September 1968 lud Marlene ihre Schwester zu ihrem Konzert nach London ein, am 30. Oktober 1969 zitierte sie die englische Übersetzung des Freiligrath-Gedichts (alle Briefe MDC). Hellmuth Karasek schilderte seine Begegnung mit Josef von Sternberg bei der Frankfurter Buchmesse rückblickend im *Spiegel* vom 19. Juni 2000 in einer Titelgeschichte über Marlene Dietrich. Marlene Dietrichs Brief nach dem Tod von Erich Maria Remarque ist zitiert nach Maria Riva (MR, S. 801f).

Marlenes Brief an Herrn Strobl von der Electrola ist zitiert nach dem *Marlene Dietrich Adressbuch*, hg. von Christine Fischer-Defoy (S. 154).

Kapitel 34

Die Schilderung des Zimmerbrands mit seinen Folgen stützt sich im Wesentlichen auf den mündlichen Bericht einer Nachbarin. Dass am 7. Mai 1973 der Film *Die Nacht hat schwarze Augen* im DDR-Fernsehen lief, bestätigte Peter Flieher, der das Online-Lexikon des DDR-Fernsehens betreut. Wie Marlene Dietrich auf den Tod ihrer Schwester reagierte, schilderte Maria Riva in ihrer Biographie (MR, S. 794). Todesanzeige und Angaben zur Beisetzung in Hannover finden sich ebenso wie Liesels letzter Brief und Hans-Georg Wills Mitteilungen an Marlene Dietrich im Nachlass, archiviert in der MDC.

Kapitel 35

Die letzten Lebensjahre von Marlene Dietrich sind von Weggefährten, Freunden, Familienangehörigen und Journalisten immer wieder detailliert geschildert worden. Das Kapitel stützt sich insbesondere auf Informationen von Maria Riva, Steven Bach, Hildegard Knef, Werner Sudendorf, Louis Bozon sowie aus den Filmen *Marlene* von Maximilian Schell, *Her Own Song* von J. David Riva und *Eine unvollendete Liebe. Marlene Dietrich und Jean Gabin* von Christian Buckard und Daniel Guthmann. Einige Details wie Marlenes Gespräch mit dem Journalisten Peter Bermbach, ihr Telefonat mit Ronald Reagan oder ihre Äußerung über den Umzug auf eine andere Straßenseite sind dem Artikel »Ein Mythos ruft an« von Peter Bermbach, erschienen am 22. März 2017 in der *Frankfurter Allgemeinen Zeitung*, entnommen.

Wertvolle Details entstammen zudem den Lebenserinnerungen von Maximilian Schell *(Ich fliege über dunkle Täler)*.

Was Marlene Dietrich in Schells Film zum Thema Erotik sagt, korrespondiert mit einer Äußerung von ihr, die Alain Bosquet, der Mann ihrer Sekretärin Norma, in seinem Buch *Eine Liebe am Telefon* zitiert: »Ja, ich bin mit den Männern, die ich liebte und die mich liebten, ins Bett gegangen ... meist gezwungenermaßen ... Denn wenn eine Frau nicht mit dem Mann schläft, den sie liebt, verlässt er sie.«

Das erwähnte Filmplakat *(Die Spaziergängerin von Sans-Souci)* mit der persönlichen Widmung Romy Schneiders ist in der MDC archiviert.

Norma Bosquet vertritt die Auffassung, Marlene Dietrich habe sich mit einer Überdosis Tabletten das Leben genommen, um nicht in einem Pflegeheim zu enden. Doch Enkelsohn Peter Riva, der seine Großmutter nach eigenen Angaben noch kurz vor ihrem Tod besuchte, bestreitet dies.

Das abschließende Zitat Marlene Dietrichs findet sich in ihrer Autobiographie *Nehmt nur mein Leben* auf Seite 321.

LITERATUR UND FILME

Mercedes de Acosta, Hier liegt das Herz. Erinnerungen meines Lebens, Göttingen 1996
Steven Bach, Marlene Dietrich. Die Legende. Das Leben, Düsseldorf 1993
Peter Bahl / Eckart Henning (Hg.), Herold-Jahrbuch, 6. Band (Sonderdruck), Neustadt a. d. Aisch 2001
Eva Gesine Baur, Einsame Klasse. Das Leben der Marlene Dietrich, C. H. Beck, München 2017
Peter Bermbach, Ein Mythos ruft an, *FAZ*, 22. 3. 2017
Alain Bosquet, Marlene Dietrich. Eine Liebe am Telefon, Berlin 2007
Max Colpet, Sag mir, wo die Jahre sind, Köln 1995
Marlene Dietrich, Nehmt nur mein Leben, München 1979
Marlene Dietrich, Das ABC meines Lebens, München 1963
Hasso Felsing, Der ewige Ausländer, Lathen
Sophie Fetthauer, Musik und Theater im DP-Camp Bergen-Belsen, Neumünster 2012
Christine Fischer-Defoy, Marlene Dietrich Adressbuch, Berlin 2003
Axel Frohn / Fritjof Meyer, Die verleugnete Schwester, Was tat Elisabeth Will, geborene Dietrich in Bergen-Belsen?, *Der Spiegel* 25 / 2000
Giovannino Guareschi, Heimliches Tagebuch, Starnberg 1971, deutsche Übersetzung von Gabriella Alberti und Regina Pawlik.
Clemens Heinrichs, Marlene Dietrich. Die Diva. Ihre Haltung. Und die Nazis (Ausstellungskatalog), Oberhausen 2016
Friedrich Hollaender, Von Kopf bis Fuß, München 1965
Guido Knopp, Hitlers Frauen, Gütersloh 2001
Jean-Jacques Naudet und Peter Riva (Hg.), Marlene Dietrich

(Bildband), kommentiert von Maria Riva und Werner Sudendorf, Berlin 2001

Hellmuth Karasek, Der ungeliebte Engel, *Spiegel*-Titelgeschichte über Marlene Dietrich am 19.6.2000, Der Spiegel 25/2000

Liel Leibovitz, Matthew I. Miller, Lili Marleen: Ein Lied bewegt die Welt, München 2009

Alfred Polgar, Marlene. Bild einer berühmten Zeitgenossin, Wien 2015

Erich-Maria Remarque und Marlene Dietrich, »Sag mir, dass Du mich liebst ...« Erich Maria Remarque – Marlene Dietrich. Zeugnisse einer Leidenschaft, herausgegeben von Werner Fuld und Thomas F. Schneider, Köln 2001

Maria Riva, Meine Mutter Marlene, München 1992

Kurt W. Seebo, Stadt Bergen. Von der Nachkriegszeit bis in die Gegenwart, Bergen 2007

Werner Sudendorf, Marlene Dietrich, München 2001

Maximilian Schell, Ich fliege über dunkle Täler. Erinnerungen, Hoffmann und Campe, Hamburg 2012

Markus Spieker, Hollywood unterm Hakenkreuz, Trier 1999

Josef von Sternberg, Das Blau des Engels, München 1991

Ben Urwand, Der Pakt. Hollywoods Geschäfte mit Hitler, Stuttgart 2017

Hermann Weber, Chronik Bad Münder 1945–1985, Bad Münder 1990

Filme über Marlene Dietrich

Christian Buckard und Daniel Gutmann, Eine unvollendete Liebe, Marlene Dietrich und Jean Gabin, WDR 2012

J. David Riva, Marlene Dietrich, Her Own Song, 2002

Maximilian Schell, Marlene, 1984

Michael Wech, Marlene Dietrich gegen Zarah Leander, in der Reihe »Geschichte im Ersten« (ARD), 2013

DANKE

Mein besonderer Dank gilt Silke Ronneburg von der Marlene Dietrich Collection in der Deutschen Kinemathek in Berlin. Silke Ronneburg hat mir nicht nur bereitwillig Einblicke in ihr Archiv gewährt, sondern mir auch geduldig viele Fragen beantwortet und wertvolle Hinweise gegeben. Zu Dank verpflichtet bin ich ebenfalls Klaus Tätzler von der Gedenkstätte Bergen-Belsen und dem Archivar der Stadt Bergen, Kurt-Werner Seebo. Bei meinen Recherchen in Bergen haben mich zudem Karl Heitmann, Annegret Brandt sowie eine weitere frühere Nachbarin Elisabeth Wills unterstützt. Wertvolle Informationen verdanke ich zudem dem Australier Paul Evans, dessen Großonkel einst als britischer Offizier in Bergen-Belsen stationiert war und Kontakt zu Marlene Dietrich hatte. Mein Dank gilt auch David Horwell (London), der mir den Einblick in die Privatkorrespondenz seines verstorbenen Vaters Arnold Horwell gestattet hat. Für weitere Informationen danke ich Heiko Knigge (Bad Münder) und Peter Flieher (Online-Lexikon des DDR-Fernsehens, Berlin) sowie dem Autor und Regisseur Peter Schanz, der selbst zum Thema recherchiert hat.

Sehr hilfreich war es für mich zudem, im Verlag Hoffmann und Campe von Jens Petersen durch akribische Nachfragen und einen kritisch-konstruktiven Dialog unterstützt zu werden. Mein Dank gilt auch dem HoCa-Lektor Philipp Werner, der die Weichen für die »fesche Lola und die brave Liesel« gestellt hat.

Wie bei all meinen Büchern stellte sich auch diesmal wieder meine liebe Frau Gabriele Schulte als aufmerksame Erstleserin zur Verfügung. Danke! Danke auch meinem Sohn Simon, der das Entstehen dieses Buches durch einen regen Gedankenaustausch und wertvolle Tipps begleitet hat.